Reisen und Abenteuer des kleinen Baron Trump und seines wunderbaren Hundes Bulger

Ingersoll Lockwood

Reisen und Abenteuer des kleinen Baron Trump
und seines wunderbaren Hundes Bulger

Von Ingersoll Lockwood

Illustriert von George Wharton Edwards, Boston 1890. Die Zeichnung im Titelbild wurde von Richard Tonsing erstellt und ist gemeinfrei.
Der englische Romantext von Ingersoll Lockwood © von 1896 ist heute gemeinfrei und kann hier als Scan des Originals heruntergeladen werden:

http://x.andreas-gross.ch/1stPresidentEnglish

Viele Fußnoten geben Texte aus der englischen oder deutschen Wikipedia wieder, die teilweise gekürzt wurden.

Verlagsanschrift:

Andreas M.B. Groß

Althusweg 12

CH 6315 Morgarten/Schweiz

eMail: mail@andreas-gross.ch

Website:http://x.andreas-gross.ch/autor-last-president

1. Auflage 2020, Version 1.05

ISBN: 978-3-947982-24-0

Inhaltsübersicht

KAPITEL V.

KAPITEL VI.

KAPITEL VII.

KAPITEL VIII.

KAPITEL IX.

Über den Autor

Weitere Bücher von uns

Abbildungsverzeichnis

Zeichnung 1: Die Bildunterschrift lautet: "Einzig authentisches Porträt von Wilhelm Heinrich Sebastian von Trump (aus dem Ölgemälde)

KAPITEL I.

Kurzer Bericht über einen der berühmtesten Vorfahren des kleinen Barons, genannt "Der armlose Ritter". Seine wunderbare Stärke und Tapferkeit. Wie er Cœur de Lion in den Orient folgte. Seine brillanten Heldentaten auf dem Schlachtfeld, unter den Mauern von Joppa. Seine Hochzeit im Beisein von Saladin und Cœur de Lion.

Zeichnung 2: Die Schwertbügel meines Vorfahren, des berühmten armlosen Ritters.

Ich stamme aus einer der ältesten und ehrenwertesten Familien Norddeutschlands, die für ihren Heldenmut und ihre Abenteuerlust berühmt ist.

Als einer meiner Vorfahren gerade in die zwanziger Jahre eintrat, hörte er eines Morgens an der Tafel seines Vaters, dass Englands großer König Cœur de Lion im Begriff war, eine Armee gegen die Ungläubigen anzuführen.

"Gnädiger Elternteil", rief der junge Mann, der von seinem Sitzplatz aus aufbrach, mit brennenden Augen und glühenden Wangen, "Darf ich mich den Kreuzrittern anschließen und bei der Vernichtung der Feinde unserer heiligen Religion helfen? "Ach, armer Junge", antwortete sein Vater und warf einen mitleidigen Blick auf den Jungen, der durch eine seltsame Laune der Natur armlos geboren worden war, "du bist nicht für schreckliche Konflikte bestimmt, wie sie unseren Cousin Cœur de Lion erwarten. Du hast nicht die geringste Möglichkeit, das Schwert zu führen und die Lanze zu führen. Es wäre Mord, deinen wehrlosen Körper vor den erhobenen Schutzwall des erbarmungslosen Moslems zu stellen! Mein lieber Sohn, verbanne solche Gedanken aus deinem Geist und wende dich der Poesie und der Philosophie zu, du wirst unserem Familiennamen durch dein Lernen neuen Glanz verleihen". "Nein, gnädige Eltern, hört mich an!", drängte der Jugendliche mit wortgewaltigem Blick: "Die Natur hat mir zwar die Arme verweigert, aber sie ist nicht so grausam gewesen, wie man annehmen könnte, denn zum Ausgleich hat sie meinen unteren Gliedmaßen die Kraft eines Riesen verliehen. Erinnern Sie sich nicht, wie ich letzten Monat mit einem Hieb mit der Ferse meines Jagdschuhs ein Wildschwein erlegt habe? " Ich schon", antwortete der grimmige alte Baron mit einem Lächeln, "aber-" "Verzeihen Sie mir die Unterbrechung, edler Vater" kam es von dem jungen Mann, "ich werde doppelt bewaffnet in die Schlacht ziehen, denn an jedem Steigbügel werde ich ein Schwert anbringen und wehe dem Muselmann, der es wagt, mir auf dem Schlachtfeld zu begegnen".

"Dann geh, mein Sohn", rief der alte Baron, als ihm die Tränen über die vom Kampf vernarbten Wangen rannen, "geh, schließe dich unserem königlichen Vetter Cœur de Lion an, und wenn du, ohne Arm, dem Zorn der Ungläubigen widerstehen kannst, wird dem Namen Trump ein weiterer Ruhm zuteil werden, und in diesem Ahnensaal wird ein Porträt des 'Ritters ohne Arm' hängen, auf dem für alle Zeiten die Liebhaber tapferer Taten ihre staunenden Augen ruhen werden.

Die Freude meines jungen Vorfahren kannte keine Grenzen.

Kaum blieb er, um die notwendigen Vorbereitungen für seine Reise zu treffen, ritt er mit einer Handvoll treuer Gefolgsleute vom Burghof aus unter dem Beifall tausender schöner Frauen, die sich aus der Nachbarstadt versammelt hatten, um dem "armlosen Ritter" Gottes Beistand zu wünschen.

Erst in der berühmten Schlacht unter den Mauern von Joppa hatte mein Vorfahre die Gelegenheit, seine Tapferkeit, seine außerordentliche Stärke und den unbändigen Zorn seiner Angriffe zu zeigen.

Nicht ein, nicht fünf, nicht zehn einfache Soldaten wagten es, sich dem "armlosen Ritter" zu stellen.

Ganze Schwadronen schreckten vor diesem mysteriösen Rächer des Unrechts der Christenheit zurück, der ohne Hände die moslemischen Krieger niederschlug, wie das Korn vor der Böe zu Boden fällt.

Immer wieder schickte Saladin die Blüte seiner Männer gegen den "armlosen Ritter", dessen Stärke und Tapferkeit seinen Namen bereits zu einem Schrecken für die abergläubischen Soldaten gemacht hatten. Wenig ahnend von dem schrecklichen Schicksal, das ihn erwartete, stürzte sich der moslemische Krieger mit erhobenem Schwert auf meinen Vorfahren, als der "armlose Ritter" mit einem Hieb seines schwertbewehrten Steigbügels die Brust des Pferdes seines Reiters spaltete und dann den Ungläubigen zu Tode trampelte, während er sich auf dem Boden wälzte.

Es war jetzt Mittag.

Als Saladin den Lauf der Schlacht beobachtete, sah er mit besorgten Augen das entsetzliche Gemetzel an der Blüte seiner Armee.

Der Name, der Rang und die Nationalität meines jungen Vorfahren waren dem muslimischen Führer bereits bekannt gegeben worden.

"La, il la! Mahomed ul Becullah!", rief er und strich sich über den Bart. "Gesegnet ist der Mann, der diesen christlichen Krieger seinen Sohn nennen kann! Wie viele Kinder des Propheten hat er an diesem Tag getötet?"

"Sechshundertneunundfünfzig!" lautete die Antwort.

"Sechshundertneunundfünfzig", wiederholte Saladin, "und es ist doch Mittag!" Als es dunkel wurde, war die Zahl auf eintausendsieben erhöht worden.

Als Saladin von dem schrecklichen Tageswerk des "Ritters ohne Arm" hörte, blutete Saladins großes Herz, und doch konnte er sich seiner Bewunderung für solch wundersames Geschick und Tapferkeit nicht entziehen.

"Geht", rief der großmütige, ungläubige Anführer, "Geht, nehmt aus meinem Hause die schöne Sklavin Kohilât, die mit ihren glänzend schwarzen Kugeln die Blüte der Anmut und die Blüte der königlichen Schönheit selbst ist. Führe sie zum "armlosen Ritter", mit königlichem Gruß von Saladin; seine Tapferkeit macht ihn zu meinem Bruder, Giaour, wie er auch sein mag! Hinweg!"

Als die schöne Kohilât in die Gegenwart meines jungen Vorfahren geführt wurde und ihm verkündet wurde, dass Saladin sie als Geschenk an ihn, den "armlosen Ritter", mit einem königlichen Gruß als Zeichen seines Respekts für einen so jungen und doch so tapferen Mann gesandt hatte, war der erste Gedanke des christlichen Jünglings, sie empört aus seiner Gegenwart zu winken.

In diesem Moment jedoch erhob Kohilât ihre großen und strahlenden Augen und richtete sie voll auf das Gesicht des jungen Mannes.

Es war mehr, als das menschliche Herz ertragen konnte.

Er bewegte ihr Gefolge dazu, sein Zelt zu verlassen, ging mit respektvoller Miene zu ihr hinüber und sagte:

"Kohilât, ein seltsames Schicksal hat dich zu mir gesandt. Der Bote des großen Saladin vermittelt mir die Kenntnis deiner Güte, deiner Freundlichkeit und deines begnadeten Geistes, der in seinem Vorrat höchst entzückende Bilder und auch nützliche Kenntnisse birgt. Er teilt mir mit, dass du in direkter Linie von jener berühmten Prinzessin deines Landes, Scheherezada, abstammst, die in tausendundeiner Nacht die Gedanken des Sultans von Indien durch das Spiel ihrer brillanten Fantasie so gefesselt hat, dass sie ihn von seinem schrecklichen Racheplan abgebracht hat. Glaubst du, Kohilât, dass du deinen falschen Gott vergessen und nur den wahren lieben kannst?

"Ja, mein Herr", murmelte die sanfte Kohilât, "wenn es meinem Herrn gefällt".

Ein Lächeln breitete sich über das hübsche Gesicht meines jungen Vorfahren aus. Es wäre ihm lieber gewesen, wenn er auf mehr Widerstand gestoßen wäre, die schöne Ungläubige zum wahren Glauben zu bekehren, aber obwohl er dieses schöne Gesicht lange und genau nach Anzeichen von Subtilität absuchte, sah er keine.

"Es ist gut, Kohilât", fuhr er fort, "und nun antworte mir und sprich aus deinem Herzen. Bist du gewillt, meine Frau zu werden, gemäß den Riten der christlichen Kirche und den Gesetzen meines Heimatlandes?"

Wieder antwortete die schöne Kohilât:

"Ja, mein Herr, wenn es Euch beliebt."

Am folgenden Tag wurde ein Waffenstillstand verkündet, und in Anwesenheit der beiden großen Anführer der gegnerischen Armeen, Cœur de Lion und Saladin, die beide vom ruhmreichsten Gefolge umgeben waren, wurden mein junger Vorfahre und die Prinzessin Kohilât vom königlichen Beichtvater zu Mann und Frau vereint, der "armlose Ritter", der in seinem glitzernden Panzer wie eine Säule aus poliertem Silber über der umgebenden Menge thronte. Als er mit dem Ehering zwischen den Lippen seiner dunkeläugigen Braut entgegentrat, erhob sich ein gewaltiger Jubelruf beider Armeen.

Saladin streichelte seinen Bart. Cœur de Lion machte das Zeichen des Kreuzes. In einer kurzen halben Stunde waren die Führer in ihre Lager zurückgekehrt, und der Krieg hatte sein schreckliches Zerstörungswerk wieder aufgenommen.

Dieser Vereinigung meines berühmten Vorfahren, des "armlosen Ritters", mit der muslimischen Jungfrau schreibe ich meinen Besitz einer fast orientalischen Ausgelassenheit der Fantasie zu.

Zeichnung 3: Porträt meines berühmten Vorfahren, des "Armlosen Ritters", mit seinem Ehering zwischen den Lippen.

KAPITEL II.

Der ältere Baron ist unsicher über den genauen Ort meiner Geburt. Die Gründe dafür werden später angegeben. Meine Eltern sind zur Zeit in Afrika unterwegs. Die bemerkenswerte Besteigung der Mondberge durch den älteren Baron. Die wundersame Flucht aus dem undurchdringlichen Nebel. So erfolgreich. Im Land der melodiösen Nieser. All das geschah dort. Wie der König der melodiösen Nieser meine Eltern in großer Ehre in seinen Palast führte und wie sie von ihm behandelt wurden.

Zeichnung 4: Die Maultiere mit Maulkorb

Es liegt zwar in meiner Macht, die Neugier meiner Leser zu befriedigen, in welchem Teil der Welt ich zum ersten

Mal Dunkelheit sah - denn ich wurde in der Nacht geboren -, was aber die Art des unmittelbaren Geburtsortes betrifft, bin ich leider nicht in der Lage, mehr zu tun, als die Worte meines Vaters zu wiederholen, wenn ich zu diesem Punkt befragt werde.

"Mein Sohn, wenn ich auf meinem Sterbebett läge, könnte ich nur sagen, dass du entweder mitten in einem großen See, auf einer Insel, auf einer Halbinsel oder auf dem Gipfel eines sehr hohen Berges geboren wurdest, wie ich dir oft erklärt habe."

Es genügt mir also, geneigter Leser, für den Augenblick, Ihnen mitzuteilen, dass meine Eltern zur Zeit meiner Geburt in Afrika unterwegs waren; dass mein Vater gerade eine der wunderbarsten Leistungen im Bergsteigen vollbracht hatte, nämlich die Besteigung des höchsten Gipfels der Mondberge; dass seine Begleiter ihn an einer besonders gefährlichen Stelle des Aufstiegs im Stich gelassen hatten; Es ist eine Besonderheit der Atmosphäre, dass nach dem Überschreiten einer gewissen Höhe die Gesichts- und Halsmuskeln gelähmt werden und der unglückliche Reisende entweder vor Hunger oder Durst stirbt, während er sich in Gegenwart von köstlichen Früchten und kühlem, klarem Wasser befindet.

Als sie wieder bei meiner Mutter angelangt waren, die ihn so weit den Berg hinauf begleitet hatte, wie die am besten trainierten und trittsichersten Maultiere einen Halt finden konnten, machten sie sich, wie sie vermuteten, auf den Weg zu dem Tal, von dem sie zuerst aufgebrochen waren.

Ein undurchdringlicher Nebel schloss sie nun ein, und bald fanden sie sich hoffnungslos und hilflos umherirrend wieder.

Am Morgen des dritten Tages hatte sich dieser Nebel sogar noch verdichtet und schloss sich wie eine Hülle um sie und schloss das Tageslicht fast ganz aus.

Während mein Vater herumtastete, war er mit den beiden Lasttieren in Berührung gekommen, die ihm an den leichteren Stellen des Aufstiegs gedient hatten. Sie grasten leise und unbekümmert an den süßen und zarten Sträuchern, die an den Berghängen wuchsen.

Plötzlich kam meinem Vater eine Idee. Sie entstand aus jener Verzweiflung, die einen Mann lange und intensiv nachdenken lässt, bevor er sich zum Sterben hinlegt.

So kam er zu diesem Schluss: Wenn es diesen Tieren erlaubt ist, sich zu satt zu essen, wann immer es ihr Appetit erfordert, sind sie durchaus bereit, dort zu bleiben, wo sie sind, vor allem, wenn sie sich inmitten solch ausgezeichneter Weiden befinden, und darüber hinaus sind sie von aller Mühsal befreit. Lassen Sie sie jedoch die Schmerzen des Hungers, oder besser noch, den Zahn des Hungers an ihren Lebensfunktionen spüren, und ihre Gedanken werden sofort zu ihren Häusern, ihren Herren, ihren Futterkrippen zurückkehren, und sie werden keine Zeit verlieren, sich auf den Weg in das Dorf zu machen, wo sie hingehören. Mit der Energie der Verzweiflung band mein Vater ihnen eilig ein Stück Leinwand über den Mund, so dass sie weder grasen noch trinken konnten, und wartete mit angehaltenem Atem auf die Ergebnisse seines Experiments, denn die Tränen und das Stöhnen meiner armen Mutter, deren Kraft schnell nachließ, trafen ihn bis in die Seele.

Nach ein paar Stunden standen die Tiere auf und wurden sehr unruhig, und in einer weiteren Stunde hatte ihr Hunger so zugenommen, dass sie sich verzweifelt um Futter bemühten, wie mein Vater leicht an dem Ruckeln der Leine erkennen konnte, die er sorgfältig an ihrem Kopfstand befestigt hatte.

Nach der vierten Stunde herrschte eine lange Stille, in der die Tiere darüber nachzudenken schienen, welchen Kurs sie einschlagen sollten.

Die fünfte Stunde kam.

Meine Mutter war schwach und müde in die Arme meines Vaters gesunken, um sich auszuruhen. Plötzlich kam es zu einer Anspannung der Führungsleinen. Sanft weckte mein Vater seiner schlafenden Gefährtin und flüsterte ihr ein paar tröstende Worte zu.

Wieder zogen sich die Linien straffer.

Meine Eltern waren nun auf den Beinen und blickten in die Tiefen des undurchdringlichen Nebels, der sie einhüllte und sie sogar unsichtbar für einander machte.

Plötzlich bewegten sich die Tiere wieder, als ob ihr Verstand endlich das Problem gelöst hätte, das sie seit mehreren Stunden verwirrte: Die Bestien wendeten sich mit heftigem Schnauben vom Fleck, drängten sich durch das Gebüsch und setzten meine Eltern in Bewegung.

Offensichtlich gab es eine völlige Übereinstimmung zwischen den Schlussfolgerungen, zu denen ihre Intelligenz oder ihr Instinkt gelangt waren, denn kein einziges Mal zogen sie sich auseinander oder kamen zum Stillstand, es sei denn, sie wurden von meinem Vater zurückgehalten. Und so wurden meine lieben Eltern gerettet! Den ganzen Tag und einen Teil des nächsten verfolgten sie ihren tristen Weg. Endlich lichtete sich der Nebel, und meinem Vater war sofort klar, dass die Tiere sie zwar zu menschlichen Behausungen führten, dass es aber nicht das Gebiet war, das er verlassen hatte, als er sich auf den Weg zum Berggipfel machte. Der Weg wurde nun so deutlich sichtbar, dass mein Vater den beiden Tieren die improvisierten Maulkörbe entfernte und ihnen erlaubte, ihren Hunger zu stillen, was sie dann mit dem größten Vergnügen taten. Meine Mutter war so erschöpft, dass sie hilflos zu Boden sank. Mein Vater erfrischte sie mit einem Schluck Quellwasser und dem Saft einiger wilder Trauben und bereitete hastig ein Bett aus weichem Laub vor, auf das sie sich nach ihrem langen und ermüdenden Streifzug gerne warfen.

Bald waren sie in einen tiefen und höchst angenehmen Schlaf gefallen. Wie lange sie in ihren erfrischenden Schlummer gehüllt auf ihrem Laubbett lagen, wussten sie nicht.

Es war sicherlich eine lange Stunde, denn als sie erwachten, nagte der Hunger an ihren Mägen. Ohnmächtig wären sie sofort mit dem Sammeln von Früchten fortgefahren, wären nicht plötzlich höchst ungewöhnliche Geräusche in ihre Ohren gedrungen. Sie rieben sich die Augen, sahen sich um und einander an, wobei sie sich für den Zeitvertreib eines fröhlichen Träumers hielten.

Aber nein, sie waren hellwach und im Vollbesitz ihrer Sinne. Wieder hörte man die seltsamen Geräusche, und diesmal waren sie näher und klarer.

Es war ein Steigen und ein Fallen, ein Anschwellen und dann ein Abklingen.

Die Geräusche waren ruckartig und zackig, und es war eine einzigartige Musik in ihnen.

Näher und noch näher kamen sie heran. Lauter und noch lauter wurden sie. "Wilde Tiere?" flüsterte meine Mutter halb forschend.

"Nein!" fiel meinem Vater von den Lippen. "Nur wenn Menschen so wild sind, dass sie den Namen der Tiere verdienen."

"Horch noch einmal!", murmelte meine Mutter.

Man konnte die Töne nicht mehr verwechseln, denn wie ein vielstimmiger Chor, kreischend und schrill und pfeifend, tief und murrend, weich und musikalisch, rau und kehlig, doch alles in einer Art unhöflicher und wilder Harmonie, vermischt in einer mächtigen, nun tiefen und kaum hörbaren und nun mit einer heftigen und scheinbar bedrohlichen Kraft ausbrechenden Sorte, stürzten die Sänger, Sängerinnen, Heuler oder was immer sie sein mögen, in einer wilden und doch halb geregelten Unordnung in dem Tal unter uns ein.

Es waren Menschen in wilder Tracht, mit bemalten Gesichtern und Keulen, die leicht über die Schultern schwangen. Ob sie innehielten oder vorrückten, sie hielten immer noch ihren wilden und geheimnisvollen Gesang aufrecht, abgehackt, ruckartig und schwungvoll für die ganze Welt, wie tausend Menschen, die gerade reichlich aus tausend Schnupftabakdosen geschöpft hatten.

"Rette mich, oh Ehemann!", rief meine Mutter mit bleichem Gesicht.

"Wir werden von diesen wilden Kindern des Waldes schrecklichen Folterungen ausgesetzt werden." Ein Lächeln war so sanft und doch so ruhig über die Züge meines Vaters verteilt, dass es nicht umhin konnte, beruhigend zu wirken.

"Keine Angst", sagte er, "ich kenne sie, ich habe sie gesucht! Was manch einem Reisenden, der stärker und mutiger war als ich, verwehrt blieb, wurde einem Mitglied der Trump-Familie auf wunderbare Weise zuteil. Wenn wir nach Europa zurückkehren, wird sich jeder Monarch, jede gelehrte Gesellschaft beeilen, mir eine Medaille an die Brust zu binden, denn, liebe Frau, dein Mann ist der erste Weiße, der das Land der..."

"Die-?" widerhallte meiner Mutter, die sich nach vorne beugte und den Arm ihres Mannes umklammerte.

"Melodiöse Nieser!"

"Melodiöse Nieser?" wiederholte meine Mutter mit weit geöffnetem Auge und Belustigung in sämtlichen Zügen.

"Melo-"

Aber sie kam nicht weiter. Zur unendlichen Belustigung meines Vaters fiel sie niesend und äußerst heftig hin. Die Nieser strömten so schnell aufeinanderfolgend, dass es sich genau wie ein kleiner Motor in voller Fahrt anhörte.

Endlich schien der Anfall vorbei zu sein. "Melo-" aber vergeblich; sie konnte die zweite Silbe nicht finden.

Und jetzt, war mein Vater an der Reihe, zunächst langsam, dann immer schneller.

Seltsamerweise fing ihr Niesen bald an, die Wege des Landes einzufangen und vermischte sich gründlich, wobei sie trotz ihrer Bemühungen, die Zeit zu kontrollieren, den Takt einhielten.

"Wisse denn, liebe Frau", rief mein Vater keuchend, als sein Anfall vorbei war, "dass diese seltsamen Leute, die sich auf der Grünfläche unter ihm ausbreiteten, die "Melodiösen Nieser" sind; dass sie nicht nur vollkommen harmlos, sondern auch in erstaunlichem Maße sanft, freundlich und friedfertig sind. Fürchtet sie nicht! Ihre Schläger sind nur für das Spiel". "Aber warum...", fragte meine Mutter vorsichtig, damit kein weiterer Anfall sie ergreifen würde.

"Ich verstehe dich", war die Antwort. "Hör zu. Wisse, dass in diesem Tal und in den größeren Tälern darunter die Luft immer mit Myriaden von Insekten von unendlich kleiner Größe gefüllt ist; nur das stärkste Mikroskop kann dir deine Sicht auf ihre tatsächliche Existenz ermöglichen. Seit unzähligen Generationen sind diese friedfertigen Barbaren hier den kitzelnden Empfindungen ausgesetzt, die Du und ich haben..."

Wieder fiel mein armer Elternteil niesend in regelmäßigen und musikalischen Kadenzen, auf und ab, tief und schrill, jetzt schnell und schneller, jetzt langsam und langsamer, bis wieder Stille herrschte.

"Einfach erlebt", fuhr mein Vater fort, "bis es die Anstrengung des Niesens ganz so leicht gemacht hat wie das Atmen, und unter Ausnutzung von Ergebnissen, die, wie sie bald erkannten, nicht zu vermeiden waren, haben diese Kinder der Natur nicht lange gezögert, ihre übliche Sprache abzulegen und buchstäblich durch Niesen zu sprechen!

"Bei ihnen ist ein Niesen zu so vielen Intonationen, so vielen Beugungen fähig, dass sie keine Schwierigkeiten haben, alle notwendigen Gefühle und Empfindungen auszudrücken,-zumindest notwendig für sie in ihrem einfachen Leben, wie Du später sehen wirst".

Gerne würde meine arme Mutter hier ihr vorübergehendes Staunen zum Ausdruck bringen, aber sie traut sich nicht, den Mund zu öffnen. "Komm, liebste Gefährtin", rief mein Vater fröhlich. "Nur Mut", rief mein Vater. Lass uns in dieses wunderschöne Tal hinabsteigen, denn noch stehen wir nur an den Grenzen des "Landes der melodiösen Nieser", die in ihrer weichen und musikalischen Sprache Lâaah-chew-lâ genannt werden.

Die Aussprache dieses Wortes warf meine armen Eltern wieder einmal in einen perfekten Nieswirbel; aber nichts entmutigte sie, sie rückten näher an die Eingeborenen heran, die auf den ersten Blick zu Boden fielen und mehrere Augenblicke lang ein leises klagendes Niesensummen aufrechterhielten, wobei ihre Nasen ins Gras gedrückt wurden.

Nach und nach gelang es meinem Vater jedoch, sie davon zu überzeugen, dass er genauso friedfertig war wie sie.

Daraufhin führten die "Melodiösen Nieser" einen höchst eigentümlichen und zugleich angenehmen Freudentanz auf, wobei ihre Füße mit ihrem Niesreigen-Refrain perfekt im Takt blieben.

Wie mein Vater später erfuhr, sollte der Tanz den "weißen Geistern" ihre intensive Dankbarkeit dafür ausdrücken, dass sie sie nicht lebendig gefressen hatten.

Mein Vater ging Hand in Hand mit dem König Chew-chew-lô, und meine Mutter begleitete eine oder mehrere seiner Frauen, wobei der Favorit des Königshauses Chew-lâ-â-â-â hieß und jede der folgenden den Namen entsprechend verkürzte, da sie einen weniger erhabenen Platz in der Zuneigung des Königs einnahm und einen kürzeren Namen trug, bis Chew-lâ schließlich kaum mehr als eine bloße Dienstmagd bedeutete.

Mein Vater stellte fest, dass die Dörfer der "Melodiösen Nieser" aufgrund der Häufigkeit und der Heftigkeit der Überschwemmungen durch das Flussnetz, das ihr Land völlig einschloss, aus Häusern oder Wohnungen bestanden, die in den Bäumen oder auf hohen Pfählen gebaut waren.

Er und meine Mutter waren in einer der geräumigsten der königlichen Behausungen untergebracht, und so viele Sklaven und Bedienstete waren mit der Versorgung ihrer Bedürfnisse betraut, dass es nur wenig oder keinen Platz zum Bewegen gab.

Zu ihrem großen Leid fuhr mein Vater fort, mehrere Hundert zu entlassen, damit er nahe genug an meine Mutter herankommen konnte, um sich ohne Geschrei unterhalten zu können, und schickte dann an König Chew-chew-lô die Nachricht, dass sowohl er als auch meine Mutter mindestens eine Woche vollkommener Ruhe und Erholung brauchen würden, um nach ihren schrecklichen Leiden an den Hängen der Mondberge ihre Gesundheit und Kraft wiederzuerlangen.

KAPITEL III.

Zeichnung 5: Bulger mit seinen Schlammschuhen.

Meine Geburt. Der ältere Baron liest mein Horoskop. Die Geburt von Bulger. Der ältere Baron zieht sich Schmutzschuhe an und geht spazieren. Was er entdeckt. Meine wunderbare Altklugheit. Meine Liebe zu Bulger. Mein schrecklicher Sturz in den Schlammsee. Wie die melodiösen Nieser in ihren Schmutzschuhen versuchten, mich zu retten. Ihr Scheitern.

Bulger kommt ihnen zu Hilfe. Wie ich ausgegraben und zu meiner Mutter zurückgebracht wurde. Bemerkenswerte Wirkung des warmen Schlamms auf meinen Kopf und mein Gehirn. Die "Melodiösen Nieser" haben Angst vor mir. Meine Vorliebe für Arithmetik und Sprachen. Wir verabschieden uns von den"Melodiösen Niesern" und kehren nach Hause zurück. Wie ich meine Nachhilfelehrer entließ und wie der ältere Baron sie zwang, für den Unterricht, den ich ihnen gegeben hatte, zu bezahlen.

An diesem Punkt zittert meine Hand und die Tinte fließt unregelmäßig aus meiner Feder.

Ich bin im Begriff, bestimmte Ereignisse festzuhalten, die, - da bin ich mir sicher, dass der Leser mir zustimmen wird - als die interessantesten meines seltsamen und abwechslungsreichen Lebens angesehen werden. Möglicherweise sollte ich sagen, interessant für mich; denn, lieber Leser, eines dieser "bestimmten Ereignisse", von denen oben die Rede war, ist ein nicht weniger wichtiges Ereignis als meine Geburt in diese große und schöne Welt - eine Welt, die sich als voller wunderbarer Dinge und wunderbarerer Wesen erwiesen hat, wie Sie sehen werden, wenn ich mit meiner Geschichte fortfahre.

Ich wurde im Hochsommer geboren. Es war die Nachtsaison.

Zehntausend Sterne funkelten über der Wiege dieses elenden, kleinen, hilflosen Klumpens aus Knete; aber heller als alle, wie eine purpurrote Fackel am Himmel, strahlte Sirius, der Hundestern, auf mich herab!

Mein Vater blickte zum Himmel auf und murmelte lächelnd: "Kleiner Fremder, du wirst immer ein Liebhaber von Hunden sein. Dein Lächeln wird ihnen Freude bereiten, deine Worte Musik, und in irgendeinem vierfüßigen Tier ihrer Rasse wirst du deinen besten, deinen treuesten, deinen wahrhaftigsten Freund finden.

Als ob ich den Worten meines Vaters den Stempel der Wahrheit aufdrücken wollte, hörte man in diesem Augenblick in einem Nebenzimmer den Schrei einer Hundemutter, und einer aus dem königlichen Haushalt Chew-lâ-â kam mit einem Korb winziger Welpen in meine Präsenz gerannt. Mein Vater ergriff lachend die Korbwiege dieser neu angekommenen Familie und hielt sie mir schreiend entgegen:

"Wähle, kleiner Baron, wähle dir einen Freund und Gefährten." Ich streckte meine winzige Babyhand aus und sie ruhte auf einem mit einem besonders großen Kopf. "Ha! ha!", lachte mein Vater, "du hast gut gewählt, kleiner Baron, denn der, den du gewählt hast, hat so viel Hirn, dass sein Kopf damit ziemlich wölbt.

Und als meine Säuglingszunge mit diesem Wort zu ringen begann, wurde sie zu "Bulger" verdreht. Und so kam es, dass Bulger und ich fast im gleichen Moment auf den Lebensweg gingen! Am nächsten Tag entdeckte mein Vater, dass das Wasser in der Nacht begonnen hatte, sich zurückzuziehen, und als er von unserer erhabenen Behausung hinunterblickte, sah er, dass sie sich nun scheinbar in der Mitte einer ziemlich ausgedehnten Insel befanden. Nach dem Frühstück zog mein Vater gemäß den Gepflogenheiten des Landes ein Paar der Holzschuhe von King Chew-chew-lô an, die alle melodiösen Nieser trugen, wenn sie versuchten, sich auf der Oberfläche des durch die Überschwemmung entstandenen weichen Schlamms zu bewegen.

Diese Holzschuhe sind extrem leicht, obwohl sie ziemlich lang und breit wie Schneeschuhe sind. Da die Sohlen poliert sind, kann der Träger mit der gleichen Schnelligkeit wie ein Läufer auf Schneeschuhen über den Schlamm gleiten, der aufgrund der Beschaffenheit des Bodens sehr ölig ist.

Nach einem mehrstündigen Ausflug bergauf und bergab

kehrte mein Vater mit diesem Stück seltsamer Intelligenz zurück, nämlich mit der Feststellung, dass sich ihr Wohnort vor dem Wasserfall zweifellos in einem See befand; aber dass sich nach und nach, als das Wasser zurückgegangen war, eine Insel gebildet hatte, die etwas später in eine Halbinsel verwandelt wurde, die ihrerseits durch ein weiteres Absinken des Wassers in die Krone eines Berges mit sanft abfallenden Seiten verwandelt wurde; Und so, wie er meiner Mutter berichtete, konnte er bis zu seinem Tode nicht sagen, ob sein Sohn in einem See, auf einer Insel, auf einer Halbinsel oder auf einem Berggipfel geboren wurde, was ihn sehr schmerzte, denn wie alle Mitglieder seiner Familie war er sehr stolz darauf, wichtige Ereignisse bis ins kleinste Detail genauestens aufzuzeichnen.

Im Gegensatz zu den meisten Babys, die das erste halbe Jahr ihres Lebens mit Essen, Schlafen und Weinen zu verbringen scheinen, zeigte ich von Anfang an eine erstaunliche Frühreife.

Als ich erst wenige Wochen alt war, konnte ich zwar nicht sprechen, doch hatte ich gelernt, nach Bulger zu pfeifen, dessen geistige und körperliche Entwicklung mit der meinen Schritt zu halten schien und der die meiste Zeit damit verbrachte, in mein kindliches Gesicht zu schauen, mit einem Ausdruck, der nur zu deutlich bedeutete:

"Oh, ich werde so froh sein, wenn diese kleine Zunge losgelassen wird, damit du mich Bulger nennen und mich bitten kannst, deinen Willen zu tun".

Er hatte auch nicht lange zu warten.

Das Einzige, was mir in dieser frühen Phase meines Lebens die größte Freude bereitete, war das Sonnenlicht.

Im Haus war ich ärgerlich, übellaunig, gereizt, aber sobald ich an der frischen Luft war, änderte sich mein ganzes Wesen. Ich trank in der weichen, lindernden Atmosphäre mit einem Elan und einer Zufriedenheit, die meinen Vater erfreute. Mein Gesicht wurde heller, meine Augen wanderten von Tal zu Berg, von Berggipfel zu Himmel.

Dieser Anblick der großen Welt warf mich in eine solche Verzückung der Freude, dass meine Mutter ängstlich wurde, mir könne irgendein großes Übel vorausgesagt werden, das mir widerfahren würde.

Aber der stattliche Baron lächelte nur. "Fürchte nichts, Frau, es bedeutet nur, dass in diesem kleinen Kopf ein wunderbar aktiver Geist für ein Kind seines Alters wohnt."

Wann immer Bulger seinen kleinen Meister beim Anblick der schönen Welt in freudigen Tönen schreien hörte, wurde er ganz sicher von einem Anfall heftigen Bellens ergriffen, in dessen Verlauf er mit den wildesten und extravagantesten Manifestationen der Sympathie um mich herumsprang.

Ohne Zweifel gab es zwischen uns ein wunderbares Band der Zuneigung.

Zu meiner Mutters - ich hätte fast Entsetzen gesagt - versuchte ich eines Tages, als sie mit mir in ihren Armen lief, auf der breiten Veranda, die die Chewchewlô-Paläste umgab, mich aus ihren Armen zu werfen und auf Deutsch zu schreien: Los! Los! (Lass mich los! Lass mich los!) Ich war erst zwei Monate alt, und der laute und energische Ton, in dem ich dieses erste Wort aussprach, das ich in der Sprache meiner Mutter gesprochen hatte, erschreckte sie ziemlich.

Bis zu diesem Zeitpunkt hatte ich mich offenbar mehr für die sanfte und musikalische Sprache meiner königlichen Amme Chewlâ interessiert, in der ich mich sehr leicht verständlich machen konnte. Ungefähr zu dieser Zeit passierte mir ein Unfall, der sie zwar nicht bewirkte, aber die von Bulger und mir so sehnlichst gewünschte Befreiung von der elterlichen Einschränkung sehr beschleunigte, denn seit meinem Eintritt in diese Welt sagte mir etwas, dass ich ein berühmtes Kind sein sollte, und nicht nur ein frühreifer Jüngling, der von seinen Eltern bei gesellschaftlichen

Zusammenkünften dazu benutzt wird, Menschen, die bereits in schlechter Stimmung sind, zu langweilen, indem er sich auf einen Stuhl oder Tisch setzt und mit einem halben Dutzend hölzerner, ruckartiger Gesten papageienhaft Verse deklamiert; sondern ein echter Held, ein echter Reisender, der sich nicht scheut, einem Sturm zu trotzen, einer wilden Bestie gegenüberzutreten oder ein barbarisches Volk dazu zu drängen, das zu tun, was er wollte.

Es war die Gewohnheit meiner Mutter in der Kühle des Tages, mit mir auf der breiten Veranda zu sitzen, während sie die Strümpfe meines Vaters stopfte; denn obwohl sie von vornehmer Abstammung war, hatte sie sich als Mädchen so sehr daran gewöhnt, deutsche Sparsamkeit in allen Dingen zu üben, dass sie nun, obwohl sie die Frau eines echten Barons geworden war, nicht auf das Vergnügen verzichten konnte, die Dinge auf die gute alte Art zu tun.

Und so ersparte sie meinem Vater so manchen Pfennig, den der gute Mann den würdigen Armen schenkte, und ging mit ihrem Segen beladen ins Grab.

In einer solchen Zeit ergriff meine Mutter ein plötzlicher Niesanfall, und zu ihrem unsäglichen Entsetzen ließ sie mich aus ihren Armen gleiten. Ich fiel zu Boden, schlug in den weichen Schlamm und verschwand aus dem Blickfeld.

Die arme Frau fiel wie Blei zu Boden.

Der stattliche Baron erhob sich auf seine Füße, und die Farbe floh von seiner männlichen Wange.

Aber Chew-chew-lô, der glücklicherweise meinem Vater einen Besuch abstattete, lächelte nur.

"Gefühlloser Barbar", brüllte der große Baron, "haben Sie keinen Respekt vor den Tränen eines Vaters, vor der Angst einer Mutter? Hinaus mit dir! "Hätte ich doch nie dein Reich betreten!" Chew-chew-lô sprach kein Wort. Er wandte sich mit herrischer Miene und rechtsköniglicher Manier einer Menge von Gefolgsleuten zu und winkte mit der

Hand.

Schneller als gedacht sprang die Bande der melodiösen Nieser auf ihre Holzschuhe.

Weg, weg, sie huschten wie schwarze Fledermäuse auf der Schwinge.

Der Baron sah, dass er in seiner schrecklichen Trauer sein besseres Urteilsvermögen verloren hatte, und mit bleichem Gesicht und gebeugtem Kopf stand er auf und stützte die ohnmächtige Gestalt seiner Frau.

Er fühlte, wusste er, dass seine Anwesenheit unter den melodiösen Niesern in diesem Augenblick sie nur verunsichern, ihren Fortschritt behindern und sie möglicherweise so verwirren würde, dass all ihre Bemühungen vergeblich sein könnten. Von Kindheit an waren sie so daran gewöhnt, diese riesigen Holzschuhe zu tragen und sich auf der Oberfläche dieses tückischen Schlammes zu bewegen, dass, wenn es Menschenhänden möglich wäre, seinen Sohn in die Arme zu nehmen, die ihren es tun würden.

Und so sprach er ein paar ermutigende Worte in das Ohr meiner Mutter und stand weiter wie eine Statue, mit seinem Blick auf die langen Reihen melodiöser Nieser gerichtet, die sich um den Bergkamm wanden, um die Stelle zu erreichen, an der ich nach ihrem Urteil verschwunden war.

Mit ihren leichten, breiten, hölzernen Schaufeln bewaffnet, erhoben und senkten sich ihre dunklen Arme mit wunderbarer Präzision und Regelmäßigkeit und hielten den Takt mit den musikalischen Noten ihres Niesens; jetzt weich und tief, jetzt in einem wilden und galoppierenden Takt ausbrechend.

Runter! Runter! Runter!

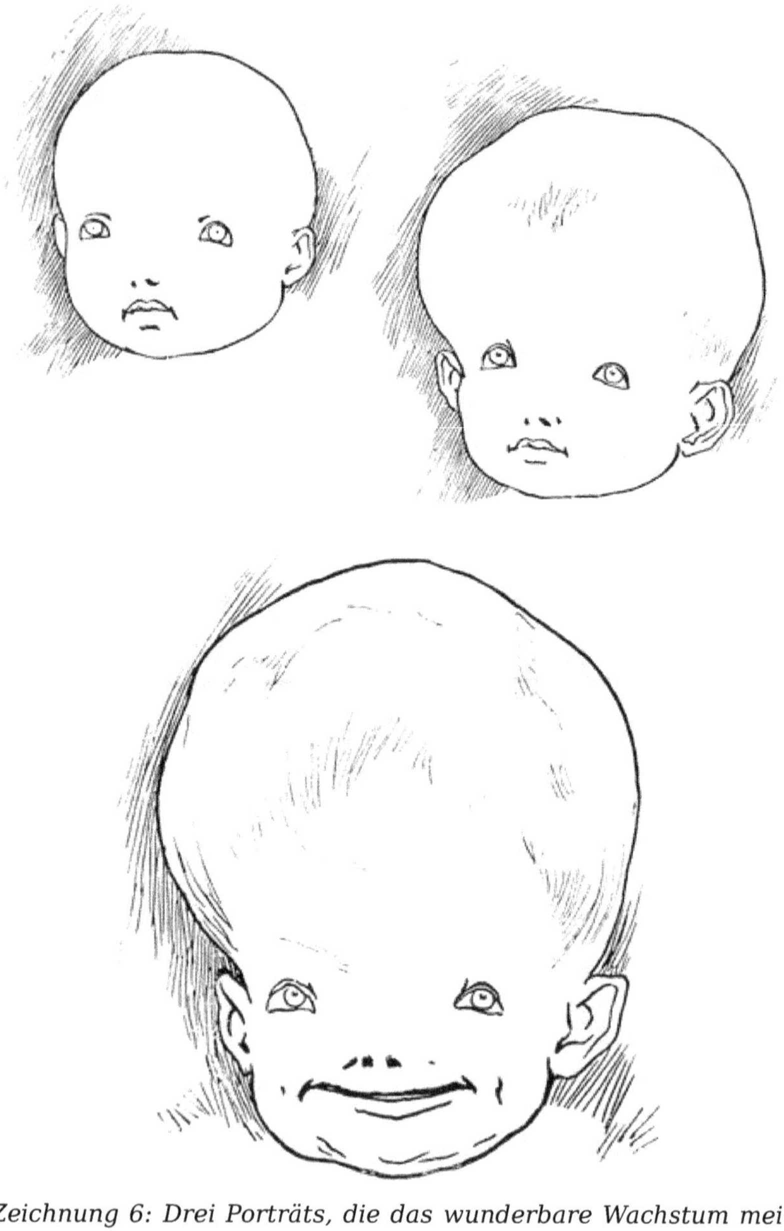

Zeichnung 6: Drei Porträts, die das wunderbare Wachstum meines Gehirns zeigen.

Und doch vertieften sie sich vergeblich!

Keine Spur von mir war da, um die Herzen meiner armen, von Trauer geplagten Eltern zu erfreuen.

Aber hört hin!

Was ist das für ein schriller Schrei?

Das ist nicht menschlich!

Nein; denn es ist das Bellen von Bulger, oder besser gesagt, es ist das Kreischen von Bulger.

Er hatte die Schar der melodiösen Nieser beobachtet, wie ihre weißen Schaufeln vergeblich auf und nieder gingen, während sein Kopf durch das Geländer der Veranda gestoßen wurde.

Niemand war mit Verstand und Herz genug da, um die Bedeutung dieses armen Aufschreis zu begreifen.

Chew-chew-lô sah, dass seine Männer standen, auf die Schaufeln gestützt, mit Blicken voller Zweifel und Zögern in den Augen.

Der König schwieg.

Es war der große Baron, der sprach:

"Oh, sie sollen nicht aufgeben! Mein Leben, mein Reichtum, alles, was ich habe, gehört dir, mein guter, gütiger Chew-Chew..."

Ein Niesanfall unterbrach seine Klage.

Wieder erhob sich Bulgers Schrei, und diesmal beherzigte der König ihn.

Ein Diener sah, wie der König nickte, und als er sich beeilte, dem Hund breite hölzerne Becher an die Füße zu binden, wurde er auf der Schlammoberfläche losgelassen.

Was ist der Mensch mit seiner prahlerischen Intelligenz?

Sie waren zehn Schritte oder mehr von dem Punkt entfernt, an dem ich verschwunden war.

Mein lieber Bulger eilte abwechselnd kläffend, bellend und winselnd zu der Stelle, an der ihm sein untrüglicher Geruch verriet, dass sein geliebter kleiner Herr untergegangen war.

Wieder machte sich die Gruppe der melodiösen Nieser mit neuem Elan an die Arbeit, ihre weißen Schaufeln blitzten mit seltsamer Wirkung gegen die tintenschwarze Schwärze des Schlamms.

Bulger ermutigte sie mit lautem und freudigem Bellen.

Plötzlich drang ein klares, klingendes, melodiöses " Knirschen" in die Luft.

Sie hatten mich erblickt!

In seltener Voraussicht für einen meines Alters hatte ich meine Nasenlöcher mit einer Hand verschlossen, bevor ich den Schlamm erreichte, und hatte so meine Lungen davor bewahrt, sich zu füllen.

Aber wie nutzlos wäre diese Vorsichtsmaßnahme gewesen, wenn nicht mein treuer Bulger mir zu Hilfe gekommen wäre!

Seine Freude kannte nun keine Grenzen mehr.

Ich glaubte, ein Lächeln auf der tränenbefleckten Wange des alten Barons zu erblicken, als sein Junge auf die Veranda getragen wurde, mehr wie ein belebter Erdklumpen als irgendetwas anderes, denn die Luft hatte mich wiederbelebt. Meine Augen waren nicht nur weit geöffnet, sondern sie waren die einzige saubere Stelle an meinem ganzen Körper.

Unabhängig von meinem schmutzigen Zustand umklammerte mich meine liebe Mutter krampfhaft an ihrer Brust, und ich glaube, sie hätte ihre Lippen auf meinen schlammigen Kopf und mein Gesicht gepresst, wenn sie nicht die breite Handfläche des Barons in verdächtiger Nähe gehalten gesehen hätte, während sich das Herz der Mutter in Worten entlud. Ein paar Becken mit warmem Wasser, und ich war wieder ich selbst.

Nein, ich war nie wieder ich selbst. Mein Bad im warmen Schlamm von Lâ-aah-chew-lâ bewirkte eine höchst bemerkenswerte Veränderung in mir; es hemmte das Wachstum meines Körpers und lenkte all meine Kraft nach oben in meinen Kopf und mein Gehirn.

In einem kurzen Monat verdoppelte sich meine Kopfgröße fast.

Mein Babygesicht und mein Gesichtsausdruck waren verschwunden!

Und bevor ein anderer Mond seine Hörner gefüllt hatte, war ich zu einem lebenden Wunder herangewachsen!

Nicht nur die Größe meines Kopfes war etwas Bemerkenswertes, sondern aus meinen Augen strahlte eine erstaunliche Intelligenz.

Die armen Frauen von Lâ-aah-chew-lâ Land kauerten vor mir, als wäre ich ein Wesen aus einer anderen Welt, und dann tippten sie sich auf die Stirn, näherten sich meiner Mutter und flüsterten:

"Gnädigster Chew-lâ-â-â-â-â-â der Große Geist hat einen Fehler gemacht und zwei Seelen statt einer hineingelegt!"

Und dann beugten sie ihre anmutigen Körper, bis ihre Stirn die Füße meiner Mutter berührte, und zogen sich zurück, gingen rückwärts hinaus wie die am besten reglementierten Hofdamen, wobei jede ihren Finger nach mir ausstreckte und ihre Augen weit öffnete, als sie durch die Tür verschwand.

Die ganze Szene war so grotesk, dass ich in ein Lachgeschrei ausbrach.

Als sie das hörten, stolperten die armen Geschöpfe bei ihren verrückten Versuchen, aus dem Haus zu kommen, kopfüber übereinander und kreischten lauthals:

"Rettet uns! Rettet uns! Er wird uns verhexen!"

"Kleiner Baron", sagte mein Vater in einem Ton von spöttischem Zorn, "du hättest die Damen am Hofe von König Chew-chew-lô nicht erschrecken dürfen!

Chew-pâ! Chew-pâ! (Idioten! Idioten!) antwortete ich und schaute von meiner Schiefertafel auf, auf der ich ein Rechenbeispiel ausarbeitete, denn ich mochte Zahlen sehr gern.

Tatsächlich hatte mich schon mein Vater das Rechnen gelehrt, indem er mir zeigte, wie man wertlose Glasperlen gegen wertvolles Elfenbein eintauscht und wie man teilt, indem man von jedem Dollar, den ich verdiente, neunzig Cent abzieht. Lange bevor ich lesen oder schreiben konnte, kannte ich die Buchstaben mehrerer Sprachen beim Namen und konnte jedes Wort buchstabieren, in dem kein stummer Buchstabe vorkam. Niemand freute sich mehr über meine wunderbaren Errungenschaften als Bulger.

Er schien instinktiv zu wissen, dass sein kleiner Herr kein gewöhnliches Wesen war, und respektierte ihn dementsprechend. Wir verabschieden uns nun vom Land von Lâaah-chew-lâ und den melodiösen Niesern.

König Chew-chew-lô begleitete uns mit einer mächtigen Schar von Gefolgsleuten zu seiner Grenze und ließ die Wälder mit ihrem melodiösen Chew-chew-a-ing erklingen. Ich stand auf den Schultern des alten Barons und winkte ihnen ein letztes Mal zum Abschied, worauf sie mit einem so perfekten Wirbelstrom von Chew-chew-â's antworteten, dass Bulger vor Freude heulte.

Jede besondere Ehre, die seinem Herrn zuteil wurde, war für ihn immer eine persönliche Angelegenheit. Der ältere Baron hatte beabsichtigt, noch weiter in das Herz Afrikas vorzudringen; aber Tatsache ist, dass das kontinuierliche Wachstum meines Geistes so wunderbar war, dass es seine Aufmerksamkeit von morgens bis abends in Anspruch nahm. Er bemühte sich, dies vor mir zu verbergen; aber alles umsonst.

Bevor ich zwei Jahre alt war, war mein Gehirn so schwer

geworden, dass meine Mutter gezwungen war, Bleistücke in die Sohlen meiner Schuhe zu nähen, um mich mit dem rechten Ende nach oben zu halten, und doch fand man mich trotz dieser Vorsichtsmaßnahme oft auf dem Kopf stehend bei der Lösung schwieriger mathematischer Probleme, indem ich meine Zehen benutzte, wie die Chinesen ihre Zählmaschinen benutzen.

Das erste, was mein Vater tat, als er nach Hause kam, war, mich zu einem Phrenologen zu bringen, um ein Horoskop meines Kopfes anfertigen zu lassen.

Die Untersuchung dauerte einen Monat.

Nach Fertigstellung des Diagramms stellte sich heraus, dass ich zweiunddreißig deutliche Beulen hatte.

Auch gut entwickelte!

Daher war man sofort entschlossen, zweiunddreißig gelehrte Tutoren zu engagieren, wobei jeder Tutor für eine einzelne Beule zuständig sein sollte und alles daran setzen sollte, sie zu vergrößern, auch wenn sie zu einem Horn wurde.

Mein Vater war entschlossen, nichts unversucht zu lassen, um meine geistigen Kräfte bis zur äußersten Grenze zu entwickeln. Ich sagte nichts, weder für noch gegen das Vorhaben.

In einem kurzen Jahr hatte ich alles gelernt, was mir die zweiunddreißig Tutoren beibringen konnten, und darüber hinaus hatte ich jedem von ihnen fünfzig Dinge beigebracht, die er vorher nicht gewusst hatte und die ich auf meinen Reisen mit meinen Eltern in fremde Länder gelernt hatte.

Eines schönen Morgens entließ ich zur großen Überraschung meiner zweiunddreißig Tutoren alle von ihnen.

Der ältere Baron schickte nun auf meinen Vorschlag hin jedem Tutor eine Rechnung für die von mir geleisteten Dienste.

Jeder Tutor weigerte sich, zu zahlen.

Auf meinen Vorschlag veranlasste der Ältere Baron nun, dass jedem von ihnen ein Gerichtsverfahren zugestellt wurde.

Nachdem das Gericht meine Aussage gehört hatte, gab es ein Gutachten ab, das fünftausend Seiten umfasste und eine ganze Woche zum Lesen brauchte, in dem es feststellte, dass jede Sache, die ich jedem meiner zweiunddreißig Tutoren beigebracht hatte, so bemerkenswert seltsam und eigenartig sei, dass sie im Auge des Gesetzes mindestens hundert Dollar wert wäre. Damit belief sich die Rechnung eines jeden Tutors auf fünftausend Dollar, oder hundertsechzigtausend Dollar insgesamt.

Das Gericht vertagte sich daraufhin für ein Jahr, da alle drei Richter geistig und körperlich so erschöpft waren, dass sie zwölf Monate Ruhe brauchten, bevor sie sich anderen Geschäften zuwenden konnten.

Zeichnung 7: Die drei müden Richter, wie sie am Ende meiner Klage gegen meine Tutoren ausschauten.

KAPITEL IV.

Zeichnung 8: Der ältere Baron und die Baronin wurden sehr dünn.

Wie der ältere Baron aus Sorge um die Anlage meines Geldes sein Fleisch verlor. Die Auswirkungen seiner Angst auf den Rest des Haushalts. Ich nehme die Sache in die Hand und überlege, wie ich mein Vermögen vermehren kann. Ich werde extrem wohlhabend. Als ich acht Jahre alt bin, packt mich der unkontrollierbare Wunsch, ferne Länder zu besuchen, und ich beginne zu packen. Der ältere Baron widerspricht. Wie ich mich an die Arbeit mache, um seine Zustimmung zu erhalten. Das wilde Treiben meiner Spielkameraden. Wie wir die Burg stürmten, das Falkenspiel unterbrachen, die Fuchsjagd ruinierten, die zehn Ärzte riefen und die benachbarten Felder in Brand setzten. Der ältere Baron wird meiner Taten überdrüssig und willigt ein, mich gehen zu lassen. Meine Freude und Bulgers Freude.

Die Frage, die meinen Vater nun unter Ausschluss aller anderen Gedanken beschäftigte, war, wie ich diese große Geldsumme investieren sollte, damit ich nach meinem einundzwanzigsten Lebensjahr ein ausreichend großes Einkommen hätte, um als Baron leben zu können - vor allem, wenn er einer so berühmten Familie wie der unseren angehörte.

Tatsache ist, dass mein Vater es zuließ, dass diese Frage seinen Seelenfrieden so sehr beeinträchtigte, dass er merklich an Fleisch verlor.

Auch meine Mutter, die seinen beklagenswerten Zustand sah, begann sich so sehr zu ärgern und zu beunruhigen, dass sie ebenfalls stark abmagerte. Mit dem Fleischverlust nahm natürlich auch ihr Appetit ab, und es gab nur noch wenig oder gar keine Nahrung mehr; oder jedenfalls nicht mehr als gerade ausreichend war, um Bulgers und meine Wünsche zu befriedigen.

In ihrem verzweifelten Versuch, Leib und Seele zusammenzuhalten, wurden die Pferde und Rinder mit kurzen Rationen gefüttert, und die Folge war, dass auch sie bald verfielen.

So wurde es zu einem recht ernsten Anblick, meinen armen Vater und meine arme Mutter auf bloße Haut und Knochen reduziert zu sehen, wie sie von bloßen Schatten für Kutscher und Lakaien durch das Land getrieben und von vier Pferden gezogen wurden, deren Knochen ziemlich unter der Haut klapperten, wenn sie zu einem faulen Trab überredet oder getrieben wurden.

Bulger und ich allein behielten unsere Prallheit und gute

Laune. Schließlich beschloss ich, mich einzumischen und diesem bedauerlichen Zustand ein schnelles Ende zu bereiten. Ich verlangte von dem älteren Baron das feierliche Versprechen, dass er meine Anweisungen genau befolgen und keine Einwände erheben würde, ganz gleich, wie wild oder unvernünftig sie ihm oder meiner Mutter auch erscheinen mögen.

Zeichnung 9: Unser Familienkutscher wird nichts als Haut und Knochen.

Dann bot ich ihm an, gutes, saftiges Essen zu sich zu nehmen, früh in Rente zu gehen und einen schönen langen Schlaf zu genießen, und grüßte ihn respektvoll und sagte:

"Herr Baron, bis morgen früh!"

Kaum hatte ich mein Frühstück beendet, als sich meine

Tür öffnete und der ältere Baron den Raum betrat.

Er sah sehr erfrischt aus. Die Farbe war in seine Wangen zurückgekehrt, der Schimmer in seine Augen.

Er war bereits ein anderer Mann.

"Hier, gnädiger Herr", begann ich und überreichte ihm eine Pergamentrolle, "ist eine Liste aller bekanntesten Jahrbuchschreiber unseres Landes. Führen Sie sofort Interviews mit ihnen und erwerben Sie von ihnen das Recht, Wetterprognosen für das kommende Jahr zu liefern!

Der ältere Baron begann zu protestieren. "Herr Baron!" bemerkte ich streng und hob meine Hand: "Ein wahrer Ritter hat nur ein Wort zu geben!

Er schwieg und forderte mich auf, fortzufahren.

Ich tat dies wie folgt:

"Respektierter Elternteil, wenn Sie sich dieses Recht von jedem von ihnen gesichert haben, kehren Sie zu mir zurück."

In wenigen Tagen hatte mein Vater seine Mission erfüllt.

Er betrat mein Zimmer und legte mir die notwendigen Zugeständnisse aller namhaften Jahrbuchschreiber des Landes in die Hände.

Wieder riet ich ihm, sich gründlich zu erfrischen, sich auszuruhen und mich am Morgen zu sehen.

Als Bulger und ich vom Frühstück zurückkamen, machte mir der ältere Baron an der Tür meiner Wohnung seine Aufwartung.

Er sah stark und gesund aus. Sein Gesicht füllte sich wieder vollständig, und sein Schritt hatte seine alte Elastizität wiedererlangt.

Wieder legte ich ihm eine Rolle Pergament in die Hände und sagte zu ihm:

"Verteilen Sie den Inhalt dieses Pergaments gleichmäßig und reichlich in jedem Jahrbuch auf den Seiten, die den

Monaten November, Dezember, Januar und Februar gewidmet sind.

Er sah mich fragend an, und seine Lippen begannen sich zu bewegen.

"Edler Herr", sagte ich, bevor ein Laut aus seinem Mund erklang, "in unserer Familie waren Ritter immer ohne Furcht und ohne Vorwürfe". Er beugte seine erhabene Form schweigend und zog sich zurück.

Möglicherweise ist der Leser ein wenig neugierig auf den Inhalt der Pergamentrolle, die ich dem älteren Baron bei dieser Gelegenheit in die Hände gelegt habe.

Wenn die Kürze die Seele des Scharfsinns ist, dann war sie geistreich. Wenn eine schöne runde Hand das Gewand der Wahrheit ist, dann war es wahrhaftig. Wie dem auch sei, die Worte, die meine Feder auf diese Pergamentrolle gezeichnet hatte, lauten wie folgt:

"Alle Anzeichen deuten auf einen extrem kalten Winter hin." "Es gibt Anzeichen dafür, dass der kommende Winter der schwerste seit einem halben Jahrhundert sein wird. "Die Prognosen geben alle die gleiche Antwort - ein Winter von außergewöhnlicher Länge und bitterer Kälte". "Die meisten geschickten Prognostiker sind sich darin einig, dass sie ein in diesen Breitengraden selten erreichtes Tieftemperaturniveau vorhersagen. "Erwarten Sie um diese Zeit eine ungewöhnliche Kälte." "Pflanzen schützen." "Nun schauen Sie gut auf Ihr Wintergemüse." "Sichern Sie sie vor extremem Frost." "Verdoppeln Sie Ihren Vorrat an Wintertreibstoff." "Halten Sie jetzt Ausschau nach heftigen Schneestürmen." "Erwarten Sie während des ganzen Monats bitterkaltes Wetter." "Bereiten Sie sich auf die ungewöhnlichsten Hagelstürme vor." "Seien Sie auf der Hut vor plötzlichen und durchdringenden Nordwinden." " Hausvieh den ganzen Monat warm halten". "Hüten Sie sich vor tödlichen Schneestürmen, sie werden mit einem wütenden Aufbrausen kommen".

Nach einigen Tagen Abwesenheit kehrte mein Vater in das Herrenhaus zurück. Seine Ankunft wurde mir von Bulger ordnungsgemäß angekündigt, zu dem ich sagte "Geh, guter Bulger, und geleite den Baron in meine Wohnung."

Mit so manchem sportlichen Sprung und Bellen trat er die Flucht nach vorn an und kehrte bald darauf zurück, um den älteren Baron mit der fröhlichen Art und Weise einzuleiten, die ihm eigen war, wenn er mir aktiv diente.

"Ich habe dir gehorcht, mein Sohn", murmelte der ältere Baron mit einem stattlichen Bogen in seiner gebeugten Form.

"'Es ist gut!'" antwortete ich und beantragte, dass er sich setzen möge.

"Und nun, verehrter Weggefährte der unbeständigen Füße meiner Kindheit, beherzigen Sie meine Worte: Unsere Aufgabe ist fast erfüllt. In wenigen Tagen wird die Investition dieses Geldes, Ihnen so viel Sorge bereitet hat und Ihnen so ziemlich den Dienst Ihres Herzens geraubt hat, abgeschlossen sein; ja, abgeschlossen; und, was noch besser ist, so erfreulich investiert, dass Sie sich Vater eines der reichsten Kinder im Königreich nennen dürfen.

"Höre, Baron. Gehe nun in die führenden Märkte des Landes und setze jeden Pelzhändler unter einen schriftlichen Vertrag, dir im Frühherbst alle Felle zu liefern - egal ob als Kleider verarbeitet oder ohne oder noch auf dem Leib der tiere - deren Lieferung sie unter ihren Händen und Siegeln garantieren werden".

Kaum waren die Worte von meinen Lippen gefallen, da erhob sich der ältere Baron von seinem Stuhl und drückte mich warm an seine Brust.

"Mein Sohn", rief er, während er über meine hervorstehende Stirn strich, "das ist eine Meisterleistung! Sie sind eines Gouverneurs einer Provinz würdig! Ich sehne mich danach, mit der guten Arbeit zu beginnen. Erlauben Sie mir, noch heute Nacht aufzubrechen!" "Warten Sie, Baron", sagte ich, führte ihn zu seinem Stuhl und zwang ihn sanft, sich zu setzen. "Warten Sie, Herr Baron; es gibt noch etwas zu sagen. Wenn Sie den Kauf aller Felle abgeschlossen haben, die in diesem Jahr ins Königreich gelangen sollen, geben Sie den Rest des Geldes für den Kauf von Holz, Kohle und Torf aus, so viel Sie finden können, nicht, dass ich aus dem schlanken Vorrat des armen Mannes Profit ziehen würde; sondern einfach, um andere davon abzuhalten, ihm Unrecht zu tun, indem sie sich gegen ihn zusammenschließen, wie sie es sicherlich bei der ersten Veröffentlichung der Wettervorhersagen tun würden. "Ach, kleiner Baron", rief mein Vater aus, "wie aufmerksam; denn, wie Sie sagen, wir dürfen dem armen Mann keine Last auf die Schultern legen!

Der Fleiß, mit dem mein Vater meine Pläne zu Ende führte, war so groß, dass ich in einem einzigen Monat die gesamte Produktion des Pelzmarktes gekauft und wieder verkauft hatte, für einen kleinen Vorschuss zwar, das stimmt, aber groß genug, um mich zu einem extrem reichen Mann zu machen.

Es wurde so behutsam und geschickt gemacht, dass niemand jemals die kluge List vermutete, durch die ich in die Lage versetzt wurde, Reichtümer zu erwerben, die ausreichten, um mich auf meine Reisen zu begeben, so wie es meine Neigung verlangen würde, und zu wissen, dass, sollte ich von den gierigsten Freibeutern gefangen genommen und als Lösegeld festgehalten werden, meine Bankiers genug Gold haben würden, um mich freizukaufen.

Am Ende meines achten Lebensjahres ergriff mich der unkontrollierbare Wunsch, sofort nach der Erfüllung meiner lange gehegten Pläne einzutreten und ferne Länder zu besuchen, die von fremden und neugierigen Menschen bewohnt werden. Meine eigene Heimat, meine eigene Sprache, mein eigenes Volk machten mich müde und zermürbten mich.

Im Schlaf lief ich auf dem Deck zuverlässiger Schiffe auf und ab, rief meine Befehle, setzte bei Windstille die Segel zusammen und reffte sie bei drohendem Unwetter. Ich verbrachte meine Zeit von morgens bis abends, packte Kisten mit geeigneten Gegenständen für den Verkehr mit den Wilden, um in Gefilde vorzudringen, die noch nie von zivilisierten Menschen besucht worden waren, und um Flüsse hinaufzusteigen, die seit Anbeginn der Welt für die weiß geflügelten Boten von Handel und Gewerbe gesperrt waren. Aber seltsamerweise drängte mein Vater darauf - möglicherweise durch die Bitten meiner Mutter - fest und entschlossen sein Haupt gegen mein Vorhaben zu erheben, die Heimat zu verlassen.

Ich war außer mir vor Enttäuschung. Ich flehte, beschwor und drohte. Zum ersten Mal in meinem Leben - es schmerzt mich noch heute, das Geständnis abzulegen - machte ich mich einer gewissen Respektlosigkeit gegenüber den Urhebern meines Daseins schuldig.

Bulger kam, nachdem er die Situation mehrere Tage lang studiert hatte, zu dem Schluss, dass der ältere Baron in gewisser Weise die Ursache meines Unglücks war, und es bedurfte zuweilen meines strengsten Befehls, ihn daran zu hindern, seine Zähne in die Waden der Beine des älteren Barons zu schlagen, als dieser nach einem stürmischen Gespräch meine Wohnung verließ.

"Was", rief ich mit zitterndem Schmerz, "bin ich dazu verdammt, die großartigen Geschenke zu verschwenden, mit denen die Natur mich beschenkt hat, eingeschlossen in den Mauern dieser kleinen Stadt, deren heftigste Szenen die Raufereien auf ihren Marktplätzen sind, deren Menschen nie einen größeren Festzug erleben als das Vorbeiziehen einer königlichen Reitertruppe? Es darf nicht, es soll nicht sein. Du hast selbst gesagt, dass ich kein gewöhnliches Kind bin, das sich mit Ball und Kreisel amüsiert und mit Bilderbüchern unterhalten lässt".

Aber der ältere Baron hatte sein Herz verhärtet, und all meine Bitten waren zwecklos.

Nichtsdestotrotz verzweifelte ich nicht daran, am Ende doch noch meine Ziele zu erreichen.

Der ständige Wassertropfen riss schließlich den Stein weg. Ich beschloss nun, dass ich den Ältesten Baron dazu bewegen wollte, mein Vorhaben, die Heimat zu verlassen, zu dulden, indem ich eine ganz andere Taktik anwandte. Ich sagte mir:

"Er möchte, dass ich ein Kind bin: Ich werde eines sein!" Und sofort machte ich mich daran, mich mit jedem schelmischen kleinen Schurken in der Stadt anzufreunden.

Kein einziger jugendlicher Tunichtgut entging meiner Aufmerksamkeit.

Je zügelloser, aktiver und unermüdlicher die Macht des Unheils eines solchen war, desto näher wickelte ich diesen in meine Zuneigung ein.

Von der grauen Morgendämmerung bis zum taufrischen Vorabend strömten meine Kumpels und Gefährten um das Schloss herum. Sie verehrten mich als ihren Führer und gehorchten implizit meinen Befehlen, als ob ich eine gewisse Vorherrschaft über sie besäße.

Der ältere Baron sah die Wolke heraufziehen und beugte den Kopf, als wolle er dem kommenden Sturm mit besseren Chancen begegnen, ihm zu widerstehen.

Als er zu einer Dinnerparty kam, stellte sich heraus, dass der erlesenste Burgunder weggezaubert und die Flaschen mit gewöhnlichem Rotwein gefüllt worden waren. Traf sich der ältere Baron mit seinen Freunden auf den Feldern zu einem Versuch, mit den Falken zu jagen, musste er nur feststellen, dass sie so überfüttert waren, dass sie dummerweise einfach nur bewegungslos dasaßen, wenn man ihnen die Kappe abnahm. Wurde dem Koch aufgetragen, dass Gäste erwartet würden und er deshalb darauf achten möge, dass die Knödelchen in seiner Suppe ganz besonders zart seien, dann fand sich zum Entsetzen des älteren Barons in der Mitte eines jeden Knödelchens ein Kirschkern.

Einer meiner Koadjutoren war wagemutig genug, die Schnupftabakdose des älteren Barons zu stehlen und sie mit Pfeffer zu füllen. Das Ergebnis kann man sich vorstellen. Ein anderer achtete darauf, Wasser in alle Zunderbüchsen zu gießen, bevor die Gäste nach ihren Pfeifen riefen. Wenn man versuchte, vom Tisch aufzustehen, fand man hier und da eine Reihe von Gästen, die fest an die Stuhllehne gebunden waren.

Eine meiner Lieblingsbeschäftigungen war es, mich auf dem ersten Treppenabsatz zu stationieren und "die Brücke wie der alte Horatius Cocles zu halten", meine wilde Schar von zwei Dutzend jungen Barbaren, die mit Schreien, Gebrüll und Lärm die Treppe hinaufstürmten, was jeder Horde echter Wilder, die ich je besucht habe, zur Ehre gereicht hätte, während ich mit meinem hölzernen Säbel auf ihre Stöcke einschlug, wobei ich gelegentlich einem zu kühnen Jüngling auf die Knöchel klopfte und ihn zu Bulgers unendlicher Belustigung heulend an den Fuß der Treppe schickte, da er immer darauf bestand, am Kampf teilzunehmen, und mein Können verherrlichte.

Endlich bemerkte ich zu meiner großen Freude, dass der ältere Baron Zeichen der Kapitulation zeigte.

Wie ein kluger General befahl ich einen Angriff auf der ganzen Linie.

Am nächsten Tag sollte es eine Fuchsjagd geben. Ich wies einen Leutnant meines Vertrauens an, den Hunden etwa eine Stunde vor Beginn so viel rohes Fleisch zu füttern, wie sie schlucken konnten.

Zeichnung 10: Die zehn Flaschen Medikamente, die von den zehn Ärzten mitgebracht wurden.

Zehn andere, die meisten leichtfüßig und leichtgläubig, schickte ich zu den Häusern der zehn führenden Ärzte und Chirurgen der Stadt und ihrer unmittelbaren Nachbarschaft, mit der gleichen Botschaft an jeden von ihnen, nämlich, dass jeder Mann, jede Frau und jedes Kind im Herrenhaus fürchterlich erkrankt sei und dass sie mit ihrer Hausapotheke schnellstens eilen müssten, um die Epidemie einzudämmen.

Die zehn Ärzte galoppierten fast im gleichen Moment in den Hof, nur um den älteren Baron und seine Freunde auf dem Balkon versammelt vorzufinden, die dort eine geflüsterte Beratung über das seltsame Verhalten der Hunde abhielten. Die wütenden Jünger von Galen weigerten sich, den armen Tieren etwas zu verschreiben, und galoppierten mit ihren prall gefüllten Packtaschen, die gegen ihre Beine klopften, wieder davon.

Unterdessen war ich nicht untätig gewesen.

An die Krallen mehrerer Hühner des älteren Barons band ich eine Art Zünder meiner eigenen Erfindung, der so entflammbar war, dass er bei der geringsten Reibung in Flammen aufgehen würde, und dann ließ ich sie auf den Feldern und im Garten neben dem Familiensaal frei.

Sie waren den ganzen Sommer über eingesperrt gewesen und waren überglücklich über die Aussicht, eine gute, angenehme Saison lang "inmitten der trockenen Blätter und Stoppeln der offenen Felder" kratzen und scharren zu können.

Den Wildhütern war es inzwischen gelungen, die Hunde etwas aus ihrer Benommenheit zu wecken, als der Ruf "Feuer! Feuer!" ertönte. Die Jagdgesellschaft stieg hastig ab und kam der Dienerschaft zu Hilfe, die mit Wassereimern zum Löschen der Feuer eilte.

Ich saß ruhig in meiner Wohnung, mit Bulger an meiner Seite, als der Alarm ausgelöst wurde.

Der ältere Baron neigte anfangs zu der Annahme, dass meine Arbeit zwar in den Geweben des Unfugs, der darin bestand, die Hunde zu überfüttern und die zehn Ärzte auf einer sinnlosen Verfolgungsjagd zum Herrenhaus zu rufen, deutlich sichtbar war, dass aber der Ausbruch des Feuers in den benachbarten Gärten und Feldern wirklich etwas war, mit dem ich nichts zu tun hatte. Die Rückkehr eines ehrwürdigen alten Dominick-Hahns, der entweder zu schwach oder zu faul gewesen war, die Zünder an seinen Krallen explodieren zu lassen, klärte die Angelegenheit jedoch.

Der ältere Baron war sich nun darüber im Klaren, wer das Verbrechen geplant hatte, bei dem seine armen Hühner so unwissentlich zu Komplizen geworden waren.

In dieser Nacht gingen Bulger und ich mit leichtem Herzen ins Bett.

Der ältere Baron hatte endlich eingewilligt, dass wir uns auf unsere erste Reise begeben durften, auf die Suche nach seltsamen Abenteuern unter den fremdartigen Menschen in fernen Ländern.

Zeichnung 11: Die Hühner, die nicht kratzen wollten und mich so verrieten.

KAPITEL V.

Vorbereitungen für meine erste Reise. Der ältere Baron wählt den Hafen aus, aus dem ich auslaufen soll. Beschreibung des Niemandshafens. Wie ich dem Treibsand, dem Strudel und Thors Hammer entkam. Auf der Südsee beruhigt, rette ich mein Schiff auf wunderbare Weise. Land in Sicht! Etwas über eine wunderschöne Insel. Ich verlasse mein Schiff und mache mich auf den Weg ins Landesinnere. Wie ich mich in einige höchst außergewöhnliche Wesen verliebte. Beschreibung von ihnen. Sie lassen mich gehen und bitten ihren Chef um Erlaubnis, mich an seinem Hof vorzustellen. Wie ich mich von einer Bande gigantischer Wesen angegriffen glaubte. Mein seltsamer Fehler. Sie erweisen sich als dieselben Wesen, denen ich am Tag zuvor begegnet war. Was die Verwandlung verursacht hatte. Das Land der Windfresser. Ich werde an den Hof von Ztwish-Ztwish geleitet. Mehr über die neugierigen Menschen. Die Zuneigung des Häuptlings zu mir. Das Platzen der Babys. Go-Whizz wird mein Feind. Ich werde dünn. Königin Phewyoo will, dass ich Prinzessin Pouf-fâh heirate. Um mein Fleisch zurückzugewinnen, lehre ich die Windfresser, Fische zu fangen. Schrecklicher Unfall durch ein Feuer, das ich entzündet hatte. Go-Whizz verlangt meinen Tod. Ztwish-Ztwish weigert sich. Der wütende Raufbold versucht, den Anführer zu erschlagen und wird selbst von Ztwish-Ztwish erschlagen. Um die Heirat mit Pouf-fâh zu vermeiden, schicke ich Bulger zurück zum Schiff und fliehe dann in der Nacht. Zu schwach, um die Müdigkeit zu ertragen, werde ich überwältigt. Eingeklemmt in die Netze der Windfresser und fast zu Tode geprügelt. Bulger rettet mich. Die Hilfstruppe von meinem Schiff kommt mit mir hoch. Ich erreiche die Küste, und nach einer kurzen Ruhepause segle ich nach Hause.

Zeichnung 12: Bulger hilft mir beim packen.

Ich stürze mich nun mit Leib und Seele in die Aufgabe, mich auf meine erste Reise vorzubereiten.

Bulger verstand sehr schnell, was all die Eile bedeutete.

Er freute sich über die Aussicht auf eine Reise in ferne Länder, in denen das Leben weniger eintönig war. Von Stunde zu Stunde beobachtete er mich bei meiner Arbeit, und von Zeit zu Zeit wies ich ihn, um ihm eine Freude zu machen, auf hier und da im Raum herumliegende Gegenstände hin und befahl ihm, sie zu holen, was er immer tat, mit vielen Manifestationen der Freude, seinem kleinen Herrn helfen zu dürfen.

Tatsächlich haben alle sehr freundlich geholfen, so dass mir zu meiner großen Zufriedenheit mehr Zeit für das Studium der Navigation blieb.

Meine arme Mutter, die gnädige Baronin, erlaubte niemand anderem, meine Kleidung zu kennzeichnen. Mit ihren eigenen schlanken, weißen Fingern bestickte sie meine Garderobe mit Wappen und Initialien.

Es gab da eine Sache, die ich mehrere Tage lang in Gedanken überschlug, und zwar, welche Nationaltracht ich anlegen sollte.

Nach langer und reiflicher Überlegung beschloss ich, mich orientalische zu kleiden. Ich tat dies aus mehreren Gründen. Das orientalische Gewand war mein Lieblingsgewand.

Seine malerische Anmut appellierte an meine Liebe zum Schönen, während es auf der anderen Seite durch seine Bequemlichkeit und Leichtigkeit eine extreme Geschmeidigkeit der Glieder und Elastizität des Schrittes zuließ. Während das alte Herrenhaus buchstäblich auf den Kopf gestellt wurde und alle, von der Köchin bis zum Zimmermädchen improvisierten, war der ältere Baron keineswegs untätig. Er sorgte unter anderem dafür, dass ich mit gesundem Lesestoff gut versorgt war, und brachte mir mehrere Bücher mit Maximen, Geboten, Überlegungen, Gedanken und Studien, die ich, wie er mich bat, in die leeren Ecken meiner Truhen schieben sollte, "denn", sagte er, und auch das mit großem Verstand, "du wirst bei ruhigem Wetter viele träge Stunden auf der Hand haben. Es liegt an dir, deinen Geist zu nähren, damit seine wunderbare Entwicklung nicht gehemmt wird und du wie ein gewöhnliches Kind wirst, das keine Gedanken über Spiele und Bilderbücher stellt.". Meine arme Mutter, die gnädige Baronin, ergänzte diesen Bestand an guter Literatur, indem sie mir einen kleinen Band mit dem Titel "Der gerade Weg zu guter Gesundheit"; oder: "Jeder sein eigener Arzt" überreichte. Was meine Hausapotheke anbelangt, so habe ich sie unter meine persönliche Aufsicht gestellt, denn ich war von klein auf in der Kunst des Lesens aller Arten von Symptomen bewandert und besaß die seltene Gabe, fast instinktiv zu wissen, welches Mittel gegen eine bestimmte Krankheit zu geben ist, ohne vorher mit dem Patienten zu experimentieren, indem ich eine Sache nach der anderen ausprobiere, wie es bei den meisten Menschen, die vorgeben, Krankheiten zu heilen, üblich ist.

Zeichnung 13: Wahre Porträts von Bulger und mir; ich, wie ich in meinem orientalischen Kleid erschien.

Jetzt lief alles gut, und ich war in bester Laune, als der ältere Baron mit einem Vorschlag zu mir kam, der mir aus irgendeinem Grund, ich kann kaum sagen warum, missfiel, obwohl er anscheinend das Gegenteil hätte bewirken müssen. Er schlug vor, eine Woche oder zehn Tage vor mir an die Nordsee zu fahren, in irgendeinen Hafen, wo er ein schnelles und zuverlässiges Schiff kaufen und ausrüsten wollte, das Schiff selbst zu kaufen, sich persönlich um seine Ausrüstung zu kümmern und eine Mannschaft von ausgesuchten Männern zu schicken.

Was konnte ich tun?

Wenn ich sein Angebot abgelehnt hätte, wäre dies einem Eingeständnis meines Misstrauens gleichgekommen.

Konnte er ein Projekt im Sinn haben, das meinen Plan durchkreuzen könnte?

O, vergiss den Gedanken!

Aber ich muss gestehen, dass ich seine angebotenen Dienste nicht ohne ernsthafte Bedenken angenommen habe.

Diese plötzliche Besorgnis des älteren Barons, meine Abreise zu beschleunigen, nachdem er sich so lange und energisch dagegen gewehrt hatte, machte mich etwas unruhig.

Bevor er sich auf den Weg zur Nordsee machte, um ein Schiff für mich zu kaufen, betrat der ältere Baron meine Wohnung und sprach wie folgt:

"Verzeih mir, kleiner Baron, dass ich deine Arbeit unterbreche, denn ich merke, dass du dich tief in das Studium der Schifffahrt vertieft hast."

"Sprich nur, Herr Baron", sagte ich und schaute mit einem verschmitzten Lächeln auf, "das ist dein gutes Recht".

"Ich habe noch eine letzte Bitte", fuhr er in seiner gewohnt ruhigen Art fort, "es handelt sich auch nicht um eine Angelegenheit von sehr großer Bedeutung. Es ist eher eine Laune, mehr als alles andere. Du weißt aus meinem eigenen Munde und aus der Durchsicht unserer Familienchroniken, dass wir in der Antike sehr große Landbesitzer an der Nordseeküste waren. Wir kontrollierten mehrere Häfen, trieben ausgiebig Handel und schickten innerhalb von zwölf Monaten mindestens ein Dutzend Schiffe aus. Einer der Häfen unserer Domäne war ein berühmter Hafen, berühmt für den außergewöhnlichen Charakter seiner Ein- und Auslauf-Strömungen, seines Kanals usw. Man sagte über diesen Hafen, dass er gefährlicher als das offene Meer sei, dass die Schiffe außerhalb des Hafens wirklich sicherer seien als innerhalb. Ich weiß nicht, wie viel Wahrheit in all dem stecken mag, aber ich weiß, dass ein Mann, ein Vorfahre von uns, nicht nur hineinsegelte, sondern sicher wieder hinaus, denn du musst wissen, dass der Kanal, durch den ein Schiff in diesen Hafen einlief, nicht benutzt werden konnte, um ihn wieder zu verlassen, da die unwiderstehliche Strömung immer in die eine Richtung floss, nämlich vom Meer in dieses geheimnisvolle Becken. Um den Hafen zu verlassen, muss der kühne Seefahrer sein Schiff einem anderen Kanal anvertrauen, und darin lauerte die Gefahr.

"Es würde mich sehr freuen, kleiner Baron, wenn du der Welt beweisen könntest, dass dir dieser Hafen keine unüberwindlichen Hindernisse bietet, egal, wie schwierig es anderen Kapitänen einst war und auch jetzt noch ist, aus ihm hinauszusegeln, und deshalb bin ich gekommen, dich zu bitten, von diesem Hafen aus in See zu stechen!

"Wie heißt er?" fragte ich leichtsinnig, als ich mich einer Karte der Nordsee zuwandte.

"Niemandshafen", antwortete der Baron.

"Der Name gefällt mir", sagte ich. "Befiehl meinem Schiff, mich dort zu erwarten!“

Der ältere Baron erhob sich, beugte seinen Körper mit stattlicher Anmut und zog sich zurück. Ich begleitete ihn zur Tür und entließ ihn mit höchst respektvollem Gehorsam.

"Niemandshafen", antwortete ich. "Ah, hier ist die Karte!" Der beschreibende Text lautet wie folgt:

"Seit vielen Jahren verlassen; leichtes Eindringen; Ausfahrt so gefährlich, dass Segelboote tödlich getroffen, wenn nicht gar zerstört werden; äußerer Kanal durch einen furchterregenden Strudel und einen schwingenden Felsen namens "Thors Hammer" versperrt; inneres Becken durch sich ständig bewegenden Sand extrem gefährlich; auf Anordnung des königlichen Handels- und Marineministeriums geschlossen. Als ich mit der Lektüre dieser Worte fertig war, sprang ich auf und begann wild und halb unbewusst über den Boden zu schreiten.

Das Blut stürzte in mein Gehirn. Ich musste stehen bleiben und mich an der Lehne eines hohen Eichenstuhls festhalten, sonst wäre ich ins Taumeln geraten und zu Boden gefallen.

Bulger war sehr beunruhigt und schickte ein unterdrücktes Klagegeheul empor. Ich sprach so ruhig mit ihm, wie ich konnte, um ihn zu trösten.

Nach einigen Augenblicken verflog der Schwindel und mein Geist klärte sich vollständig.

"Nein, das ist unmöglich", flüsterte ich, "der ältere Baron kann sich mir gegenüber nicht der Böswilligkeit schuldig gemacht haben! Weg mit einem solchen Gedanken! Er irrt durch Gedankenlosigkeit und Mangel an Erfahrung. Er weiß wenig über den schrecklich gefährlichen Charakter der Aufgabe, die er mir stellt. Für ihn sind die Gerüchte über Schiffbruch und Tod im Niemandshafen nur Seemannsgarn aus alten Zeiten. Er hegt nicht den leisesten Verdacht, dass seine so leichtfertig vorgebrachte Bitte sein einziges Kind, seinen Sohn und Erben eines fürstlichen Vermögens und ehrenvollen Namens der Gefahr aussetzen könnte, entweder von diesem wogenden Sand verschlungen, von diesem furchtbaren Strudel in den Untergang gesaugt oder durch einen Schlag von Thors Hammer zerquetscht zu werden.

Und doch, wozu Murren?

Es ist zu spät, um zu protestieren. Der ältere Baron hat der Welt bereits die für ihn stolze Nachricht verkündet, dass sein Sohn im Begriff sei, den alten Ruhm seiner Familie zu erneuern! Ich muss eines von zwei Dingen tun: Diesen Gefahren wie ein Mann mit kühlem, ruhigem Mut entgegentreten oder mich zu einem Leben in stumpfsinniger und lustloser Tätigkeit verdammen, als Magnat einer Provinz und nicht als Held zweier Welten!

Nein! Die Würfel sind gefallen!

Ich habe es gesagt, und es ist so gut wie getan!

Mein Schiff fährt vom Hafen des Niemands ab oder dieser kleine Körper endet an diesem Tag als Fischfutter!"

Zweifellos erhellten sich meine Augen, und meine Wangen leuchteten in einem purpurroten Schimmer, denn Bulger, der meinem Monolog mit schmerzerfülltem Gesichtsausdruck zugehört hatte, während er vergeblich versuchte, die Bedeutung meiner Worte zu ergründen, brach nun in eine sehr lebhafte Abfolge von Bellen aus, die in wildester Heiterkeit durch den Raum hüpften und federten. Er wusste nur zu gut, dass sich in meinem Kopf ein schrecklicher Kampf abgespielt hatte.

Jetzt wurde ihm klar, dass alles in Ordnung war. Treue Kreatur, wenn er nur seine Liebe ausdrücken könnte, wie würde er alle menschlichen Liebhaber zum Erröten bringen!

Als die Stunde nahte, in der ich mich im Fürstensaal verabschiedete, dachte diese gute Dame, die gnädige Baronin, meine Mutter, plötzlich an tausendundein verschiedene Dinge, die sie für das Allerwichtigste für mich hielt. Sie warnte mich, ich solle nicht an der frischen Luft schlafen, kein frisch gebackenes Brot zu mir nehmen, kein kaltes

Wasser trinken, wenn ich überhitzt wäre, meine Fingernägel nicht zu kurz schneiden, nicht mit offenem Mund schlafen und meine Unterwäsche nicht länger als eine Woche tragen; ich solle es nicht versäumen, mir die Zähne zu putzen; ich solle mir unbedingt bei Neumond die Haare schneiden lassen; meine Augen beim Lesen bei schlechtem Licht nicht zu überanstrengen; mein Essen nicht zu schlucken, ohne es gründlich zu kauen; nicht zu lachen, während ich Essen im Mund habe; nicht versuchen, ein Niesen zu unterbinden; nicht versäumen, meine Hühneraugen zu schälen; nicht mit einer Metallspitze in meinen Zähnen zu bohren; meine Nasenspitze nicht ohne einen Spiegel untersuchen; kein Fleisch ohne Pfeffer oder Gemüse ohne Salz zu essen; mich nach einem herzhaften Essen nicht zu überanstrengen; nicht auf meinem Bein zu stehen, während es schlief; nicht so schnell zu gehen, dass ich Schmerzen in der Seite bekomme; nicht einzuschlafen, bis ich mich zuerst auf meiner rechten Seite ausgeruht hatte; nicht zu versäumen, eine Tablette zu nehmen, wenn ich im Dunkeln Blitze sah; nicht zu versäumen, mir einen Strumpf um den Hals zu binden, falls ich Halsschmerzen hatte, usw. usf. Als dann der Augenblick kam, mich von der gnädigen Baronin, meiner guten Mutter, zu verabschieden, war ich tief bewegt. Alle Bediensteten und Gefolgsleute, von drinnen und draußen, reihten sich vor mir ein, küssten meine Hand und überschütteten mich mit Segen.

Ich kann mit Sicherheit sagen, dass Bulger der einzige Anwesende war, der nicht zu Tränen gerührt war. Er war so sehr darauf bedacht, sich auf den Weg zu machen, dass er etwa eine Stunde oder so vom Herrenhaus zur Kutsche und wieder zurück rannte, in einem erbärmlichen Bemühen, die Prozession in Gang zu bringen.

Endlich konnten wir aufbrechen.

Hundert Hände winkten uns freundlich zum Abschied.

Die prächtigen Bäume, die den fürstlichen Saal umschlossen, schaukelten feierlich. Ich war froh, als wir den Hof verließen, denn ich brauchte Ruhe und Frieden.

Meine Nerven waren im letzten Monat so strapaziert, dass mir ein Tapetenwechsel Balsam und Entspannung brachte.

Meine Reise an die Nordsee verlief ruhig und ereignislos.

Ich fand mein Schiff sicher im Niemandshafen vor Anker liegend vor, und der ältere Baron war dort für das Schiff verantwortlich. Er stellte mich dem Segelmeister vor, nahm mich in seine eigenen liebevollen Arme und setzte sich mit einem anmutigen Lächeln und einem stattlichen Winken der Hand in die Familienkutsche. Sein einziges Adieu war:

"Mein Sohn, deine Weisheit kommt zu dir durch Erbschaft. Du kannst sie nicht erworben haben. Mache deshalb einen edlen Gebrauch von einem so edlen Geschenk. Lebe wohl!"

Ich beugte schweigend meinen Kopf. Der Wagen rollte weg. Ich stand allein. Nein, ein wahrer und liebevoller Freund war da. Er blickte mit seinen großen, glänzenden Augen auf, als wollte er sagen:

"Sei nicht traurig, kleiner Meister. Egal, wer geht, ich bleibe für immer bei dir!"

Ich wandte mich an meinen Segelmeister und befahl, die Barkasse des Schiffes zu bemannen, und begann sofort mit der Besichtigung des geheimnisvollen Hafens, in dem mein Schiff vor Anker lag.

Ich stellte fest, dass es ein geräumiges Becken war, das von einem felsigen Ufer eingeschlossen war. An manchen Stellen schlief das Wasser unter schwarzen und gläsernen Oberflächen, an anderen war alles Bewegung und Aufregung. Die Wellen kochten und sprudelten gegen die Baracke mit wirbelnden weißen Sandmassen, die sich hin und her bewegten, als wären sie zu ständiger Unruhe verdammt.

Die Tatsache, dass meine Männer, während sie in verschiedenen Teilen der Bucht fischten, oft Tiefseefische fingen, bewies mir, dass der Niemandshafen von einem Kanal von vier bis sechs Faden Tiefe durchquert wurde.

Die einzige Schwierigkeit würde darin bestehen, die Grenzen dieses sich ständig verschiebenden Weges festzulegen, der weit genug ist, um das Becken zu durchqueren.

Als Nächstes richtete ich meine Aufmerksamkeit auf den Strudel. Er markierte die Einmündung des äußeren Kanals in das Becken von Niemandshafen.

Nachdem ich eine Reihe von zum Verfall verurteilten Rümpfen gekauft hatte, um die Stärke und Wut des Strudels zu testen, ließ ich eine starke Trosse an einer Spill an Land auftakeln und konnte auf diese Weise die Baracke innerhalb einer Schiffslänge des Strudels mit vollkommener Sicherheit anlaufen lassen. In Wahrheit war es ein Anblick, der, wenn er durch das Eindringen eines großen Schwimmkörpers im vollen Ausmaß seiner Wut erregt wurde, das stärkste Herz in Schrecken versetzte!

Mit einem tiefen Dröhnen und Rumpeln stiegen die Wasser in tumultartigem Aufruhr auf, kochend, blubbernd, brodelnd, bis schneeweißer Schaum das Becken wie ein Mantel aus gebleichtem Leinen bedeckte. Dann hob der Strudel den Eindringling, in diesem Fall einen der Schiffsrümpfe, die auf meinen Befehl hin auf ihn geschleudert wurden, und diese wütenden Wasser wirbelten ihn vollständig umher. Urplötzlich, als wäre es von dieser ungeheuren Anstrengung erschöpft, sank eine geheimnisvolle Ruhe auf das Becken. Der zerstückelte Mantel aus Schaum tanzte sanft auf des Wassers kräuselndem Schoße. Alles war friedlich, abgesehen davon, dass der Rumpf noch immer zitternd wie ein erschrockenes Wesen im Schoße dieses ruhenden Ungeheuers lag!

Doch seht! Der Strudel erregt sich wieder. Schneller und schneller wirbelt er seine Beute herum. Immer tiefer und tiefer ziehen seine nun weit geöffneten Kiefer den unglückseligen Schiffsrumpf hinab!

Ein schreckliches Gebrüll verkündet, dass das Ende nahe ist!

Es ist vorbei!

Doch wartet! Jetzt gibt er seine Beute wieder auf!

Selbst jetzt noch treiben Bretterbruchstücke seewärts und tanzen auf dem rauschenden Wasser.

Bald werden die zerknitterten, zerbrochenen, zerquetschten Überreste dieses starken Schiffsrumpfes folgen.

Dieses Wassermonster ernährt sich nicht von dem, was es verschlingt! Es zerstört aus reiner Lust an der Zerstörung. Inzwischen war die Nacht hereingebrochen. Ich kehrte zu meinem Schiff zurück. Der Flugsand und der Strudel hatten ihre Schrecken enthüllt. Aber ich fürchtete sie nicht mehr! Wie der Dompteur, dem es endlich gelungen war, das Stahlgebiss zwischen die mampfenden und knirschenden Zähne des wilden jungen Pferdes zu stoßen, fühlte ich nun, dass diese Schrecken gezähmt waren.

"Und nun zu Thors Hammer", rief ich, als ich mich für einen kurzen Moment neben Bulger setzte und nachdachte.

Der erste graue Lichtstreifen im Osten fand mich an Deck.

"Thors Hammer" war ein riesiger Schaft aus schwarzem, basaltartigem Gestein, der etwa sechs Meter aus dem Wasser ragte und in einem hammerförmigen Kopf endete. Er bewachte den Kanal, wo dieser das Meer erreichte, stand genau in der Mitte und zwang so ein Schiff, auf der einen oder anderen Seite des Kanals an ihm vorbeizufahren.

Unter dem Wasser musste dieser furchterregende Wächter wohl in einer gigantischen Kugel enden, die sich im Laufe der Zeit im Fels des Kanals ihr eigenes Sockellager gegraben hatte; denn er pendelte lose und frei, von jeder mächtigen Welle von einer Seite zur anderen bewegt, und drohte damit jedem vorbeifahrenden Schiff die schnelle Zerstörung.

Der Anblick dieser schrecklichen Zerstörungsmaschine hat mich offen gesagt entsetzt! Wie soll ich der Wachsamkeit dieses gigantischen Wächters entgehen, der keinen Schlaf, keine Ruhe kennt und dessen wütende Schläge auf Freund und Feind gleichermaßen fallen? Wie soll ich ihn einlullen, damit er für einige kurze Augenblicke zur Ruhe kommt?

Entschlossen, die Stärke, die Schnelligkeit und den Charakter der Schläge von "Thors Hammer" genau zu studieren, ließ ich in der Nähe dieses mächtigen Felsenwächters mehrere riesige Bauten aus Brettern und Holz errichten. Ich befahl, diese eine nach der anderen in den Kanal zu werfen.

Zuerst war ich ziemlich gelähmt, als ich entdeckte, dass selbst der leichteste Wirbel, der durch das Vorbeidriften einer dieser Holzkonstruktionen verursacht wurde, den hin- und herpendelnden Fels in heftige Schwingungen versetzte, die immer auf das vorbeiziehende Objekt gerichtet waren.

Urteilte ich nach der Wirkung von Thors Hammer auf diese schwimmenden Massen aus Planken und Holz, dann würde ein einziger Schlag ausreichen, um trotz seiner ungewöhnlichen Festigkeit das Leben meines Schiffes zu zerquetschen.

Ich stand wie erstarrt vor schrecklicher Vorahnung. Ich spürte, wie die Schweißperlen von meiner Stirn abprallten und mir über die Wangen tropften. Muss ich aufgeben und nach Hause zurückkehren, in gebrochener Stimmung, gedemütigt, der Esel des Spottes, die Zielscheibe des Dorfwitzes, der Gegenstand von Heiterkeit und Gelächter in jeder Bauernhütte?

Oh, nein! Das kann nicht, das darf nicht sein!

Wie ein Blitz flammte ein Gedanke über den dunklen Horizont meines Geistes.

Träume ich nicht? War es wirklich so?

Eine der hölzernen Strukturen war noch vorhanden. Da ich meine Gefühle nur schwer kontrollieren konnte, befahl ich, sie in den Kanal zu werfen und nahm eine günstige Position ein, um noch einmal den Zorn des hoch aufragenden Wächters zu beobachten! In wenigen Augenblicken spürte "Thors Hammer" das Kommen des Schiffes und beugte sich in ohnmächtiger Wut und schlug die Luft mit Schlägen, die immer schneller fielen! Ja, ich hatte Recht! Als Thors Hammer einmal seine Arbeit des Todes und des Verderbens begonnen hatte, wandte er sich nicht von seiner Aufgabe ab, solange es noch irgendeinen Gegenstand gab, für den er seine Wut aufwenden konnte!

Und es gab auch kein Entkommen für das unglückselige Schiff, solange es nicht in Scherben geschlagen worden war! Ein Schlag nach dem anderen prallte mit furchtbarem Aufprall und Geschrei auf es ein. Erst als der arme Überrest seewärts getrieben war, hörte der schwarze und flinke Schaft mit seinem wütenden Schwingen auf.

Ich wandte mich an meinen Segelmeister, der seine staunenden Augen voll auf mich gerichtet hatte, und rief in einem ruhigen und leichtsinnigen Ton: "In drei Tagen, Segelmeister, bei klarem Wetter verlassen wir den Niemandshafen!"

Ein Klumpen stieg ihm in die Kehle, aber er schluckte ihn herunter und rief fröhlich aus:

"Ay, ay, Sir."

Und was waren das doch für drei arbeitsreiche Tage! Meine Männer waren nicht lange dabei, etwas von dem unbezähmbaren Geist ihres neuen Kommandeurs einzufangen. Ich bearbeitete sie hart, aber ich speiste sie gut, servierte ihnen Grog mit liberaler, aber weiser Hand und sah, dass all ihre Wünsche erfüllt wurden. Im Gegenzug wurde ihre

Verwunderung zu Bewunderung und ihre Bewunderung zu Zuneigung.

Am ersten Tag machten sich alle Hände, die man entbehren konnte, an die Arbeit, um Angelschnüre herzustellen, mit einem guten, kräftigen Haken an einem Ende und einem Korkschwimmer am anderen. Die Schnüre wurden etwa drei Faden lang geschnitten, und die Schwimmer wurden in leuchtendem Purpurrot gestrichen. Dann gab ich den Befehl, drei Notmasten anzubringen, einen mittschiffs und einen am Bug und einen achtern.

Meine Männer machten sich mit vollem Einsatz an die Arbeit, aber ich erwischte sie mehrmals dabei, wie sie sich auf die Stirn tippten und dabei bedeutungsvolle Blicke austauschten. Aber wenn dieser letzte Befehl sie ins Grübeln brachte, hatte mein nächster den Effekt, als würde eine Bombe in ihrer Mitte explodieren.

Der und alle anderen standen da und starrten mich an, als ob sie nur darauf warteten, dass ich sie vernichte.

Mein Befehl lautete, eine Ruderanlage unter der Gallionsfigur anzubringen.

Ein Küstenschiff, das ich angefordert hatte, fuhr nun gemächlich in den Niemandshafen ein. Ich wies den Kapitän an, der Besatzung drei Monatsgehälter zu zahlen und sie zu entlassen.

Als dies geschehen war, wurde meinen Männern befohlen, das Küstenschiff auf unserer Steuerbordseite festzurren.

Ich glaube wirklich, dass mein ganzer, so sorgfältig ausgearbeiteter Plan zu diesem Zeitpunkt nur durch die Weisheit meines treuen Bulger vor dem völligen Scheitern bewahrt wurde.

Kaum war der Untersatz an unserer Seite festgezurrt, sprang er leicht über die Reling und begann, sich zu amüsieren, indem er das freie Deck auf und ab tanzte. Plötzlich hielt er in der Nähe einer der Luken inne und brach in ein höchst wütendes Bellen aus. Ich rief einem meiner Offiziere zu, er solle aufpassen und nachsehen, was los war. Er berichtete innerhalb weniger Augenblicke, dass einer der entlassenen Seeleute versteckt im Laderaum gefunden worden war. Als ich ihm drohte, ihn in Eisen zu legen, gestand er, dass es sein Plan gewesen sei, das Küstenschiff loszuschneiden, sobald sich unser Schiff dem Strudel genähert habe.

Es war ein knappes Entkommen.

Lieber, treuer Bulger, wie viel wir dir für diese Entdeckung schulden!

Der dritte Tag brach hell und klar an.

Der Wind war sehr günstig und wehte stark vom Ufer weg.

Beim ersten Lichtschimmer waren meine Männer rege und auf der Suche nach meiner Ankunft.

Sie begrüßten Bulger und mich mit drei herzlichen Jubelrufen.

Sie hatten sich entschieden: Was ich nicht wusste, wusste Bulger! Endlich war alles bereit!

Ich nickte dem Segelmeister zu, und in etwa einem Augenblick begann die Spill sich zu drehen, und das fröhliche " Ey, hau O!" der Männer sagte mir, dass der Anker gesetzt worden war. Hunderte von Leinen und Schwimmern, gut ausgerüstet, wurden nun über Bord geworfen. Auf der Heckreling stehend, das Fernglas in der Hand, beobachtete ich sie aufmerksam und besorgt.

Stellen Sie sich meine Freude vor, mehrere dieser purpurroten Schwimmer blitzartig verschwinden zu sehen, wieder aufzusteigen und für einen Augenblick wieder zu verschwinden.

"Der erste Punkt ist erreicht", rief ich. "Ich habe den Kanal gefunden!"

Als ich dem Segelkapitän, der für die Ruderanlage zuständig war, rasch Bescheid gab, verließ mein gutes Schiff langsam den Niemandshafen, mit dem Heck voran. Immer wieder wurden die Köderleinen mit ihren karmesinroten Schwimmern über Bord geworfen. Die Tiefseefische, die den sich ständig wandelnden Kanal durchschwammen, blieben ständig in Bewegung. Als unser Schiff vorrückte, zerrten sie an den Leinen und hielten so den gewundenen Kurs klar abgesteckt. Mit dem Fernglas in der Hand beobachtete ich mit prickelnden Adern und einem springenden Herzen die erfolgreiche Durchführung dieses Teils meines Plans. Ein lautes Summen meiner Männer sagte mir, dass wir den Flugsand geräumt hatten. Ja, so war es!

Wir haben das Hafenbecken von Niemandshafen durchquert! Sein gefürchteter Treibsand wirbelte und rollte vergeblich. Es war nicht vorherbestimmt, dass er das Schiff des Kleinen Barons verschlingen sollte!

Aber seht doch! Der Kanal verengt sich! Das Wasser wird schwarz und unruhig. Und horcht!

Habt ihr das dumpfe Dröhnen nicht gehört? Ich springe von der Leitplanke herunter! Ich gehe durch meine Männer und lasse hier und da ein Wort der Ermutigung fallen. Meine vollkommene Gelassenheit beeindruckt sie. Kein fröhliches "Ay, ay, ay, Sir!" ertönt, aber ich sehe eine Antwort in ihren Gesichtern. So ist es: "Wir vertrauen dir, kleiner Kapitän, sprich!" Das dumpfe Brüllen wird immer lauter und lauter.

Die Stromschnellen holen uns ein und reißen uns mit wie Späne auf der schäumenden Flut eines Gebirgsbaches. Unser standfestes Schiff schaukelt wie ein Spielzeugboot. Das steuerbords festgezurrte Küstenschiff knarrt und ächzt in seinem wilden Versuch, sich loszureißen.

Ich rufe Bulger zu mir, ziehe die Leine um ihn herum und binde ihn fest an den Großmast, denn ich habe Angst, dass ihn ein plötzlicher Windstoß über Bord werfen könnte. Weiter, weiter, wir rasen durch die schrecklichen Gewässer. Das Getöse ist ohrenbetäubend. Ich sehe meine Seeleute an. Ihre brünierten Gesichter sind erbleicht. Sie klammern sich an den Fangleinen und Zugseilen fest. Ihre Augen sind auf mich fixiert.

Seht! Der furchtbare Strudel ist direkt vor uns. Wie ein schreckliches Monster öffnet er seine mit Schaum gefüllten Kiefer. Wir springen direkt in seinen Mund. Haben wir uns verirrt? Wie könnte es anders sein? Als wäre unser standfestes Schiff eine Nussschale, holen die brodelnden, wütenden, wirbelnden, tosenden, kämpfenden, kochenden Wasser es mit ihren umklammernden Armen ein, heben es hoch über den Meeresspiegel, drehen es völlig um und lassen es mit so ungeheurer Wucht fallen, dass große Wasserwände von allen Seiten aufsteigen und das zerbrechliche hölzerne Ding zu verschlingen drohen. Aber die wundersamste Veränderung; man beachte, wie es auf einem gläsernen Becken schwimmt! Der Schaum tanzt im Sonnenlicht auf den kräuselnden Wellen. Alles ist friedlich, wo nur einen Augenblick zuvor die Natur mit dämonischer Wut tobte. Gedankenschnell springe ich in die schweren Wanten: "Schneidet die Not-Masten weg!" Sie fallen mit einem riesigen Platsch über Bord. Meine Männer arbeiten mit wahnsinniger Ernsthaftigkeit. Sie wissen nur zu gut, dass jeder Augenblick ihr letzter sein kann. Unser bereits gehisstes Großsegel wird ohne Worte und ohne einen Schrei aufgefiert. Wir sind dem Tod zu nahe, um zu singen! Seht doch! Sieh doch! Der Wind füllt das große Segel! Wir bewegen uns. Die Wasser scheinen unsere Flucht zu riechen. Sie erwachen zu neuem Zorn. Ein tiefes Grollen aus den Eingeweiden der Tiefe ruft sie auf, aus ihrer Lethargie zu erwachen.

Sie strecken die Hand nach uns aus.

Zu spät! Zu spät!

Wir entfliehen ihrer Reichweite. Wir sind gerettet! Wir sind gerettet! Ein Schrei erhebt sich aus zwei dutzend Kehlen, von denen die Angst nun ihre Hand nimmt!

Schau zurück! Seiner Beute beraubt, erwacht der Strudel mit doppelter Wut.

Hundert armähnliche Wasserströme sprudeln hervor und ergießen sich um unser gutes Schiff herum in dem vergeblichen Versuch, es wieder in diesen schrecklichen Strudel zu ziehen.

Wir werden von Wolken aus Gischt und Nebel durchtränkt, während wir langsam aber stetig unseren Kurs halten. Ich wünschte, wir wären auf der anschwellenden Flut des offenen Meeres in Sicherheit, denn es gibt noch eine weitere Gefahr, der wir begegnen müssen.

Unser Kanal verengt sich plötzlich. Ich könnte einen Zwieback gegen die felsige Wand werfen, die uns auf beiden Seiten einschließt.

Wieder fällt eine tiefe Stille über Schiff und Besatzung herein, nur durchbrochen von einem seltsamen Geräusch rauschender Gewässer, das ausbricht und so regelmäßig wie der Schwung eines Pendels verklingt. Es ist Thors Hammer, der das erschrockene Wasser zu Schaum schlägt, während er von einer Seite zur anderen schwankt.

Trotz meines Bemühens, ruhig zu erscheinen, spüre ich, wie mein Herz schneller schlägt.

Ein kalter Schauer betäubt meine Hände. Ein Blick nach vorn erschreckt mich wie der Schlag einer unsichtbaren Hand. Dort, wo die Morgensonne auf ihrem hammerförmigen Kamm ruht, schwingt der gefürchtete Hammer aus Feuerstein und droht jedem Schiff, das mutig genug ist, ihn zu passieren, mit sofortiger Zerstörung.

In Ausführung meiner Befehle werden alle Segel auf dem Küstenschiff gesetzt und das Steuerruder festgezurrt, so dass es rechts an Thors Hammer vorbeizieht.

"Nur Mut, Männer!" schrie ich. "Haltet euch alle bereit! Schneidet die Laschen ab! Werft das Beiboot ab!"

Dann winkte ich dem Skipper mit der Hand und unser

Großsegel fiel in einem Rutsch zu Boden. Alles funktionierte wie am Schnürchen. Unser Schiff verlangsamte sich, während das Küstenschiff seiner Zerstörung entgegeneilte. Schaut, wie galant das dem Untergang geweihte Schiff seinen Weg fortsetzt; denn die Brise hatte sich aufgefrischt, und mehrere fröhliche Luftschlangen und Flaggen, die meine Männer bis zum Toppmast gezogen hatten, flatterten in der frischen Morgenluft.

Da! Habt ihr das Krachen nicht gehört?

Thors Hammer hat das Schiff getroffen!

Schlag folgt auf Schlag!

Krachen! Krachen! Krachen! Krachen!

Jetzt oder nie!

Ich war hellwach. Genau in dem Moment, in dem wir das Küstenschiff freigaben, hatte ich die Segel so weit setzen lassen, dass wir unser Schiff auf Kurs halten konnten.

Wir näherten uns bereits Thors Hammer, der das Küstenschiff schnell zu einer formlosen Masse zerschmetterte. Das Meer ist voll von Brettern und zerbrochenem Holz. Thors Hammer verneigt sich vor seinem schrecklichen Zerstörungswerk, ohne sich unserer Anwesenheit bewusst zu sein.

Wer könnte seinem schrecklichen Zorn widerstehen?

Diese robusten Hölzer geben nach wie Zweige.

Nur noch eine kleine Weile, und wir haben das Monster und sein Opfer in unserem Kielwasser!

Jetzt, jetzt, wir fahren an ihm vorbei! Unsere Segel erbeben unter der Kraft seines Atems!

Unser Deck ist mit Splittern übersät! Das Dröhnen und Krachen ist ohrenbetäubend. Thors Hammer verbiegt sich für einen letzten Schlag auf die Rippen und den Kiel seines gebrochenen und zerfetzten Opfers!

Hurra! Hurra! (alle) Hurra!

Unser gutes Schiff taucht ein in das tiefe Rollen der Meereswogen! Wir sind auf dem offenen Meer! Niemandshafen, lebe wohl!

Als meine Männer auf das felsige Tor und den grimmigen Wächter vom Niemandshafen zurückblickten, warfen sie ihre Mützen in die Luft und schickten Jubel um Jubel nach oben.

Bulger hüpfte über das Deck und tat sein Bestes durch heftiges Bellen, um seine Bewunderung für seinen kleinen Herrn kundzutun.

Der Segelmeister kam näher, berührte seine Mütze, kratzte mit der Schuhspitze am Deck und schrie fröhlich auf:

"Bravo! kleiner Baron. Das war großartig! Ich war mir sicher, dass wir nie durch den sich bewegenden Sand kommen würden. Und als wir vorbei waren, war ich bereit, zu schwören, dass der Strudel mit uns kurzen Prozess machen würde. Aber als wir heil und sicher aus ihm heraussegelten, näherte ich mich der Heckreling und war bereit, über Bord zu springen, denn ich hatte das Gefühl, dass uns nichts vor einem Schlag von Thors Hammer retten konnte. Ich bin angesichts der Stürme in Neptuns Reich runzlig und grau geworden, aber ich hatte bis jetzt nie das Gefühl, einen Meister zu haben".

Ich nickte und lächelte und wandte das Gespräch schnell einem anderen Thema zu.

"Übrigens, Skipper", sagte ich, "denken Sie daran: Sobald wir den Ärmelkanal verlassen haben, nehmen Sie Kurs nach Süden!“

"Ay! ay! ay! kleiner Baron!" war die Antwort. Bulger zu mir rufend, ging ich nun nach unten. Ich wollte allein sein, weil ich unbedingt Ruhe brauchte. Die schreckliche Belastung meiner Nerven durch die Hoffnungen und Ängste der letzten Tage begann mich zu belasten.

Als ich mich in meine Hängematte warf, fiel ich in einen

tiefen Schlaf, aus dem ich von Bulgers Wimmern und Weinen geweckt wurde.

Der Segelmeister fühlte ängstlich meinen Puls.

Ich hatte drei Tage und drei Nächte lang geschlafen. Bulger hatte sich die ganze Zeit strikt geweigert, von meiner Seite zu weichen oder etwas zu fressen, obwohl der Skipper ihn mit den zartesten Häppchen in Versuchung geführt hatte.

Seine Freuden kannten keine Grenzen, als ich aufsprang und mich in Form schüttelte.

"Wo sind wir, Meister?" rief ich.

"Auf dem weiten Atlantik, Kurs Süden, kleiner Baron!" war die Antwort.

"Gut! Schicken Sie mir einen Schinkenspeck und etwas Hartgesottenes. Die Brise vom Atlantik hat mir Appetit gemacht, und, Skipper", fügte ich hinzu, "ein wenig gebratenes Geflügel für Bulger."

"Und nun, in das Land der Wärme und des Sonnenscheins!" Ich murmelte: "Nun zur Heimat der Orange und der Palme! Kalte Winde mögen mich nicht, ich bin ein Kind der Tropen, geboren in einem Land, in dem die Natur arbeitet und der Mensch spielt. Kein kalter Wind pfiff je seine traurige Melodie über meine Wiege! Wer will, soll sein halbes Leben damit verbringen, darauf zu warten, dass Mutter Erde aus ihrem Winterschlaf erwacht! Frier den Körper ein und du frierst das Gehirn ein. Ich gehöre zu denen, die Blumen mehr lieben als Schneeflocken. Glorreiches Südland! Ich grüße dich, dein Kind kommt wieder in deine Arme, oh, nimm es freundlich und liebevoll auf!"

Immer südwärts, immer südwärts raste mein gutes Schiff dahin. Tagsüber schlenderte ich auf dem Deck umher, um die Delphine beim Spielen oder Bulgers Erstaunen zu beobachten, als ein verirrter fliegender Fisch an Deck flatterte; nachts, mit Blick auf das gleißende Kreuz des Südens, sehnte ich mich nach der Zeit, die kommen würde, wenn ich einen Fuß auf einen schönen, mit Korallenzweigen und Perlmuscheln geschmückten Strand setzen würde, in dessen klarem Wasser goldene Fische sich an nicht weniger leuchtende Pflanzen von nicht weniger brillanter Farbe schmiegen.

Es ist nun drei Wochen her, dass das letzte Rauschen von Thors Hammer an unsere Ohren gedrungen war.

Mein Chronometer zeigte die Mittagszeit an. Alle Segel waren gesetzt, und unser gutes Schiff fuhr so anmutig wie eine Schwalbe, die sich im Flug neigte, um das kühle Wasser einer spiegelglatten See zu streifen. Plötzlich flaute der Wind ab, unser Schiff stand still auf dem reglosen Meer, mein Wimpel hing wie eine Schnur. Die Luft reichte nicht aus, um den Rauch von unserem Kombüsenfeuer abzuziehen. Eine seltsame, geheimnisvolle Stille lastete auf dem Schiff und dem Meer. Ich wusste nur zu gut, was sie bedeutete. Eine dieser gefürchteten Flauten, von den Seeleuten mehr gefürchtet, als wenn uns der stürmische Sturm überwältigt hätte.

Unser Schiff stand wie eines, das an einem Marmorkai festgemacht war!

Und als mir der Gedanke durch den Kopf schoss, dass Tage, ja sogar Wochen vergehen könnten, bevor der Wind sich wieder erhebt, um uns auf unseren Weg zu tragen, überkam mich ein Gefühl völliger Lustlosigkeit. Ich musste mich sehr anstrengen, um es abzuschütteln.

Ich wagte es nicht, meine Männer einen Anflug von Entmutigung in meinem Gesicht sehen zu lassen.

Und doch war es eine schwere Aufgabe. Wäre ich nicht aus hartem Holz geschnitzt gewesen, hätte ich geweint, als ich sah, dass meine Fortschritte in dem Augenblick, als der Sieg fast zum Greifen nah war, ausblieben.

Und wieder, wie es bereits der Fall war, als sich die Schrecken des Niemandshafen wie Dämonen bösartiger Mächte erhoben, um mich für immer in diesem von Felsen umgebenen Becken einzuschließen, kehrten meine Gedanken nach Hause zurück - zu dem älteren Baron und seiner gnädigen Gemahlin, meiner lieben Mutter; zu den Dienern und Gefolgsleuten des Fürstensaals; zu den Dorfbewohnern und der Pachtgesellschaft. Wie, oh wie nur sollte ich ihnen allen entgegentreten können, wenn ich gezwungen wäre, mit dem demütigenden Geständnis, dass meine Reise gescheitert war, nach Hause zurückzukehren?

Bulger war der erste, der einen Blick auf den Schatten auf meiner Stirn erhaschte. Er richtete seine dunklen, glänzenden Augen voll auf mich, so flehend, als wollte er sagen: "Oh, kleiner Meister, was quält dich? Darf ich nichts tun, um die dunkle Melancholie aus deinem Gesicht zu vertreiben? Du weißt, wie sehr ich dich liebe. Lehre mich, dir zu helfen. Mein Leben gehört dir. Dein Kummer lastet wie Blei auf meinem Herzen. Sprich zu mir, kleiner Meister!" Zärtlich und liebevoll streichelte ich seinen Kopf und sprach in leisesten Tönen zu ihm. Er freute sich, aber er saß immer noch da und beobachtete mich, denn es war unmöglich, ihn zu täuschen, indem ich vorgab, leichtherzig und unbekümmert zu sein.

In der zweiten Woche lagen wir immer noch wie ein Baumstamm in einem Mühlteich, unsere Segel vom leisesten Lufthauch unberührt; das Meer war in einem Schlummer versunken, der dem Tod gleichkam. Verzweiflung lag auf den Gesichtern meiner Männer. "Raffe dich auf, kleiner Baron!" Ich murmelte zu mir selbst, als ich auf dem Boden meiner Kabine auf und ab ging: "Wo ist deine prahlerische Gerissenheit? Wo ist deine gepriesene Weisheit? Sage nie wieder, dass du ein Mann der Tat bist, schnell im Denken und schnell in der Ausführung! Du hast den Halt an der Speiche des Glücksrades verloren!"

"Denkst du das?", rief ich als Antwort auf meine eigenen

Gedanken.

"Folge mir, wir werden sehen!" Mit einer Leine räumte ich die Gangway frei. Der Segelmeister lag schlafend auf dem Deck. Die Männer in Gruppen, hier und da, gaben ein Bild der Verzweiflung ab. Ich weckte den Skipper mit einem kräftigen Ruck an seinem Gürtel, unterstützt durch Bulgers frenetisches Gebell, und rief:

"Gebt Acht, Skipper! Schlafen Sie, weil Sie überarbeitet sind? Pfeifen Sie alle Mann an Deck!" Die Männer kamen lebhaft auf mich zu, sehr amüsiert über meinen Schlag gegen den Kapitän, der sich halb benommen von meinem plötzlichen Ausbruch die Augen rieb. "Schickt mir den Schiffszimmermann!", fuhr ich fort; und ich holte ein Stück Kreide hervor und zeichnete die Skizze einer großen Kiste oder Truhe, fast so lang wie die Breite unseres Schiffes, und gab dem Zimmermann Anweisungen, wie er sie aus den stärksten Planken an Bord bauen sollte. Er und seine Assistenten waren bald bei der Arbeit.

Ich wandte mich dann an den Koch und befahl ihm, die Schweine und Hühner zu töten, die wir für unsere eigene Frischfleischlieferung verschifft hatten, und forderte ihn auf, vorsichtig zu sein und keinen Tropfen Blut zu verlieren.

Diese Befehle trieben meine Männer vor Neugierde ziemlich in den Wahnsinn.

Der Kapitän näherte sich und versuchte, eine Erklärung von mir zu bekommen, aber vergeblich. Ich war zu tief in Gedanken versunken, um zu sprechen.

Die lange Kiste war in wenigen Stunden fertig. Nun hieß es, dass ich im Begriff sei, das Schiff zu verlassen und zu versuchen, durch Rudern an Land zu gelangen, und dass diese lange Kiste den Proviant aufnehmen sollte.

Der Segelmeister richtete seinen Blick wieder fragend auf mich. Ich tat so, als bemerkte ich seine flehentlichen Blicke nicht. Der Koch hatte zu diesem Zeitpunkt das frische

Fleisch bereit. Auf meine Anweisung wurde alles in die lange Truhe überführt, das Blut darüber gegossen und die Kiste mit einem schweren Glasplattendeckel sicher verschlossen, der aus mehreren Stücken bestand, die zum Zweck der Wiederherstellung zerbrochener Lichter transportiert wurden. Zu diesem Zeitpunkt waren die Männer so aufgeregt über diese mysteriöse Kiste und ihren noch mysteriöseren Inhalt, dass ich gezwungen war, ihnen den Rückzug anzuordnen, damit der Zimmermann und seine Helfer ohne Unterbrechung ihre Arbeit fortsetzen konnten.

Der nächste Schritt bestand darin, die lange Kiste mit Blei zu beschweren und an jedem Ende mit starken Eisenringen Hebezeug anzubringen. Als alles fertig war, rief ich meinen Männern zu, sich bereitzuhalten und sie über die Heckreling herabzulassen. So postiert, dass ich das Absenken der langen Kiste beobachten konnte, war ich darauf bedacht, sie etwa einen Meter unter Wasser zu versenken und sie dann fest am Heck des Schiffes festzubinden. Kaum hatte ich das Wort zum Absenken auf allen Segeln gegeben, da setzte sich das Schiff in Bewegung! Die Wirkung auf meine Männer war unbeschreiblich. Einige wurden blass und standen wie versteinert vor Angst. Andere lachten wie wilde Wahnsinnige. Andere, die ihren Verstand im Griff hatten, eilten zum Heckgeländer, um das Geheimnis zu ergründen.

Ein Blick genügte!

Es war schließlich eine einfache Sache.

Allmählich fanden die anderen ihre Vernunft wieder und eilten zu ihren Gefährten und blickten hinunter in die Gewässer, wo ich die lange Kiste mit dem Glasdeckel und dem seltsamen Inhalt festgezurrt hatte. Währenddessen bewegte sich unser gutes Schiff immer schneller durch die trägen, lustlosen Gewässer. Ein dreimal wiederholter Jubelschrei ertönte, als das Rätsel vollständig gelöst war.

Das Rätsel?

Dann hören Sie, worin dieses Rätsel bestand!

In den ersten Tagen dieser Totenstille, die sich wie eine schreckliche Decke legte, die von den Händen eines unsichtbaren Ungeheuers über uns ausgebreitet wurde, um unser Vorankommen zu kontrollieren, hatte ich bemerkt, dass die Gewässer von Haien von außergewöhnlicher Länge wimmelten; dass diese wilden Dämonen der Tiefe in Schwärmen zahlloser Zahl um unser Schiff herumhingen, angezogen von dem über Bord geworfenen Müll und zweifellos auch vom Geruch der vielen Lebewesen an Bord des Schiffes.

Als zeitweise ein besonders großer Müllvorrat ins Wasser fiel, war der Ansturm dieser gefräßigen Ungeheuer so heftig, dass sie das Schiff, als sie gegen die Seiten oder das Heck des Schiffes schlugen, tatsächlich erschütterten, zusammengeschlossen wie vorrückende Kohorten ausgebildeter Soldaten.

Auf diesen Hinweis hin habe ich gehandelt. Wenn ich, wie ich argumentierte, diese jetzt wilde Kraft nur noch kontrollieren kann, warum darf ich sie dann nicht nutzen, um mein Schiff vor einer schlimmeren Gefahr als einem tobenden Sturm zu retten? Denn weitaus besser wäre es, dem heulenden Sturm und der schaumgekrönten Welle zu trotzen, als durch diese atemlose Ruhe an das offene Meer gekettet vor Durst zu sterben.

Nun aber war alles anders.

Weiter, weiter, unser gutes Schiff gleitet mit immer größerer Geschwindigkeit geräuschlos und zügig durch die spiegelglatten Gewässer. Mein Gerät funktionierte viel besser, als ich zu träumen gewagt hatte, denn als das frische Blut begann, durch die Spalten der langen Kiste zu rieseln, wurden die gefräßigen Meeresungeheuer von seinem Geruch und Geschmack fast wahnsinnig. Die Größten und Wildesten drängten in dicht gedrängten Reihen vorwärts und warfen ihre kleineren Gefährten hoch in die Luft, während sie ihre Plätze mit wilder und eifriger Suche nach Beute einnahmen, die sie immer weiter lockte, immer näher zu ihnen und immer noch immer unerreichbar.

Kaum zeigten die vordersten Reihen dieser Armee von Schergen der Tiefe Anzeichen von Müdigkeit, als sich lange Reihen frischer und eifriger Rekruten nach vorne wagten und ihre erschöpften Kameraden wie Korkenstückchen nach rechts und links schleuderten und die Aufgabe übernahmen, der immer weiter zurückweichenden Beute zu folgen, die, obwohl sie ihr Lebensblut verströmte und für sie deutlich sichtbar war, doch keine Müdigkeit zu kennen schien und vor dem wilden, stürmischen Angriff ihrer drängenden, stürzenden Kohorten immer weiter vorwärts raste!

Der Mond schien nun wie eine Platte aus gebürstetem Silber auf die blauen Wände des Himmels, und die tiefe Stille des schlafenden Wassers wurde durch das Plätschern jener mächtigen Körper durchbrochen, die in ihrem Licht glitzerten, während sie sich abrackerten und sich abmühten, unser Schiff auf seinen Weg zu treiben.

Ich konnte nicht schlafen.

Eingehüllt in einen Wollmantel, der mich vor dem heimtückischen Tau der Tropen schützen sollte, schmiss ich mich an Deck, mit Bulgers Kopf auf meinen Schoß gepolstert.

Etwas flüsterte mir zu, dass, wenn diese hungrigen Plünderer der Tiefe sich nur so lange an ihre Aufgabe halten würden, bis die Morgensonne im Osten aufging, meine Wange den Atem der kommenden Winde spüren würde.

Und so kam es schließlich zustande. Mit dem ersten Schimmer Tageslicht erblickte ich ein Plätschern auf dem seegleichen Schoß des Ozeans. Genau in diesem Moment bemerkte ich auch, dass unser Schiff langsamer wurde. Ich sprang auf die Leitplanke. Unsere Verbündeten hatten uns im Stich gelassen. Kein einziger Anhänger dieses aufrührerischen Lagers war in Sicht! Ah, sie hatten nicht im Traum daran gedacht, dass sie Schiff und Mannschaft gerettet hatten! Wie grenzenlos ist der Egoismus der Menschen! Die Bestien des Feldes, die Ungeheuer der Tiefe müssen ihm zu seinem Vergnügen dienen, seinen Befehlen gehorchen. Ich hatte auf das Plätschern im Wasser hingewiesen, und als der erste kräftige Windhauch uns erreichte, waren wir bereit, ihn zu empfangen. Alle Segel waren gesetzt.

Mein Herz machte einen Freudensprung, als unser Schiff dem Wind entgegenkam und seinem Ruder wie ein Lebewesen gehorchte!

Und auf diese Weise rettete ich mein Schiff und meine Mannschaft vor einer schlimmeren Gefahr als sturmgepeitschten Wellen. Von diesem Zeitpunkt an ging alles gut. Kaum eine Woche war vergangen, als mich ein Schrei erschreckte, der in meinen Ohren süßer klang als die Stimme des Monarchen an den Höfling.

"Land in Sicht! Direkt voraus!"

Ich ergriff mein Glas, sprang in die Hauptsegel und richtete meinen Blick in die angegebene Richtung. Ja, es war wahr! Da lag es vor uns, mit sanftem Gefälle aus dem Ozean aufsteigend, seine Höhen gekrönt von Bäumen mit vielfarbigem Laub, seine Ufer enden in langen schneeweißen Sandstränden.

Über dem unbekannten Land hing ein purpurner Nebel von tiefer, satter Tönung, wie die Wange einer reifen Pflaume. Als wir uns einem von Land umschlossenen Hafen näherten, schien er uns willkommen zu heißen. Doch kein Ton und kein Lebenszeichen durchbrach die tiefe Ruhe, die die Bucht und das Ufer umgab.

Langsam und in stattlicher Haltung segelte unser gutes Schiff in den Hafen und warf den Anker. Die strahlende Schönheit des Landes brach nun über mich herein. Zehntausend Muscheln in perlmuttfarbenen Tönen und Schattierungen glitzerten auf dem weißen Sand, während im klaren Wasser Meeresblumen und Blätter in tiefstem Karmesinrot sanft mit der Flut schwankten. An den abfallenden Ufern schien die Natur den Karneval zu feiern. Kein Strauch, Busch oder Baum begnügte sich damit, einfaches Grün zu tragen. Jeder wedelte mit einer Blüte von reichster Ausstrahlung in der weichen und milden Luft. Hier und da prasselte ein Bächlein den Hang hinunter, kräuselte, plätscherte und schwappte über die moosbewachsenen Felsen in seinem Bett. Die Luft war schwer vom Duft dieses riesigen Gartens, der so schön und doch so still und menschenleer war.

Am nächsten Tag machte ich mich auf den Weg zu einem Streifzug, nur begleitet von meinem treuen Bulger, und überließ meinem Segelmeister das Kommando. Ich wollte sehen, ob diese Insel, wie ich sie mir vorstellte, etwas Eigentümliches und Kurioses enthielt. Je weiter ich in das Innere dieses schönen Landes der hellen Blumen, der plätschernden Bäche, des klaren Himmels und der duftenden Luft vordrang, desto erstaunter stellte ich fest, dass weder Weinstock, Strauch, Gebüsch noch Baum Beeren oder Früchte trugen, von denen ich mich ernähren konnte; und obwohl es ein solches Land der Bäche, Blumen und der milden Luft war, wie es sich mancher Bewohner des fernen Nordens erträumt haben mag, blieb es vom Fuß des Menschen unbetreten, denn nur selten sind die Menschen in den Tropen bereit, sich eine andere Nahrung zuzubereiten als die, die die Natur vor ihnen ausbreitet.

Ich fing nun an, dankbar zu sein, dass ich mich reichlich mit Trockenfrüchten versorgt hatte, bevor ich mein Schiff verließ, um zu einer Inselumrundung aufzubrechen, denn so schien es mir zu sein.

In diesem Moment hielt Bulger inne, hob die Nase in die Luft, schnüffelte heftig und lange und richtete dann seine dunklen Augen auf mich, als wollte er sagen: "Sei vorsichtig, kleiner Meister, es nähern sich irgendwelche Lebewesen!" Ich hatte kaum Zeit, eine meiner Pistolen zu ziehen und einen flüchtigen Blick auf ihre Zündung zu werfen, als mit seltsamen Schreien und seltsamen Bewegungen ein Dutzend oder mehr Wesen der menschlichen Spezies mit geräuschlosen Schritten aus dem Dickicht sprangen und uns umzingelten. Ich erhob die Feuerwaffe, die ich in meiner rechten Hand hielt, bereit, den Vormarsch dieser Bande höchst seltsamer Geschöpfe zu stoppen, indem ich ihren Anführer tötete; denn nach dem furchteinflößenden Aussehen ihrer Gesichter und dem schrecklichen Zustand ihrer Körper zu urteilen, die anscheinend durch die schrecklichen Schmerzen des Hungers auf bloße Hautsäcke reduziert waren, die an Knochengerüsten hingen, welche bei jedem ihrer Schritte zu rütteln schienen, erwartete ich einen sofortigen Versuch ihrerseits, uns niederzuschlagen und zu fressen.

Aber ich wurde sehr schnell beruhigt. Erstens durch die Tatsache, dass sie keinerlei Waffen trugen, und zweitens durch die Sanftheit ihrer Stimmen und die tänzerischen Bewegungen ihrer Körper, die ich als eine Art Willkommensgruß interpretierte, vermischt mit dem Wunsch, sich mit einem Menschen anzufreunden, der so anders aussah als sie selbst.

Obwohl ich ihnen durch Nachahmung der duckenden Bewegung ihrer Köpfe Verständnis vermittelte oder dies zu tun versuchte, gefolgt von dem Versuch, ihr Verhalten nachzuahmen, indem ich eine große Anzahl sehr tiefer Verbeugungen machte, die so anmutig und leicht waren, dass sie einem französischen Tanzmeister zur Ehre gereicht hätten, so dass sie nichts zu befürchten hatten, zogen sie sich dennoch immer weiter von mir zurück, je schneller ich vorwärts kam.

Zeichnung 14: Der kleine Baron freundete sich mit Go-Whizz und seiner Bande von Windfressern an.

Bulger war etwas überrascht von meinem Eifer, mich mit einer so ausgehungert aussehenden Gruppe von Kreaturen anzufreunden, und er hielt ein wütendes Knurren aufrecht und beobachtete sie misstrauisch, während sie die ganze Zeit, während sie sich von mir zurückzogen, die tänzerische Bewegung ihrer Körper fortsetzten.

Bald fand ich mich vor einer Gruppe von schirmförmigen Bambushütten wieder, in die sich die meisten von ihnen zurückgezogen hatten. Es fiel mir nicht wenig schwer, sie schließlich zu überreden und davon zu überzeugen, dass meine Absichten vollkommen friedlich waren. Eine Viertelstunde oder länger kreisten sie in stiller Verwunderung um mich herum, während ich meinerseits in sprachlosem Erstaunen auf diese außergewöhnlich aussehenden Exemplare unserer Rasse blickte. Was sie von mir dachten, werden Sie im Laufe meiner Geschichte erfahren, aber wie soll ich sie Ihnen jemals beschreiben, um Ihnen auch nur eine schwache Vorstellung von ihrem wunderbaren Aussehen zu vermitteln.

Stellen Sie sich laufende Skelette von eher kleiner Statur vor, an denen zusammengefallene Futtersäcke hängen, deren Haut überall in Falten herunterhängt und die bei jedem Schritt umherflattern, und Sie werden eine schwache Vorstellung von dem völlig lächerlichen und grotesken Aussehen dieser Wesen haben.

Fast jeder Knochen in ihren Körpern war unter dieser dünnen Hülle sichtbar. Ihre Wangen hingen wie zwei leere Beutel auf jeder Seite des Gesichts, ihre Nasen ragten wie Messerklingen daraus hervor. Tiefe Falten und Knitterfalten durchzogen und durchkreuzten ihre Gesichter und gaben ihnen einen Blick von schrecklicher Melancholie und äußerster Erbärmlichkeit.

Immer wieder griffen sie mit ihren Skelettfingern nach einer Hautfalte und glätteten sie oder schoben sie woanders hin wie ein locker anliegendes Kleidungsstück. Und doch, so erbärmlich und melancholisch diese Kreaturen dem Auge des Betrachters auch erschienen, ihre Stimmen waren leicht und fröhlich und sanft wie Flötentöne. Sie plauderten und lachten untereinander, waren voller Schabernack und zeigten mit ihren Bleistiftfingern auf verschiedene Körperteile Bulgers und meines Körpers, wobei sie sich sichtlich über den Anblick der für sie so neuen und fremden Dinge freuten. Mehrere Male brach ich, während ich auf diese traurigen und kummervollen Gesichter blickte und gleichzeitig ihrem fröhlichen und kindlichen Geschwätz lauschte, in ein Gelächter aus, das nicht nur sehr schlecht erzogen war, sondern das sie unweigerlich in Verwirrung versetzte.

Nach und nach wurden sie jedoch mutiger und gaben mir durch eine Art Zeichensprache zu verstehen, dass sie mich berühren wollten. Unter Rückgriff auf dieselbe gemeinsame Sprache der Menschheit teilte ich ihnen mit, dass ich ihren Bitten nur allzu gerne nachkommen würde, und legte meine Brust frei und krempelte die Ärmel meines Mantels hoch. Sie bereuten ihre Tollkühnheit zur Hälfte und drängten sich zusammen, verschränkten ihre Arme und Beine so, dass ich beim besten Willen nicht sagen konnte, wo der eine begann und der andere endete.

Aber nach einigem guten Zureden konnte ich sie überreden, zu mir zu kommen und mir ihre Hände aufzulegen.

Auf laute Aufschreie folgten Ausrufe des Staunens und der Verwunderung. Später erfuhr ich, was die Worte, die sie aussprachen, bedeuteten: "Klumpen! ", "Brocken!" "Stein!" "Hart!" "Solide!" In diesem Moment öffnete ich, ein wenig hungrig, meinen Sack mit Trockenfrüchten und steckte mir mehrere Stücke in den Mund.

Nun kam es zu einem noch wütenderen Ausbruch der Verwunderung, vermischt mit Schreien des Entsetzens und des Ekels. Wieder zogen sie sich zurück und bildeten ein Menschenknäuel.

Kann es sein, fragte ich mich, dass diese Kreaturen niemals feste Nahrung zu sich nehmen?

Als ich nun beobachtete, wie sie sich untereinander berieten, welchen Weg sie in Bezug auf mich einschlagen sollten, und aus Angst davor, dass sie es sich in den Kopf setzen könnten, ins Dickicht zu flüchten, denn sie bewegten sich so schnell wie Kobolde und Phantome, verlor ich keine Zeit, ihnen klarzumachen, dass ich in die Gegenwart ihres Königs oder Herrschers geführt werden wollte.

Das schien ihnen zu gefallen. Aber mit vielen Duckungen ihres Kopfes zogen sie sich ein kurzes Stück zurück und hielten eine Art Pow-Wow ab. Danach rückte einer von ihnen, der unter ihnen eine Art Führer zu sein schien und dessen Name, wie ich später erfuhr, Go-Whizz war, mit zahlreichen niedrigen Beugungen seines Körpers auf mich zu, und es gelang ihm, mir mitzuteilen, dass ihr Häuptling in großer Entfernung von unserem Aufenthaltsort lebte und dass ich hier bleiben müsse, während sie zu ihrem Herrscher zurückkehrten, um ihn um Erlaubnis zu bitten, mich zu ihm zu führen.

Ich willigte bereitwillig in eine solche Vereinbarung ein.

Go-Whizz führte mich dann zu einer ihrer Behausungen, wies mich auf ein Bett mit schönen trockenen Binsen hin und lud mich ein, es mir bequem zu machen, bis er wiederkomme, um mich in die Gegenwart ihres Häuptlings Ztwish-Ztwish zu führen, wie sein Name lautete.

Bulger und ich ließen uns das nicht zweimal sagen, denn wir waren nach unserer langen Wanderung bis auf die Knochen müde. Mit einem halben Dutzend oder mehr Verbeugungen, die genau so tief waren wie die von Go-Whizz und seinen Gefährten, begann ich, mich auf meine Nachtruhe vorzubereiten.

Für einen Moment oder so stand ich da und beobachtete die sich zurückziehenden Gestalten dieser außergewöhnlichen Menschen, die im Gänsemarsch, schnell und geräuschlos, wie so viele Phantome, von der Stelle huschten. Dann warf ich mich auf das Bett der Binsen und rief Bulger zu, sich neben mich zu legen. Aber er war nicht so vertrauensselig wie ich, und nachdem er meine Hände gestreichelt hatte, nahm er seinen Platz an der Tür der Wohnung ein, um seinen kleinen Herrn vor dem möglichen Verrat durch das Phantomvolk zu retten.

Der Tag ging nun plötzlich zu Ende, wie eine vom Wind erloschene Lampe.

Bulger weigerte sich zu schlafen.

Aber ich, durch das dicke Dach vor dem nächtlichen Tau geschützt, fiel bald in einen tiefen und erfrischenden Schlaf, aus dem es Bulger schwer fiel, mich zu wecken, denn ich erinnere mich schwach daran, dass ich ihn einige Augenblicke lang an meinem Arm kratzen fühlte, bevor ich die Fesseln des Schlafes, die mich so fest gebunden hielten, abschütteln konnte.

Als ich mich hastig aufrichtete, entdeckte ich, dass Bulger in großer Aufregung auf dem Boden patrouillierte und immer wieder innehielt, um die Morgenluft zu schnuppern, die ihm, wie man deutlich sehen konnte, eine Art Warnung brachte. Sofort fiel mir auf, dass wilde Tiere in der Nachbarschaft umherstreiften. Ich untersuchte die Zündung meiner Schusswaffen. Bulger schaute sehr erfreut aus, als er sah, dass ich über die drohende Gefahr gründlich erregt war.

Er wurde nun kühner und sprang ins Freie, machte einen Rundgang um die Behausung, um dann mit sträubendem Haar zurückzukehren und knurrend seinen Verdacht zu äußern, dass irgend etwas nicht in Ordnung sei.

Seine immer größer werdende Angst begann mich nun wirklich zu beunruhigen. Ich war kurz davor, mich eilig auf mein Schiff zurückzuziehen, als mir der Gedanke durch den Kopf schoss: "Was! Diesen schnellfüßigen Phantomen entkommen? Es war müßig, es auch nur zu versuchen!" Also beschloss ich, meine Chancen zu nutzen, komme, was wolle.

Die Hütte war stark gebaut, und ihr Dach würde uns zumindest vor einem Beschuss mit Giftpfeilen schützen.

Während ich damit beschäftigt war, den Ort in aller Eile zu begutachten, erschreckte mich ein lauter Ruf von Bulger. Ich warf einen Blick auf ihn und ein Schauer der Angst ging zickzackförmig durch meinen Körper.

Eine bewaffnete Bande war in Sichtweite.

Mit heftigen Schreien, tief und polternd, rückten sie immer näher und näher. Ihre massiven Gestalten schwankten von einer Seite zur anderen. Ihre riesigen Gliedmaßen bewegten sich wie wandelnde Eichen. Ihre Arme schienen kräftige Äste zu sein, die in Händen endeten und im gedämpften Morgenlicht die Form knorriger und verknoteter Knöpfe annahmen; ihre breiten und schweren Schultern deuteten dunkel ihre ungeheure Kraft an. Ein Schlag von einer Hand mit einem so schweren Vorschlaghammer würde ein zerbrechliches Geschöpf wie mich hilflos im Staub liegen lassen!

Bulger, so mutig er auch war, erschrak bei diesem Anblick. In einem Augenblick sammelte ich meine Gedanken und hauchte dem älteren Baron und der sanften Baronin, meiner Mutter, in ihrem weit entfernten Heim unter dem nördlichen Himmel ein letztes Lebewohl zu.

Nun hatten sie den Eingang erreicht und standen auf der Türschwelle, klopften auf ihre riesige Brust und gaben tiefe Rumpelgeräusche von sich.

Instinktiv zog ich meinen Dolch aus der Scheide und schwang ihn in die Luft.

Die Wirkung war verblüffend!

Mit entsetzlichen Schreien, Stöhnen und Rufen fielen sie in wildesten Schrecken zurück, rollten sich übereinander, zerfielen wie gigantische Fußbälle, schlugen auf die Erde und sprangen in eine aufrechte Position.

Als diese menschlichen Luftpolster endlich so etwas wie Ruhe fanden, brach einer von ihnen in die klagendste und beschwörendste Rede aus, die, wie ich später erfuhr, folgende Bedeutung hatte: "Oh, Meister: Oh, Magier! Oh, geheimnisvoller Klumpen! "Oh undurchdringlicher Klumpen, leg dieses schreckliche Instrument weg! Steche uns nicht mit seiner schrecklichen Spitze, durchsteche nicht unsere zarten Häute. Die geringste Berührung dieser schrecklichen Klinge würde unsere Körper wie zerstochene Ballons zerplatzen lassen! Fürchtet uns nicht. Wir sind deine Freunde. Wir sind gekommen, um dich zu unserem großen Häuptling, Ztwish-Ztwish, zu führen. Ich bin Go-Whizz, dein Sklave."

Plötzlich brach die Wahrheit in meinen staunenden Verstand ein. Die Worte des Redners enthielten keine Falschheit. Es war Go-Whizz! Die anderen waren seine Gefährten - die elenden, kläglichen Knochensäcke, die sich erst am Tag zuvor von mir getrennt hatten.

Mit einem Lächeln und einem sanftem Winken der Hand steckte ich hastig meinen Dolch in seine Scheide zurück und gab Go-Whizz zu verstehen, dass er von mir nichts zu befürchten hatte. Halb wahnsinnig vor Neugierde näherte ich mich nun, um Go-Whizz und seine Gefährten genauer unter die Lupe zu nehmen. Es ist eine schlichte Tatsache, wenn ich Ihnen sage, dass sie, Mann für Mann, die gleichen Wesen waren, mit denen ich mich am Tag zuvor angefreundet hatte, als ich die Insel erkundete.

Aber diese wundersame Veränderung, so fragst du? Wie waren ihnen in einer kurzen Nacht solch herkulisch gebaute Arme und Glieder gewachsen, die so massiv waren wie die japanischer Sumo-Ringer.

Nun, antworte ich darauf, das war alles Luft! Als ich diese Herren zum ersten Mal traf, hatten sie noch nicht gegessen. Jetzt waren sie gerade von einem herzhaften Essen gekommen. Denn Sie müssen wissen, werter Leser, dass ich mich im Land der wunderbaren Windfresser befand! Wenn die Luft ruhig ist und der Wind schläft, sind diese neugierigen Leute gezwungen zu fasten, und ihre Häute hängen in Faltensäcken herab, wie ich es beschrieben habe; wenn aber der Wind zu einem verrückten Toben oder auch nur zu einem sanften Schnaufen und Blasen aufkommt, fangen diese seltsamen Kreaturen sofort an, größer zu werden, und es dauert nicht lange, bis jede Falte und jeder Knick wie von Zauberhand verschwindet.

Als Go-Whizz und sein Begleiter vor mir standen, fiel mir der lächerliche Kontrast zwischen ihren Stimmen und dem Ausdruck ihrer Gesichter auf. Gestern, mit ihren grimmigen und abweisenden Gesichtern, waren ihre Stimmen weich und flötenähnlich; heute waren ihre Stimmen schrecklich, tief und dröhnend, während ihre Gesichter, die jetzt glatt und rund aufgeblasen waren, in Lächeln und gute Laune gehüllt schienen.

Als ich beim Anblick dieser seltsam verwandelten Wesen verloren vor Staunen stand, rumpelte Go-Whizz etwas heraus, das ich leicht als die Bitte verstand, ihm zu erlauben, mich zur Residenz seines großen Häuptlings Ztwish-Ztwish zu führen.

Ich lächelte zustimmend und machte mich bereit zum Aufbruch.

Bulger war völlig verblüfft und richtete seine glänzenden Augen auf mich, als wollte er sagen:

"Lieber kleiner Meister, wie kannst du dich diesen riesigen Fleischbergen anvertrauen, von denen ein einziger deinen zerbrechlichen Körper so leicht zerquetschen könnte wie eine Maus?“

Ich gab ihm ein paar Streicheleinheiten und streichelte sein seidenes Fell, um ihn wissen zu lassen, dass ich mir sicher war, dass ich richtig lag. Go-Whizz und seine Mannschaft, so ungeschickt sie auch zu sein schienen, waren keineswegs langsam. Sie bewegten sich zügig vorwärts, denn die Luft war ruhig und sie hatten wenig zu tragen. Ab und zu, wenn sie zusammenstießen, verbanden sie sich wie Gummibälle. Es fiel mir schwer, das Lachen zu unterdrücken, besonders als ich Bulgers Blick der völligen Ratlosigkeit sah. Er rollte seine Augen auf die komischste Weise zu mir hoch. Endlich kamen wir jedoch in das Dorf der Windfresser, wo der große Häuptling Ztwish-Ztwish seinen Hof hielt.

Auch er war ziemlich aufgebläht, obwohl ich später erfuhr, dass ihm die Gesetze des Landes nicht erlaubten, so herzlich zu essen wie seine Untertanen. Hier und da war eine Falte sichtbar. Sein Gesicht und seine Arme hatten nicht den geschwollenen Ausdruck von Straffheit, wie es bei seinem Volk nach einem herzhaften Mahl üblich ist. Er war bereits vollständig über meine Ankunft auf seiner Insel und über mein für meine Größe außergewöhnliches Gewicht und meine Festigkeit informiert worden.

Es brauchte etwa fünfzehn der Windfresser, um mein Gewicht auszugleichen.

Häuptling Ztwish-Ztwish empfing Bulger und mich mit der größten Freundlichkeit. Sofort wurde ich seinen Staatsministern und den Mitgliedern seiner Familie vorgestellt. Königin Phew-yoo war eine sehr stattliche Dame, würdevoll und zurückhaltend in ihren Manieren; aber die kleine Prinzessin Pouf-fâh bezauberte mich mit ihrer kindlichen Neugierde.

Ihre Exzellenzen, die Staatsminister, standen hinter ihrem Herrn und schienen darauf bedacht zu sein, ihm weit mehr Ratschläge zu erteilen, als er bereit war, auf sie zu hören. Ihre Namen waren Hiss-sah, Whirr-Whirr und Sh-Boom.

Sie können sich gut vorstellen, welche Aufregung im Hause von Häuptling Ztwish-Ztwish durch meine Ankunft ausgelöst wurde. Vom Höchsten bis zum Niedrigsten, vom Häuptling bis zum Diener, alle bettelten und flehten mich an, mich berühren zu dürfen.

In dem Bestreben, auf die fremden Leute einen günstigen Eindruck zu machen, damit ich Gelegenheit hätte, sie in aller Ruhe zu studieren, unterwarf ich mich gutmütig für eine Stunde oder länger dem Klopfen, Kneifen, Stupsen, Reiben und Streicheln.

Ich kann Ihnen unmöglich eine Vorstellung von den tausendundeinen Aufschreien der Überraschung, Freude, Verwunderung, Furcht, Angst und Furcht verschaffen, die von dieser Vielzahl seltsamer Wesen ausgingen, die, obwohl sie nicht so zu denken schienen, für mich ebenso große Kuriositäten waren wie ich für sie.

Mein Vorrat an Trockenfrüchten war nun ziemlich erschöpft, und ich begann, einen nagenden Hunger zu verspüren.

Ich war immer gesegnet mit einem herrlichen Appetit, und die reine, belebende Luft dieser Insel trug nur noch mehr dazu bei. Wie ich sehen konnte, warf auch Bulger auf der Suche nach Anzeichen von Kücheneinrichtungen fragende Blicke umher. Ich informierte Häuptling Ztwish-Ztwish, so gut ich konnte, über den Stand der Dinge, und er rief Hisssah, Whirr-Whirr und Sh-Boom sofort zu einer Beratung an seine Seite.

Sie führten eine äußerst lebhafte Diskussion, die von Viertelstunde zu Viertelstunde andauerte, ohne dass sich ein Ende abzeichnete.

Die ganze Zeit über fragte sich mein armer Magen, was die übliche Nahrungszufuhr wohl abgeschnitten hatte.

Wie jeder Herrscher auf der ganzen Welt war Häuptling Ztwish-Ztwish ungeduldig und eigenwillig. Schließlich verlor er völlig die Beherrschung und bewegte sich so heftig, dass seine drei Minister sozusagen ständig auf Trab gehalten wurden.

Wenn man nur lange genug warten kann, findet alles irgendwann ein Ende. Schließlich wurde ich aufgefordert, mich an den Häuptling zu wenden, der mich fragte, ob ich seit meiner Ankunft auf seiner Insel etwas gesehen hätte, was ich essen könnte? Ich musste gestehen, dass ich das nicht getan hatte. Daraufhin gab es eine weitere Konsultation, die damit endete, dass Ztwish-Ztwish seinen Korkholzknüppel ergriff und jeden seiner Minister mit drei schnellen, geschickten Schlägen in eine andere Richtung schickte. Der Anblick war so lächerlich, dass ich mein Abendessen bereitwillig für eine Chance auf den Schläger selbst hätte gehen lassen.

Plötzlich kam mir eine Idee. Ich konnte sehen, dass diese Siedlung der Windfresser nicht weit von der Meeresküste entfernt war. Also machte ich Häuptling Ztwish-Ztwish so gut es ging klar, dass ich die Austern und anderen Schalentiere essen konnte, von denen ich festgestellt hatte, dass sie in riesigen Mengen auf dem weißen Sand des Ozeans lagen.

Als ihnen völlig klar gemacht wurde, dass ich vorhatte, meinen Hunger zu stillen, indem ich solch schreckliche und ekelhafte Kreaturen verschlingen würde, die zwischen diesen Muscheln lebten, war ich wirklich beunruhigt über die Bestürzung, die dies auslöste.

Königin Phew-yoo und Prinzessin Pouf-fâh wurden von Übelkeit befallen und zogen sich in großer Eile in ihre Gemächer zurück, während bei allen, selbst bei den wilden Go-Whizz, Übelkeitssymptome auftraten. Nach und nach erholten sie sich jedoch, und ein halbes Dutzend Bedienstete, die nicht genervt waren und sich in gutem Marschzustand befanden, erhielten den Befehl, sich auf den Weg zum Ufer zu machen und einen Vorrat an Muscheln mitzubringen, um meinen Hunger zu stillen, der sich zu diesem Zeitpunkt wirklich in meinen Organen bemerkbar gemacht hatte.

In der Zwischenzeit wurden Bulger und ich zu einer ordentlichen Bambusbehausung mit einem schirmförmigen Dach geführt und uns selbst überlassen, bis die Verpflegung eintreffen sollte.

Ich war zu hungrig, um schlafen zu können. Und auch Bulger war in der gleichen Verfassung. Aber er war selbst geduldig, wie er es immer ist, wenn er weiß, dass sein kleiner Herr leidet.

Ich warf mich auf einen Haufen getrockneter Binsen, und mein liebevoller Begleiter kam und legte seinen Kopf auf meinen Arm.

Nach einer lästigen Wartezeit von etwa einer Stunde oder so teilte mir ein großer Aufschrei mit, dass im Dorf der Windfresser etwas Ungewöhnliches geschehen sei.

Es war die Ankunft der Diener, die die Austernvorräte brachten.

Ich konnte mich kaum zurückhalten, bis Häuptling Ztwish-Ztwish mich endlich aufforderte, mein langes Fasten zu brechen.

Als ich das Quartier des Häuptlings erreichte, fand ich eine riesige Menschenmenge vor, die sich versammelt hatte, um zu sehen, wie der "Klumpenmann" sich feste Dinge in den Hals schob.

Häuptling Ztwish-Ztwish und sein Hofstaat nahmen die vorderen Plätze ein.

Wie Sie inzwischen wissen, hängt die Stimme eines Windfressers von seinem Zustand ab, in dem er sich befindet. Wenn er gerade gegessen hat und sein Körper wie ein gut gefüllter Luftballon abgerundet ist, ist seine Stimme tief und dröhnend; wenn er dagegen seit etwa einem Tag keine Nahrung zu sich genommen hat und seine Haut in Falten und Fältchen an seinem Knochengerüst hängt, spricht er mit einem weichen, flötenähnlichen Ton.

Als ich nach vorne trat, gefolgt von Bulger, und meinen Platz neben dem Austernhaufen einnahm, ertönte ein ohrenbetäubender Aufschrei, in dem sich das tiefe Gebrüll der aufgeblasenen Windfresser mit den weichen, flötenähnlichen Tönen der Fastenden vermischte. Da ich kein Instrument bemerkte, mit dem ich die Muscheln aufbrechen konnte, zog ich gedankenlos meinen Dolch aus der Scheide. In einem Augenblick überfiel die versammelte Menge eine schreckliche Panik. Königin Phew-yoo und Prinzessin Pouf-fâh fielen in Ohnmacht. Häuptling Ztwish-Ztwish, der sich in einem Fastenzustand befand, huschte wie ein Phantom in seine Gemächer. Die Staatsminister Iliss-sah, Whirr-Whirr und Sh-Boom, die bis zum Äußersten aufgeblasen waren, schlugen mit den Füßen auf den Boden und rollten wie riesige Fußbälle aus dem Weg.

Gedankenschnell steckte ich meinen Dolch in die Scheide, dessen glitzernde Spitze all diese Bestürzung hervorgerufen hatte; und ich profitierte von den Lektionen, die mir bei unserem ersten Treffen von Go-Whizz und seinen Gefährten erteilt worden waren, und begann eine Reihe von Kopfbewegungen und Gehstrahlbewegungen meines Körpers, die bald das Vertrauen in meine friedlichen Absichten wiederherstellten und mein zerstreutes Publikum wieder auf seine Plätze zurückbrachten. Go-Whizz, der am weitesten gelaufen war, prahlte nun am lautesten damit, dass er sich nicht im Geringsten erschreckt hatte. Häuptling Ztwish-Ztwish nahm seinen Platz mit beachtlicher Nervosität wieder ein, aber ich bemerkte, dass er seine Augen auf die Stelle gerichtet hielt, an der ich meinen Dolch in meinem Gürtel versteckt hatte. Obwohl der Anblick der zähen Austern nur dazu diente, meinen Appetit anzuregen, war ich nun schrecklich ratlos zu wissen, wie ich die Muscheln aufbrechen sollte, denn die Gesetze des Landes der Windfresser sahen die Todesstrafe für jeden vor, der mit einem spitzen Gegenstand in seinem Besitz gefunden wurde.

In der frühesten Kindheit werden die Fingernägel bis auf das Fleisch gestutzt, bis sie ihre Kraft verlieren, hart zu werden, und an ihre Stelle ein Stück zähe Haut tritt.

Zähne - die Windfresser haben keine, oder, richtiger gesagt, ihre Zähne wachsen nicht über das Zahnfleisch hinaus. Die Natur schien sich allmählich nicht mehr die Mühe zu machen, diese Menschen mit etwas zu versorgen, für das sie absolut keine Verwendung hatten.

Man muss bedenken, dass diese neugierigen Menschen nicht immer mit einer so dünnen Ernährung zufrieden waren. In der Antike - so teilte mir Häuptling Ztwish-Ztwish mit - waren ihre Vorfahren Fruchtfleischesser gewesen; da die Früchte jedoch ausblieben, waren sie gezwungen gewesen, auf das Gummi zurückzugreifen, das aus den Bäumen floss, und als diese allmählich austrockneten, stellten sie fest, dass die verschiedenen Winde, die über die Insel wehten, mit einigen unsichtbaren Keimen oder Partikeln gefüllt waren, die die Kraft hatten, Leben zu erhalten.

Um fortzufahren: Als ich ein auf dem Boden liegendes Feuersteinbeil beobachtete, ergriff ich es und machte mich daran, eine der größten Austern zu öffnen. Eine tiefe Stille legte sich über die Versammlung. Mit einer geschickten Drehung riss ich die obere Schale ab, und indem ich die untere anhob, auf der das fette und üppige Geschöpf unbewusst von seinem bevorstehenden Schicksal lag, öffnete ich meinen Mund und ließ den zierlichen Bissen anmutig aus dem Blickfeld verschwinden! Hundert Schreie halb des Entsetzens, halb des Staunens brachen wie ein großer Chor aus der umliegenden Menge der Windfresser hervor. Immer wieder verstummte dieser Ausbruch, um dann wieder mit doppelter Kraft hervorzubrechen.

Vielen der Zuschauer wurde durch die für sie außergewöhnliche Darbietung so speiübel, dass sie den Ort hastig verließen, bevor ich einen zweiten Bissen nehmen konnte.

Sie können sich vielleicht vorstellen, wie sie sich fühlten. Ungefähr so, wie Sie sich fühlen würden, wenn ich anfangen würde, Stein- und Eisenstücke zu verschlingen.

Königin Phew-yoo klammerte sich furchtsam an den Arm ihres Mannes; aber die Prinzessin Pouf-fâh trat kühn auf mich zu, damit sie einen besseren Blick auf den "kleinen, durch und durch soliden Mann" werfen konnte. Wieder hob ich eine der größten Muscheln an und ließ ihren Bewohner geräuschlos meine Kehle hinuntergleiten, wobei ich nicht vergaß, jedes Mal den weißen Muskel zu lockern, der die Muscheln zusammenhielt, damit Bulger seinen Anteil am Festessen hatte.

Allmählich wich die Skrupellosigkeit der Windfresser beim Anblick eines Menschen, der Nahrung in Klumpen schluckt, einer verschlingenden Neugier ihrerseits, um näher heranzukommen und einen besseren Blick auf meine Art und Weise der Hungerstillung zu bekommen.

Ich konnte genug verstehen, um zu wissen, dass viele der Windfresser ernsthafte Zweifel daran hatten, dass ich die Austern wirklich schluckte.

Für sie war ich nicht weniger als eine Art Zauberkünstler oder Trickbetrüger.

Die kleine Prinzessin Pouf-fâh stieg auf eine der Bänke, und in dem Augenblick, als die Auster in meinem Hals verschwand, bestand sie darauf, dass ich meinen Mund weit öffnete, damit sie selbst nachsehen konnte, ob die Auster nicht irgendwo unter meiner Zunge oder in meiner Wange versteckt war.

Ein plötzlicher Schrei des Entsetzens erschreckte die Zuschauer ebenso wie mich.

Die kleine Prinzessin wurde in Ohnmacht versetzt.

Es waren meine Zähne! Sie hatten die sanfte Pouf-fâh halb zu Tode erschreckt.

Einen Moment lang war alles durcheinander. Von Go-Whizz ermutigt, ergriffen viele der Windfresser ihre Knüppel und drängten mit mörderischer Absicht nach vorne. Das Wiederauftauchen der Prinzessin Pouf-fâh, die strahlend und lächelnd erschien, brachte alles wieder in Ordnung.

Nun war die Menge von unbändiger Neugierde ergriffen, um näherzukommen und sich selbst ein Bild von dem schrecklichen Ding zu machen, das Pouf-fâh in Ohnmacht versetzt hatte.

Meine Kiefer begannen bald zu schmerzen, weil ich meinen Mund weit genug aufspreizte, um jedem von ihnen einen Blick auf meine doppelte Reihe von Elfenbeinmessern und -mahlwerken zu gewähren, und wenn ich es selbst sagen darf, hatte ich damals eines der schönsten Gebisse, die sich jemals durch eine Scheibe Nienburger Plätzchen geschnitten oder ein Stück deutschen Gänsebraten zermahlen hatten.

Von nun an waren diese kindlichen und einfältigen Menschen ziemlich gründlich davon überzeugt, dass der "Kleine Mann, der durch und durch fest ist" ein freundliches und friedliches Geschöpf und in jeder Hinsicht völlig harmlos ist.

Die Kinder strömten in Scharen um mich herum, und ermutigt durch mein Lächeln und mein Kopfschütteln freundeten sie sich bald mit mir an.

Ich war froh darüber, denn ich war bestrebt, die jungen und alten Windfresser genau zu studieren.

Sie können meine Überraschung ermessen, als ich eine Schar dieser von Kindern animierten Puffbälle sah, mit denen sie beschäftigt waren, eine neuartige Sportart, bei der sie mit voller Wucht auf mich zurasten und wie Gummibälle von einem Bretterzaun abprallten.

Nun, ich nehme an, Sie platzen vor Neugierde, etwas Genaueres über diese seltsamen Leute zu erfahren.

Mir waren sie nicht ganz unbekannt. Ich hatte hier und da alte Reisebücher arabischer Autoren gelesen, von einigen dieser Rassen, deren Körper so zerbrechlich waren, dass sie keine stärkere und schwerere Nahrung zu sich nehmen konnten als das süße Gummi, das von den Bäumen floss, und deren Haut so durchsichtig war, dass man sie "Glaskörper" nannte, wobei das Schlagen ihrer kleinen Herzen für das Auge des Betrachters deutlich sichtbar war. Ich zweifle nicht daran, dass diese Autoren sich auf die Bewohner dieser wunderbaren Insel bezogen hatten, auf der keine Früchte, Beeren oder essbaren Wurzeln zu finden waren und deren Vorfahren, wie ich von Häuptling Ztwish-Ztwish erfahren habe, in früheren Zeiten auf diese Weise ihr Leben erhalten haben. Aber ich muss gestehen, dass die Tatsache, dass es Menschen gab, die buchstäblich von Luft oder, richtiger gesagt, von Winden lebten, die mit einigen unsichtbaren Partikeln lebenserhaltender Materie beladen waren, ein wenig mehr war, als ich mir selbst bei der aktivsten Tätigkeit meiner Phantasie je erträumt hatte. Sie können meine Freude darüber ermessen, dass ich mich unter diesen außergewöhnlichen Menschen befand und sie als wahre Kinder der Natur entdeckte, mild gestimmt und friedliebend.

Und doch dauerte es nicht lange, bis ich eine Entdeckung machte, die sich für mich als ziemlich wichtig erwies.

Es war Folgendes: Ich erfuhr, dass, obwohl die Wahrheit so war, wie ich es gesagt habe, dass die Windfresser nämlich in der Regel eine Rasse friedliebender Geschöpfe sind, sanftmütig in ihrer Gesinnung und abgeneigt gegenüber Unrecht, es dennoch Ausnahmen von dieser allgemeinen Regel gab. Seltsamerweise hing es davon ab, von welchem Wind sie sich ernährten.

Alle Frauen zum Beispiel waren die Sanftmut selbst. Sie ernährten sich von den weichen Zephiren des Südens. Und die große Mehrheit dieser Menschen begnügte sich damit, ihren Hunger zu stillen, indem sie auf den starken und gesunden Westwind zurückgriffen; eine ansehnliche Anzahl von ihnen bevorzugte dagegen den unbeständigen, unregelmäßigen Ostwind, ausgehend von der Vorstellung, er habe einen süßeren und delikateren Geschmack, eine Art schweren, nussartigen Geschmack. Von den besten Ärzten der Nation wurde er jedoch nicht als gesunde Ernährung angesehen, denn diese behaupteten, dass diejenigen, die es sich zur Gewohnheit machten, sich von diesem Wind zu ernähren, nie so gesund und kräftig wären wie diejenigen, die sich ganz auf den nahrhaften und belebenden Westwind beschränkten.

Es gab - wie in jedem Land - nur wenige, die sich an kräftigem, reichhaltigem Essen erfreuten und darauf bestanden, sich von dem rauen, böigen Nordwestwind zu ernähren, weil sie behaupteten, er sei für ihre Bedürfnisse am besten geeignet und die Natur habe vorgesehen, dass sich der Mensch an einem starken und kräftigen Wind labe, um so für den Kampf des Lebens gewappnet zu sein. Es gab sogar einige - wenn auch nur sehr wenige, dies sei zur Ehre dieser sanftmütigen und friedliebenden Menschen gesagt -, die entgegen den Gesetzen des Landes und den ausdrücklichen Befehlen des Häuptlings Ztwish-Ztwish das Wehen des zornig pfeifenden, ungestümen Nordwestwindes begrüßten und von dem gefährlichen Fluidum tranken, bis ihre bessere Natur völlig verändert war; und sie wurden von sanftmütigen, schüchternen und friedliebenden Menschen zu rauhen und streitsüchtigen.

Zu dieser Sorte gehörte auch Captain Go-Whizz. Wie mir von Whirr-Whirr erzählt wurde, zeigte selbst Häuptling Ztwish-Ztwish Anzeichen von Furcht, wenn er Go-Whizz ins Dorf stolzieren sah, dessen Augen entzündet waren, die Schritte unsicher, und der nach einer schweren Mahlzeit bei dem rauhen und stürmischen Wind des Nordens nur undeutlich sprechen konnte. In diesem Zustand verlor Go-Whizz gerne mal die schwache Kontrolle, die er über sich selbst hatte. Einmal hatte er sich so weit vergessen, dass er Drohungen und Trotz gegen Häuptling Ztwish-Ztwish ausstieß und diesen Herrscher aus seinen eigenen Gemächern vertrieb, indem er mit einem Stück Feuerstein, das er zu einer gefährlich scharfen Spitze geschliffen hatte, auf ihn losging.

Das waren die merkwürdigen Menschen, unter denen ich mich jetzt aufhielt und mit deren Herrscher mich eine angenehme Intimität verband.

Wenige Tage nach meiner Ankunft im Dorf der Windfresser war ich leider die unschuldige Ursache eines ziemlich schweren Unfalls, der mich am Hof des Häuptlings Ztwish-Ztwish eine Zeitlang etwas unbeliebt machte.

Es kam alles auf diese Weise zustande:

Ich habe Ihnen bereits gesagt, wie schnell die Kinder die Festigkeit meines Körpers entdeckten und welche Freude es ihnen bereitete, sich mit voller Wucht gegen mich zu werfen, um dann wie viele kleine Gummibälle von mir abzuprallen.

Nun müssen Sie daran denken, dass selbst nach einer deftigen Mahlzeit ein ganzes Dutzend dieser Babys etwa ein gutes Pfund wog.

Ich habe sie immer dazu ermutigt, um mich herum zu spielen, um ihre seltsamen Tricks und Kniffe besser beobachten zu können, von denen einer darin bestand, Arme und Beine zu verschränken und so eine Kette aus menschlichen Gliedern zu bilden, deren eines Ende an einer Spitze des Daches begann und das andere möglicherweise an einem hohen Stab oder einer Stange endete. Eine solche Kette erstreckte sich manchmal sogar über die Straße und endete auf dem Dach des gegenüberliegenden Hauses. Als solche menschlichen Girlanden verbrachten sie Stunden damit, in der Kühle des Tages hin und her zu schwingen und sich oftmals in den Schlaf zu wiegen. Und der Anblick einer Mutter, die auf der Suche nach ihrem Kind geschäftig daherkam, stehen blieb, die aus Menschenkindern bestehende Leine herabzog, ihr Baby aushakte, die Leine wieder herstellte und schnell nach Hause eilte, war keineswegs ungewöhnlich.

Während ich eines Tages auf dem Balkon eines der Häuschen des Häuptlings Ztwish-Ztwish saß, machten sich ein Dutzend oder mehr Kinder daran, eine solche menschliche Girlande zu bilden, deren eines Ende an einem meiner Ohrringe befestigt war, die ich wie ein guter Seemann manchmal mit Vergnügen trug, und deren anderes Ende fast bis zum Boden reichte und über das hohe Geländer des Balkons führte.

Diese winzigen Windfresser krabbelten, schubsten und wanden sich und stießen die seltsamsten Schreie, Rufe und Quieksen aus. Vor Freude waren diese winzigen Windfresser halb wild, als plötzlich einer von denen, die mir am nächsten waren, gegen die Spitze einer Nadel schwang, die ich zweifellos beim letzten Mal, als ich etwas ausgebessert hatte, in das Revers meines Mantels gesteckt hatte, denn wie jeder echte Seemann war ich sehr geschickt im Umgang mit Nadel und Faden.

Ich wurde durch einen scharfen Knall, wie er beim Platzen eines Spielzeugballons entsteht, aus meiner verträumten Betrachtung dieser phantastischen Wesen gerissen.

Immer und immer wieder drang ein solches Knallgeräusch an mein Ohr.

Ein Blick genügte, um zu erkennen, was geschehen war. Ich spürte, wie sich mein Haar vor Entsetzen aufrichtete, als ich sah, wie die lebenden Glieder dieser Kette nacheinander auseinanderbrachen und sich in Luft auflösten. Durch den Kontakt mit der Nadelspitze explodiert, hatte die Kraft der Explosion des ersten dieser winzigen menschlichen Windbeutel ausgereicht, um das nächste Baby in der Reihe zum Platzen zu bringen und so weiter bis zum Ende der Kette!

Ein Dutzend von ihnen war in weniger als ebenso vielen Sekunden verschwunden ohne auch nur eine Haarlocke zu hinterlassen, die ihren Müttern nach hause hätte gebracht werden können, deren Herzen ob dem Verlust ihrer Kinder zerbrachen!

In wenigen Augenblicken hatte sich die Nachricht von dem Unfall in allen Vierteln des Dorfes verbreitet. Die weinenden, kreischenden und nach Rache schreienden Mütter versammelten sich schnell um die Behausung, in deren Inneres Bulger und ich uns zurückgezogen hatten.

Nun können Sie mir glauben, wenn ich sage, dass ich nicht im Geringsten Angst vor einer Armee der Windfresser gehabt hätte, wenn sie nach einem herzhaften Essen voll aufgeblasen gewesen wären, aber es war so, dass die Luft für einen Tag oder so ruhig gewesen war und viele von ihnen nun auf die Gestalt eines lebenden Skeletts geschrumpft waren, also den Zustand, in dem ich ihnen zum ersten Mal begegnet war. In diesem Zustand waren sie Feinde, die nicht zu verachten waren, denn ihre Kampfmethode bestand darin, den Feind in feine, aus Bambusfasern geflochtene Netze zu verwickeln und ihn dann mit ihren Knüppeln zu Tode zu prügeln, wobei sie sich fast blitzschnell bewegten.

Zwar waren diese Keulen aus Korkholz gefertigt, und eine Keule von ihnen wog weniger als ein Pfund; doch würde diese Tatsache den Tod nur langsamer und schmerzhafter machen; denn auch wenn ein paar Hiebe ausreichen würden, um einen von ihnen aus seinem Elend zu befreien, hätte es sicherlich einen ganzen Tag gedauert, bis sie einen so soliden Feind wie mich zu Tode geprügelt hätten.

Bevor ich die Gelegenheit hatte, meine Gedanken zu sammeln, stand Go-Whizz mit seiner Mannschaft vor der Tür, die ihre Netze aufwickelten, um sie über mich zu werfen, während hinter den Netzwerfern eine Reihe von Knüppelträgern stand, die gespannt warteten, bis sie an die Reihe kamen. Ich dachte mir: "Das ist eine ernste Angelegenheit. Wenn Häuptling Ztwish-Ztwish nicht zur Hand ist, werden sie mich in ihren Netzen verfangen und versuchen, mir das Leben aus dem Leibe zu prügeln, bevor er zurückkommt, denn sie kennen seine Zuneigung zu mir sehr gut. Aber schlimmer als alles andere war die Tatsache, dass Go-Whizz gerade von einem weit entfernten Teil der Insel zurückgekehrt war, wohin er und einige seiner Kumpel eine geheime Reise unternommen hatten, um sich an dem rauen und ungestümen Nordwestwind zu ergötzen. Er war voller Aufgeblasenheit und Zorn! Ich hatte ihn noch nie auf eine solche Größe angeschwollen gesehen. Seine Stimme klang wie das tiefe Brüllen eines wilden Tieres.

Er wirbelte sein Netz in der Luft und rief in donnernden Tönen, dass seine Männer ihm folgen sollten.

Ich spürte, dass nun der Moment gekommen war, in dem ich mich verzweifelt darum bemühen musste, mein Leben und auch das von Bulger zu retten, denn mit seinen vier Füßen in einem ihrer Netze verdreht, würde er eine leichte Beute für Go-Whizz und seine Bande sein. Ich hatte auch das Gefühl, dass es vollkommen sinnlos wäre, an die Gnade von Go-Whizz zu appellieren, da er mit der langen und tiefen Zugluft des heftigen und wütenden Nordweststurms vollgefüllt war.

Da stand er, schnaufend, blasend, tobend, stolzierend, schwadronierend, während er rundherum und um seinen Kopf herum das tödliche Netz schwang, das er in dem Moment, in dem ich versuchen würde, meinen Rücken von der Wand zu lösen, über mich werfen wollte, wie ein Vogelfänger einen Vogel fangen würde.

Plötzlich erinnerte ich mich an das kleine Instrument, das mich in diese gefährliche Zwangslage gebracht hatte.

Bevor ich es jedoch aus seinem Versteck zog, beschloss ich, den Tyrannen zu spielen und selbst ein wenig zu prahlen.

Nun wiegt der schwerste Windfresser etwa sechs Pfund; und wie Sie sich vorstellen können, war mein Gewicht, fast hundert Pfund, eine Quelle großer Furcht für sie. Sie waren in ständiger Furcht, ich könnte aus Versehen einem Windfresser auf die Zehen treten und ihn zum Platzen bringen.

Bevor sie mir erlaubten, mich auf einen ihrer Balkone hinauszuwagen oder ein Obergeschoss eines ihrer Häuser zu bewohnen, verstärkten sie es mit den dicksten Bambusstäben, die sie finden konnten. So begann ich nun, dem wackeren Go-Whizz ein paar sanfte Erinnerungen an mein Gewicht und meine Solidität zu geben.

Ich sprang hoch in die Luft und landete mit einem solchen Knall auf dem Bambusboden, dass alles knarrte und zitterte.

Zuerst gab es eine allgemeine Massenflucht von Go-Whizz-Anhängern, und dieser tobende Anführer war der einzige, der Bulger und mir noch gegenüberstand.

Er hielt ziemlich tapfer stand, obwohl ich sehen konnte, dass er halb geneigt war, auf die Schreie seiner Männer zu hören und sich den Weg aus der Behausung zu bahnen, bevor es mir gelang, sie zu zerstören. Aber nach ein paar weiteren Sprüngen, bei denen ich sah, dass der Bodenbelag all meinen Bemühungen, ihn zu zertrümmern, widerstand, gelang es Go-Whizz, seine Truppe zusammenzutrommeln.

Wieder, und jetzt wütender denn je, umzingelten sie uns, kreischten und heulten wie verrückt, ihre erhobenen rechten Hände trugen die gefährlichen Netze, mit denen sie hofften, Bulger und mich zu fangen und uns dann zu erledigen.

Nun war es höchste Zeit für mich, auf meine Reserven zurückzugreifen.

Das habe ich getan. Die Wirkung war einfach verblüffend. Die Nadel erwies sich als eine von der Art, die zum Stopfen verwendet wird; sehr lang und hell und mit überaus scharfer Spitze. Meine Dolchspitze war schon schlimm genug. Sie hatte sie in wilde und panische Angst gestürzt. Aber dieses kleine Instrument, das ich vor ihnen schwang, warf sie in einen Zustand starren Schreckens.

Sie standen wie angewurzelt am Boden, ihre wulstigen Augen waren starr auf die Nadelspitze gerichtet, als ob sie alle erwarteten, dass sie zu Tode gestochen würden, wenn sie sich mir auch nur einen Zentimeter näherten.

Schließlich löste sich Go-Whizz mit einer gewaltigen Anstrengung von der Stelle und stieß einen tiefen und dröhnenden Schrei des Entsetzens aus, wobei seine Männer in wildestem Entsetzen hinter ihm herrollten. Als sie die tumultartige Art und Weise sahen, in der sich der tapfere Go-Whizz und seine Anhänger aus meiner Gegenwart zurückzogen, nahmen die versammelten Männer und Frauen mit furchtbaren Schreien Reißaus, als ob eine Legion von Dämonen hinter ihnen her wäre.

In wenigen Augenblicken standen Bulger und ich allein auf dem Schlachtfeld. Er hatte sich in der Zeit, als mir der Tod drohte, nicht von meiner Seite gerührt.

"Komm!", sagte ich, während ich mich bückte und seinen Kopf streichelte. "Komm, du treuer Freund und Gefährte, lass uns zu Häuptling Ztwish-Ztwish gehen und ihm die Sache vorbringen!“

Der Häuptling war gerade aus einem Mittagsschlaf erwacht. Er hatte den ganzen Konflikt friedlich verschlafen, und so war es notwendig, dass ich ihm ausführlich über den unglücklichen Unfall berichtete, bei dem eine ganze Reihe von Babys geplatzt waren, und über den Versuch von Go-Whizz, mich zu töten. Er hörte mit großer Gelassenheit und auch sehr geduldig zu. Dann bat er darum, für einige Augenblicke entschuldigt zu werden, da ein Begleiter ihm gerade mitgeteilt hatte, dass ein sehr sanfter und süßer Südwind zu wehen begonnen hatte.

Er trat auf den Balkon hinaus; und nachdem er etwa ein Dutzend Bissen der reinen, erfrischenden Brise zu sich genommen hatte, kehrte er etwas praller zurück und war, wie alle Männer nach dem Genuss einer Lieblingsspeise, immer noch liebenswürdiger und freundlicher in seiner Art als zuvor.

Die Nachricht, dass ein Dutzend seiner kleinsten Untertanen so kurzerhand aus dem Leben gerissen worden war, schien ihn nicht sehr zu beunruhigen. Was ihn am meisten zu schaffen machte, war die Tatsache, die ihm bis zu dieser Stunde anscheinend nie in den Sinn gekommen war, dass nämlich eine so feine, so zarte, so tödliche, so fast unsichtbare Nadel von Menschenhand geschaffen werden konnte!

Ich versicherte ihm, dass diese Nadel genau in diesem Moment, versteckt im Stoff meines Gewandes, direkt vor seinen Augen präsent war.

Er zitterte.

Ich bemühte mich, ihn zu beruhigen, indem ich ihm erklärte, dass ich ebenso schnell daran denken würde, mein Dolch in mein eigenes Herz zu stürzen, wie daran, diese fast unsichtbare und doch tödliche Spitze gegen sein Leben zu wenden.

Er versuchte ein Lächeln, es wurde jedoch lediglich ein Schaudern daraus.

"Denkst du, kleiner Mann, Durch-und-durch-fest", fragte Häuptling Ztwish-Ztwish mit zitternder Zunge, "dass ich sie anschauen kann ohne in Ohnmacht zu fallen?

"Oh, ganz sicher, großer Häuptling", war meine Antwort. "In der Tat, leichtester und schwungvollster Ztwish-Ztwish", fuhr ich fort, "kann ich dieses gefürchtete Instrument all seiner Kraft berauben, dich zu verletzen, und es wie jedes harmlose Stück Holz in deine Hand legen. Ist es dein Wille, dass ich dir auf diese Weise diese gefürchtete Spitze übergebe?

Mit einem leichten Schaudern antwortete Häuptling Ztwish-Ztwish:

"Ja, großer und gelehrter kleiner Meister, ich glaube, ich kann den Anblick jetzt ertragen. Ich bin in der Tat sehr mutig, aber du weißt, dass ein einziger Stich dieser tödlichen Spitze das Leben des kräftigsten Windfressers sofort beenden würde".

Ich versicherte ihm erneut, dass es wirklich nichts zu befürchten gäbe, solange er meinen Anweisungen folgte und holte sodann die Stopfnadel aus ihrem Versteck.

Häuptling Ztwish-Ztwish schloss zunächst die Augen, aber nach und nach wurde er kühn genug, um die glitzernde Spitze anzustarren.

Als ich mich bückte, nahm ich eine der Korkkeulen auf und brach ein Stück des kleineren Endes ab und stieß die Nadelspitze hinein.

Häuptling Ztwish-Ztwish beobachtete meine Bewegungen mit einer Art schmerzhafter Neugierde.

"Da, großer Häuptling der Windfresser", rief ich aus, "jetzt darfst du damit spielen, verstecke es in den Binsen deines Bettes, es kann dich nicht verletzen! Es ist so harmlos wie ein Kieselstein, der von dem blubbernden, sprudelnden Wasser eines deiner Gebirgsbäche umspült wird. Nimm ihn! Er kann dir eines Tages dienen, wenn ein plötzlicher Angriff auf deine erlauchte Person erfolgt.

"In einem solchen Augenblick, fürchte nichts! ergreife ihn fest, ziehe seine gefürchtete Spitze aus seinem Versteck in diesem Stück Kork. Er ist so klein, dass er in deiner Hand unsichtbar ist, und während dein Feind in eingebildeter Sicherheit vor dir steht, durchbohre ihn zu Tode; denn du bist der Herrscher, und es ist angemessen, dass der Tod den trifft, der versucht, deinem Volk sein Oberhaupt zu rauben!"

Häuptling Ztwish-Ztwish nahm die Nadel mit zitternder Hand und versteckte das Korkstück, das sie hielt, unter dem Strohdach des Daches. Dann rief er einen seiner Diener herbei und befahl ihm, aus einer Nachbarwohnung eine kleine Bambustruhe mitzubringen, aus der er eine Reihe seltener Juwelen zog, die etwas von der Natur des Bernsteins hatten, nur tausendmal brillanter. Mit diesem schönen Geschenk entließ er mich und befahl seinen Ministern, dass mir für den Unfall, bei dem die Girlande der kleinen Windfresser geplatzt war, kein Schaden zugefügt werden dürfe.

Go-Whizz konnte seinen Ärger darüber, mich wieder einmal als Ehrengast am Hof von Häuptling Ztwish-Ztwish zu sehen, nur schwer verbergen.

Dennoch ließ ich in meiner Wachsamkeit nicht im Geringsten nach. Jeden Abend vergitterte ich mit meinen eigenen Händen die Fenster und legte Bulgers Binsenmatte vor die Tür, so dass es für den zornigen Anführer unmöglich sein würde, mich zu überraschen.

Nun, da die Explosion der Babys ganz vergessen war, wäre mein Aufenthalt bei den Windfressern weiterhin äußerst angenehm gewesen, wenn nicht eine neue Schwierigkeit aufgetaucht wäre, die mir Angst gemacht hätte.

Die eher karge Diät, die ich seit meiner Ankunft bei diesen neugierigen Leuten praktiziert hatte, hatte mich zwar meines Hungers beraubt, beraubte mich aber gleichermaßen auch des dicken und wohlgenährten Aussehens, das ich immer gehabt hatte, und ich verlor in erschreckendem Maße Fleisch. Häuptling Ztwish-Ztwish und Königin Phew-yoo waren hocherfreut, denn, wie sie es ausdrückten, "der kleine durch und durch dicke Mann wurde zumindest äußerlich schnell zu einem echten Windfresser".

Auch Bulger ist schrecklich abgemagert.

Hin und wieder überraschte ich ihn mit seinen dunklen, glänzenden Augen, die auf mich gerichtet waren und zu sagen schienen: "Oh, kleiner Meister, was ist bloß los mit uns? Wir essen, und doch werden wir dünn. Werden wir wirklich wie die Windfresser?"

Und ein weiterer schlimmer Aspekt dieser Angelegenheit bestand darin, dass meine immer größer werdende Magerkeit mir zwar sehr viel Angst bereitete, sie aber gleichzeitig Freude in das Herz von Königin Phew-yoo trug, die, wie es schien, den Plan geschmiedet hatte, mich für den Rest meines Lebens im Dienste ihres Herrn und Meisters zu halten, indem sie mir die Hand der schönen Prinzessin Pouf-fâh gab.

Königin Phew-yoo erklärte meine immer dünner werdende Gestalt damit, dass dies der Effekt der wunderbaren Atmosphäre ihrer Insel sei; dass es sehr wenig darauf ankäme, wie dick und fest ein Mann sein könne, wenn er nämlich nur lange genug unter ihnen lebte, so würde er seine Festigkeit allmählich verlieren und, wenn nicht zu einem echten Windfresser, so doch zumindest fast so leicht und luftig wie sie werden.

Nachdem ich diese Ansichten von anderen erfahren hatte, bevor ich sie von den Lippen der Königin selbst hörte, war es für mich überhaupt keine Überraschung, als ich eines Tages eine Nachricht von der stattlichen Phew-yoo erhielt, in der sie mich aufforderte, ihr meine Aufwartung zu machen.

Sie gewährte mir einen sehr gütigen Empfang, und auch Prinzessin Pouf-fâh zeigte große Freude, mich unter dem Dach ihrer Mutter zu sehen. Sie hüpfte wie ein Spielzeugballon hin und her, schüttelte nun das Parfüm von getrockneten Blumen, hielt nun die Ketten der seltsamen Edelsteine hoch, die ich bereits erwähnt habe, und ließ sie vor meinem Gesicht glitzern.

Ich amüsierte sie, indem ich sie auf meine Handfläche hob und sie wie einen Gummiball nach oben warf und wieder auffing.

Königin Phew-yoo schaute stumm und zufrieden zu.

Als Prinzessin Pouf-fâh des Spiels überdrüssig geworden war, sprach die Königin wie folgt:

"Oh, kleiner Mann, durch und durch, ich muss dir sagen, was dein Herz erfreuen wird. Der große Häuptling, mein Mann und ich, haben mit Freude bemerkt, dass du von Tag zu Tag dünner und dünner wirst. So wisse denn, dass dies die magische Wirkung der Luft ist, die du atmest. Als unsere Vorväter auf dieser Insel landeten, waren sie, wie du, durch und durch fest. Sei also nicht beunruhigt, wenn du dich in einigen Monaten völlig verändert findest. Du wirst diese schwere Last nutzlosen Fleisches, die mit dir herumzutragen du so lange Zeit verurteilt warst, schon bald verlieren und leicht und beschwingt werden, wie wir. Und, oh geliebter Klumpen, damit du den Wechsel von deiner jetzigen festen Gestalt beschleunigen und ein anmutiges und hohles Wesen wie einer von uns werden kannst, erlaube ich dir, mit dem Rat und der Zustimmung des Obersten Ztwish-Ztwish, jeden Tag mit uns zu essen. Noch in dieser Stunde sollst du dich zum ersten Mal mit dem süßen und gesunden Wind des Südens laben. In dem Augenblick, kleiner Klumpen, in dem du dünn genug geworden bist, um dem großen Häuptling zu gefallen, wird er dir die schöne Prinzessin Pouf-fâh zur Frau geben.

Bei diesen Worten klatschte die Prinzessin, die mich wirklich sehr zu mögen schien, freudig in die Hände und hüpfte wie ein Spielzeugfußball zwischen ihrer Mutter und mir hin und her.

"Aber, kleiner Mann-Klumpen", fuhr Königin Phew-yoo fort, "bevor wir uns auf den Weg machen, um im süßen Wind zu speisen, der über den Bankett-Hügel weht, gibt es zwei Dinge, von denen der große Häuptling Ztwish-Ztwish sagte, dass ich sie dir ganz besonders kundtun muss, nämlich die beiden Bedingungen, unter denen er bereit ist, dich vor allen anderen Männern zu ehren, indem er dir die Hand der schönen Prinzessin Pouf-fâh verleiht.

"Nennen Sie sie, gnädige Königin!" weinte ich, denn ich war zu klug, zu diesem Zeitpunkt irgendwelche Einwände zu erheben. Ich wusste nur zu gut, dass ein einziges Wort von Häuptling Ztwish-Ztwish mich der zärtlichen Gnade des wilden Go-Whizz ausliefern würde.

"Sie sind", fuhr Königin Phew-yoo fort, "sie sind", blähte sie ihre Wangen auf und klopfte sie spielerisch mit der

Rückseite ihrer Daumen, "sie sind, kleiner Mann, durch-und-durch-dick, dass du deine Zähne bis auf das Zahnfleisch herunterfeilen und deine Nägel immer bis auf das Fleisch abschneiden sollst."

"Es soll sein, gnädige Königin, wie Ihr es wünscht", antwortete ich mit einigen tiefen Beugungen meines Körpers.

"Dann", antwortete Königin Phew-yoo fröhlich, "bleibt dir nichts anderes übrig, als sofort damit zu beginnen, dich an unser Essen zu gewöhnen; lass uns also unverzüglich zum Bankett-Hügel aufbrechen, denn der süße Südwind weht frisch und stark!"

Ich begleitete Königin Phew-yoo und Prinzessin Pouf-fâh an den angegebenen Ort. Es war eine wunderschöne Anhöhe, von der ich weit nach Süden über ein Tal blicken konnte, bezaubernd schön.

Sie und die Prinzessin begannen sofort, die weiche, süße Luft einzuatmen, und ermutigten mich, das Gleiche zu tun.

Sie waren begeistert von meinen Bemühungen. Tatsächlich schien die mütterliche Phew-yoo ein wenig ängstlich zu sein, dass ich mich überfressen könnte.

Nachdem die Prinzessin ein paar tiefe Atemzüge gemacht hatte, war ich überrascht zu sehen, wie sich ihr ein Diener näherte und ihr eine Perlenkette um den Hals legte, die an einer elastischen Schnur aufgereiht war. Das war eine Vorsichtsmaßnahme, um die Prinzessin daran zu hindern, zu herzhaft zu essen, falls sie die Lust dazu überkommen sollte. Nun, wie Sie sich vielleicht vorstellen können, kehrte ich sehr hungrig in meine Gemächer zurück, nachdem ich mit Königin Phew-yoo und Prinzessin Pouf-fâh auf dem Banketthügel gegessen hatte; wenn das überhaupt möglich war, war ich noch hungriger als zuvor, denn die reine, frische Luft und die vielen tiefen Atemzüge hatten mich ziemlich ausgehungert.

Wieder allein mit Bulger machte ich mich daran, einen Plan auszuhecken, um an mehr Essen zu kommen und durch Eindämmung meines alarmierenden Fleischverlusts, den Plan von Königin Phew-yoo, mich in einen echten Windfresser zu verwandeln und mir die Prinzessin Pouf-fâh zur Frau zu geben, zu durchkreuzen.

Es kam mir in den Sinn, dass ich möglicherweise in einem der dem Dorf am nächsten gelegenen Meeresarme einen Fisch fangen und ihn auf glühender Glut braten könnte, denn ich hatte mein Zunderkästchen in der Tasche.

Dieser Plan funktionierte wunderbar. Bald gelang es mir, einigen der Bediensteten beizubringen, ein paar ihrer Kriegsnetze als eine Art Wurfnetz zusammenzuflechten, und ich war überglücklich, als ich es das erste Mal auswarf und damit ein Dutzend oder mehr feine Seebarsche fing.

Bulger stieg mit großem Eifer in den Sport ein, nahm ein Seil ins Maul und zerrte um sein Leben, als wir begannen, es einzuholen.

Als nächstes mussten wir trockene Blätter und Holz sammeln und ein geeignetes Feuer anzünden, um ein Glutbett zu erhalten. Scharen von Windfressern versammelten sich um mich und beobachteten meine Bewegungen mit einer Art Mischung aus Staunen, Angst und Freude.

Als endlich der Rauch sich allmählich auflöste und die Flamme sich zeigte, brachen Schreie der Bestürzung aus, und es kam zu einer wilden Stampede.

Häuptling Ztwish-Ztwish wurde eilig herbeigerufen; aber ich hatte keine Schwierigkeiten, ihn davon zu überzeugen, daß ich niemandem Schaden zufügen wollte, daß die roten Zungen, die er herausschnellen sah, völlig harmlos waren, wenn sie nicht mit dem Fleisch in Berührung kamen, daß er nur den Befehl geben müßte, dem Volk zu verbieten, sich den purpurnen Zungen, die aus den schwarzen Rauchwolken hervorschossen, zu nahe zu kommen.

Als sich eine lebendige Glut gebildet hatte, war ich mit einem zugerichteten Seebarsch von etwa zwei Pfund Gewicht bereit, und das Braten begann.

Es ist überflüssig, Ihnen zu versichern, dass Bulger und ich uns zu einem köstlichen Mahl zusammengesetzt haben, dem ersten wirklich zufriedenstellenden seit meiner Ankunft unter den Windfressern.

Von dieser Zeit an ging alles gut. Jeden Tag gingen meine Austernsammler und meine Fischer an die Küste, um meine Speisekammer zu beschicken. Bei ihrer Rückkehr stand mir immer ein feines Glutbett zur Verfügung. So ging es etwa eine Woche lang weiter. Ich war erfreut zu sehen, dass Bulger und ich in prächtigem Stil an Fleisch gewannen. Und dennoch war ich hin und wieder gezwungen, die Einladung von Königin Phew-yoo anzunehmen, mit ihr und der Prinzessin Pouf-fâh auf dem Bankett-Hügel zu speisen, wo ich so tat, als würde ich eine Mahlzeit im sanften und duftenden Südwind genauso genießen wie sie selbst. Königin Phew-yoo bestand darauf, dass mein Teint von Tag zu Tag klarer und durchsichtiger werde und dass ich ohne jeden Zweifel in wenigen Monaten ganz auf einen "Schluckstein", wie sie es nannte, verzichten könne.

Während ich still und leise meine Studien über diese neugierigen Menschen fortsetzte, ereignete sich ein weiterer unglücklicher Vorfall, und dieses Mal stellte sich heraus, dass es sich um eine sehr ernste und schwerwiegende Angelegenheit handelte.

Die Windfresser gewöhnten sich schnell an den für sie zunächst erschreckenden Anblick "purpurroter Zungen, die aus den Mündern schwarzer Wolken huschten". In der Tat lernten sie bald den Geruch der zarten Häppchen zu mögen, wenn sie auf der Glut grillten, und wenn die Luft kühl war, zögerten sie nicht, einen Kreis um Bulger und mich zu bilden, während wir beim Essen saßen und die Wärme und für sie gleichzeitig ein merkwürdiges Schauspiel genossen. So geschah es, dass ich eines Abends ein tieferes

Glutbett hinterlassen hatte, als ich es mir vorgestellt hatte. Die Asche sammelte sich darüber, und sie glühte bis zum Einbruch der Nacht weiter. Eine Schar von Krakeelern, die der Go-Whizz-Fraktion angehörten, kehrte in dieser Nacht zufällig von einem Ausflug an die Nordküste der Insel zurück, wo sie sich am ungestümen Wind dieses Gebiets genüsslich gesättigt hatten. Angezogen von der Glut der verbliebenen Kohlen, beeilten sie sich, eine Menge Holz zu sammeln, warfen es auf das schwelende Feuer, und als die Flammen hier und da ihre roten Zungen ausstießen, reckten sie sich im Kreis, um die Wärme zu genießen, denn die Nacht war feucht und kühl.

Sie fanden die Wirkung der Wärme so angenehm, dass sie sich entschlossen, die Nacht dort zu verbringen, und ließen sich so nahe am Feuer auf dem Boden nieder, wie sie es für klug hielten.

Gegen Mitternacht kratzte mich Bulger sanft an meinem Arm und sagte mir, dass etwas Ungewöhnliches passiert sei, denn er weckte mich nie, es sei denn, er war sich ganz sicher, dass die Angelegenheit ernst genug war, dass er mich zu stören brauchte.

Ich fand das Dorf in wildem Alarmzustand vor. Die ohrenbetäubenden Schreie der Frauen vermischten sich mit den tiefen rumpelnden Schreien der Männer.

Sie haben ohne Zweifel bereits erraten, was geschehen war. Die Fakten waren einfach folgende: In der Nacht hatte die Kälte zugenommen, und mehrere der Windfresser, halb schlafend und halb betäubt von der tiefen Zugluft des ungestümen Nordwestwindes, hatten sich dem Feuer immer näher genähert, als sich plötzlich die riesige Menge kalter Luft, die sie geschluckt hatten, auszudehnen begann und vier von ihnen mit einem schrecklichen Geräusch explodierten.

Zeichnung 15: Captain Go-Whizz und sein Leutnant bedrohen den kleinen Baron

In kürzerer Zeit als nötig, um es zu erzählen, war meine Wohnung von einem schreienden, kreischenden, heulenden Mob von Windfressern umgeben, die meinen sofortigen Tod forderten.

Es bedurfte des gesamten Einflusses von Häuptling Ztwish-Ztwish auf sein Volk, um mich davor zu bewahren, mich in ihren tödlichen Netzen zu verfangen und auf der Stelle zu Tode geprügelt zu werden.

Um die Sache noch tausend Mal schlimmer zu machen, betrat der Tyrann und Prahler Go-Whizz genau in diesem Augenblick das Dorf, mit einem Rudel seiner streitsüchtigen Anhänger im Schlepptau. Er hatte sich auf eine geheime Reise zum nördlichsten Punkt der Insel begeben, wo der Nordwind am heftigsten heult und brüllt. Ich hatte ihn noch nie so aufgeblasen gesehen, bis zum Bersten voll von seinem Lieblingsessen.

Als er von dem Schicksal hörte, das seine vier Kameraden ereilt hatte, kannte seine Wut keine Grenzen. Er und seine Gefolgsleute schlugen sich auf die Brust, bis die Luft mit tiefen und grollenden Geräuschen bebte, während sie immer wieder in die wildesten Klagen um ihre toten Kameraden ausbrachen. Er klagte Häuptling Ztwish-Ztwish offen und mutig an, sein Volk verraten und seine einst glückliche Insel in den Händen des "kleinen Monsters durch-und-durch-fest" dem sicheren Untergang preisgegeben zu haben, das durch seine furchtbare Magie und seine schmutzigen Geheimnisse ihr Volk bald dazu bringen würde, sich wie er von Steinen zu ernähren.

Nun begann der Tag anzubrechen, und mit dem kommenden Licht schien die Verwirrung im Dorf neue Kraft zu gewinnen. Ich war mir so sicher, dass mich der Tod zu treffen drohte, dass ich auf den Blättern meines Notizbuches mehrere Botschaften an den älteren Baron und an die sanfte Baronin, meine Mutter, schrieb und bei einem der Diener des Häuptlings eine Wegbeschreibung hinterließ, dass es mein Wunsch war, dass er sie im Falle meines Todes zu meinem Volk schicken sollte, das er auf meinem Schiff in der schönen Bucht am fernen Ufer der Insel finden würde.

Ich sagte nichts über Bulger, denn ich wusste nur zu gut, dass er an meiner Seite sterben würde.

Ich bereitete mich auf das Schlimmste vor. Ich untersuchte die Zündhütchen meiner Taschenpistolen und verbarg meinen Dolch unter meinem Mantel im Nacken, wo ich ihn besser erreichen konnte, falls er mir zu nahe kam.

Dann schnitt ich mir die Fingernägel so spitz zu, wie nur möglich, denn ich war entschlossen, mein Leben so teuer wie möglich zu verkaufen.

Ich war mir zwar der Zuneigung des Häuptlings Ztwish-Ztwish zu mir sicher, wusste aber nicht, wann er den Mut verlieren und mich dem Mob ausliefern würde, um sich selbst zu retten.

Bulger beobachtete alle meine Vorbereitungen mit weit geöffneten und intelligenten Augen, wobei er gelegentlich ein leises, nervöses Wimmern von sich gab, während der heulende, kreischende, brüllende Mob vor der Wohnung von Häuptling Ztwish-Ztwish hin und her schwappte.

Nach dem Gesetz des Landes war es dem einfachen Volk verboten, die innere Umzäunung der Behausung des Häuptlings zu betreten, aber Go-Whizz, der zu den adligen oder untergeordneten Häuptlingen gehörte, hatte das Recht, in die Gegenwart des Häuptlings vorzudringen und seine Verfehlungen zu beklagen oder seine Bitten vorzubringen.

So schritt nun der wütende Go-Whizz, der sich von seinen Anhängern verabschiedete, die nie aufhörten, nach Rache an dem "kleinen Dämon Klumpen" zu schreien, der bei zwei verschiedenen Gelegenheiten Tod und Zerstörung unter ihr Volk gebracht hatte, in die Gegenwart des Häuptlings Ztwish-Ztwish.

Der Häuptling war ruhig. Er hatte seit vierundzwanzig Stunden keine Nahrung zu sich genommen und stand auf, zerknittert, verschrumpelt, runzlig und faltig, wie die Windfresser beim Fasten immer aussehen. Neben ihm saßen Königin Phew-yoo und Prinzessin Pouf-fâh, während direkt hinter ihm seine drei Ratsherren Hiss-sah, Whirr-Whirr und Sh-Boom standen. Sie waren von den jüngsten Zügen des starken und gesunden Westwindes gut abgerundet und wirkten daher so zufrieden und lächelnd, wie Ztwish-Ztwish traurig und feierlich aussah. Ich stand in einer angrenzenden Wohnung, verborgen hinter einem Bambusschirm, mit meinem treuen Bulger an meiner Seite. Ich war so platziert, dass ich alles sehen konnte, ohne selbst gesehen zu werden. Häuptling Ztwish-Ztwish wusste von meiner Anwesenheit Bescheid.

Als Bulger einen Blick auf den tobenden und brüllenden Go-Whizz erhaschte, wurde er so nervös, dass ich gezwungen war, mich zu bücken und seinen Kopf zu streicheln, um ihn wissen zu lassen, dass ich nichts fürchtete. Aber Tatsache ist, dass große Gefahren immer einen dämpfenden Einfluss auf mich ausüben.

Ich stelle mich ihnen kühl, aber traurig, denn meine Gedanken gehen in solchen Momenten zurück zu dem älteren Baron und zu der sanften Baronin, meiner Mutter, in der fernen Heimat "unter dem Himmel des geliebten Vaterlandes".

Wie ein riesiger Fußball, der durch den Tritt eines gigantischen Fußes angetrieben wird, landete Go-Whizz im Audienzraum von Häuptling Ztwish-Ztwish. Er schüttelte heftig die Arme und hüpfte vor innerer Wut auf und ab, denn er war immer noch zu sehr außer sich vor Wut, um einen anderen Ton als ein tiefes, rumpelndes Knurren oder Murmeln von sich zu geben.

Von meinem Platz hinter dem Bambusgitter aus verfolgte ich mit all der Sehschärfe, für die ich zu Recht berühmt bin, jede Bewegung des wütenden Go-Whizz sowie die Handlungen und das Verhalten von Häuptling Ztwish-Ztwish und seinen Ratsherren, denn ich war entschlossen, mich nicht beim Schlafen erwischen zu lassen, falls irgendwelche Anzeichen von Verrat sichtbar werden sollten. Auf den allerersten Blick sah ich, dass der rebellische Go-Whizz etwas in seinem Gürtel versteckt hatte, und aufgrund der Form und Länge wusste ich sofort, dass es ein

Feuersteinmesser war. Gedankenschnell winkte ich einen Diener an meine Seite und schickte dem Häuptling eine Nachricht, in der ich dem Diener sagte, er solle den Anschein erwecken, er sei damit beschäftigt, die Zweige duftender Blätter zu schwenken, wie es seine Pflicht sei, während er dem Häuptling meine Nachricht ins Ohr flüsterte.

Sie lautete wie folgt:

"Sei auf der Hut! Oh, Häuptling. Der Zänker hat ein Feuersteinmesser in seinem Gürtel versteckt. Er wird versuchen, dich zu erschlagen. Seid auf der Hut! Behalte die Ruhe bei!"

Go-Whizz hatte sich nun ein wenig beruhigt; aber mit Donnerstimme begann er seine Tirade. Er stellte die langen Jahre des Friedens und des Glücks auf ihrer Insel vor, die Segnungen, die sie unter der langen und ruhmreichen Herrscherlinie genossen hatten, von der Ztwish-Ztwish der würdige Nachfahre war. Er donnerte aus Trotz gegen alle Feinde der Windfresser und sang so leise wie möglich seine eigenen Lobeshymnen und erzählte von den vielen Taten der Tapferkeit, die er im Dienste Ztwish-Ztwishs vollbracht hatte, und endete damit, dass er sich bereit und gewillt erklärte, für seinen geliebten Häuptling zu sterben.

Als Go-Whizz gesprochen hatte, senkte der Häuptling für einige Augenblicke schweigend den Kopf und antwortete dann: "Du hast wahrhaftig und weise gesprochen, o Go-Whizz! Du bist tapfer. Du hast das Recht, Gunst aus meinen Händen zu verlangen! Sprich, Go-Whizz, was kann Ztwish-Ztwish für Dich tun?"

Bei diesen Worten von Ztwish-Ztwish brach der ganze frühere Zorn von Go-Whizz erneut hervor. Er klopfte sich auf die Brust und schritt im Audienzzimmer auf und ab und brüllte los:

"Dass Du in dieser Stunde in meine Hände gibst, den 'festen Dämon', den gefürchteten 'Menschenklumpen', das Monster 'Durch und durch dick", das all diesen Tod und

Ruin in unser friedliches Land gebracht hat!

Häuptling Ztwish-Ztwish schwieg für einige Augenblicke.

Muss ich Ihnen sagen, dass mein ganzes Herz auf die Antwort gewartet hat?

Ich hörte nichts als das tiefe, grobe, knirschende Geräusch von Go-Whizz's Atem, als ich mich nach vorne beugte, um das erste Wort aufzufangen, das dem Oberhaupt von den Lippen fließen sollte.

Es schien ein Leben lang zu dauern. Endlich sprach Ztwish-Ztwish:

"Mein Bruder, du bist entflammt von den tiefen Zügen des heftigen und tobenden Nordwindes! Du bist neben dir selbst. Du siehst nicht klar! Ich darf den Tod nicht verurteilen, es sei denn, das Dekret wird auf den Gesetzen unserer Väter beruhen. Es ist wahr, dass der 'Kleine Mann durch-und-durch-Fest' unserem Volk großes Unglück gebracht hat, aber unschuldig. Er hat nicht danach gestrebt oder gewollt, uns zu schaden. Er ist ein Liebhaber des Friedens, ein Freund seiner Art. Meine Anhänger wurden vor der Gefahr der purpurnen Zungen gewarnt. Der 'Menschenklumpen' hat nicht ihren Tod gesucht. Und du weißt auch ganz genau, dass die Gesetze unserer Väter uns befahlen, das Leben unserer Gäste so heilig zu halten wie die Beschaffenheit unserer Haut. Geh deinen Weg, deshalb, Go-Whizz, ich kann den 'Menschenklumpen' nicht zum Tode verurteilen.

"Ist das", brüllte der enttäuschte Führer, "die Art von Gerechtigkeit, die du meinem Volk gewährst?

"Ja, das ist sie, du Raufbold", antwortete Häuptling Ztwish-Ztwish, der jetzt schnell die Kontrolle über sich selbst verliert. "Schweig stille und zieh von dannen, damit ich dich in meinem Zorn über dein häufiges Fehlverhalten nicht der verdienten Strafe übergebe!

"Nimm dich in Acht, Ztwish-Ztwish!", brüllte Go-Whizz,

überkochend vor Wut, "nimm dich in Acht, dass dein Volk sich nicht in seiner Macht erhebt und dich verstößt, du ungerechter Herrscher!

"Verschwinde, sage ich!" war Ztwish-Ztwishs ruhige, aber strenge Antwort.

"Dann geh du zuerst, Verräter deines Volkes!" donnerte Go-Whizz heraus und sprang mit dem hoch in die Luft erhobenen Feuersteinmesser vorwärts.

Entsetzensschreie brachen aus den Reihen der Versammelten im Audienzzimmer. Doch Häuptling Ztwish-Ztwish streckte ruhig seine Hand aus und berührte den Möchtegern-Attentäter.

Mit einem ohrenbetäubenden Krachen flog der Körper des wütenden Go-Whizz in tausend Stücke, wie ein riesiger Ballon, der von den Händen des Sturms ergriffen wurde und gegen die speerartigen Zweige einer zertrümmerten Solitär-Eiche der Ebene wirbelte.

Königin Phew-yoo und Prinzessin Pouf-fâh klammerten sich verwirrt und voller Schrecken aneinander fest, während auf den Gesichtern derer um den Häuptling herum stille Angst saß. Aber er war ruhig und sprach ein paar Worte mit milder und ruhiger Stimme zur Königin und zur Prinzessin.

Als das Volk erfuhr, dass Go-Whizz versucht hatte, ihren Herrscher zu erschlagen, und dass der Raufbold in dem Augenblick, in dem er das Feuersteinmesser erhob, um zuzuschlagen, auf mysteriöse Weise zu Füßen von Ztwish-Ztwish getötet worden war, ertönten laute Zurufe, denn der wilde Go-Whizz wurde selbst von seinen Anhängern mehr gefürchtet als geliebt.

Es dauerte mehrere Tage, bis sich das Dorf der Windfresser nach dem mysteriösen Tod von Go-Whizz wieder beruhigte und sein alltägliches Aussehen annahm; aber mit ihm verschwand auch jeglicher Widerstand gegen die Herrschaft von Häuptling Ztwish-Ztwish.

Das Volk glaubte fest daran, dass es die Rachegeister der Lüfte waren, die den Raufbold mit ihren Schwertspitzen berührt hatten, als er seine Hand gegen ihren Herrscher erhoben hatte.

Ich brauche Ihnen wohl kaum zu sagen, dass die Dankbarkeit des Häuptlings mir gegenüber keine Grenzen kannte. Keine Geschenke waren zu schön oder zu kostspielig, um mir angeboten zu werden. Und die Tatsache, dass ich sie alle ablehnte, schien seine Zuneigung zu mir nur noch zu verstärken.

Aber wie konnte ich, wie konnte ich es wagen, die angebotene Hand der schönen Prinzessin Pouf-fâh abzulehnen?

Dies zu tun, hieße, alles, was ich getan habe, ungeschehen zu machen, Ztwish-Ztwish zu meinem Feind zu machen, seine Liebe in Hass, sein Vertrauen in Misstrauen zu verwandeln - möglicherweise mein eigenes Todesurteil zu schreiben.

Es gab nur noch einen Weg, den ich verfolgen konnte. Und das war die Flucht!

Und die Flucht musste sofort erfolgen, bevor ich das Vertrauen des Häuptlings verloren habe. Eine der ersten Handlungen von Ztwish-Ztwish nach seiner Rettung aus dem Feuersteinmesser des mörderischen Go-Whizz war, mir das winzige Instrument mit der unsichtbaren Spitze zurückzugeben.

Damit schien ihm eine schreckliche Last von den Schultern genommen zu werden. Er wurde wieder er selbst. Und mit seinem zurückkehrenden Glück und seiner Zufriedenheit kam ein noch stärkerer Wunsch, meine Ehe mit der Prinzessin Pouf-fâh zu beschleunigen.

Mit größter Vorsicht nahm ich diese und jene Ausrede vor, um Zeit zu gewinnen, meine Gedanken zu sammeln und mich auf einen sicheren Fluchtplan zu einigen, denn die Gefangennahme bedeutete, wie ich wusste, den Tod oder schlimmer noch als die Todesstrafe, bis ich einwilligen sollte, den Wunsch aufzugeben, die Insel der Windfresser zu verlassen, und mich zu verpflichten, so weit es die Natur zuließ, einer ihrer Bewohner zu werden.

So vorsichtig ich auch war, meine Ausreden weckten Misstrauen.

Der erste Beweis dafür war die Feststellung, dass der Befehl gegeben worden war, mir die Versorgung mit Fisch zu untersagen.

Königin Phew-yoo hatte Angst, dass ich, solange ich alle feste Nahrung zu mir nehmen durfte, nicht dünn genug werden würde, um mich mit der Luftnahrung zufrieden zu geben, und daher nicht damit zufrieden sein würde, mich für den Rest meines Lebens unter ihnen aufzuhalten.

Das nächste, was mir passierte, war, dass mein Vorrat an Austern und Muscheln auf Anordnung von Phew-yoo um die Hälfte reduziert wurde. Das bedeutete: Ernten oder verhungern!

Es traf mich wie ein Blitz aus heiterem Himmel!

Aber es waren immer genau solche Schläge wie dieser, die mich mein ganzes Leben lang zu ruhigem, schnellem, intelligentem Handeln angeregt haben.

Ich zögerte nicht mehr. Mein Plan erreichte in einem einzigen Augenblick Vollkommenheit. Als die Nacht hereinbrach, kritzelte ich hastig ein paar Zeilen an meinen Segelmeister, in denen ich ihm von dem Schicksal erzählte, das mich zu ereilen drohte, und ihm befahl, einige vertrauenswürdige Männer zu bewaffnen und zu meiner Rettung zu eilen. Dies band ich an das Halsband meines geliebten und treuen Bulger. Er bedeckte meine Hand mit Liebkosungen, und ich hielt ihn einen Augenblick lang in meinen Armen, während die Tränen heiß und schnell flossen. Dann öffnete ich sanft die Tür meiner Bambushütte.

Die Nacht war hell und glorreich. "Hinfort, mein geliebter

Bulger!" flüsterte ich, bückte mich und drückte zum letzten Mal meine Lippen auf seine seidenen Ohren und seinen wohlgeformten Kopf. "Zum Schiff! Hinfort!" Er hielt inne, schaute mir ins Gesicht und wimmerte leise, als wolle er sagen: "Ay, ay, kleiner Meister, ich verstehe!" Und weg sprang er wie der Wind. Für einen Augenblick konnte ich ihm folgen, als ob er mit einem langen und kräftigen Bogen dahingeschleudert wäre! Und dann war er weg!

Am nächsten Morgen wurde mir zu meinem größten Erstaunen mitgeteilt, dass alle Vorbereitungen für die Hochzeit von Prinzessin Pouf-fâh und dem "kleinen Mann durch-und-durch-fest" abgeschlossen seien und dass das Fest und die Fröhlichkeit am folgenden Tag beginnen würden.

Diese Nachricht, so erschreckend sie auch war, empfing ich mit vollkommener Gelassenheit. Durch meine offensichtliche Zufriedenheit mit der glänzenden Aussicht, Schwiegersohn des großen Häuptlings Ztwish-Ztwish zu werden, entwaffnete ich jeden Verdacht vollständig. Ich durchsuchte meine Taschen nach Schmuckstücken, die ich der leichten und luftigen Pouf-fâh schenken konnte.

Königin Phew-yoo war nicht zu sehen. Die Freude ihres Mutterherzens war so groß, dass sie sich in einem Moment der Schwäche zu gierig an dem reichen, aber ungesunden Ostwind gelabt hatte und nun unter einem furchtbaren Anfall von Verdauungsstörungen litt.

Das war ein großes Glück für mich, denn ich bin mir ganz sicher, dass Königin Phew-yoo niemals eingewilligt hätte, mir in dieser Nacht die Rückkehr in meine eigenen Gemächer zu gestatten. Jetzt blieb mir nur noch eines zu tun, und das war, mich an die ferne Meeresküste zu begeben, wo ich mein Schiff und meine Mannschaft zurückgelassen hatte.

Und noch in derselben Nacht aufzubrechen. Wie es das Pech wollte, bestand Häuptling Ztwish-Ztwish, der bemerkte, dass ein herrlich starker Westwind zu wehen begonnen hatte, darauf, eine Art Vorfeier gegen Sonnenuntergang abzuhalten.

Ich wurde eingeladen, an der Feier teilzunehmen.

Ich wagte es nicht abzulehnen, machte mich mit den Fröhlichen auf den Weg und ermüdete mich nicht nur, indem ich mich verzweifelt bemühte, mich mit ihrem unsichtbaren Essen zu füllen, sondern es war fast Mitternacht, als das Dorf vollkommen ruhig wurde und jeder die Türen und Fenster seiner Wohnung geschlossen zu haben schien. Aber schließlich war der Ausschweif der Windfresser ein Glücksfall für mich. Sie gingen so sehr von den vielen und tiefen Zügen des herzhaften und erfüllenden Westwindes vollgefressen zu Bett, dass sie wie Holzklötze schliefen, wenn Sie mir erlauben, Puffbälle mit massivem Holz zu vergleichen.

Ich wartete, bis das Rumpeln der Stimmen verstummt war, als die letzte Gruppe von Austern sich auflöste und die einsamen Windfresser, die über die Straßen verstreut waren, einer nach dem anderen in ihren Bambusbehausungen verschwanden.

Ich ließ meine Tür auf der Innenseite verschlossen, sprang leicht durch das Fenster und machte mich im Schutze der tiefen Schatten unbemerkt auf den Weg an den Stadtrand. Hier brach ich in einen raschen Lauf ein, denn ich hätte höchstens sechs Stunden Vorsprung vor den Windfressern gehabt, und das war viel zu wenig; denn, wie ich Ihnen bereits gesagt habe, flitzen sie wie Phantome dahin, wenn sie fasten, und selbst wenn sie ziemlich gut gefüllt sind, sind sie sehr schnell zu Fuß - mehr noch, wenn die Luft ruhig ist, um ihr Vorankommen nicht zu behindern.

Weiter, weiter, ich raste mit der verzweifelten Entschlossenheit, meinen Vorsprung so gut zu nutzen, dass sie mich nicht überholen konnten.

Zu meinem Entsetzen bemerkte ich nach etwa einer Stunde Laufen, dass meine Beine zu ermüden begannen.

Das war ein schrecklicher Schlag für mich. Für einige Augenblicke taumelte ich dahin, wusste kaum, wo ich mich befand, wohin ich eilte und welche schreckliche Gefahr mir drohte. Mit einem Male brach die schreckliche Wahrheit über mich herein.

Ich war nur noch das Wrack meiner Selbst. Die monatelange Fischdiät hatte meine Muskeln jener wunderbaren Kraft und Elastizität beraubt, die einst mein Stolz und meine größte Selbständigkeit in gefährlichen Momenten waren.

Gebrechlich wie ich geworden war, knickten meine Beine nun unter mir zusammen.

Immer langsamer und langsamer wurde mein Tempo. Mein Herz schien sich zu öffnen und den Lebensodem auszuatmen.

Immer weiter, immer weiter schleppte ich mich in dem verzweifelten Versuch, meinen Verfolgern zu entkommen, deren rumpelnde Stimmen in der Ferne schwach zu dröhnen schienen.

Aber die Natur wollte nicht mehr!

Ich taumelte, schwankte, blieb stehen und fiel hin!

Wie lange ich dort lag, weiß ich nicht. Aber als ich zu mir kam, spürte ich deutlich die Veränderung in der Luft, die vom kommenden Tag kündet. Das Plätschern eines Baches drang in mein Ohr. Ich schleppte meinen schmerzenden Körper in die Richtung, aus der das Geräusch kam. Ein tiefer Zug durch das kühle, klare Wasser des Baches erfrischte mich etwas. Ich versuchte aufzustehen, aber, oh, neuerlicher Hoffnungsverlust - zu entdecken, dass meine Gelenke im Schlaf auf dem Boden versteift waren, unbedeckt, ja, sogar schlecht gekleidet, denn ich hatte ein Stück meiner Kleidung auf dem Fensterbrett meiner Hütte im Dorf hängen lassen, um jeden Verdacht zu zerstreuen, der in den Köpfen der Diener aufkommen könnte.

Doch Gedanken an zu Hause, an den älteren Baron, an die sanfte Baronin, an meine Mutter, an meinen geliebten Bulger huschten durch mein fieberndes Hirn und veranlassten mich zu einer weiteren Anstrengung, um wieder auf die Beine zu kommen und dem Tod durch die Hände der erzürnten Leute des Häuptlings Ztwish-Ztwish zu entgehen, die bald wie Geister des Windes, die sie waren, bergauf und bergab ziehen würden.

Ein Stöhnen entwich meinen Lippen, als ich mich aufrichtete, weil die Schmerzen, die durch meinen Körper schossen, wie Messerspitzen in meinen Gelenken waren.

Aber ich musste versuchen, mich auf und davon zu machen, auch wenn mich die Anstrengung tausend qualvolle Stiche kostete.

Ich bin es den Lieben zu Hause schuldig, so lange weiterzugehen, bis ich zusammenbreche, bis ich, wie ein geschlagenes Tier, der Kraft zum Stehen beraubt, umkippen und zu Füßen und der Gnade meiner Verfolger fallen werde.

Das waren die Gedanken, die mein armes, taumelndes Gehirn unterdrückten.

Ein schreckliches Mysterium, ein quälender Traum bedrückte mich.

Ich hatte immer noch meinen Verstand. Ich konnte sehen. Ich konnte fühlen. Ich konnte hören. Und warum sollte ich mich nicht erheben und weitergehen, weg von dem sicheren Tod, der über mir schwebte?

Durch solche Gedanken verrückt gemacht, kämpfte ich mich auf die Füße und taumelte davon, wobei ich bei jedem Schritt ein Stöhnen ausstieß!

Aber ich hatte mich mental auf die Aufgabe vorbereitet und schleppte mich weiter, immer noch niedergedrückt von einer seltsamen und geheimnisvollen Kraft, die jedem Kieselstein die Größe des Felsens gab und jede Senke zu einem gähnenden Abgrund verbreiterte, an dessen Rand ich in ekelerregender Furcht innehielt, in einen schwarzen Abgrund zu stürzen. Und doch, oh Freude! allmählich verblassten die Bilder vor meinen Augen, die geheimnisvolle Kraft löste ihren Zauber aus meinem Gehirn. Ich fühlte mich mehr wie ich selbst.

Ich sah klarer. Mein Schritt wurde fester. Jetzt, endlich, dachte ich, alles läuft gut!

Da plötzlich blitzte ein langer, blaugrauer Lichtstreifen über den Köpfen der Hügel am weit entfernten östlichen Himmel auf. Es war das Signal des Morgens!

Wieder sank ich mit einem Stöhnen auf die Knie, fing mich auf, erhob mich halb benommen, schleppte mich wieder weiter, langsam, langsam, jeder Schritt rüttelte an meinem erhitzten Gehirn wie ein Hammerschlag; doch weiter, immer weiter!

Ein schrecklicher Griff wie von einer riesigen Handfläche aus Eisen und Fingern aus Stahl setzte sich auf meine Innereien. Der Gedanke, dass meine Feinde schon jetzt von meiner Flucht wussten, dass die Phantom-Windfresser, bewaffnet mit ihren Netzen und Knüppeln, aus den Straßen des Dorfes von Häuptling Ztwish-Ztwish flogen, mit dem Auftrag, mich lebendig in einen schlimmeren Tod als den Tod selbst zurückzubringen oder mich zu töten, weil ich den Glauben gebrochen und das Gesicht der Ehrlichkeit über meinen Betrug und meine Täuschung gesetzt hatte, schien meine Glieder zu lähmen und mir die wenige Kraft zu rauben, die mir noch geblieben war.

Immer weiter und immer weiter kämpfte ich mich voran, wie einer, dem der Wein zu Kopfe gestiegen war. Schnell! ah, zu schnell verlängerte und verbreiterte sich der Streifen der grauen Morgendämmerung, und die Kugel des Tages schoss durch die morgendlichen Schatten hoch, ein Bote des Lichts hier und da, jetzt schwach und unruhig, jetzt stärker und weiter reichend.

Ich sah sie, ja, ich fühlte sie, denn in meiner Furcht vor ihnen schienen sie auf mich zuzufliegen und meine halb geschlossenen Augen zu treffen, als ob sie an die Fenster meiner Seele klopften und mich aufrüttelten, mich aus der Gefahr des Todes zu befreien.

Für einen kurzen Augenblick hielt ich inne, als erwartete ich, dass eine liebe, vertraute Stimme in meinen Ohren erklingen würde.

Sie erklang.

Es war die sanfte Baronin, meine Mutter! Sanft, sanft, süß, schwebte diese vertraute Stimme in der Morgenluft und rief mir Mut zu, rief mich beim Namen, wie in den Tagen meiner Kindheit, und sagte: "Mein Baby! Mein Junge! Mein Sohn! Mein Liebling! Wach auf! Mach weiter! Dränge schnell vorwärts!" Und so fasste ich neuen Mut.

Die ängstliche Klammer an meiner Brust lockerte ihren Halt.

Ich spürte, wie meine Kraft zurückkehrte. Aber, oh, so langsam, so schrecklich langsam! Trotzdem kam sie endlich wieder zurück! Ich konnte fühlen, wie meine Füße leichter wurden. Mit gehöriger Anstrengung beschleunigte ich mein Tempo fast bis zu einem Lauf.

Weiter, weiter, schneller, jeder Augenblick gab mir neue Kraft, jede Bewegung schickte das warme Blut prickelnd an die Enden meiner Finger.

Der Bann war gebrochen! Ich war wieder ich selbst!

Schneller und schneller wurde mein Tempo, bis ich wie in alten Zeiten dahinflog, als ich mit Leichtigkeit alle Verfolger weit hinter mir ließ!

Ich dachte, ich könnte fast das Plätschern der Wellen auf dem schneeweißen Sand des schönen Hafens hören, in dem mein gutes Schiff lag.

Weiter und immer weiter flitzte ich mit einer neuen und geheimnisvollen Kraft. Ich war verblüfft über meine eigenen Taten. Ich hatte fast Angst, so schnell war ich auf dem Weg, damit nicht wieder irgendein Dämon der Luft meine Gliedmaßen berührte und meinen Kurs änderte.

Aber horcht! Habt Ihr dieses tiefe Grollen gehört?

Der Himmel ist klar. Es kann nicht die Stimme des Sturmdämons gewesen sein.

Ha! Schon wieder, tiefer und klarer als zuvor, dieses heisere, tiefe, murmelnde Rumpeln, halb Gebrüll, halb Knurren, das auf den Flügeln der erwachten Brise daherkommt.

Verloren! Verloren! Verloren! Verloren!

Es ist der Schrei der Verfolger, es ist die Stimme des Feindes!

Diese Kinder der Lüfte sind mir auf der Spur. Sie folgen mir mit Sprungkraft und Leichtigkeit. Wie konnte ich Wahnsinniger denken, ihnen entkommen zu können! Lasst mich anhalten und wie ein Mann sterben! Seht nur, wie sie über die Ebene fliegen!

Schnell und geräuschlos sind ihre Schritte, Phantome, die sie sind!

Ich bleibe stehen. Ich drehe mich und greife nach meiner Schusswaffe. Doch zu spät! Eine Unzahl verwickelter Netze umgibt mich! Je mehr ich mich bemühe, um so mehr verstricke ich mich darin, Arme, Hände, Beine, Füße sind in erbärmlicher Verwirrung verdreht.

Ich schaukle, falle, drehe mich um, immer und immer fester eingewickelt in dieses schreckliche Gewirr!

Und jetzt kommt ein Hagel scharfer, stechender Schläge auf meinen wehrlosen Körper nieder. Tiefe, rumpelnde Schreie erfüllen die Luft und halten auf wilde Art und Weise den Takt mit den Schauern von Schlägen, die auf mein Gesicht, meinen Kopf und meine Hände regnen.

Während sie weitermachen, scheinen sie an Stärke zuzunehmen.

Der anfangs erträgliche Schmerz wird nun unerträglich.

Das Licht geht mir aus den Augen, die unter dem grausamen Gewitter verschlossen und geschwollen sind.

Tausend Klingelgeräusche dringen in meine Ohren.

Mein Gehirn taumelt - ich werde sterben -

Wenn, dann höre wieder!

Sie können es nicht hören! Ihre Ohren würden es nicht merken! Aber meine schon! Meine schon!

Es ist das Bellen von Bulger und ich bin gerettet! Schneller und schneller schlagen die Windfresser ihre Keulen.

Ich höre nicht auf sie. Ich spüre sie jetzt nicht mehr, denn immer näher und näher kommt diese fröhliche Melodie.

Hier ist sie!

Ich bin wieder stark. Ich stehe halb auf - meine Lippen bewegen sich - ich spreche - ich schreie: "Schnell, guter Bulger, oder alles ist verloren!" Ein einziger Blick auf die schreckliche Notlage seines kleinen Herrn sagt ihm alles. Mit einem wütenden Heulen, seine dunklen Augen schießen Flammen, wirft er sich den Windfressern an die Fersen. Seine scharfen Zähne durchbohren sie wie Nadeln!

Knacks!

Immer wieder schlägt er seine Reißzähne durch die Haut eines Windfressers.

Knacks! Knacks!

Ihre Keulen hören auf zu schwingen. Ein Entsetzensschrei erhebt sich, als der gute Bulger zum vierten Mal mit seinen Zähnen die Ferse eines Windfressers durchbohrt und seinen Körper mit einer lauten Klage in der Luft verschwinden lässt.

Sie drehen sich um; sie lösen sich in wilder Bestürzung auf; sie fliehen um ihr Leben, werfen ihre Keulen weg und lassen ihr Opfer im Stich. Ich kann nichts mehr sehen.

Mir wird schwarz vor Augen, ein Schwindelgefühl erfasst

mich. Ich versuche, meine Hände zu befreien, um meinen geliebten Bulger zu berühren, denn der Tod, so denke ich, ist gekommen!

Als ich wieder zu mir kam, leckte Bulger meine Hände und mein Gesicht und jammerte erbärmlich. Er hatte das Netz von den Gliedmaßen seines kleinen Herrn abgenagt.

Mit einem Freudenschrei und einer Flut von Tränen ergriff ich dieses treue, liebende Geschöpf und drückte es an meine Brust.

In diesem Augenblick schwebten ferne Rufe über die Hügel. Sie kamen von meinem Segelmeister und seiner Hilfsgruppe.

Ich konnte nicht antworten. Aber Bulger hob den Kopf und schickte ein paar scharfe Beller aus, um ihnen zu sagen, wo wir waren.

In einer kurzen halben Stunde waren sie an meiner Seite.

Nachdem mein geprelltes Gesicht und meine Hände in kühlem Wasser gebadet worden waren und ich ein paar Schlucke Wein getrunken hatte, fühlte ich mich stark genug, um auf die Beine zu kommen und mich langsam vorwärts zu bewegen.

Zeichnung 16: So sah ich am Tag nach meiner Rettung durch Bulger aus.

Bulger ging stolz an meiner Seite und hielt immer wieder inne, um mir ins Gesicht zu schauen und zu fragen:

"Wie geht es dir, kleiner Meister?" Wieder an Bord des Schiffes, gestärkt durch gutes Essen und aufgemuntert durch den Komfort meiner Kabine, dauerte es nicht lange, bis ich meine Gesundheit wieder erlangte.

Nach einer Woche Ruhe gab ich den Befehl, den Anker zu lichten und unser gutes Schiff Kurs nach Norden nehmen zu lassen, denn ich war gespannt, sehr gespannt darauf, den älteren Baron und die sanfte Baronin, meine Mutter, wieder zu sehen und ihnen alles über die wunderbaren Dinge zu erzählen, die ich erlebt hatte.

KAPITEL VI.

Wie der ältere Baron und die Baronin Bulger und mich bei unserer Rückkehr von unserer ersten Reise empfingen. Ich werde vom Kaiser mit dem großen Kreuz der Purpurnen Gürtel geschmückt. Der ältere Baron überreicht mir ein Exemplar einer alten römischen Zeitung. Ich lese von der Ermordung der schönen Paula und der Verbannung der Sieben Bildhauer durch Cæsar auf eine weit entfernte Insel in den südlichen Meeren. Ich beschließe, mich auf die Suche nach der Insel zu machen. Meine Abreise. Ärger mit der Besatzung. Mein Segelmeister verliert den Verstand. Ich höre den Schrei: Land in Sicht! Es ist die Insel der Bildhauer. Beschreibung der Bildhauerinsel. Ich gehe an Land. Paulas Statue. Abenteuer auf der Insel. Bulger macht eine wunderbare Entdeckung. Etwas über die seltsamen Menschen, die die Insel bewohnen. Ihre Gewohnheiten, ihre Vergnügungen, ihre Charaktere. Ich werde von einer beunruhigenden Melancholie überwältigt. Meine schreckliche Furcht bei dem Gedanken, zu den Bewohnern der Bildhauerinsel zu gehören. Ich erfahre von der Existenz des Antonius. Ich suche ihn. Vergebliche Mühe, seine Hand zu ergreifen. Unser Gespräch. Die seltsame und bewegende Geschichte der Sieben Bildhauer und ihrer Nachkommen. Wie sie in die Zeitlupengänger verwandelt wurden. Bulger und ich schlagen vor, die Insel zu verlassen. Außergewöhnliche Führung einer Büste des großen Cæsar. Unser Abschied von den Zeitlupengängern. Ihr Adieu. Unser gutes Schiff segelt davon.

Zeichnung 17: Die Schöne Paula.

Bei meiner Rückkehr von meiner ersten Reise in ferne Länder trafen der ältere Baron und seine treue Gattin, meine geliebte Mutter, gefolgt von allen Gefolgsleuten des Hauses Bulger und mich am Außentor und empfingen uns mit jener wilden und ausgelassenen Freude, zu der nur deutsche Herzen fähig sind.

Der ältere Baron warf seine Arme um meinen Hals und hob mich, vergessend, dass ich nur halb so groß war wie er, in der unvernünftigen Freude eines Vaterherzens vom Boden hoch und erdrosselte mich fast.

Ich trat heftig, aber die weichen Filzsohlen meiner orientalischen Schuhe hinderten mich daran, ihm zu verstehen zu geben, dass er mich schnell zu Tode würgte.

Endlich bemerkte meine nachdenkliche Mutter, dass mir schwarz im Gesicht wurde, und als sie meine Beine festhielt, zog sie mich aus der gefährlichen Umarmung heraus, in die mich der ältere Baron eingeschlossen hatte, allerdings erst, nachdem sich das Nürnberger Ei[1] meines Vaters schmerzhaft in meine hervorstehende Stirn gebohrt hatte, was dem ohnehin schon holprigen Gebiet noch eine weitere Beule hinzufügte. Als er das bemerkte, schickte der ältere Baron einen Diener in seine Wohnung mit dem Befehl, seine Hausapotheke nach einer Flasche mit flüchtigem Einreibemittel zu durchsuchen. In seinem Eifer, das von ihm zugefügte Unheil rückgängig zu machen, goss er mir einen Strom beißender Flüssigkeit in die Augen, was mir großes Leid zufügte. Dieser gerötete und entzündete Zustand meiner Augen wurde jedoch von den Pächtern und Bediensteten auf meine Emotionen beim erneuten Betreten des fürstlichen Saals nach so langer Abwesenheit

---

1 Als Nürnberger Eier wurden früher Taschenuhren mit Federwerk und einer ovalen Form bezeichnet. Nürnberg beherbergte damals die weltweit besten Handwerker und Feinschmiede. Aus Wikipedia.

zurückgeführt.

Ich habe diesen kleinen Unfall überhaupt nicht bedauert, denn obwohl ich gegen diesen vorgefertigten Stil der Emotionen bin, den einige Leute immer bei sich haben, habe ich nichts gegen einen edlen und würdevollen Umgang mit Tränen.

Es erübrigt sich zu sagen, dass jeder einzelne von uns erfreut war, Bulger zu sehen. Sie alle stellten fest, dass er an Größe, Schönheit und Intelligenz zugenommen hatte.

Er nahm all diese Ehrerbietung mit einer Würde entgegen, die bezaubernd anzusehen war.

Um die Menge mit dem gebührenden Sinn für jene Disziplin und Selbstbeherrschung zu beeindrucken, die er sich als ständiger Begleiter und Vertrauter seines Herrn angeeignet hatte, weigerte er sich absolut, die vielen Leckereien und Häppchen zu berühren, die ihm die Tierpfleger anboten, und betrachtete die anderen Hunde in ihrem wahnsinnigen Gerangel um das Futter, das er abgelehnt hatte, mit größter Gleichgültigkeit.

Ich war sehr stolz auf ihn.

In wenigen Tagen hatte sich unter dem fürstlichen Dach alles wieder zu seiner gewohnten Ruhe gefunden. Die Abende verbrachte ich mit Berichten über die vielen wunderbaren Dinge, die ich im Ausland gesehen hatte.

Zu diesen Sitzungen wurden einige der älteren und vertrauteren Hausangestellten zugelassen.

Meine gute Mutter ordnete sie in einem Halbkreis hinter den Stühlen des älteren Barons und seiner Gäste an. Mit Bulger an meiner Seite besetzte ich ein Podium, entweder saß ich neben einem Tisch und zeigte meine Kuriositäten oder stand vor meinen Zuhörern in einer bequemen Position, während ich sie durch meine Erzählung in meinen Bann zog.

Es gab eine Sache, die mich beunruhigte, und zwar diese:

Wie wird der Ältere Baron die Ankündigung meiner Absicht, das Haus wieder einmal für viele Monde zu verlassen, aufnehmen?

Zu meiner großen Überraschung und Freude wartete er nicht einmal darauf, dass ich meine Absichten kundtue.

Als ich eines Tages in meiner Bibliothek saß und über einem sehr seltenen Reisebuch brütete, das ich gerade gekauft hatte, ließ ein leichtes Klopfen an die Tür Bulger den Kopf heben und ein leises Knurren ertönen.

"Herein!", sagte ich.

Es war der ältere Baron.

"Ich störe dich!", begann er.

"Das ist dein gutes Recht, Herr Baron", antwortete ich mit einem freundlichen Lächeln, "nimm doch bitte Platz".

Und indem ich dies sagte, arrangierte ich den Pelz eines sehr schönen und seltenen Tieres, das ich im Ausland erlegt hatte, um dem älteren Baron einen bequemen Platz auf dem Himmelbett zu verschaffen.

"Mein Sohn", sagte der Baron, "ich bin gekommen, um dir dieses kleine Zeichen unseres gnädigen Herrn, des Kaisers, zu bringen.“

Ich blickte hoch.

Er hielt in seiner Hand die Insignien des Großkreuzes des Purpurnen Gürtels.

Ich legte den Tand auf den Tisch.

"Kleiner Baron", fuhr mein Vater fort, "ich bin sehr zufrieden mit dir."

Ich machte eine tiefe Verbeugung.

"Deine wunderbaren Abenteuer sind in allen Mündern. Du hast den Familiennamen in neuem Glanz erstrahlen lassen, und ich komme, um dich aus deiner scheinbaren Trägheit zu erwecken. Du musst aufstehen und handeln. Du musst diese Trägheit abschütteln, die von Stunde zu Stunde mehr Macht über dich gewinnt. Neue Triumphe warten auf dich. Ziehe noch einmal hinaus. Wende dich ab von den ausgetretenen Pfaden. Suche das Wunderbare und Herrliche. Doch bevor du aufbrichst, denke über den Inhalt dieser Pergamentrolle nach. Vor vielen Jahren, als der Abfall der Manneskraft zum ersten Mal über meine Wange kam, und noch bevor die Lasten des Lebens schwer auf meiner Seele lasteten, fand ich sie in den feuchten und ungesunden Gewölben eines alten römischen Klosters, dessen Mönche vor den ekelhaften und schädlichen Ausdünstungen eines immer weiter vordringenden Sumpfes geflohen waren. Dieses Pergament möge deine Schritte hin zu etwas Seltsamem und Interessantem lenken!"

Die Freude über die Worte meines Vaters und meine Entschlossenheit, den Inhalt der Pergamentrolle zu erfahren, verbarg ich nur schwer und erwiderte den Gruß des älteren Barons mit großem Respekt, woraufhin er sich zurück zog.

Ich brauche den Leser nicht der fast atemlosen Aufregung zu versichern, mit der ich den Bericht entrollte.

Er war in lateinischer Sprache und das Werk eines Schreibers.

Die Tinte war etwas verblasst, aber selbst an Stellen, an denen sie ganz verschwunden war, konnte ich mit Hilfe einer starken Linse die Worte durch die mit der Spitze einer Rohrfeder in das Pergament geritzten Linien leicht herauslesen.

Es war eine Kopie einer alten römischen Zeitung oder Acta Diurna[2] und trug ein Datum, das unserem fünfundvierzigs-

2 Unter dem Namen Acta diurna (Plural von actum diurnum) (lat. für „Tagesgeschehen“) führte der römische Konsul Gaius Julius Caesar ein tägliches Nachrichtenbulletin ein, gleichsam eine Vorform der Zeitung, die von 59 v. Chr. bis mindestens 235 n. Chr. (wahrscheinlich nicht immer täglich) erschien. Die acta berichteten über die Verhandlungen in den öffentlichen

ten Jahr vor der heutigen Zeit entsprach.

Cæsar war auf dem Höhepunkt seiner Macht.

Es herrschte Frieden, die Künste blühten auf. Rom, das Zentrum der Welt, war die Heimat eines Ruhmes und einer Pracht, die weit über alles hinausgingen, was die Augen der Menschen bisher erblickt hatten.

Der Inhalt dieses Exemplars der Acta Diurna bestand zum großen Teil aus detaillierten Berichten über einen berühmten, gerade in Rom abgeschlossenen Prozess, in dem sieben namhafte Bildhauer für schuldig befunden worden waren, eine schöne Magd namens Paula vergiftet zu haben, nachdem sie jeweils eine Statue von ihr vollendet hatten, damit kein anderer Bildhauer sie jemals für denselben Zweck verwenden konnte.

Die Richter hatten das Todesurteil über sie verhängt, aber in Anbetracht ihrer großartigen Verdienste um die Verschönerung der Kaiserstadt hatte Cæsar ihre Strafe vom Tod in lebenslanges Exil geändert.

Die sieben Bildhauer waren in einer kaiserlichen Galeere auf eine weit entfernte Insel in der Südsee transportiert worden. Wie aus dieser Kopie der Acta Diurna hervorgeht, war dies das am weitesten entfernte Stück Land des Römischen Reiches, das im Süden lag:

"Ad insulam remotissimam imperii romani medianorum".

Als zusätzlicher Akt der kaiserlichen Gnade war den Frauen und Kindern der verurteilten Bildhauer gnädigerweise die Erlaubnis erteilt worden, ihren Ehemännern und Vätern in ihr schreckliches Exil zu folgen.

Als ich alle Einzelheiten dieses seltsamen Verbrechens und seiner schrecklichen Folgen zu Ende gelesen hatte, stellte

---

Körperschaften und waren zunächst rein nachrichtlich gehalten. Später wurden sie unter Kaiser Augustus auch zum Sprachrohr für Propaganda. Auch soft news wie Gesellschaftsklatsch, sensationelle Ereignisse oder Kriminalitätsberichterstattung waren enthalten. Aus Wikipedia.

ich fest, dass mein Blut mit wahnsinniger Gewalt durch meine Adern floss. Ich ging mit einem so schnellen und nervösen Schritt und mit einer Erregung, die in meinen Blicken so deutlich sichtbar war, über den Hallenboden, dass mich erst das ängstliche Wimmern von Bulger, der mir dicht auf den Fersen durch den Raum folgte, aus meiner Träumerei erweckte.

Warum nicht auf die Suche nach dieser weit entfernten Insel gehen, auf die diese sieben Bildhauer und ihre Familien auf Befehl des großen Cæsar gebracht worden waren?

Möglicherweise lebt auf dieser weit entfernten Insel eine Rasse von Wesen, die die Welt vergessen und von ihr vergessen worden sind und die mich mit ihren seltsamen Gewohnheiten und Bräuchen so sehr interessieren, dass sie mich für all die Gefahren entschädigen, die ich eingehe, wenn ich unbekannte Meere überquere und mich von den Seewegen abwende.

Könnte es sein, dass ihre Nachkommen noch am Leben sind?

Dieser Gedanke nahm nun von meinem ganzen Wesen Besitz.

Schlaf war unmöglich.

Bis tief in die Nacht grübelte ich über alte Karten.

Während tiefste Stille die fürstlichen Säle umhüllte, arbeitete ich in meinem Geist den Kurs aus, den ich einschlagen sollte, oder besser gesagt, ließ meinen Geist ihn ausarbeiten.

Denn es war immer ein Brauch von mir, nie zu versuchen, das Unauflösbare zu lösen. Tatsächlich machte ich schon früh die Entdeckung, dass jede Einmischung meinerseits in die geheimnisvolle Funktionsweise meines Geistes eher dazu neigte, seine Tätigkeit zu behindern.

Also wartete ich ruhig auf die Erleuchtung.

Endlich kam sie.

Als ich meine Augen schloss, konnte ich mit meinem inneren Auge eine Karte der östlichen Welt sehen, die in glühenden, schimmernden Linien auf einem tintenbefleckten Hintergrund gezeichnet war.

Und auch dort konnte ich sehen, dass mein Kurs mit gepunkteten Linien markiert war.

Mit einem lauten, klingenden Freudenschrei sprang ich auf und rief aus: "Ich werde diese wunderbare Insel finden! Ich werde die Pforten der südlichen Meere erschließen! Ich werde auf die Nachkommen von Paulas Mördern blicken!“

"Komm, Bulger! Komm, Bulger! Komm, Bulger! Weg hier!"

Eilends verabschiedete ich mich von meinen Eltern, schwang mich in den Sattel und raste mit Bulger, der sicher an der Kruppe angeschnallt war, wie verrückt in Richtung Mittelmeerufer.

"Der verrückte Sohn des Barons ist wieder unterwegs", riefen die Bauern, als ich an ihren Bauernhäusern vorbei galoppierte.

Nach drei Tagen stand ich auf dem Deck meines Schiffes.

Meinen Befehlen gehorchend, ruhte die Hand des Kapitäns buchstäblich auf dem Ruder.

Den ganzen Tag hatte er mit auf das Ufer fixierten Augen am Ufer gestanden, denn etwas hatte ihm gesagt, dass ich nicht weit weg sein konnte.

Alles war bereit, sogar bis zum letzten Zwieback.

Als Bulger und ich über die Reling sprangen, drehte sich mein gutes Schiff in den Wind und huschte davon wie ein Lebewesen.

Das Blut kribbelte in meinen Adern beim Anblick der blauen Wellen und der weiß bauchigen Segel.

Bulger ließ seiner Genugtuung in wahnsinnigen Sprüngen und ohrenbetäubendem Bellen freien Lauf.

Es war sicherlich ein verheißungsvoller Anfang.

Der Schiffsführer überließ das Kommando dem Matrosen und begleitete mich in die Kabine, wo ich ihm mein Vorhaben, auf der Suche nach einer längst vergessenen Insel in den südlichen Meeren zu segeln, vortrug.

Er beeilte sich, seine Karte auszurollen und seine Brille zurechtzurücken, um die Lage der Insel zu bestimmen, wenn ich ihm den Längen- und Breitengrad angeben würde.

Man stelle sich vor, wie bestürzt er war, als ich ihm sagte, dass der einzige Beweis für die Existenz einer solchen Insel, den ich hatte, die kurze Erwähnung in der antiken römischen Zeitung war.

War ich verrückt?

Lag mir das Leben nicht mehr am Herzen, als dass ich es bei einem so tollkühnen Unterfangen wegwerfen wollte?

Hatte ich keine Ahnung von der Wut des schrecklichen Taifuns, von der Tücke des verborgenen Riffs, vom Gewicht der Wasserberge, die auf unserem Deck zusammenbrechen würden?

Konnte ich erwarten, dass die Seeleute dorthin fahren würden, wo es keine Aufzeichnungen darüber gibt, dass die abenteuerlustigsten Seeleute der vergangenen Jahrhunderte jemals das Wasser gepflügt haben?

Ich lächelte.

"Herr", sagte ich nach einer Schweigeminute, "dieses Schiff gehört mir, und Du hast geschworen, mir wie ein echter Seemann zu dienen, aber wenn Dein Mut versagt hat, sollst Du im ersten Hafen, den wir anlaufen, an Land gesetzt werden. Geht!"

"Nein, kleiner Baron", rief der Kapitän, "ich wollte nur deine Entschlossenheit testen. Wenn du den Mut hast, in unbekannte Meere zu segeln, habe ich den Mut, dir zu folgen, kommen heller Himmel und ruhiges Wasser oder kommen Sturmwolken und Donnerschlag!

Zeichnung 18: Die Nereïden von Gaston Bussière 1902

Ich schüttelte dem alten Mann die Hand und forderte ihn auf, an Deck zu gehen, denn endlich hatte ich zum ersten Mal seit drei ganzen Wochen wieder Schlaf in meinen wachen Augen und wollte allein sein.

In wenigen Tagen passierten wir die Straße von Gibraltar und wandten uns nach Süden, wobei wir den afrikanischen Kontinent im Auge behielten.

Ich verbrachte meine Zeit damit, mich in der lateinischen Sprache zu vervollkommnen, und rief oft sehr heftige Proteste von Bulger hervor, indem ich ihn in dieser Sprache ansprach und ihn als eine Art Zuhörer benutzte, vor dem ich meine Reden hielt, nachdem ich sie abgerundet und poliert hatte.

Die einzigen Stopps, die wir jetzt einlegten, waren für Wasser und Proviant.

Bei Tageslicht und bei Sternenlicht fuhr mein standhaftes Schiff auf seinem Kurs weiter, als ob einige freundliche Nereiden[3] an sein Heck drängten. In der langen Nachtwa-

3 Nereïden (griechisch Νηρεΐδες) sind in der griechischen Mythologie die 50 Töchter des Nereus und der Doris. Bei Platon hingegen taucht als Anzahl 100 auf, mit der Einschränkung, dass die Anzahl als vermutet bezeichnet wird. Sie sind Nymphen des Meeres, die Schiffbrüchige beschützen und Seeleute

che lag ich in meiner Hängematte und stellte mir diese römische Galeere vor, wie sie diese sieben Exilanten mit ihren Angehörigen für immer aus ihrem geliebten Land wegtrug.

Ehe ein weiterer Mond seine Sichel in den Abendhimmel gebogen hatte, hatten wir das Kap erreicht und gingen mit der Absicht vor Anker, unser Schiff gründlichst zu überholen, bevor wir weiter nach Süden fuhren.

Dies nahm mehrere Tage in Anspruch.

Ich ärgerte mich über die Verzögerung.

Zehn Mal am Tag rief ich den Schiffsführer in meine Kabine und drängte ihn zu größerer Eile. Er ertrug es geduldig mit mir. Mein Herz machte einen Sprung, als ich endlich hörte, wie der Kapitän der Mannschaft befahl, die Segel zu setzen.

Die Seeleute sangen und zerrten an den Großschoten, als ich das Deck betrat.

"In welche Richtung geht es, kleiner Baron?", fragte der Kapitän und hob die Hand an seine Mütze.

"Direkt nach Süden!" antwortete ich.

Er stand wie versteinert da.

Er hatte gedacht, dass wir das Kap umrunden und dem üblichen Kurs nach Indien folgen würden.

Seine Lippen bewegten sich, als wollten sie protestieren.

Ich wies ihn jedoch mit einem herrischen Winken der Hand zurecht.

Mehrere Matrosen, die die Blässe bemerkten, die sich über das Gesicht des Kapitäns gelegt hatte, kamen näher und sahen uns halb verwundert, halb neugierig an.

---

mit Spielen unterhalten. Sie wohnen in Höhlen am Grund des Meeres und sind Begleiterinnen des Gottes Poseidon. Auf vielen altgriechischen Darstellungen reiten die Nereïden auf dem Rücken von Delfinen oder Hippokampen. Aus Wikipedia

"Kapitän", sagte ich ruhig, aber ziemlich laut genug, um von den Männern, die in einer Gruppe in der Nähe standen, belauscht zu werden, "meine Pistolen wurden vom Waffenschmied des Kaisers hergestellt. Sie verfehlen nie das Ziel. Wenn Sie den Kurs dieses Schiffes auch nur um einen einzigen Punkt östlich oder westlich von Süden ändern, werde ich Sie auf der Stelle töten!

Nachdem ich das gesagt hatte, ging ich weg.

Von diesem Moment an ging alles gut.

Der Kapitän des Schiffes sah, dass ich entschlossen war, meinen Willen durchzusetzen, auch wenn ich dabei mein Leben verlor, und er gab nach.

Ich drehte mich zu der Gruppe von Matrosen um und rief:

"Tausend Dukaten für den Mann, der zuerst Land sichtet!"

Ein herzlicher Jubel erfüllte die Luft, und als ich Bulger rief, mir zu folgen, ging ich hinunter, um nachzudenken.

In dieser Nacht traf ich nicht nur die Vorsichtsmaßnahme, eine Laterne aufzuhängen, so dass ich jederzeit in meiner Hängematte liegen und einen Schiffskompass sehen konnte, sondern ich befahl meinem treuen Bulger, mit dem Rücken zur Tür zu schlafen, damit ihn die geringste Erschütterung wecken würde, aus Angst vor einem möglichen Verrat.

Nacht für Nacht wurden diese Vorsichtsmaßnahmen strengstens befolgt. Auch tagsüber trug ich meine Pistolen immer in meinem Gürtel.

Bulger spürte die Gefahr, in der ich mich befand, und er gab mir durch seine Wachsamkeit den Vorteil von Augen am Hinterkopf.

Sein leises Knurren warnte mich vor der Annäherung des Kapitäns oder eines der Besatzungsmitglieder.

So geschützt und bewacht fühlte ich, dass außer einer allgemeinen Meuterei nichts zu befürchten war. Und ich wusste, dass dies fast unmöglich war, denn ein Teil der Besatzung war mir zu ergeben, um auf verräterische Vorschläge zu hören. Sie hätten den Kapitän kaltblütig erschlagen, wenn er es gewagt hätte, das Wort Meuterei auszusprechen!

Etwa zehn Tage lang lief alles sehr gut, als ich sah, dass im Kopf des Kapitäns ein schrecklicher Kampf im Gange war.

Ich begann zu befürchten, dass er den Verstand verlieren und sich ins Meer stürzen könnte.

Sein Gesicht nahm eine gelb-grünliche Färbung an.

Er lag buchstäblich im Sterben vor Angst.

Eines Morgens warf er sich vor mir auf die Knie und flehte mich mit tränenbefleckten Wangen an, wieder an die afrikanische Küste zurückzukehren.

Ich tat alles, was ich konnte, um ihn zum Schweigen zu bringen, aber vergeblich.

Seine Vernunft gab langsam aber sicher nach.

Ich rief den Maat zu mir und übertrug ihm das Kommando über das Schiff und wies ihn an, den Kapitän in seiner Kabine einzusperren und eine Wache zu postieren.

Es traf mich tief ins Herz, dass ich dazu verpflichtet war, denn der arme Kerl bettelte wie ein Hund darum, dass man ihm das Kommando über sein Schiff überließ.

Aber ich war taub für seine Bitten.

Ich fühlte, dass nun alle Schwierigkeiten ein Ende hatten.

Der Wind wehte mit fünfzehn Knoten pro Stunde.

Jeder Stich des Segels war gesetzt worden.

Wir sprangen ziemlich aus dem Wasser wie ein Ding des Lebens, halb fliegend, halb schwimmend.

Immer wieder warf ich einen Blick auf den Kompass.

Die Nadel zeigte genau nach Süden.

Meine Wangen kribbelten und ich spürte, wie warmes Blut durch jede Vene meines Körpers floss.

Der Mond ging auf wie ein Schild aus poliertem Gold. Das Meer glitzerte wie flüssiges Feuer. Gleich darauf sprang ein Tümmler in die Luft und ließ tausend Wellen kreisen, als er wieder ins Wasser tauchte.

Unser gutes Schiff spaltete den gläsernen Schoß des Meeres wie ein riesiges schwarzes Ungeheuer der Tiefe und hinterließ in seinem Kielwasser eine Feuerspur, so weit das Auge reichte.

Gegen Mitternacht ging ich zur Ruhe.

Aber weder Ruhe noch Schlaf war möglich.

Halb entkleidet warf ich mich in meine Hängematte, und Bulger nahm seinen gewohnten Platz an der Tür ein.

Die Laterne war nicht stark genug, um das Licht des Vollmondes zu überwinden. Sie strömte in seltsamen, fantastischen Strahlen durch die Bullaugen und füllte meine Kabine mit seltsamen und geheimnisvollen Formen.

Es waren sieben!

Ihre Gesichter und Figuren waren gottgleich, so weiß, so schön waren sie.

Es lag eine unbeschreibliche Traurigkeit in ihren vollen, dunklen Augen.

Sie sprachen kein Wort.

Plötzlich teilte sich die Vertäfelung der Kabinendecke und enthüllte eine Treppe, die in schummriges, unsicheres Licht gehüllt war.

Über diese Stufen kam ein höchst gütiges Wesen, so weiß und schön und lieblich, dass ich mit angehaltenem Atem blickte.

Runter, runter kam es, näher und näher.

Sie brauchte nur Flügel, um ein Engel zu sein!

Aber, oh! ihr schönes Gesicht war so voller Kummer!

Ihre Lippen waren gespreizt, ihr langes schwarzes Haar fiel in verwirrten Locken auf ihre Schultern.

Sie betrat die Kabine. Und dann, mit einem schnellen, entsetzten Blick, fiel ihr Blick auf die sieben gebeugten Gestalten.

"Paula!" riefen sie und zogen ihre weißen Gewänder über die Köpfe.

"Land in Sicht! Land in Sicht!"

Was! Konnte ich meinen Ohren trauen?

"Land in Sicht! Land in Sicht!"

Ich sprang mit einem Satz aus meiner Hängematte und eilte an Deck.

Ja, es war wahr! Dort, eine halbe Meile vor uns, bot sich mir ein Anblick, der mich wie der Hieb eines Knüppels betäubte.

Land war es, aber nicht das Land, das ich in meinen kühnsten Träumen zu finden gehofft hatte.

Zehntausend Lichter schimmerten an diesem geheimnisvollen Ufer und erhellten die Vorderseite eines römischen Tempels weißer als Milch. Eine Marmortreppe desselben Farbtons führte bis hinunter zum Wasser.

Ein Opfer war im Gange.

Von der höchsten Terrasse krümmte sich eine schwarze Rauchsäule langsam nach oben.

Kein Ton erreichte mein Ohr.

Ich war fast meiner Sinne beraubt.

Endlich kehrte meine Sprachfähigkeit zurück. Ich ließ den Anker werfen und klammerte mich an die Segel meines guten Schiffes, blickte lange und freudig auf die bezaubernde Szene.

Das Land erhob sich in natürlichen Terrassen vom Meeresufer aus, und egal, in welche Richtung man blickte, das Auge erhaschte einen Blick auf eine anmutige Statue oder Statuengruppe, die im weißen Mondlicht schimmerte, inmitten des dunklen Laubes, wie weiß gekleidete Figuren, die sich in einem Wald verirrten.

"Das muss es sein!", murmelte ich vor mich hin.

"Ich habe es gefunden! Dieser römische Tempel, diese Marmortreppe, diese Statuengruppen deuten alle auf den glorreichen Erfolg meiner Entdeckungsreise hin. Dies ist die Insel der Bildhauer!"

Wie lange ich dort stand und auf dieses schöne Ufer blickte, weiß ich nicht. Jemand, der sanft an meinem Ärmel zog, weckte mich aus meiner Träumerei.

Es war Bulger.

Ich bückte mich und streichelte für einige Augenblicke seinen Kopf.

Plötzlich erwachte ich mit einem Gefühl großer Müdigkeit, und als ich einen weiteren Blick auf dieses geheimnisvolle Ufer warf, drehte ich mich um und stieg in die Kabine hinab.

Bald darauf fiel ich in einen tiefen Schlaf.

Die schreckliche Anspannung meiner Nerven seit dem Verlassen des Kaps, verursacht durch die halbe Meuterei der Besatzung, den Wahnsinn des Schiffskapitäns und die langen Wachen, durch die ich gelegen und dem Wehklagen der Brandung gelauscht hatte, hatten endlich auf mich gewirkt.

Die Sonne stand mehrere Stunden hoch, als ich aus meiner Hängematte sprang und an Deck eilte.

Könnte das alles nur ein Traum gewesen sein? Sollte ich den edlen Tempel, die Marmortreppe und all die hoch aufragenden Statuen finden, die sich in Luft aufgelöst hatten?

Doch nein!

Das schöne Ufer war immer noch da, vor meinen staunenden Augen entrollt wie ein schönes Bild voller Licht und Anmut und köstlicher Farben.

"Bemannt die Barkasse!" rief ich, und in kürzerer Zeit als

vorgesehen, war ich auf dem Weg zum Ufer der Bildhauerinsel.

Der treue Bulger saß neben mir, seine Augen hell und ausdrucksstark, als er mir ins Gesicht blickte.

Als ich am Fuß der Marmortreppe landete, sprang ich leicht aus der Barkasse, gefolgt von Bulger, und lief die Marmortreppe hinauf.

Es gab drei Treppenstiege, bevor ich die Ebene des Tempels erreichte, von denen aus die Aussicht immer reizvoller wurde. In Wahrheit war es eine herrliche Herangehensweise, etwas zu produzieren, was weit über Kunst und Natur hinausgegangen war. Schließlich schaffte ich die letzte Treppe, und mit klopfendem Herzen überquerte ich den mosaikartigen Hof und hielt vor dem Eingang des Tempels inne.

Die Glut schwelte noch auf dem Altar, um den herum mehrere Priester in weißen Gewändern mit tiefgebeugten Köpfen und abgewandten Gesichtern standen. Da ich nicht gewillt war, in ihr feierliches Amt einzutreten, drehte ich mich um und folgte einem breiten Weg, der mit Marmor gepflastert und von den anmutigsten Bäumen und Weinreben beschattet war.

Bei jedem Schritt fiel mein Blick auf eine Statue von hinreißender Schönheit - jetzt Nymphen, jetzt Göttin, jetzt Jupiter selbst, jetzt der große Cæsar, jetzt die schönen Grazien, jetzt der schreckliche Pluto, jetzt die lächelnde Ceres, jetzt die sichelförmig gekrönte Diana, die für die Jagd eingekleidet ist; jetzt tanzende Satyrn; jetzt der ziegenfüßige Pan; jetzt ein römischer Held oder Staatsmann; und immer und immer wieder kam die Gestalt eines Mädchens, wundersam schön, aber mit einem unaussprechlichen Blick der Traurigkeit auf ihrem schönen Gesicht. So oft traf die gleiche Gestalt auf meinen Blick, dass ich mich endlich ihrem Sockel näherte, in der Hoffnung, eine Erklärung zu finden. Ich stieß einen Freudenschrei aus, als mein Blick auf den Namen der Skulptur fiel.

Es war Paula.

Nun war jeder Zweifel zerstreut.

Ich hatte die Insel der Bildhauer tatsächlich gefunden.

Breite gewundene Pfade, die nach rechts und links führten, lockten nun meine Schritte an. Kein Märchenland könnte schöner sein.

Goldene Früchte glitzerten inmitten der dunkelgrünen Blätter.

Blumen in unzähligen Farbtönen blühten auf allen Seiten und verströmten die zartesten Düfte. Schleppende Reben hingen in anmutigen Girlanden oder schlängelten sich um die Sockel der Statuen und trugen ihre weißen Blüten in die noch weißeren Hände der stillen und reglosen Bewohner dieser einsamen Gegend. Ich sage Einwohner, denn noch hatte mein Auge kein Lebewesen gesehen, außer den um den Altar gruppierten Priestern.

Bin ich an den Ufern einer Insel gelandet, auf der die Natur mit verschwenderischer Hand stattliche Wälder, stille Seen, plätschernde Bäche, mit köstlichen Früchten beladene Bäume, Pflanzen, die ihre blumigen Quasten und Federn in der duftenden Luft wehen lassen, Weinreben, die ihr vielfarbiges Laub von Stock zu Stock ziehen, einen strahlenden Himmel oben, einen mit samtigem Grün bedeckten Boden unten, nur um ihn verlassen, vom Menschen verlassen vorzufinden; ein Ding von Schönheit und doch Einsamkeit, eine bloß polierte und bemalte Hülle, aus der alles Leben für immer verschwunden ist?

Das war der Gedankengang, der mich beschäftigte, als ich durch diese gewundenen, mit Marmor gepflasterten Wege schlenderte, die von einem Blätterdach umschlossen waren, durch das immer wieder das Sonnenlicht hervorbrach, um die Meisterwerke der Kunst des Bildhauers zu erhellen, um deren Sockel Dutzende von blühenden Reben kletterten und rankten, von denen einige in ihren geschwungenen Schößen Beerentrauben trugen, deren Farbton heller als poliertes Gold war, während andere den Passanten Trauben entgegenhielten, die in einem tieferen Purpur als der lydische Farbstoff gefärbt waren.

Als ich meinen Weg durch diesen verzauberten Garten nahm, in dem die schwankenden Lilienstängel ihre duftenden Becher bis zu meinen Wangen hinunter bogen und die Bäume ihre goldenen und purpurroten Früchte zu meinen Füßen fallen ließen, während tief im buschigen Dickicht aus rotblättrigen Sträuchern und seidenbüschelförmigen Kiefern die melancholische Nachtigall ihre flüssige Melodie in langsamem und klagendem Takt trällerte, sehnte sich mein Herz nach dem Klang einer menschlichen Stimme.

"Ich wünschte, dass irgendein Lebewesen", rief ich, "ganz gleich, wie gekrümmt und verdreht in der Gestalt oder wie unharmonisch in der Stimme, hervorkäme, um mir in dieser schönen Einsamkeit zu begegnen".

Ich bemerkte nun, dass mein Weg auf einen sanft abfallenden Hügel führte. Ich beschleunigte mein Tempo, denn ich wollte unbedingt auf einer Anhöhe stehen, um einen besseren Blick auf das umliegende Land zu haben.

Als ich den Gipfel des Hügels erklomm, traf mein Blick auf eine Szene von unbeschreiblicher Schönheit.

So weit das Auge reichte, sah ich unter mir eine Landschaft von so überwältigender Schönheit ausgebreitet, dass ich wie verzaubert innehielt. Man stelle sich ein von bewaldeten Höhen eingeschlossenes Tal vor, durch das ein silbriger Bach ruhig fließt; hier breitet ein Waldriese seine weit ausladenden Glieder aus, und dort zeigt ein Hain von Obstbäumen seine Ladung goldener Schätze im Sonnenlicht; auf dieser Seite leuchten blühende Sträucher weiß wie Elfenbein gegen die dunkle Grasnarbe, auf jener mit nachlaufenden Ranken und beschnittenen Gehölzen hat die Hand des Menschen so manche schattige Laube von phantastischem Umriss gebaut; Dazu kommen Dutzende von Statuen, die in jeder erdenklichen Haltung von Anmut und Schönheit aufgestellt sind - hier eine Gruppe, dort eine einzelne Figur, und weiter zu zweit und zu dritt, stehend, liegend, sitzend, beim Spiel, bei der Meditation, beim Zuhören, Lesen, bei klimpernden Saiteninstrumenten, in der Haltung der Jagd, beim Werfen des Quoit[4] oder beim Aufgreifen von Früchten oder Blumen.

"Ist dies ein Traum?" murmelte ich. "Bin ich nicht der Spaß eines schelmischen Ortsgeistes?"

Aus dieser tiefen Träumerei erregte mich das laute Bellen von Bulger mit erschütternder Heftigkeit.

Ich schaute in die Richtung des Geräusches.

Der arme, törichte Hund spielte um eine der Statuen und amüsierte sich damit, die Echos mit seiner Stimme zu wecken.

Ich war etwas irritiert über die Unterbrechung und rief ihm zu, sein Gekläffe zu beenden.

Es schien mir fast ein Sakrileg zu sein, die tiefe Ruhe dieses schönen Tals zu stören.

Wieder brach das Kläffen aus. Diesmal waren Bulgers seltsame Eskapaden wilder als zuvor.

Er schien ziemlich außer sich zu sein, wie er rund um die Statue, die die eines jungen Mannes war, der nach Früchten oder Blumen griff, herumschwirrte - und in einer Reihe von Gebelle, Knurren und Jammern einer Art von halb Wut, halb Unfug Ausdruck verlieh. Es war in der Tat selten, dass Bulger meine Wünsche nicht berücksichtigte, egal

4 Quoits ist ein traditionelles Wurfringspiel, bei dem Metall-, Seil- oder Gummiringe über eine festgelegte Distanz geworfen werden, um in der Regel über oder in der Nähe eines Spikes (manchmal auch als Hob, Mott oder Pin bezeichnet) zu landen. Der Sport der Quoits umfasst mehrere verschiedene Varianten. Aus Wikipedia.

wie schwach sie geäußert wurden, aber jetzt schien nicht einmal ein bedrohlicher Tonfall die geringste Wirkung auf ihn zu haben.

Er setzte sein wahnsinniges Toben und sein scharfes, wütendes Bellen fort. Entschlossen, ihm seinen Ungehorsam aufs Schärfste vorzuwerfen, ging ich wütend auf ihn zu.

Ich näherte mich ihm.

Ich sah ihn an! Ich sah!

Beim Grabe meiner Vorväter, was ist das? Die Statue hatte weit geöffnete Augen. Die Statue hatte die Röte des Lebens auf ihren Wangen.

Bewegung, Bewegung, auch nur um Haaresbreite, es gab keine! Und doch waren diese hellblauen Augen halb neugierig, halb staunend auf Bulger gerichtet.

Ich rieb mir die Augen und sah noch einmal hin.

Ich machte einen Schritt vorwärts.

Plötzlich überkam mich eine Welle der Furcht wie der Strom eisigen Wassers. Würde der lebende Marmor, während er sich zum Leben erwärmte und von einigen lange aufgestauten Leidenschaften bewegt wurde, die Hand heben und mich tot schlagen?

Als ich mich versammelte, blickte ich auf eine Gruppe von Mädchen, die unter dem Schatten eines Blätterdachs aus gewölbten Zweigen und ineinander verschlungenen Weinreben spielten.

Schneller als es nötig ist, um es zu erzählen, sprang ich nach vorne und richtete meinen Blick auf ihre Gesichter.

Der Tod konnte die menschliche Gestalt in ihrer Haltung nicht bewegungsloser halten als die ihre.

Und doch waren ihre Augen von einem seltsamen Licht erfüllt.

Auf ihren schönen Gesichtern leuchtete der rote Farbton des Lebens, hell und warm!

Wo war ich?

Ein seltsames Gefühl, halb Angst, halb Freude, überkam mich jetzt.

Und doch wagte ich nicht zu sprechen. Meine Stimme wird den Bann brechen, mit dem all diese atmenden Kinder der feurigen Brust der Erde das Leben festhalten, und sie werden ins Nichts entschwinden.

Und nun schienen die Augen der mir am nächsten stehenden Frau - tiefschwarz wie polierte Kohle - voll auf mich gebeugt. Ich konnte, so dachte ich, das Glitzern dieser Ebenholzkugeln sehen, als ob eine Träne über sie gelaufen wäre.

Ihre Hand war ausgestreckt.

Was, wenn ich sie berühre, dachte ich, um zu sehen, ob sie die Wärme des Lebens in sich trägt oder ob sie nicht in Wahrheit ein Ding aus Stein ist, und ich bin der Zeitvertreib eines schelmischen Geistes der Insel.

Ich tue es, wenn ich erschlagen werde wie ein armer Wurm, der, von einer nahenden Flamme gewärmt, ihm entgegen kriecht.

Ich berührte ihre Fingerspitzen!

Oh, wundersames Ding!

Sie waren nicht aus Stein, sondern aus weichstem, wärmstem Fleisch!

Ich taumelte zurück, in der Erwartung, die Gruppe sich in Luft auflösen zu sehen.

Aber nein, sie bewegte sich nicht.

Sie stand so unbeweglich wie zuvor!

Und nun fühlte ich, wie meine Glieder unter mir kräftig wurden.

Ich beschloss zu sprechen, ob es böse oder gut werden würde!

Indem ich meinen Blick auf ihre schönen jungen Gesichter

richtete, entblößte ich sie und sprach sie so an:

"Oh, ihr seltsamen und geheimnisvollen Wesen, nehmt es mir nicht übel, dass ein kühner Sterblicher in eure heilige Ruhe eindringt! Sprecht zu mir! Wenn ihr so wollt, lasst mich meine Füße vom Boden eurer schönen Insel nehmen. Doch bevor ich gehe, sprecht zu mir, lasst mich wissen, ob ihr nicht die Schöpfungen irgendeines Geistes dieser Insel seid, oder ob ihr wirklich lebende, atmende Wesen seid!

Kein Ton kam aus diesen rosigen Lippen, die sich wie beim Sprechen teilten.

Keine Bewegung, kein Zittern, kam, um die marmorartige Pose dieser schönen Figuren zu durchbrechen.

Eine ganze Minute verging.

Es kam mir wie eine Ewigkeit vor.

Ich stand wie gefesselt am Boden, in ängstlicher Spannung.

Die Minuten zogen ihre schweren Körper einer nach dem anderen hinter sich her.

Aber die Freude war unaussprechlich!

Ihre Lippen begannen sich zu bewegen.

Ein Lächeln, anfangs kaum wahrnehmbar, breitet sich langsam, langsam über ihre Gesichter aus.

Das Karminrot ihrer Wangen nimmt einen tieferen Farbton an.

Ihre Augen neigen einen lieblichen und freundlichen Blick auf mich.

Das Wort "wir" fällt sanft auf mein Ohr.

Noch eine Pause!

Ich beuge mich vor, in schmerzlicher Spannung, um die nächste schwache Silbe zu erhaschen.

Endlich ist sie gekommen.

"Leben!"

"Sie leben!" Ich rief mit lauter und freudiger Stimme: "Sie leben! Ich bin nicht der Spaß einer fremden Gottheit. Diese Figuren sind kein kalter und sinnloser Marmor, sondern warmblütige, atmende, denkende, lebende Wesen!"

Ich kann Ihnen nicht sagen, wie sehr ich mich freue, dass diese Entdeckung von meinem geliebten Bulger gemacht wurde. Er sah die schreckliche Ratlosigkeit, die über seinen Meister gekommen war, und eilte zu seiner Rettung; kein finsteres Gesicht, keine bedrohliche Stimme reichten aus, um ihn von seiner Absicht abzubringen, Licht in meinen verdunkelten Geist zu lassen. In meiner tiefen Reue konnte ich mich kaum dazu durchringen, seinen Namen auszusprechen.

Ich fühlte, wie unwürdig ich seiner Liebe war.

Aber er begnadigte mich mit einem mehr edlen als menschlichen Charakter und sprach mir seine Vergebung aus, indem er meine Hände mit Liebkosungen bedeckte und eine Reihe leiser, tiefer Bellestöne von sich gab.

Mit Bulger an meiner Seite mischte ich mich nun unter diese Gefährten aus Fleisch und Blut der Marmorbewohner der Insel, wobei ich in sprachlosem Staunen von einer Gruppe zur anderen überging. Ja, tatsächlich waren sie am Leben, aber nicht mehr als die Blumen, Sträucher, Bäume und Reben, die die schöne Szenerie ausmachten, deren hellste und schönste Zierde sie waren.

Die Reben bewegten sich schneller von Ort zu Ort als sie, die Blumen öffneten ihre Knospen schneller als die Jungfrauen ihre Lippen. Wie schöne Wachsfiguren, die durch das langsame Abspulen eines verborgenen Frühlings bewegt wurden, verbrachten diese lebenden Statuen Stunden, ja Tage damit, aufzustehen oder auf der samtigen Grünfläche zu versinken.

Mehrere Stunden lang beobachtete ich die weiße Hand eines Mädchens, wie sie sich nach vorne streckte, mit einer unmerklichen Bewegung, um einen rotwangigen Pfirsich zu pflücken, der neben ihr hing. Eine ganze Stunde verging, bevor diese zarten Finger um den Pfirsich gelegt wurden, und eine weitere Stunde, bevor der Pfirsich zu ihren Lippen getragen worden war. Dort hielt sie ihn den ganzen Tag lang gedrückt, aber als die Sonne hinter den bewaldeten Hügeln unterging, fiel er aus ihrem gelockerten Griff und rollte mir zu Füßen. Ich bückte mich langsam, denn ich entdeckte bald, dass meine schnellen Bewegungen diese animierten Statuen schmerzten, und hob sie auf. Ich spürte, dass ein Teil des Fruchtfleisches von der üppigen Frucht abgezogen worden war, aber die Schale war kaum gebrochen, so sanft hatte sie sich davon ernährt.

Als ich in diesem Moment ein Lächeln auf dem Gesicht eines der Mädchen sah, drehte ich mich um, um herauszufinden, auf wen sie ihren Blick richtete.

Es war ein gutaussehender Jüngling, der vielleicht 15 Meter entfernt stand und seine Augen strahlend auf das Gesicht des Mädchens richtete.

"Sicherlich", dachte ich, "wird Zuneigung, wie in anderen Ländern auch, ihre Bewegungen beschleunigen; sie werden jetzt etwas schneller aufeinander zugehen".

Aber nein, die lange Dämmerung wich nach und nach den tieferen Schatten; die Nacht kam, der Mond setzte seine glühende Scheibe in den Himmel, und doch war dieser Jüngling nicht nahe genug, um die Hand des Mädchens zu ergreifen, das er liebte.

Seit dem ersten Einbruch der Dämmerung hatte sich langsam ein Lächeln auf den Gesichtern der anderen Jugendlichen und Jungfrauen angesammelt, deren Augen auf die Liebenden gerichtet waren.

In diesem Augenblick fiel ein sanftes "Ha!" auf mein Ohr, und nach einer halben Stunde folgte ein weiteres, lauteres "Ha!", um nach einer noch längeren Pause von einem weiteren "Ha!" gefolgt zu werden. Dieses letzte "ha!" wurde zu einer klaren und klingenden Note verlängert, die mehrere Sekunden dauerte. Dann wurde es immer schwächer und verstummte wie ein verbrauchtes Echo. Ihre Heiterkeit war vorbei.

Als ich mich eines Morgens zwischen diesen lebenden Statuen hindurchschlängelte, begegnete ich einer Gruppe spielender Kinder.

Zuerst konnte ich nicht sehen, dass sie mein Kommen überhaupt bemerkt hatten, aber nach einer Viertelstunde entdeckte ich, dass sich ihre großen, schönen, klaren Augen langsam zu mir drehten, und so beschloss ich, mich in ihrer Nähe hinzusetzen und sie zu beobachten. Stellen Sie sich meine Freude vor, als ich feststellte, dass sich eine zarte, fadenförmige, blühende Ranke um und um den Körper einer kleinen, etwa siebenjährigen, goldhaarigen Mädchens geschlungen hatte, ihren Hals mit den vielen bunten Blättern und Korallenbeeren umgab und sich wie eine Krone aus Gold und Karmesin auf ihre weichen Löckchen wickelte und ihre Blüten und Ranken sanft um Kopf und Schultern fallen ließ.

Als sie mein Erstaunen sah und meine Worte der Freude hörte, setzte sich eine Frau mit mildem Gesicht langsam neben mich, hob langsam ihre Hände und streckte ihre Finger aus, um mir zu verstehen zu geben, dass diese kleinen Cherubim dort auf dem Boden zehn Tage lang gespielt hatten.

"Diese schöne Rebe", dachte ich, "hat sich ihrem Sport angeschlossen. So lebendig sie auch sind, sie ist in Wahrheit eine ihrer Spielkameraden und hat sich liebevoll um das Kind gewickelt, das am nächsten bei ihr sitzt.

Ich sah noch einmal nach. Sieh an! ein Baum, beladen mit köstlichen Nüssen, schwang im Wind und schüttelte sie in den Schoß dieser spielenden Kinder, während auf der anderen Seite eine hohe, anmutige Pflanze mit kelchförmigen Blüten von sonnigem Weiß stand, von denen jede, wie ich bemerkte, mit klarem Wasser gefüllt war, deren Tropfen im Sonnenlicht wie geschliffene Edelsteine funkelten und sanft gegen die Wange eines lächelnden Jungen gebürstet wurden, als ob sie sagen wollten:

"Trink, lieber kleiner Bruder!"

"Wunderbar", rief ich, "diese glücklichen Geschöpfe, diese Bäume und Blumen, diese Früchte und Reben sind alle Kinder derselben Familie. Kein Sturm verdunkelt jemals diesen schönen Himmel. Hier herrscht ewiger Frühling. Bei Tageslicht, Sternen- und Mondlicht fließt ihr Leben sanft dahin wie ein breiter, silbriger Strom, dessen Bewegung zu langsam ist, als dass das menschliche Auge sie wahrnehmen könnte. Mysteriöse Menschen! Wie soll ich das wunderbare Geheimnis Ihrer Existenz ergründen? Wie soll ich die Geschichte eines Volkes lesen, dessen einzige Bücher sprachlose Bäche und stille Haine sind, dessen Zungen die Fähigkeit verloren haben, Gedanken so zu verdeutlichen, dass Monate vergehen könnten und das Geheimnis dennoch ungelöst bleibt!

Nach einem mehrtägigen Aufenthalt bei den "Zeitlupengängern", wie ich sie nennen werde, machte ich eine Entdeckung, die mich sehr beunruhigte.

Ich stellte fest, dass diese geheimnisvolle Stille, dieses seltsame Schicksal, das mich unter Lebewesen warf, mit denen ein Gespräch nahezu unmöglich war, diese völlige Unfähigkeit, die lebenden Statuen von den Marmorstatuen zu unterscheiden, begann, meinen Geist zu beschäftigen.

Bulger bemerkte meine immer größer werdende Melancholie und bemühte sich, mich zu unterhalten und zu trösten.

Ich reagierte aber schlecht auf seine tausendundeine List und seine lächerlichen Possen.

In der Tat spürte ich, daß mein Geist allmählich einem schrecklichen Einfluß nachgab, der die Luft durchdrang und der, sogar von Stunde zu Stunde, so an Kraft gewann, daß ich die Notwendigkeit erkannte, eine übermenschliche Anstrengung zu unternehmen, um mich von der Macht zu lösen, die er bereits über mich erlangt hatte, oder aber selbst zu einer lebenden Statue und einem Bruder für die Formen aus Fleisch und Marmor zu werden, die dieses Wunderland bewohnten.

Ich werde meine Leser nicht mit den kleinsten Einzelheiten des Plans ermüden, den ich mir ausgedacht hatte, um die Gefahr zu beenden, die mich bedrohte, um mich dem lebendigen Tod zu entreißen, den ich bereits über mich kriechend fühlen konnte.

In meiner Verzweiflung beschloss ich, mich an den Ältesten der Zeitlupengänger zu wenden und mich sozusagen auf seine Gnade zu berufen, um ihm von meiner Sehnsucht zu erzählen, dem schrecklichen Schicksal zu entfliehen, das mir drohte, nach Hause zu meinen geliebten Eltern zurückzukehren, die in Trauer zu Grabe gehen würden, wenn ich, ihr einziges Kind, ihr Stolz und ihre Hoffnung, nie wieder kommen sollte, um ihr Greisentum zu erfreuen.

Aber darüber hinaus beschloss ich, wenn möglich, die Geschichte der Insel und ihres geheimnisvollen Volkes kennen zu lernen, und zu diesem Zweck beschloss ich, ihn anzuflehen, mir zu zeigen, wo ich irgendeine Aufzeichnung ihrer Vergangenheit finden könnte, irgendein Buch oder Pergament, damit ich nicht mit dem hirnverbrannten Gedanken belastet durchs Leben gehe, dass ich machtlos gewesen sei, dieses Geheimnis zu lösen - ein Gedanke, der, wenn er meine Tage nicht verkürzen würde, sie mit Sicherheit verbittern würde.

Wie ich bereits erklärt habe, sah ich mich bei dem Versuch, mich mit den Zeitlupengängern zu unterhalten, mit einer doppelten Schwierigkeit konfrontiert. Erstens muss ich, auch wenn ich vor Ungeduld platzen könnte, ein völlig ruhiges und gelassenes Äußeres bewahren, und zweitens, wenn ich nach der langen und ermüdenden Verzögerung an die Reihe komme, um eine Antwort zu übermitteln, darf diese Antwort das Schneckentempo der Rede der Zeitlupengänger nicht überschreiten, sonst trübten sich ihre hellen Augen und sie schienen durch die Schnelligkeit meiner Äußerung völlig gelähmt. Ihre Augenlider sanken langsam nach unten, und sie schienen in einen tiefen Schlummer zu fallen, aus dem es Stunden dauerte, bis sie wieder erregt waren.

In der ersten Morgendämmerung suchte ich den betagten Zeitlupengänger auf, den ich oft in seinem belaubten Tempel beobachtet hatte. Er saß auf einem Marmorgiebel, die Augen auf den stillen Strom gerichtet, der die Wurzeln der Bäume umspülte, deren weit ausladende Äste dazu beitrugen, seine Wohnung zu überdachen.

Den ganzen Tag und die darauf folgende sternenklare Nacht saß ich zu seinen Füßen.

Stellen Sie sich meine völlige Verzweiflung vor, als ich erfuhr, dass es kein Wort oder keine Zeile, kein Blatt oder Pergament gab, was meine ängstliche Furcht beenden könnte. Ich sage ängstlich, denn von Stunde zu Stunde wuchs der Impuls, diesem Leben nutzloser, sinnloser Aktivität ein Ende zu setzen und sich der Schar lebender Statuen anzuschließen, in deren Herzen keine eitlen Reuegefühle kamen, die ihr beschauliches Traumleben verdunkelten.

Am Morgen des zweiten Tages kam mir ein Gedanke in den Sinn. Es war dieser:

Vielleicht wohnt irgendwo auf dieser Insel ein Lebewesen, das im Gegensatz zu seinen Brüdern die Kraft des schnellen Sprechens besitzt und dessen Zunge aus dem einen oder anderen Grund gelockert geblieben ist.

Ich habe so argumentiert: In jedem Land gab es Gegensätze, gute und schlechte, schöne und hässliche, anmutige und unbeholfene, schnelle und langsame. Sicherlich müssen auf dieser Insel solche Gegensätze leben. Es mag zwar eine Ausnahme sein, aber es wäre äußerst schade, wenn es sie nicht gäbe.

Den ganzen Tag verbrachte ich damit, dem alten Zeitlupengänger meinen Gedankengang zu vermitteln.

Es war tief in der Dämmerung, bevor es mir gelungen war, ihm die Frage zu stellen: Ob es auf dieser Insel nicht irgendein Lebewesen gäbe, das auf dieser Insel lebte, dessen Sprechvermögen eher dem meinen ähnelte und zu dem ich in meiner immer größer werdenden Furcht vor der Verwandlung in einen Zeitlupengänger fliehen könnte, um vor mir selbst Zuflucht zu suchen, um die unwiderstehliche Sehnsucht zu stillen, die auf meiner Seele lastete.

Aber die Schattierungen des Abends waren nicht so tief, dass ich den dunkleren Schatten nicht bemerken konnte, der sich auf dem Gesicht des gealterten Zeitlupengängers zu sammeln begann, als ich meine Frage beendet hatte.

Ich war erschrocken.

Die Schläge meines Herzens waren so heftig, dass sie laut, wenn auch gedämpft, über dem Seufzen des Zephyr[5], dem Rascheln der Blätter, dem klagenden Trällern der Nachtigall klangen.

Als dieser Schatten auf dem Gesicht des alten Mannes immer tiefer und tiefer wurde, fühlte ich, dass ich eine uralte Wunde berührt hatte, die zwar längst vergessen war, aber nun wieder neu blutete.

Seine Lippen teilten sich, sein Kopf senkte sich langsam, langsam, ein Seufzer kam heraus, so voller Bedeutung, so wie ein Fabelträger eines lange verborgenen Kummers,

---

5 Zephyr (auch Zephyros „Zephir“ oder Zephyrus, griechisch Ζέφυρος, der vom Berge Kommende) ist einer der Anemoi, eine Windgottheit aus der griechischen Mythologie, die den (milden) Westwind verkörpert. In der Antike wurde Zephyr als Frühlingsbote und „Reifer der Saaten“ verehrt. Aus Wikipedia.

dass ich das Schlimmste befürchtete.

Meine Glieder versteiften sich.

Ich fühlte, wie das Blut in meinen Adern nachließ und wie unsicher seinen Weg tastend weiterfloss.

Ich drückte die Spitzen meiner Finger auf meine Wangen. Sie waren kalt wie polierter Marmor.

Ich versuchte zu sprechen. Die Worte würden nicht kommen.

Endlich machte ich eine heftige Anstrengung.

"Bulger!" flüsterte ich.

Armer Hund, er schlief zu meinen Füßen.

Ich bemühte mich, dem Zauber für einen kurzen Moment zu entkommen, damit ich mich bücken und meinem treuen Freund eine Abschiedsliebkosung geben konnte.

Pst!

Der Zeitlupengänger sprach.

"Sohn!"

Ich wurde gerettet!

Er hatte mir etwas zu sagen.

Der Zauber war gebrochen.

Mein Herz begann wieder zu schlagen; das warme Blut floss prickelnd durch meine Adern.

Es war ein knappes Entkommen.

Meine Fingerspitzen waren bereits abgekühlt.

Noch einen Augenblick länger und ich hätte mich der Schar der Zeitlupengänger angeschlossen und wäre ein Bruder der Marmorbewohner auf der Bildhauerinsel geworden.

Die ganze Nacht sprach der betagte Zeitlupengänger mit mir. Und als die Sonne aufging, wusste ich alles. Ich kannte das Geheimnis, das sein ruhiges Antlitz so dunkel gemacht hatte. Ich kannte die Höhle, in der der Einsiedler der Bildhauerinsel wohnte - ein Ausgestoßener, ein Gefangener, eingeschlossen zwischen den engen Wänden einer Höhle am Meer, ohne seine Schuld, ohne Sünde, ohne Unrecht.

Die Natur hatte es so gewollt.

Warum, wusste der betagte Zeitlupengänger nicht.

Antonius war der Name, den der Einsiedler trug.

Als der Morgen kam, suchte ich ihn auf.

Ich fand ihn am Eingang seiner Höhle sitzend, mit Blick auf die Herrlichkeit des östlichen Himmels.

Das war das Geheimnis seines Exils:

Irgendein grausames Schicksal hatte ihn in seiner Jugend mit einer schrecklichen Krankheit heimgesucht, nicht unähnlich dem, was als Veitstanz[6] bekannt ist. Als der Anfall einsetzte, verlor er nicht nur jede Kontrolle über seine Gliedmaßen, so dass ihn seine Füße dorthin trugen, wohin er nicht gehen wollte, und auch das mit äußerster Schnelligkeit, sondern seine Arme führten auch die schnellsten und kräftigsten Gesten aus, mal in scheinbarer Wut, mal flehend, mal staunend. Sie werden leicht verstehen, warum der unglückselige Antonius aus der Mitte der Zeitlupenbürger verbannt wurde.

Obwohl ihr Bruder, und von ihnen tief geliebt, hat seine blitzartige Schnelligkeit der Bewegung, seine gewalttätigen Gesten, sein fast unaufhörlicher Wechsel der Haltung die Zeitlupengänger nicht nur beleidigte, sondern sie be-

---

6 Der Ausdruck Veitstanz oder Tanzwut (lateinisch Epilepsia saltatoria), auch Tanzkrankheit, Tanzsucht, Tanzplage, Tanzpest oder Choreomanie genannt, bezeichnet eine insbesondere im 14. und 15. Jahrhundert aufgetretene epidemische Erscheinung, die als psychogenes und massenhysterisches Phänomen beschrieben worden ist. Große Gruppen von Menschen (genannt dansatores, chorisantes oder chorisatores) tanzten, laut Florian Bock oftmals willenlos, bis sie erschöpft oder verwundet zusammenbrachen. Aus Wikipedia.

nommen machte, sie schockierte, den trägen Fluss des Lebensblutes in ihren Adern eindämmte und ihnen allen mit einem langsamen, aber sicheren Tod gedroht.

Er muss gehen!

Das tat er!

Antonius wurde in die Höhle am Meer verbannt, wo nie ein Ton zu hören war, außer dem Rauschen des Ozeans, wenn er von den Dämonen des Sturms gepeitscht wurde, oder seinem traurigen Murmeln und unaufhörlichen Plätschern in den Momenten des Schlummers und der Ruhe.

Aber die schrecklichste aller Manifestationen des unglücklichen Antonius' schreckliches Leiden war die völlig wilde und unkontrollierbare Schnelligkeit seiner Rede.

Wie wahnsinnige Rosse eilten Zunge und Lippen dahin!

Für die Augen und Ohren der Zeitlupenbürger waren ein so heftig ausdrucksstarkes Gesicht, eine solche wahnsinnige Schnelligkeit der Rede der Tod selbst!

Keine lebende Statue hätte in diesem Haus des feurigen Herzens einen kurzen Monat lang überlebt, wäre Antonius nicht gegangen!

Antonius war dankbar für dieses schreckliche Dekret, das ihn für immer in der Höhle am Meer angesiedelt hatte!

Er sah die Leiden seines Volkes, und obwohl seine Augen in dieser kurzen Zeit mehr Tränen weinten, als alle seine Brüder in ihrem schleppenden Leben je vergossen hatten, waren sie doch nur ein schwacher Beweis für die schreckliche Trauer, die er empfand.

Antonius wandte sich mir zu, als ich mich der Stelle näherte, an der er in tiefe Meditation gehüllt saß. Ein trauriges, aber freundliches Lächeln huschte über seine Lippen, wie der schnelle, aber schwache Schimmer eines Blitzes am fernen Himmel.

Er erhob sich.

Ich hielt inne und wartete auf seinen Befehl, mich ihm zu nähern.

Er sprach kein Wort, sondern streckte seine Hand aus.

Ich beugte mich vor, um sie zu umfassen und an meine Lippen zu drücken.

In diesem Augenblick bekam er einen Anfall.

Ich konnte den Blick des Schmerzes sehen, der über sein Gesicht blitzte.

Er driftete davon, jetzt rückwärts, jetzt vorwärts, jetzt seitwärts, jetzt schräg, seine Hand streckte sich aus in dem verzweifelten Versuch, mich zu erreichen, der mit der gleichen Verzweiflung vorrückte und sich zurückzog in dem wahnsinnigen Bemühen, das zu erfassen, was mir ständig entging.

Bulger, der völlig außerstande war, diesen wilden Tanz zwischen den Felsen dieses höhlenartigen Ufers zu verstehen, folgte meinen Fersen mit wütendem Bellen.

Ich hatte keine Zeit, ihn zum Schweigen zu bringen.

Weg, weg, beschleunigte Antonius mit verdoppelter Geschwindigkeit, seine rechte Hand streckte sich mir entgegen wie in einem erbärmlichen Gebet, um sie zu ergreifen und so den Anfall zu beenden, der seine Glieder so wütend schüttelte.

Ich hielt inne, um Luft zu holen, und verfolgte die flatternde Gestalt wieder mit der Entschlossenheit, sie einzuholen oder bei dem Versuch umzukommen.

Endlich schien sie in immer kleineren Bahnen zu kreisen.

Jetzt war meine Zeit gekommen!

Mit einer Art wahnsinniger Verzweiflung stürzte ich mich auf diese wirbelnde Gestalt, um ihre ausgestreckte Hand zu ergreifen und zu halten.

Endlich hielt ich sie.

Aber nein!

Sein Körper war zur Ruhe gekommen, aber jetzt hoch über meinem Kopf, jetzt zu meinen Füßen, jetzt blitzte er auf der einen Seite auf, jetzt auf der anderen, jetzt schwirrte er vor meinen Augen, jetzt umkreiste er meinen Kopf wie ein Vogel im schnellen Flug, dessen Hand immer weiterflog, in seinem wilden und geheimnisvollen Lauf!

Meine Kraft ließ mich im Stich!

Werde ich sie jemals fassen können!

Auch Antonius zeigte Anzeichen, daß er der schrecklichen Kraft der schrecklichen Krankheit, die ihn quälte, nachgab!

Sein Gesicht nahm eine seltsame Blässe an! Seine Brust wölbte sich krampfhaft. Mit einer letzten verzweifelten Anstrengung gelang es mir, seine Hand in ihrem Flug um meinen Kopf zu fassen!

Ich klammerte mich mit verzweifelter Kraft daran fest!

Meine Berührung vertrieb das Gift aus seinen Adern.

Er schien zu erwachen wie aus einem schrecklichen Traum. Er fuhr mit der Hand über seine Augen.

Er lächelte.

Ich klammerte mich immer noch an seine Hand und zwang ihn sanft, sich auf eine felsige Bank zu setzen, über die der Ozean eine samtige Decke aus Seegras und Algenkraut gewoben hatte.

"Antonius!" Ich rief: "Friede sei mit dir! Vergiss dein Leiden. Sei, wie du einst warst! Meine Berührung kann dir Ruhe geben, zumindest für eine kurze Atempause!"

Er drückte meine Hand. Ein tiefer Seufzer hob seine Brust an. Es war der letzte Atemzug des Dämons, der ihn unterdrückte.

Er war nun zur Ruhe gekommen.

Für mich war seine Äußerung schnell, aber nicht mehr als die vieler Schnelldenker, mit denen ich mich unterhalten hatte.

"Was würdest du tun?", sagte er mit einer leisen, aber seltsam süßen, milden Stimme.

Ich enthüllte ihm das Ziel meines Kommens.

Ich ging auf den Fund der römischen Zeitung und meine Abreise von zu Hause zurück.

Alles, alles; ich erzählte ihm alles; wie ich in das Haus der Zeitlupenleute gekommen war, wie ich sie mit Marmor verwechselt hatte, wie ich mich danach sehnte, das Rätsel zu lösen.

Den ganzen Tag saßen Antonius und ich am Meer und unterhielten uns in höchst reizvoller Weise.

Nur einmal, um 12 Uhr mittags, setzte er seiner Erzählung eine kurze Grenze, während wir in seine Höhle gingen, um Essen und Trinken zu genießen.

Mit hochfliegendem Herzen lauschte ich seiner Geschichte von der Landung der Sieben Bildhauer auf der Insel. Ihre erste Aufgabe war es gewesen, den herrlichen Tempel mit seiner langen Marmortreppe, die zum Meer hinunterführt, zu errichten. Dann hatten sie und später auch ihre Söhne und die Söhne ihrer Söhne sich daran gemacht, diese schöne Insel mit fast unzähligen Figuren von seltener Anmut und Vollendung zu bevölkern.

In den Wäldern, an den Ufern des Flusses, durch das Tal, am Hang, auf den Terrassen, bis an den Rand des Wassers, erhoben sich die makellosen Statuen in wundersamer Schönheit und Fülle.

Hier, dort und überall schimmerten Formen von unvergleichlicher Anmut, schneeweiß inmitten der belaubten Auen oder des verschlungenen Unterholzes.

Eine geheimnisvolle Glut brannte in den Herzen dieser im Exil lebenden Künstler. Es schien, als wäre es eine wilde Art von Hoffnung, auf dieser weit entfernten Insel eine weitere römische Tochter zu zeugen - eine kleine Tochter, die zwar noch ein Kind ist, aber in ihrer marmornen Pracht schöner und weißer als die herrliche Mutter, die auf ihren sieben Hügeln saß!

Immer und immer wieder, ja, dreimal drei mal zehn, erhob sich die unselige Paula aus den gebrochenen Blöcken, immer schöner und immer schöner, jetzt in schrecklicher Trauer gebeugt, jetzt den Himmel beschämend mit der bezaubernden Schönheit ihres umgestürzten, flehenden, süßen und bemitleidenswerten Gesichts.

Hier und da stand auch der große Cæsar, der nie vergessen wird, wie er die Bildhauer mit seiner göttlichen Gnade dem schrecklichen Tod entrissen hat.

Als das zweite Jahrhundert des Exils über dem kleinen römischen Königreich, weit entfernt unter dem südlichen Himmel, anbrach, geschah genau in dem Moment, als die Kolonie stark und kräftig wurde, etwas Seltsames und Mysteriöses mit den Bewohnern dieser Insel, die Heimat der süßen Zufriedenheit ist.

Es wurden keine männlichen Kinder mehr geboren!

Die sieben Bildhauer, nun vom Alter gebeugt, und ihre Gesichter von den scharfen Meißeln der Reue ausgehöhlt, gingen einer nach dem anderen in das dunkle Reich des Todes.

Auch ihre Söhne wurden reif für die Männlichkeit. Und ihre Söhne wuchsen auf, glücklich im Besitz jenes glorreichen Talents, das die Insel mit solch unvergleichlichen Formen der Schönheit bevölkert hatte.

Doch nun war die Rasse am Ende ihrer langen Herrschaft in der Welt der Kunst angelangt.

Jahrzehnt um Jahrzehnt entging, und noch immer gab es kein einziges männliches Kind, das das Haus eines Bildhauers erfreuen konnte.

Eine Art blanke Verzweiflung senkte sich auf die Kolonie.

Die älteren Bildhauer legten ihre Meißel in völliger Hoffnungslosigkeit nieder.

Selbst die Jüngeren arbeiteten immer weniger.

Und doch kam kein Junge, der das alte Lied und Gelächter der einst fröhlichen Inselheimat wecken konnte.

Die in der Kunst gewandten Finger wurden mit dem Alter steif.

Die Herzen voller glorreicher Inspiration wurden stumpf und geistlos! Einer nach dem anderen gingen sie alle den Weg, den die sterblichen Füße gehen müssen.

Eine schreckliche, eine wunderbare Veränderung kam über die Menschen.

Beschwert von dieser bleiernen Trauer, Tag und Nacht umgeben von diesen sprachlosen, reglosen Marmorformen, die, obwohl still wie der Klumpen selbst, doch unaufhörlich schrien: "Gebt uns mehr Gefährten in dieser Einsamkeit!" Diese unglücklichen Menschen wären fast selbst zu Marmor geworden.

Sie wurden in aller Ruhe zu Brüdern und Schwestern der Marmorbewohner dieser Insel.

Endlich kam das Ende!

Der letzte Bildhauer wurde auf die geschnitzte Bahre des großen weißen Tempels am Meer gelegt!

Eine so lange, so tiefe, so schreckliche Stille fiel über die Menschen, dass es fast schien, als sei ihre Sprache für immer verloren.

In den dunklen Grotten und im buschigen Unterholz krochen sie, um sich vor dem Licht des Tages zu verstecken.

Ihre Gliedmaßen, einst so geschmeidig und elastisch, immer bereit, ihre Besitzer über Hügel und durch die Ebene zu tragen, sich am Tanz zu erfreuen und sich an das Rennen zu gewöhnen, wurden nun schwer und langsam.

Sie schienen fast zu Stein zu werden und sich der stillen Gesellschaft um sie herum anzuschließen.

In gutem Einvernehmen stand ein solches Schicksal unmittelbar bevor, als es durch das Eintreten eines freudigen Ereignisses abgewendet wurde.

Ein Jahr war vergangen, seit der letzte Bildhauer sich der schattenhaften Karawane angeschlossen hatte, die für immer durch die Wüste des ewigen Schweigens zieht, als seine sieben traurigen Töchter durch den Schrei eines Säuglings ziemlich aufgeschreckt wurden.

Aber sehen Sie!

Ihre verwitwete Mutter steht mit einem Säugling im Arm vor ihnen.

Es ist ein Sohn!

Die frohe Botschaft kann nur von Familie zu Familie weitergegeben werden.

Leider war es zu spät, um sie zu alten Bräuchen und Gewohnheiten zurückzurufen, zu spät, um ihr Blut wieder in den alten Bahnen fließen zu lassen, indem es durch ihre Adern fließt.

Sie waren ein verändertes Volk!

Es stimmt, ihr Glück kam wieder, aber es war nicht mehr dasselbe. Sie konnten lächeln und lachen, aber es war kaum mehr als Gesichter aus Marmor, die von einer geheimnisvollen Kraft bewegt wurden. Sie konnten sprechen, aber die Worte fielen so langsam, dass es fast schien, als spräche eine Statue inmitten der Blätter der Insel. Sie konnten sich bewegen, aber Schnecke oder Schildkröte überholten sie mit Leichtigkeit.

Zeichnung 19: Bemerkenswertes Verhalten einer Cæsar-Büste im Land der Langsamdreher.

Ja, sie wurden in der Tat verändert; fortan wurde den Menschen ihr schönes Inselhaus mit lebenden Statuen zum

Verhängnis.

Jahre in langer Flucht rasten dahin, bis ein Jahrhundert auf das andere folgte, und doch kehrte das wundersame Talent nicht mehr zurück.

Es war für immer verloren!

Auch vor langer, langer Zeit vergaßen die Menschen die Geschichte ihrer Väter.

Sie wird in den Herzen einiger Auserwählter lebendig gehalten, und sie überliefern sie jedes Vierteljahrhundert an jüngere Hüter, die zu diesem Zweck ausgewählt wurden.

Antonius war das Geheimnis auf diese Weise anvertraut worden.

Und so war die Geschichte, die er mir erzählte!

Mit leichtem Herzen verabschiedete ich Antonius, nun, da die Last der Zweifel und Ungewissheit von ihm genommen war, und ich machte mich, gefolgt von Bulger, auf den Weg zurück zu den Wohnorten der Zeitlupengänger.

Als ich durch einen der mit Marmorfiguren bevölkerten Haine ging, hielt ich vor einer bewundernswerten Büste des großen Cæsar inne, ich wusste kaum, warum.

Bulger gesellte sich zu mir, und da standen wir, Kinder dieses späten Tages, mit erhobenen Augen vor dem Gesicht dessen, dessen kleinstes Wort einst auf einer Wachstafel abgeschrieben wurde, als wäre es die Äußerung eines Gottes.

Ich hatte Cæsar immer gemocht.

Wir ähnelten einander in vielerlei Hinsicht.

Wir waren beide Männer der Tat.

Jetzt tat er mir leid, dass er gezwungen werden sollte, auch in Form von Marmor unter so langweiligen und untätigen Menschen wie den Bewegungsmuffeln zu leben.

Das habe ich ihm gesagt.

"Und doch, Julius", sagte ich, "von den Menschen den Großen Cæsar genannt, welch ein Glück, dass du jetzt nicht lebst, denn du würdest dich schämen, wenn jeder meine Abenteuer lesen würde, während das Buch, das du über Gallien geschrieben hast, verschimmelt und verstaubt in den Regalen der Bibliotheken liegt!

Am nächsten Tag, als ich wieder auf diese Weise vorbeikam und auf das Gesicht des großen Cæsar blickte, bemerkte ich, dass im rechten Mundwinkel gerade ein Lächeln begonnen hatte. Er war durch seinen langen Aufenthalt bei den Langsamdrehern so schwerfällig geworden, dass die Bemerkung, die ich am Vortag gemacht hatte, ihn gerade zu amüsieren begann.

Jetzt kamen mir Gedanken über die Heimat in den Sinn.

Tatsache ist, dass Bulger kurz nach meinem Gespräch mit Antonius in seiner Höhle am Meer begonnen hatte, untrügliche Anzeichen von Heimweh zu zeigen. Also schickte ich ihn mit einer Mitteilung an den Offizier meines Schiffes, er solle sofort mit den Vorbereitungen für die Rückreise beginnen.

Bulger beeilte sich, den Auftrag auszuführen.

Er begab sich zum Fuß der Marmortreppe und erregte dann durch lautes Bellen die Aufmerksamkeit des Offiziers, dem ich das Kommando überlassen hatte.

Er schickte ein Boot an Land, und Bulger kam ihm mit meinem Brief im Mund entgegen.

Um die Wahrheit zu sagen, wäre ich gerne noch etwa eine Woche oder so länger unter den Zeitlupenfahrern verweilt, aber es war deutlich zu sehen, dass sie in meiner Gegenwart zunehmend unruhig wurden.

Auf den Wangen vieler von ihnen waren alle Anzeichen von roter Pfirsichblüte verschwunden.

Von Tag zu Tag wurden sie ihren Marmorbrüdern immer ähnlicher.

Meine schnellen Bewegungen ermüdeten ihre Augen so

sehr, dass ich mich nach einigen Stunden Aufenthalt in ihrer Mitte von einer Gruppe von Tiefschläfern umgeben fand.

Ich wagte auch nicht zu sprechen.

Denn ganz gleich, wie sehr ich meine Stimme milderte oder wie langsam ich meine Worte aussprach, sie dröhnten in den zarten Ohren der Langsamdreher, und die Spuren des Leidens zogen allmählich über ihre Gesichter.

Mein Entschluss war daher schnell gefasst.

Im Schneckentempo ging ich von Gruppe zu Gruppe, von Laubengang zu Laubengang, von Hain zu Hain, und sagte in einem sanften und gemäßigten Ton: "Lebt wohl! Lebt wohl!"

Dann richtete ich meine Schritte auf den weißen Tempel am Meer, denn ich wusste, dass die Mannschaft meines Bootes am Fuße der Marmortreppe auf mich wartete.

Als ich vor der Statue des Großen Cæsar vorbeiging, drehte ich mich um, um ein letztes Adieu zu winken.

Was sah ich, glauben Sie?

Dasselbe Lächeln, das vor einigen Tagen im rechten Mundwinkel begonnen hatte, war auf die andere Seite seines Gesichts hinübergegangen und befand sich nur noch im linken Mundwinkel.

Auf der rechten Seite, woher es gekommen war, war alles so streng und ruhig wie damals, als er in Rom thronte und die Welt regierte.

Einige Stunden später, als wir damit beschäftigt waren, die Segel meines guten Schiffes zu setzen, fiel mir in einem weichen, echoartigen Ton das Wort ins Ohr.

"G u t e ..."

Die Langsamisten hatten begonnen, ihr Adieu zu sprechen.
Die Winde waren günstig.

Die Segel füllten sich.

Als die Sonne unterging und eine Flut goldenen Lichts auf die schöne Marmortreppe, den großen weißen Tempel und die vielen schneebedeckten Statuen warf, die so hell und schön inmitten des dunklen Laubes der Bäume und Reben auf den Terrassen dieser geheimnisvollen Insel glänzten, sprang ich an Deck mit der Absicht, meine Augen so lange wie möglich auf die schöne Szene zu richten.

Mein gutes Schiff segelte in tiefster Stille davon. Denn ich hatte befohlen, dass niemand über ein Flüstern hinaus sprechen sollte.

Nun war die Bildhauerinsel zu einem winzigen Fleck am Horizont verblasst, und jetzt, in den sich sammelnden Schatten der Nacht, war sie verschluckt und für immer verloren!

Mein Herz wurde schwer.

Bulger schmiegte sich mit seinem Kopf in meinen Schoß, seine liebevollen Augen waren ganz auf mich gerichtet.

Der Schlaf überkam uns beide.

Der Himmel war mit Sternen übersät, als wir erwachten.

Der kühle Nachtwind hatte mich erfrischt.

Ich sprang auf mit der Absicht, nach unten zu gehen. In diesem Augenblick trieb in der Abendwindbrise, wie ein fast verbrauchtes Bergecho, ein leises, geheimnisvolles Geräusch dahin.

Mein Ohr fing es auf! Das war es auch:

"R e i s e !"

Die Langsamen hatten ihren Abschiedsgruss beendet.

KAPITEL VII.

Wieder einmal werde ich der stillen Freuden der Heimat überdrüssig. Der ältere Baron ist dagegen, dass ich das Land verlasse. Seine Gründe. Wie ich die angestammten Ländereien von den Schädlingen der Maulwürfe, Wiesenmäuse und Erdhörnchen befreit habe; und wie ich mit meinem treuen Bulger nach Indien aufgebrochen bin. Ich betrete ein wildes und unbetretenes Territorium. Wunderbare Verwandlung des Tages in die Nacht und der Nacht in den Tag. Die riesigen Glühwürmchen. Wie ich eines davon gefangen habe und was es hervorgebracht hat. Wie ich die Grenzen von Palin-mâ-Talin, dem Großen Düsterwald, erreichte. Benè-agâ, der blinde Führer. Mein Aufenthalt in seiner Höhle. Ich betrete Palin-mâ-Talin unter seiner Führung. Seltsame Abenteuer im Großen Finsteren Wald. Benè-agâ nimmt Abschied von mir. Mein Vordringen wird durch Bōga-Drappa, die Schreckliche Treppe, blockiert. Meine Flucht über die tückische Treppe. Ich betrete das Land der Umi-Lobas, der Menschen-Hopper. Ich werde als Gefangener zu ihrem König getragen. Etwas über ihn und sein Volk. König Gâ-roos Zuneigung zu mir. Er schenkte mir Kopien aller Bücher in der königlichen Bibliothek - alles über die Prinzessin Hoppâ-Hoppâ. Ich bin zu einer lebenslangen Gefangenschaft unter den Umi-Lobas verurteilt. Ich plane eine Flucht. Wie es geschah. Bemühungen von König Gâ-roo, mich gefangenzunehmen. Verabschiedung der kleinen Prinzessin Hoppâ-Hoppâ. Wie ich aus dem Land der Umi-Lobas segelte und den Weg zurück über Indien antrat. Meine Rückkehr nach Hause.

Zeichnung 20: Das Porträt eines meiner Mäusefänger in Gummistiefeln.

Wie alle Liebhaber eines Wanderlebens war ich der stillen Lebensweise und der einfachen Beschäftigungen der Insassen des alten Fürstensaals nicht lange verhaftet.

Manchmal fühlte ich mich wie ein Eindringling, wenn ich mich dabei ertappte, wie ich mit gebannten Augen auf den Seiten irgendeines muffigen, alten Abenteuerromans in fernen Ländern herumsaß, während der ältere Baron, die gnädige Baronin, meine liebende Mutter und einige Cousins aus dem benachbarten Anwesen sich den süßen Freuden des Kaminfeuers hingaben, Honigkuchen schlemmen, heißen Glühwein trinken, Damespiel, Domino oder Karten spielen, mal auf die belebteste Art und Weise über die trivialen Dinge des täglichen Lebens plaudern, mal in schallendes Gelächter ausbrechen, wenn ein unerwarteter Sieg beim Kartenspiel oder bei einem Kaminspiel errungen wird.

Schweigend schloss ich mein Buch, und noch schweigsamer stahl ich mich davon, suchte die Stille meiner Wohnungen, wo ich mich, ohne weitere Gefährten, außer dem treuen Bulger, dem hemmungslosen Schwelgen in wachen Träumen vom Leben auf einem sturmgepeitschten Schiff hingab, Landungen an fremden Ufern, Auseinandersetzungen mit neugierigen Wesen, Kampf mit dem tollwütigen Taifun oder eilend mit dicht gerafften Segeln und geschlossenen Luken, um einen sicheren Hafen zu erreichen, bevor die Angreifer des Sturmkönigs aus Ebenholz mit ihren Hufen über unsere Köpfe knattern konnten.

Meine liebe Mutter, die gnädige Baronin, unternahm außergewöhnliche Anstrengungen, um meine Niedergeschlagenheit zu vertreiben.

Da sie meine Vorliebe für Kaffeegebäck kannte, ließ sie es sich von niemandem außer sich selbst machen. Und beim Abendessen achtete sie darauf, einen Professor oder irgendeinen Gelehrten neben mich zu setzen, damit ich mich nicht zum Schweigen verurteilt fühle, weil ein begnadeter Geist nicht in der Lage ist, sich mit geistigen Waffen zu messen.

Aber alles umsonst. Ich wurde von Tag zu Tag schweigsamer, geistesabwesender und stürzte mich in die Meditation. Mit den Augen auf eine freie Stelle gerichtet, saß ich wie einer mit unausgeglichenem Gemütszustand inmitten der heitersten Frohnaturen. Vergeblich flehte mich die Gesellschaft an, von vergangenen Abenteuern zu berichten, ihnen Geschichten zu erzählen, die bereits dreimal erzählt worden waren. Ich schüttelte nur mit einem traurigen Lächeln den Kopf und machte mich aus den für mich schmerzlichen Szenen frei.

Bulger fühlte, dass sein kleiner Herr litt, und überredete mich mit klagendem Jammern, ihm die Ursache meines Kummers mitzuteilen.

Seine Freude war wild und ungestüm, als er sah, wie mein Leibdiener mit einer leeren Wandertruhe auf den Schultern in meine Wohnungen kam.

Um die Wahrheit zu sagen: Das Leben im Fürstensaal gefiel Bulger nicht mehr als mir.

Die Haushunde ärgerten ihn mit ihren Aufwartungen, und er verließ den Speisesaal gewöhnlich mit einem Ausdruck äußerster Abscheu im Gesicht, als eine der Katzen der Familie in freundlicher Gesinnung näher kam und etwas von seinem Abendessen kostete.

Auch alle Liebkosungen aus anderen Händen als meiner waren ihm unangenehm; und obwohl er um meinetwillen der gnädigen Baronin erlaubte, seine seidenen Ohren zu streicheln, lehnte er jede Vertrautheit seitens des älteren Barons entschieden, aber respektvoll ab.

In dem Augenblick, als ich sah, wie meine Truhen hier und da in meinen Gemächern aufgestellt wurden, erhob sich meine Stimmung. Ich wurde wie ein anderer Mensch. Die Farbe kehrte in meine Wangen zurück, der Schimmer in meinen Augen, der Klang der alten Zeit in meiner Stimme.

Von Mund zu Mund wurde das Wort weitergegeben: "Der kleine Baron macht sich für eine weitere Reise bereit!"

Vom frühen Morgen bis zu den sich senkenden Schatten der Dämmerung war ich damit beschäftigt, das Packen meiner Kisten zu beaufsichtigen. Es war ein Liebesdienst mit mir.

Ich wurde nie für ein ruhiges Leben unter den zeitbefleckten Fliesen der väterlichen Hallen geboren! Mein Herz war mit röterem, wärmerem Blut gefüllt als das gewöhnlicher Sterblicher. Mein Gehirn hat nie geschlafen. Nacht und Tag, schattenhafte Formen von Menschen und Dingen, seltsam und neugierig, fegten in nicht enden wollenden Akten vor mir dahin.

Eines Morgens, als ich mit meinen Kisten bei der Arbeit war, fiel ein leises Klopfen an meine Kammertür auf mein Ohr. Bulger, einen Feind witternd, gab ein leises Knurren von sich. Ich schwang die Tür auf. Es war der ältere Baron.

"Verehrter Vater", rief ich fröhlich, "tu so, als ob du hier der Herr wärst! Sei traurig, sei fröhlich; sitz, steh, trink, iss oder faste!"

"Kleiner Baron", begann mein Vater mit feierlicher Stimme, "ich bitte dich, gib deine Scherze auf. Wenn du den Gegenstand meines Besuchs gehört hast, wird die Trauer jede Spur von Fröhlichkeit aus deinem leichten Herzen jagen.

"Sprechen Sie, Baron!"

"Bist du ein pflichtbewusster und liebevoller Sohn", antwortete mein Vater und richtete seine dunklen, traurigen Augen voll auf mich.

"Das bin ich!"

"'Nun gut!', antwortete er, "dann halte inne, mit diesen Vorbereitungen, in der Stunde des Unheils deiner Eltern. Mach Schluss mit all diesem ungebührlichen Trubel und mit deiner Sehnsucht, unter dem väterlichen Dach zu verschwinden".

Das getrübte Gesicht, die zitternden und tränenüberströmten Augen des älteren Barons schockierten mich. Ich spürte, wie das Blut meine Wangen verließ, wo es bis dahin wie der Schein reifer Früchte geblüht hatte.

Aber ich vergewisserte mich, und als ich den Baron aufforderte, sich zu setzen, sagte er mit ruhiger, aber trotz meiner zitternden Stimme:

"Edler Vater, es ist Dir zu gebieten, mir zu gehorchen! Sprich, ich bitte dich, und sprich auch, klar und deutlich - wenn es sein muss, auch hart. Entblöße deine geheimsten Gedanken. Was ärgert dich? Was lässt diese dunklen Schatten auf dieser ruhigen, glatten Stirn ruhen?"

"Danke, kleiner Baron", war die Antwort meines Vaters, "für dein Gehorsamsversprechen. Das ist die Last, die auf meinem Herzen lastet: Seit du dieses weitläufige, umherziehende Leben aufgenommen hast, deines Rates und deiner Mitarbeit beraubt, sehe ich, wie unser angestammter Besitz dem Verfall entgegen eilt. Letztes Jahr hat unsere Pacht kaum genug geerntet, um Leib und Seele zusammenzuhalten. Dieses Jahr verspricht, noch schlimmer zu werden. Verwüstung liegt auf dem weiten Acker, der einst der Ruhm unserer Familie war! Die Ernte fällt aus, das Gras verdorrt, die Bäume werden gelb! Die armen Rinder klagen um ihre Nahrung, während sie sich auf den ausgetrockneten Weiden herumtreiben. Ich schaue auf all diese Trümmer und Ruinen, aber ich bin hilflos wie ein Baby, es auszuhalten! Sprich, mein Sohn: "Willst du, hast du ein Herz, kannst du so grausam sein, dass du diesen erbärmlichen Szenen den Rücken kehrst, ohne die Hand zu erheben, um das drohende Unheil abzuwenden?

"Baron!" Ich setzte milde, aber entschieden ein: "Erst die Fakten, dann die Beredsamkeit! Vermitteln Sie mir in einer einfachen, klaren Königsrede die Ursache für diesen ganzen Ruin! Was hat sie verursacht? Was hat unsere schönen Felder verwüstet? Was hat diese Verwüstung in unsere Schafherden und Viehbestände getragen? Sprecht!"

"Ich will, kleiner Baron, schenke mir ein aufmerksames Ohr", fuhr mein Vater mit einer stattlichen Verbeugung des Körpers fort:

"Wie das alte Ägypten mit Geißel und Pest heimgesucht wurde, so wurden auch unsere angestammten Ländereien heimgesucht! Auf Weiden und Getreidefeldern ernähren sich Myriaden von Maulwürfen von den zarten Wurzeln; in Grasländern mästen sich Scharen von Wiesenmäusen an den Kräutern; in Obstgärten und Baumschulen verbreiten unzählige Erdhörnchen Zerstörung in nah und fern! Das sind die schrecklichen Geißeln, die unsere einstmals schönen Ländereien, euren und meinen Stolz und den Neid aller Betrachter, jetzt in Schutt und Asche legen!

"Kleiner Baron, ich fühle, ich weiß, dass du mir helfen kannst; dass irgendwo in dem riesigen Speicher deines Geistes Pläne und Vorrichtungen ruhen, die stark genug sind, um diese weiten Ländereien in ihrer ganzen früheren Schönheit und Produktivität wiederherzustellen.

"Herr Baron", lautete meine Antwort, "wann gab es eine Zeit, in der du mich in meiner Pflicht dir gegenüber unzulänglich fandest oder es mir an der Macht fehlte, dir zu helfen?

"Niemals!" verkündete der ältere Baron mit großem Nachdruck.

"Dann wende dich an meine sanfte Mutter, die Barone, deine Gemahlin, tröste sie. Sie soll sich ein Herz fassen! Sag, dass ich nicht ins Ausland gehen werde, bis diese Schädlinge aus unserem angestammten Gebiet vertrieben sind!

Der ältere Baron erhob sich. Ich begleitete ihn zur Tür, dann salutierten wir einander mit Würde, und er zog sich zurück, um die frohe Botschaft meiner versprochenen Hilfe für meine trauernde Mutter zu überbringen.

Allein in meinen Gemächern überkam mich ein schreckliches Gefühl der Enttäuschung. Ich fühlte, dass es angesichts dieses schrecklichen Unglücks, das meine Familie jetzt bedroht, sinnlos wäre, meine Vorbereitungen zum Verlassen meines Hauses fortzusetzen.

Denn, wie ich argumentierte - und ich denke, mit großer Klarheit - würde der Name unserer Familie zu einem Schatten verblassen, wenn wir dieser weiten Hektar Weide- und Wiesenland, Wald und Obstgarten beraubt würden.

Für mich hatte ein landloser Adliger etwas sehr Lächerliches an sich; und ich entschied mich voll und ganz, entweder meinen angestammten Besitz vor dem Verfall zu retten oder meinen Baronstitel für immer abzulegen, als ein Edelstein, der seinen Glanz verloren hatte, ja sogar als eine Perle, die der stumpfe Landbesitzer um einer Mahlzeit willen ruiniert!

An diesem Abend nahm ich kein Essen zu mir, damit ich mich mit ungetrübtem Geist hinlegen konnte.

Bulger bemerkte dies und schloss daraus, dass sein kleiner Herr kränkelte, und weigerte sich ebenfalls, das Essen anzurühren, obwohl ich seine Lieblingsmalzeit gebratener Hahnenkämme zubereiten ließ.

Bis Mitternacht lag ich wach und dachte tief über die beschwerliche Aufgabe nach, die sich mir stellte. Als die alte Uhr auf der Treppe zwölf Uhr schlug, beschloss ich, meinen Verstand das Problem selbst lösen zu lassen, drehte mich um und schlief ein.

Am nächsten Morgen betraten der Baron und die Baronin mit ungetrübten Blicken den Frühstücksraum. Ich begrüßte sie sehr herzlich. Das Gespräch wurde durch eine oder zwei der alten Anekdoten des älteren Barons belebt, die er für diesen Anlass mit mehreren neuen Charakteren und einem völlig neuen Ende abrundete. Ich habe herzlich gelacht - wie es meine Pflicht war.

Nach dem Frühstück machte ich mich mit Bulger auf, um mit der Arbeit zu beginnen. Ich beschloss, zuerst die Maulwürfe anzugreifen.

Den Schädling Nr. 1 loszuwerden, war für mich überhaupt nicht schwer, als ich einmal anfing, darüber nachzudenken. Ich darf an dieser Stelle sogar sagen, dass diese Aufgabe, die mir der ältere Baron gestellt hatte, unmöglich gewesen wäre, wenn ich die Natur, die Gewohnheiten und die Eigenheiten des Tierlebens nicht genau gekannt hätte. Immer ein enger Student der Naturgeschichte, gab es wenig über die vierfüßigen Bewohner der Felder, die meiner Beobachtung entgangen waren.

In Begleitung von Bulger, bewaffnet mit einer kurzen Holzzange und mit einem Korb, machte ich mich auf den Weg zu den Getreidefeldern.

Bulger war hocherfreut, denn er hatte bereits festgestellt, dass ihm Sport bevorsteht.

In weniger als einer Stunde hatte ich mit ihm, der mir ihre Verstecke zeigte und sie ausgrub, hundert Maulwürfe gefangen. Als ich zur Hütte des Aufsehers zurückkehrte, schnitt ich mit seiner Hilfe die Nägel an den Vorderfüßen jedes Maulwurfs in der Nähe des Fleisches ab und gab dann den Befehl, die Partie zu den Getreidefeldern zurückzubringen und freizulassen. Als ich mich nun den Wiesenmäusen zuwandte, wurde mir sofort klar, dass die Beseitigung von Schädling Nummer zwei die schwierigste Aufgabe von allen sein würde.

Der unbedachte Leser hat zweifellos schon in Gedanken geschrien: "Warum nicht einen Trupp Katzen in die Wiesen schicken und sie mit den zerstörerischen kleinen Kreaturen kurzen Prozess machen lassen?

Ah, wie leicht ist es zu planen, wie schwer auszuführen! Wisse denn, mein kluger Freund, dass die Wiesen nass waren und dass die Katzen sich trotz häufiger Versuche absolut weigerten, sie zu betreten.

Der kleinste Anfänger in der Naturwissenschaft kennt die Abneigung einer Katze, ihr Fell nass zu machen; und vor allem die Abneigung, ins Wasser zu treten. Sogar Feuchtigkeit ist für die Füße einer Katze unangenehm, und sie wird bereitwillig eine Meile gehen, anstatt eine mit Tau befeuchtete grüne Grasnarbe zu überqueren. Ich beschloss jedoch, meine Operationen sofort zu beginnen.

Ich wusste um die wunderbaren Veränderungen, die die Hungersnöte in der Natur eines Tieres bewirken und die Fleischesser zwingen, sich dem Kraut des Feldes zuzuwenden, um sich zu ernähren, und hoffte auf günstige Ergebnisse.

Ich wählte ein halbes Dutzend kräftiger junger Katzen aus den Häusern unserer Pächter aus und versorgte mich mit einer Menge Gummikäppchen, die man über die Flaschenhälse stülpte, um sie luftdicht zu machen, und umhüllte die Beine jeder Katze mit diesen Hüllen, wobei ich jedoch in jede ein Loch schnitt, damit die Pfoten hindurchgehen konnten. Ich wollte sie an diese Beinkleider gewöhnen, bevor ich die Füße vollständig bedeckte. Mein nächster Schritt bestand darin, die Katzen vierundzwanzig Stunden fasten zu lassen. Danach ließ ich einige ihrer Lieblingsfutterfische am anderen Ende eines langen Raumes brutzeln, wobei ich den dazwischen liegenden Raum mit langhaarigen Teppichen bedeckte, die ich zuerst in Wasser getaucht hatte.

Trotz ihres Hungers weigerten sie sich absolut, die tropfenden Teppiche zu überqueren.

Als sie bis zum Rand vorrückten, testeten sie den Zustand der Hindernisse, die ihr Vorankommen blockierten, auf das wohlschmeckende Essensgefühl hier und da nach einem trockenen Fleck; und dann zogen sie sich mit jämmerlichem Miauen zurück, als sie das Nasse von ihren Füßen schüttelten.

Ich zog die Gummikappen vollständig über die Füße einer der Katzen und legte sie nun auf den nassen Teppich, wobei ich sie ermutigte, dort zu bleiben, indem ich ihr ein paar zarte Fischstücke fütterte. Als sie feststellte, dass ihre Füße nicht nass geworden waren, willigte sie ein, hier und da über die nasse Oberfläche zu laufen, um sich ein paar leckere Futterstücke zu sichern. Ich machte das gleiche Experiment mit den anderen Katzen, und alles ging so gut, wie ich es mir nur wünschen konnte.

Am nächsten Tag setzte ich meinen Unterricht fort, und zu meiner großen Freude gelang es mir, alle zu unterrichten, nicht nur, dass sie nichts dagegen einzuwenden hatten, ihre Füße in die Gummistiefel zu stecken, sondern dass sie sogar durch einen Zentimeter oder mehr Wasser waten konnten, um sich ein besonders leckeres Stückchen Futter zu sichern.

Ich war nun bereit, einen praktischen Test mit meinen ausgebildeten Jägern zu machen.

Am Tag vor der Prüfung wurden sie erneut einem längeren Fasten unterzogen.

Ich muss ehrlich gestehen, dass mein Herz ziemlich nervös schlug, als ich mit dem Aufseher und zwei weiteren Helfern in die Niederungen aufbrach und die ausgebildeten Mäusefänger, die bereits in ihren Gummistiefeln beschlagen waren, in drei Körben trug.

Wir stießen vorsichtig auf das Weideland vor, aber was die Mäuse betraf, so war unsere Vorsicht unnötig, denn sie liefen direkt unter unseren Füßen herum.

Als ich über die lange Strecke des verwüsteten Wiesenlandes blickte, das einst so berühmt für sein dickes, samtiges Gras war, sammelten sich die Tränen in meinen Augen und meine Stimme erstickte. Jetzt oder nie, dachte ich, muss der Versuch unternommen werden, diese schönen Felder vor dem völligen Verfall zu retten. Mit einem Wink meiner Hand bückten sich meine Assistenten und ließen die etwas erschrockenen Katzen frei. Es dauerte jedoch nicht lange, bis sie ihren Verstand gesammelt und sich auf das Geschäft vorbereitet hatten.

Scharfer Hunger ist eine ausgezeichnete Würze! Als die sechs Ungeheuer zwischen diesen Trupps winziger Geschöpfe hüpften - bis zu diesem Moment knabberten, spielten oder neckten sie sich gegenseitig, ohne einen Gedanken an Schaden oder Gefahr zu verschwenden - ergriff sie die wildeste Bestürzung.

Nicht nur in unserer Nähe, sondern so weit das Auge reichte, breiteten sich Panik und Unordnung unter diesen bis dahin friedlichen kleinen Wesen aus. Diejenigen, die Sicherheit in ihren Löchern suchten, wurden von anderen zurückgeschleudert, die wie wild ins Freie stürmten.

Die Katzen blieben bei ihrer Arbeit wie rächende Furien. Sie töteten aus purer Lust am Töten und zogen wie eine tödliche Böe hier und da über die Wiesen.

Nachdem die Zerstörungsarbeit eine halbe Stunde lang fortgesetzt worden war, ordnete ich an, dass die ausgebildeten Sechs zurück in ihre Quartiere getragen werden sollten, denn ich war ein zu guter General, um meine Truppen mit Sack und Pack satt werden zu lassen.

Am nächsten Tag wurde ein weiterer Angriff auf den Feind unternommen. Die ausgebildeten Sechs verbreiteten, allenfalls, den Tod rechts und links mit größerer Wut als zu Beginn. Das feuchte Land war für sie kein Schrecken mehr. Sie plätscherten durch die Pfützen wie schelmische Jungen durch Bäche und Teiche am Straßenrand.

Ich dachte nun daran, meine Aufmerksamkeit auf die Erdhörnchen zu richten. Mein erster Schritt war, mehrere Scheffel der kleinsten Murmeln, die man kaufen konnte, in der Stadt zu beschaffen. Nachdem ich dann mit der Hilfe meines treuen und liebevollen Freundes und Helfers - meines lieben, stummen Bruders Bulger - den Aufenthaltsort von mehreren hundert Erdlöchern der Bodenhörnchen ausfindig gemacht hatte, gab ich den Befehl, in jedes dieser Löcher ein halbes Dutzend oder mehr Murmeln hineinrollen zu lassen.

Nach Abschluss dieser Arbeiten zog ich mich in meine Gemächer zurück und fing an, mich auf verschiedene Weise zu amüsieren, während ich auf einen Bericht des Aufsehers wartete.

Viele der Bewohner, die meine Operationen gegen die Maulwürfe, Wiesenmäuse und Erdhörnchen beobachtet hatten, wagten es sogar, sie offen als "wilde Launen", "die Ideen eines Träumers", "dumme Machenschaften eines kranken Geistes" anzuprangern.

Arme Geschöpfe! Sie hatten alles verloren. Sie hatten gesehen, wie die Arbeit langer müder Monate durch diese Schädlinge ruiniert wurde. Sie waren verbittert und skeptisch. Ich habe es nicht übers Herz gebracht, ihre ziemlich unverschämten Äußerungen zur Kenntnis zu nehmen. Während ich die Entwicklungen abwartete, stürzte ich mich in die Freuden einiger Erzählungen eines kühnen Reisenden, die in der alten assyrischen Sprache in Keilschrift geschrieben waren.

Drei Tage vergingen und keine Nachricht vom Verwalter!

Zwei weitere, also fünf volle Tage!

Am sechsten Tag kam nichts.

Schließlich wurde ich in der Morgendämmerung des siebten Tages durch lauten und lange anhaltenden Jubel unter meinen Fenstern geweckt. Als ich aus meinem Bett sprang und die Vorhänge zur Seite zog, sah ich mit Erstaunen lange Schlangen unserer Pächter, Männer, Frauen und Kinder, die Fahnen, Kränze, Girlanden usw. trugen.

Eine Kompanie von Kindern trug lange, dünne Stäbe, an deren Ende tote Maulwürfe, Wiesenmäuse und Erdhörnchen baumelten.

In dem Moment, als ich mich am Fenster präsentierte, gab es einen Ausbruch von Jubel, der so kräftig war, dass die Fenster davor klapperten. Ein Klopfen an meiner Tür rief mich in eine andere Richtung. Es war der ältere Baron!

"Eile! kleiner Baron", rief er eifrig, "steig auf die Schloss-Plattform hinab, die Leute sind außer sich vor Freude! Kannst du ihre Schreie erfassen? Kein Maulwurf, keine Maus, kein Eichhörnchen lebt auf den weiten Hektar deines Anwesens. Ich sage "dein", weil es mit Recht dir gehört! Du hast es vor dem völligen Verderben bewahrt. Fortan soll ich für die wenigen Jahre, die die Vorsehung will, dass ich bei dir bleibe, als dein Gast bei dir sein."Nein, nein, Baron!" Ich antwortete lachend: "Das darf nicht sein! Bis du unter den edlen Toten unserer langen und ehrenvollen Linie schläfst, bist du hier Herr!"

Ich drückte seine Hand ehrfürchtig auf meine Lippen und schickte ihn, um mit den Menschen zu sprechen, bis ich bereit sein sollte, meinen Platz an seiner Seite einzunehmen.

Ich kann mir gut vorstellen, wie ungeduldig der Leser ist, etwas mehr über die Art und Weise zu erfahren, in der ich meinen angestammten Besitz von diesen lästigen Schädlingen befreite. Was die Wiesenmäuse betrifft, so bedarf es keiner Erklärung, aber das Verschwinden der Maulwürfe und Erdhörnchen scheint etwas rätselhaft.

Gut und schön. Ich werde es klarstellen! Verehrter Leser, wenn Sie die Natur und die Gewohnheiten dieser Tiere so genau studiert hätten wie ich, hätten Sie selbst dasselbe tun können. Sie müssen also wissen, dass der Körper des Maulwurfs in etwa die gleiche Beziehung zu seinen Vorderfüßen hat wie ein Kessel zu einer Dampfmaschine, die in allen ihren Teilen bewundernswert angepasst ist, die reibungslos und geräuschlos arbeitet, wie ein Ding des Lebens - poliert und schön in allen seinen Lagern und so ge-

schickt zusammengesetzt, dass kein menschlicher Gedanke sie übertreffen könnte. Das heißt, das einzig Wunderbare an einem Maulwurf ist seine Hand.

Das ist eine Freude für einen Studenten der Naturkunde.

Ich habe stundenlang gesessen und die wunderbare Form dieser Hand studiert.

Und so seltsam es Ihnen auch erscheinen mag, niemand weiß besser als der Maulwurf selbst, dass darin sein Lebensinhalt liegt.

Sie werden sich daran erinnern, dass ich die Nägel von den Vorderfüßen der hundert Maulwürfe, nahe am Fleisch, habe abschneiden lassen und sie dann losgelassen. Mit anderen Worten, ohne ihre wunderbaren Hände absolut zu zerstören, habe ich ihre Nützlichkeit völlig zerstört.

Nun muss man Ihnen noch etwas beibringen, nämlich dass es in den geschäftigen Gemeinschaften dieser kleinen Tiere keine Faulenzer gibt. Jeder Einzelne muss arbeiten. Nur eine Sache hindert ihn daran, seine Hände zu benutzen.

Das ist der Tod. Wenn ein Maulwurf sieht, wie sein Kollege die Arbeit einstellt, weiß er, was passiert ist.

Bei der Rückkehr der hundert Gefangenen in ihre Höhlen mischte sich Freude mit Schrecken!

Wer könnte als nächstes an der Reihe sein?

Aber als der Moment kam, sich einzufügen und sich an die Arbeit zu machen, gab es Bestürzung!

Was! lebendig und nicht in der Lage zu graben?

Sofort ergriff die wildeste Panik die Gemeinschaft. Sie verlassen ihre Häuser! In rasender Eile dringen sie in alle Richtungen in neue Höhlen vor und lassen ihre unglückseligen Gefährten hinter sich, um einen verweilenden Tod zu sterben - buchstäblich lebendig begraben. Wochen, Monate werden vergehen, bis sie sich von dieser wilden Angst erholt haben. Dann werden sie meilenweit weg sein.

Und die Erdhörnchen, fragen Sie. Das Erdhörnchen ist ebenso eingebildet, wissbegierig, hartnäckig und hartnäckig, wie es hartzahnig ist. Wenn es wüsste, dass die Welt rund ist, würde es behaupten, dass es einfach nur eine riesige Nuss ist, und sich wünschen, es wäre groß genug, um an ihren Kern zu kommen.

Als die Murmeln das erste Mal seinen Bau hinunterrollten, war er zufrieden. Sie waren so glatt, so rund! Er rollte sie hin und her, so zufrieden wie ein Kind mit einem neuen Spielzeug. Dann bewahrte er sie zur Belustigung für einen weiteren Tag auf. Ziemlich bald begann er ihrer überdrüssig zu werden. Sie waren ihm schrecklich im Weg. Sie ärgerten ihn sehr. Und doch ertrug er den Gedanken nicht, sich von ihnen zu trennen. Schließlich kam ihm die Frage in den Sinn: Was sind sie eigentlich? Sicherlich müssen sie einen Kern haben! Und so machte er sich an die Arbeit und nagte an ihnen. Sie waren furchtbar hart, aber er war entschlossen, an den Kern zu kommen. Tag für Tag nagte er an dieser undankbaren Aufgabe, nagte, nagte, bis er eines schönen Morgens aufwachte und die schreckliche Entdeckung machte, dass seine Zähne verschwunden waren!

Nun kann man sagen, dass ein Erdhörnchen aus vier Zähnen besteht und sonst nichts. Wenn diese weg sind, gibt es keine Möglichkeit, den übrigen Teil am Leben zu erhalten.

Es stimmt, er mag sich nach unendlicher Arbeit durch eine Nussschale kämpfen, aber es ist eine zu langsame Arbeit, um seine Kraft zu erhalten. Jede Nuss wird zu einer schwierigeren Aufgabe.

Und so war es auch mit der riesigen Kolonie in unseren Obstgärten. In den ersten Tagen tauchten wie üblich eine ganze Reihe von ihnen auf. Dann kamen immer weniger aus ihren Löchern, und sie sahen dünn und schwach aus und zeigten keine Neigung zum Toben und Schwatzen. Am Ende der Woche war die Arbeit getan. Sie hatten ihre eigene Zerstörung angerichtet. Die gesamte Kolonie war dem

Hungertod anheim gefallen.

So war es also, ich stellte das schöne Land unserer Familie wieder zu seiner alten Produktivität her und beseitigte alle Hindernisse, die zwischen mir und meiner sofortigen Abreise aus der Heimat standen.

In wenigen Tagen war alles bereit.

Der ältere Baron und die gnädige Baronin, meine Mutter, trennten sich mit einem sanften Regen von Tränen und einem erfrischenden Schauer von Segen von mir. In Begleitung meines stummen Bruders, des stets treuen Bulger, und eines treuen Dieners machte ich mich per Extrapost auf den Weg nach Wien.

Von dort reiste ich in halsbrecherischer Geschwindigkeit nach Budapest und erreichte über Bukarest das Schwarze Meer.

Ich durchquerte dieses Gewässer in einem schnellen Schiff unter dem Kommando eines alten Segelkapitäns, umrundete die Ausläufer des Kaukasusgebirges und machte mich auf den Weg nach Teheran.

Hier verweilte ich mehrere Tage, lange genug, um ein paar Kamele und Pferde zu kaufen und mich einer Karawane anzuschließen, die diese Stadt bald auf einer Handelsexpedition verließ.

Der Inhaber der Handelsgesellschaft begrüßte mich erneut herzlich, als ihm mitgeteilt wurde, dass ich eine schöne Sammlung europäischer Schmuckstücke mitgebracht hatte.

Um seinen guten Willen zu untermauern - sozusagen - gab ich ihm ein Paar feiner deutscher Pistolen.

Wir waren nun eingeschworene Freunde.

Ich blieb bei der Expedition, bis sie Kabul erreichte. Der Besitzer war erstaunt zu erfahren, dass ich nicht daran dachte, mit ihm nach Westen zurückzukehren. Nach einem ganzen Tag wortgewandter Bitten gab er nach, fiel mir um den Hals, weinte und wünschte mir gute Fahrt.

Ich war froh, ihn los zu sein, denn ich war nicht in der Stimmung, Freundschaften mit Männern zu schließen, deren Seelen sich nie über ein lukratives Geschäft erhoben. Nur in Begleitung meines treuen Bulger und eines einzigen Führers brach ich von Kabul aus auf, durchquerte Nordhindustan und betrat Tibet im Norden des Himalaya.

Dies war das Land, von dem ich lange geträumt hatte - ein Land, das der Außenwelt völlig unbekannt war.

Ich hatte nie die Neigung, ausgetretene Pfade zu überqueren. Von Natur und Bildung her ein Liebhaber des Seltsamen und Wunderbaren, dehnte sich meine Seele unter dem Himmel dieses fernen und seltsamen Landes aus, wie eine Blume unter dem Sonnenlicht eines warmen Maimorgens.

Kaum war ich mehr als ein Dutzend Meilen in dieses wilde, unerschlossene Gebiet eingedrungen, machte ich die erstaunliche Entdeckung, dass das Licht der Sonne den ganzen Tag über verdunkelt war, während der Himmel nachts von einem weichen, geheimnisvollen Licht durchflutet war, das hell genug war, um auch die feinsten Druckschriften mit vollkommener Leichtigkeit lesen zu können. Mit anderen Worten, die natürliche Ordnung der Dinge war genau umgekehrt. Also nutzte ich - immer schnell, um mich den bestehenden Umständen anzupassen - die dunklen Tage, um mich auszuruhen und zu schlafen, und verfolgte meine Reise bei Nacht.

Eines Morgens jedoch wurde mir das Rätsel offenbart. Die undurchdringlichen Wolken, die den Himmel wie ein Leichentuch verhüllt hatten, sanken plötzlich in Richtung Erde, und zu meinem fast unaussprechlichen Erstaunen entdeckte ich, dass diese Decke aus tiefschwarzer Schwärze aus Lebewesen bestand - aus riesigen Glühwürmchen, die so groß wie unsere gewöhnliche Fledermaus und sowohl am Körper als auch an den Flügeln weitaus schwärzer waren.

Als die Nacht hereinbrach, verwandelte sich dieses lebende Gewebe in ein Gewand aus funkelndem, schimmerndem Glanz, das den Himmel wie ein Gewand aus polierten Goldpailletten umhüllte, auf das ein Ausbruch von weichem Licht, wie von zehnmal zehntausend Wachskerzen, in gleißendem Glanz fiel. Es war etwas, das man sehen und dafür sterben kann. Bulgers armer, erschrockener Verstand ließ ihn aufblicken, halb in Furcht, halb verwundert über dieses geheimnisvolle Feuer, das alles in seine Flamme hüllte und doch nichts verzehrte. Ich hatte nur einen einzigen Gedanken. Ich wollte mehrere dieser riesigen Glühwürmchen fangen. Nacht für Nacht wartete ich geduldig auf eine Gelegenheit.

Endlich kam sie.

Ich bereitete gerade Kaffee zu und drehte mich um. Plötzlich erschreckte mich ein jämmerlicher Ausbruch, halb Jammern, halb Bellen, des armen Bulger. Ein Haufen dieser lebenden Sterne war ihm vor die Füße gefallen. Schneller als gedacht sprang ich nach vorne und warf meine Decke über sie. Dann legte ich sie mit größter Vorsicht in einen meiner Weidenkörbe.

Als Bulger sah, wie dieser Korb in Flammen stand und dennoch keine Wärme spürte, war er schmerzlich ratlos. Er lief immer wieder um den improvisierten Käfig herum, hielt sich in sicherem Abstand, schnüffelte aber jetzt an der Luft und schaute nun mit einem höchst flehenden Blick zu mir auf - als ob er sagen wollte:

"Lieber kleiner Meister, erklären Sie mir diese Sache! Warum verglüht es nicht?"

Zu meiner großen Enttäuschung starben die drei Häftlinge nach einigen Tagen Gefangenschaft, allerdings erst, nachdem sie eine Anzahl von Eiern - etwa in der Größe von Rotkehlcheneiern - gelegt hatten, die ich mit größter Sorgfalt in meine Exemplarekartons packte.

Ich darf an dieser Stelle sagen, dass ich bei meiner Rückkehr nach Hause diese Eier einer sanften Wärme aussetzte und entzückt war, aus jedem von ihnen eine Larve von der Größe eines Pfeifenstiels herauskommen zu sehen; aber zu meiner Freude - und zu Bulgers absolutem Schrecken - war diese Pfeifenstamm-Affäre innerhalb von vierundzwanzig Stunden so groß wie eine Frankfurter Wurst geworden.

Zu gegebener Zeit gingen sie in den Zustand der Puppen über. Aber dieser scheinbare Tod schien ein echter zu werden.

Wochen vergingen, und es gab keine Anzeichen einer Metamorphose.

Ich war zutiefst enttäuscht.

Es gab jedoch wichtigere Dinge, die meine Gedanken beschäftigten. Die schlafenden Glühwürmchen des Orients waren ganz vergessen, als eines Abends die Dienerinnen des Herrenhauses mit bleichem Gesicht und durchdringenden Schreien buchstäblich kopfüber die Haupttreppe hinunterstürzten.

Zum Glück saß ich auf der ersten Terrasse des Parks. Mit einem Satz eroberte ich mir den Flur, schnappte eine Schusswaffe von der Wand, warf mich vor die wild kreischende Frauentruppe und rief in gewaltigen Stentorian-Tönen zur Stille.

"Wurde ein Mord begangen?" Ich rief: "Gibt es eine Revolte unter den Bewohnern? Ist Blut vergossen worden?"

"Nein! nein! kleiner Baron!" riefen sie mit verstörten Augen und gefalteten Händen aus, "aber das Schloss brennt! Deine Räume stehen in Flammen! Eure Schätze werden verzehrt werden! Rette sie, kleiner Baron, rette sie, rette uns, rette die gnädige Frau und den ehrwürdigen Herrn!"

Schneller als es nötig ist, um es zu erzählen, habe ich das Seil der Alarmglocke ergriffen und sie zum Läuten gebracht.

Die Bediensteten reagierten mit Willenskraft. Eine Schar von ihnen platzte in den Flur und wartete auf das Kommando.

"Ergreift die Feuerkörbe, meine Jungs!" Ich rief ruhig, aber in einem Ton von ausreichender Würde, um vollkommenes Vertrauen zu erwecken.

" Menschliche Leitern zu den Fenstern meiner Wohnungen."

Zu dieser Zeit stürmte eine weitere Bande der Pächter auf den Schauplatz des Geschehens zu. Ich empfing sie mit dem Befehl, die Porträts im fürstlichen Speisesaal abzuhängen und sie an einem sicheren Ort aufzubewahren. Nachdem ich ein paar tröstende Worte an die gnädige Baronin, meine Mutter, gerichtet hatte, ergriff ich einen Feuereimer und führte die Schlange die Treppe hinauf. Ich legte meine Schulter an die Tür meiner Wohnungstür und sprengte sie auf, und mit gesenktem Kopf, bevor das gleißende Feuer einsetzte, folgte ich den Eimerträgern.

"Halt!" schrie ich.Es war zu spät! einige meiner schönsten Behänge und Teppiche wurden durch ein halbes Dutzend Eimer Wasser verdorben, die sich auf sie entleert hatten.

Das Rätsel war gelöst! Die Lichtflamme, die meine Wohnungen ziemlich überflutete, ging von den riesigen Glühwürmchen aus, die von mir unbemerkt ausgeschlüpft waren.

Aber ich bedauerte meine ruinierten Wandbehänge nicht.-Da war meine Belohnung, die an den Wänden hing.

Ich brauche wohl kaum zu sagen, dass die riesigen Glühwürmchen das Wunder ihrer Zeit waren, und so kurz es auch war, es genügte, meinen Namen mit einer Herrlichkeit zu bedecken, die so prachtvoll war wie ihr geheimnisvolles Feuer.

Zeichnung 21: Der Kleine Baron liest im Licht der riesigen Glühwürmchen.

Ich ließ eine riesige Lampe mit exquisiten orientalischen Mustern bauen, und nachdem ich die Lichtträger unter ihre Kuppel aus geschliffenem Glas gesetzt hatte, verbrachte ich mehrere Nächte im vollkommensten Glück, saß in ihrem weichen, weißen Licht, über muffigen Reisebänden, die in längst vergessenen Zungen geschrieben waren, mit Ausnahme einiger der gelehrtesten Gelehrten. Aber meine Freude war nur von kurzer Dauer. Die gigantischen Glühwürmchen weigerten sich absolut, etwas zu essen, obwohl ich sie mit hundert verschiedenen Arten von Nahrung verführte. Nach und nach verlor ihre geheimnisvolle Flamme ihren hellen Glanz und brannte immer schwächer, bis sie im Tod erlosch.

Um den Faden meiner Geschichte wieder aufzunehmen:

Ich wurde immer ungeduldiger, die Hochebenen des Himalaya zu erreichen, und beanspruchte die Ausdauer meines Führers bis aufs Äußerste.

In unseren Biwaks umschloss er manchmal meine schlanken Knöchelgelenke mit Daumen und Zeigefinger und rief aus: "Alle Götter haben dich gemacht, kleiner Baron", was bedeutete, dass in meinem kleinen Körper große Willenskraft und Stärke wohnten.

Der Himmel klärte sich nun auf. Das lebendige Grabtuch rollte rückwärts, dem Horizont entgegen, und nichts blieb übrig, um von der mächtigen Lichtflut zu erzählen, die so kürzlich den Himmel überrollte, bis auf einen schwachen schimmernden Feuerschein am weit entfernten westlichen Himmel.

Bald erlosch es ganz und gar. Bis dahin war unsere Reise durch ein offenes Land gegangen, mit hier und da einem Waldstück, das endlich so häufig wuchs, dass ich mir sicher war, dass wir uns der Grenze eines ausgedehnten Waldstücks nähern würden.

Darin habe ich mich nicht geirrt.

Als wir den Gipfel einer Hügelkette erreichten, konnte ich in der Ferne eine lange, dunkle Linie von Wäldern sehen.

Mein Führer, der auf der Suche nach Wasser vorangeschritten war, kam wild galoppierend zurück.

Ich schenkte ihm keine besondere Aufmerksamkeit, bis ich bemerkte, dass er in großer Eile abgestiegen war und auf mich zugerannt war.

"Kehr um, kehr um, kleiner Meister", rief er aus, warf sich mir zu Füßen und umklammerte meine Beine mit seinen Armen!

"Tritt nicht in den Palin-mâ-Talin ein! (Heimat der Finsternis.) Hundert Pilger haben ihre Gebeine in die moosbewachsenen Tiefen des Großen Düsterwaldes gelegt! Er ist so unwegsam wie der Ozean! Er ist so still wie der Tod. Er ist so grenzenlos wie der Himmel! Weder Mensch noch Tier können seine kühle, feuchte Luft atmen und leben! Kehrt um! Ich beschwöre dich, kleiner Baron; versuche nicht den Palin-mâ-Talin!"

"Palin-mâ-Talin! Palin-mâ-Talin!" Ich wiederholte, wie aus einem Traum erwachend, "warum, es muss sein - ja, es kann keinen Zweifel daran geben - der Große Arische Wald, in dem vor unzähligen Jahrhunderten die Menschen, die ihre Löcher in den Lehmbänken verlassen hatten, zum ersten Mal lernten, die wilden Tiere zu jagen, sich von ihrem Fleisch zu ernähren und sich in ihre Häute zu kleiden".

In meiner Freude über diese Entdeckung warf ich meinem staunenden Führer eine Handvoll Goldstücke in den Schoß.

Bulger, immer bereit, meine Freude zu teilen, kam an meine Seite und bellte laut und schrill. Zu meiner unendlichen Überraschung kam das antwortende Bellen eines Hundes, das in der Morgenbrise schwebte.

"Horch!" rief ich im Flüsterton aus. Diesmal war es unmissverständlich.

"'Das ist einer der Hunde von Benè-agâ!", antwortete mein

Führer. "Komm, kleiner Meister, lass mich dich zu seiner Höhle führen. Sie liegt ganz im Schatten des Großen Düsterwaldes. Er kann dir von den Gefahren des Düsterwaldes erzählen, denn er hat ihn durchquert!"

"Und kam er sicher zurück?" fragte ich.

"Solange das Leben währt, wird er in der Finsternis von Palin-mâ-Talin sitzen", murmelte der Mann.

"Was meinst du?" rief ich.

"Ich meine, dass die Mittagssonne ihm nicht die Schatten aus den Augen jagen kann."

"Er ist blind?"

"Ja, kleiner Meister, blind", antwortete der Führer, "und doch lebt kein menschliches Geschöpf, das dich sicher durch den Großen Düsterwald führen kann, außer diesem blinden Einsiedler!

"Schluss mit den Scherzen!" schrie ich.

"Nein, kleiner Meister!" war die Antwort des Mannes. "Ich spreche in aller Wahrheit und Ehrfurcht, denn Benè-agâ ist ein heiliger Mann, und in ihm wohnt ein so strahlender Geist, dass sein Weg erleuchtet ist und seine Schritte sicher sind, während andere Menschen ihrem Untergang entgegengehen würden!

"O, führe mich zu ihm!" rief ich mit kaum verhohlener Freude aus. "Tausend Goldstücke gehören dir, wenn der blinde Einsiedler sich bereit erklärt, mein Führer zu sein".

"Tausend Goldstücke!" wiederholte der Führer mit einem Schimmer in seinen dunklen Augen. "Ach, kleiner Baron, diesen fürstlichen Lohn kann niemand verdienen, außer dir selbst! Wer bin ich, der arme, elende, unwissende Sklave, der ich bin, dass ich versuchen sollte, diesen heiligen und gelehrten Mann in deinem Namen zu bewegen? Er würde auf den Ruf eines seiner Hunde viel eher hören als auf mein Geschwätz!"

"Ist er so anders als seine Art", fragte ich, während wir

langsam vorwärts ritten, "als Gold nicht zu lieben?

"Ja, kleiner Baron! Wenn jedes getrocknete Blatt auf seinem Waldweg eine Münze aus poliertem Gold wäre, würde er sich nicht bücken, um eine aufzuheben!

"Sind seine Ohren vor Schmeicheleien verschlossen?"

"So geschlossen wie seine Augen für die Sonnenstrahlen sind."

"Liebt er nicht irgendein schmackhaftes Gericht?"

"Früchte und Beeren machen ihn zufrieden!"

"Sicherlich würde ein Schluck eines seltenen alten Weins, der mit zunehmendem Alter milder wird, der nach zerstoßenen Rosen duftet und im Becher violett gefärbt ist, sein Herz zu schnellerem Schlagen erwärmen und ihn dazu neigen, mir zu dienen!

"Nein, nein, kleiner Baron! Ein Kürbis voll Wasser aus der sprudelnden Quelle in der Nähe seines Hauses in den Felsen, ist für ihn süßer als jeder Nektar, der je von Menschenhand destilliert wurde!

"Sie sagen, er ist gelehrt! Dann soll mein Geschenk eine Partitur seltener alter Bücher sein, unbezahlbare Pergamente, gefüllt mit Gedanken, die so edel, so tief, so subtil sind, dass darin zu lesen bedeutet, tausend Jahre in einem zu leben!"

"Ach, kleiner Meister", antwortete mein Führer mit einem traurigen Lächeln, "du bist immer noch in der Irre. Dieser Bewohner inmitten der Felsen, dieser Liebhaber der Einsamkeit, dessen Leben, wie man sagt, dreihundert Jahre dauert, kennt keine anderen Bücher als die Seiten seiner eigenen Seele! Auf diese hat er seine Gedanken so lange und so fleißig gerichtet, daß die törichten Ergüsse sogenannter Autoren wie das geringste Geschwätz der Kindheit erscheinen".

"Aber schau, kleiner Meister, wir nähern uns dem Haus des blinden Einsiedlers."

Ich wandte meine Augen in die angegebene Richtung.

Ein Felsvorsprung, wild, zerklüftet, gebrochen, gesäumt und verdreht, gekrönt von einem Kiefernwuchs mit verknoteten, knorrigen und phantastisch geformten Stämmen und Ästen, der vor unseren Augen verschlossen ist. Als wir uns dem Eingang der Höhle von Benè-agâ näherten, kam ein Rudel von Hunden verschiedenen Alters und verschiedener Rassen mit lautem Bellen vorwärts gesprungen.

Bulger ging kühn auf sie zu, nachdem er zuerst einen Blick auf mein Gesicht geworfen hatte, um zu sehen, ob ich Einwände hatte oder nicht.

Es ist schon lange her, dass er einem Mitglied seiner Spezies begegnet war, und dann wiederum wünschte er sich zweifellos einen guten Blick auf diese Bewohner eines so weit entfernten Landes zu werfen.

Das Gefühl schien auf Gegenseitigkeit zu beruhen, denn augenblicklich hörte das Bellen auf, und die Hunde des Einsiedlers versammelten sich in stiller Verwunderung um Bulger.

Nach einer Reihe von Begrüßungsrufen, die offensichtlich in bester Kameradschaft endeten, versuchten die Hunde des Einsiedlers, Bulger zu einem Auslauf in Wald und Feld zu locken, aber dabei waren sie, ich brauche wohl kaum zu sagen, völlig erfolglos. Bulger gab ihnen sehr entschieden zu verstehen, dass er mit ihnen sprechen und sogar mit ihnen toben würde, aber dass dies alles unter den Augen seines Herrn geschehen müsse.

Wir hielten nun an und stiegen ab.

"Das ist der Ort", sagte mein Führer in einem leisen Ton. "Durch diesen tiefen Riss in den Felsen wirst du einen Weg finden, der zur Höhle von Benè-agâ führt. Betrete ihn kühn, kleiner Meister. Am Eingang der Höhle wirst du einen getrockneten Kürbis finden, der an der Felswand hängt. Ergreife ihn! Wenn man ihn schüttelt, werden seine

Samen ein lautes, klapperndes Geräusch von sich geben. Wenn dies geschehen ist, bewege dich nicht, auch wenn die Abendschatten dich immer noch an der Tür der Höhle von Benè-agâ finden. Leb wohl, kleiner Meister; der Himmel möge dir deine Güte mir gegenüber verzehnfachen! Ich werde drei Tage auf dich warten. Wenn ich bis dahin deine Stimme nicht höre, die mich ruft, dir wieder zu dienen, werde ich zu meinen Verwandten zurückkehren!

Als ich zur Spalte in der Felswand vorrückte, fand ich den Kürbis an einem ledernen Riemen hängend.

Das laute Klappern der Samen, als es die tiefe Stille dieser wilden und einsamen Vorhalle zu einem Tempel durchbrach, der der Stille, Einsamkeit und Meditation gewidmet ist, ließ mich schmerzvoll aufschrecken.

Als ich den Kürbis an seinen Platz zurückstellte, beugte ich mich vor, um den leisesten Ton der Stimme des Einsiedlers zu hören, der mein Ohr erreichen konnte.

Sie kam nicht.

Die Stille wurde beklemmender als zuvor.

Die gebrochenen, verdrehten Felsen, die über mich hinausragten und mich umgaben, nahmen fantastische Formen an.

In jeder dunklen Vertiefung sah ich eine missgebildete Kreatur umherhuschen.

Ein schreckliches Gefühl der Einsamkeit überkroch mich.

Kein Ton kam, außer dem lauten Pochen meines eigenen Herzens.

Eine halbe Stunde verging!

Benè-agâ sprach kein Wort.

"Vielleicht schläft er!" flüsterte ich mir selbst zu.

Meine Worte weckten das Echo der felsigen Vertiefungen, und das Wort "schläft" drang in hundert verschiedenen Tönen in meine Ohren zurück, jetzt laut und zischend, jetzt leise und zischelnd.

Endlich war eine volle Stunde vergangen, seit ich mit den Samen des getrockneten Kürbisses gerüttelt hatte, und doch sprach der blinde Einsiedler kein Wort.

Wieder sank die todesähnliche Stille über den Ort, und die sich sammelnden Schatten wurden immer tiefer und tiefer.

Hätte der Führer mir etwas vormachen können? fragte ich mich.

Nein, das kann nicht sein!

Und doch, warum kommt aus der Höhle von Benè-agâ kein Geräusch?

Soll ich ihn noch einmal rufen? Könnte er nicht hinausgegangen sein, um Nahrung zu sammeln?

Bin ich dazu verdammt, zurückgewiesen zu werden, nachdem ich die Schwelle meiner lang ersehnten Begierde erreicht habe?

Diese und hundert andere Fragen schossen mir durch den Kopf, als ich in dem dunklen und düsteren Korridor stand, der zur Höhle von Benè-agâ führte.

An den Schatten auf der Felswand konnte ich sehen, dass ich nun mindestens zwei Stunden lang auf die Aufforderung gewartet hatte, näher heranzukommen.

Aber still!

Endlich spricht er!

Mein Herz schlug freudig, und doch wie mit einem bleiernen Gewicht darauf.

"Wer ist es, der meine Meditation stört?" waren die Worte des Eremiten.

"Ein Fremder! Ein Bruder! Einer, der deiner Führung bedarf!" Ich antwortete in einem festen, aber bescheidenen Ton.

"Mir ist kein menschliches Geschöpf fremd! Du bist zu jung, um mein Bruder zu sein! Das Licht, das mir geblieben ist, leuchtet nur bis zu meinen eigenen Füßen", kam langsam aus der Höhle des Einsiedlers mit voller, tiefer, reicher Stimme.

"Wahrhaftig, großer Meister", antwortete ich, "aber darf ich dann nicht dein Sohn sein und in deine Fußstapfen treten?

"Du bist sehr weise für deine Jahre", sagte Benè-agâ.

"Nicht so weise, großer Meister", lautete meine Antwort, "wie ich sein werde, wenn ich zu deinen Füßen sitze".

"Komm etwas näher, deine Kinderstimme klingt wie ein Echo", fuhr der blinde Einsiedler fort. "Und doch bist du kein Kind! Ein großer Geist spielt in flotter Laune hinter deinem Antlitz! Ich sehe, dass du blaue Augen hast und flachshaarig bist. Deine Augen sind weit auseinander gesetzt, und über ihnen erhebt sich eine Denkkuppel. Deine Heimat ist das Land der Nordmänner. Zumindest deine Väter haben dort gewohnt. Auf deinen Wangen leuchtet das Karmesinrot, das im Pfirsich- und Apfelland das Herbstlaub befleckt!

Da ich noch nicht einmal die Höhle von Benè-agâ betreten hatte, überkam mich bei diesen Worten des blinden Einsiedlers ein seltsames Gefühl, halb Angst, halb schreckliche Faszination.

Mein Herz klopfte heftig.

Sein Ohr, viel feiner als das eines Vogels oder eines Tieres, fing das Geräusch auf.

"Fürchte dich nicht, Kleiner", sagte er in tiefen, satten Tönen, voll und anschwellend wie die Stimme von Orgelpfeifen, "wenn du dich mit einer Handvoll Beeren begnügen kannst, wenn du hungrig bist, mit einem Zug aus dem benachbarten Bach, wenn du durstig bist; wenn deine jungen Glieder kräftig genug sind, um einer felsigen Couch Ruhe zu entreißen, dann bist du willkommen! Wenn nicht, dann geh deinen Weg! Seit zwanzig Jahren bin ich mit einem bestimmten Problem beschäftigt und habe keine Zeit, anzuhalten und ein reichhaltigeres Mahl auszubreiten!"

"Aber würze deine genügsame Kost mit deiner Weisheit, großer Meister", kehrte ich zurück, "und sie wird meinem Gaumen süßer sein als stallgefütterte Rinder und lieblicher Wein".

"Komm etwas näher, kleiner Reisender, damit ich dich besser sehen kann", sprach der blinde Einsiedler freundlich und sanft.

Ich wartete nicht auf weitere Beschwörungen, sondern trat kühn in die Höhle von Benè-agâ ein.

Es war in Wahrheit nicht viel mehr als eine erhabene Felsspalte mit mehreren niedrigeren Vertiefungen, in der die Schatten ungestört lagen. Ihr Dach aus zerklüfteten, gebrochenen und geschwärzten Steinmassen war gewölbt und hoch. In ihm und um ihn herum nisteten Schwärme kleiner schwalbenähnlicher Vögel, die zuweilen in musikalischem Gezwitscher ausbrachen. So karg, düster und völlig verlassen der Ort war, ohne Stuhl, Matte, Bett oder Decke, verschwand jeder Gedanke an seine schreckliche Einsamkeit und erbärmliche Umgebung aus meinem Gedächtnis, als ich den Blick auf seinen Bewohner richtete.

Als ich die Schwelle der Höhle von Benè-agâ betreten hatte, war er langsam von seiner Steinbank aufgestanden und stand nun aufrecht vor mir. Mächtig gebaut, groß und majestätisch, mit langen schneeweißen Haaren und schneefarbigen Bart, ragte er wie eine Statue aus parianischem Marmor im dämmrigen Zwielicht empor, an das sich meine Augen nun jedoch gewöhnt hatten.

Ich blickte ihn an, halb in Furcht, halb in Freude.

Ich spürte, wie mein Atem schnell und schneller ging, während ich meinen Blick auf sein wunderbares Gesicht fesselte, das so voller Liebe, Geduld, Mut und Zufriedenheit war.

Hätte er seine Augen auf mich gebeugt, hätte ich ihm nie geglaubt, dass er blind ist, denn sie waren ungetrübt, voll und strahlend. Und doch sah ich auf den zweiten Blick, dass ihr Glanz dem Glanz des geschliffenen Edelsteins glich, dem die Weichheit lebendiger, empfindsamer Kugeln fehlte.

Benè-agâ war in ein grobes Gewand aus getrockneten Häuten gekleidet, aus denen das Haar geschickt geschabt worden war. Von seiner breiten und massiven Stirn zurückgeworfen, hingen seine weißen Locken in schweren Ringeln auf seinen breiten Schultern, während sein wunderbarer Bart, so weiß und glitzernd wie gesponnenes Glas, zweimal um seinen Körper geschlungen, wie ein Schneekranz, der sich durch den kreisenden Sturm um eine kräftige Eiche wand, umklammert wurde.

Wie ein mächtiger Sohn der Erde ragte er empor, roh und doch edel; ungebildet und doch gelehrt, menschlich und doch gottgleich, dass ich wie versteinert dastand. Meine Zunge vergaß ihre Sprechkünste. Ich fühlte, dass ich zu Stein werden sollte, wenn er nicht zu mir sprach.

Während ich so sprachlos dastand, der Kraft beraubt, ein Glied zu bewegen, brach Bulger den Bann!

Zu Füßen von Benè-agâ lag ein kranker Hund, gebrechlichen Alters und ohne Leiden; blind wie sein Herrchen, den Kopf auf weiches, trockenes Laub gepolstert - der einzige Anschein eines Bettes in der Höhle des Einsiedlers.

Zeichnung 22: Benè-Agâ, der blinde Führer.

Bulgers Blick fiel auf dieses jämmerliche Schauspiel. Mit vorsichtigem Schritt, ausgestrecktem Hals und weit geöffneten Augen näherte er sich seinem kranken Bruder, schnüffelte an ihm, leckte sein Gesicht und seine Ohren, wimmerte kläglich und warf mir dann einen flehenden Blick zu, als wolle er mich fragen: "Lieber kleiner Meister, kannst du nichts tun, um meinem armen, kranken Bruder zu helfen? Kannst du ihn nicht wieder gesund machen, damit ich ihn in den warmen Sonnenschein hinaus entführe, um mit ihm zu spielen?

Benè-agâ sprach: "Ich sehe, dass du nicht allein bist, kleiner Wanderer, du bringst einen Gefährten mit dir. Er ist willkommen. Seine Zärtlichkeit und sein Mitgefühl werden Freude und Frohsinn in das Herz meines leidenden Freundes tragen, dessen Kopf ich auf weiches Gras gebettet habe! Auch ich liebe Hunde! Du siehst, sie sind meine einzigen Gefährten. Ihre Liebe ist weniger anspruchsvoll als die menschliche Liebe. Sie verlangen kein Gelöbnis oder Versprechen. Sie verstehen mein Schweigen, lesen meine Gedanken und sind zufrieden!

"Aber, komm! kleiner Reisender, die Zeit drängt. Sprich! Was führt dich in die Höhle von Benè-agâ? Wenn es nur Neugierde ist, geh! Wenn du aber einen Rat suchst, wenn du mit der ehrlichen Absicht kommst, mich in einer schwierigen Angelegenheit um Rat zu fragen, bin ich bereit, dir zu dienen!

"Ich danke dir, großer Meister!" Ich antwortete demütig. "So wisse denn, dass ich den Großen Düsterwald durchqueren würde, und dieser Bericht ist mir zu Ohren gekommen, dass ausgerechnet du allein mich durch seine niemals hebenden Schatten führen, mich vor seinen giftigen Dämpfen abschirmen und mich nicht meinen eigenen Fußabdrücken in immer weiteren Kreisen folgen lassen kannst, bis die Vernunft selbst den gefürchteten Zauber dieser riesigen, weglosen, unwegsamen Wildnis spürt!

"'Das ist wahr!" antwortete Benè-agâ in tiefen, traurigen Tönen. "Ich kann den Dienst tun, den du verlangst! Aber, oh, mein Sohn, du musst wissen, dass ein höchst heiliger Schwur mich in seiner rätselhaften Kraft gefesselt hält, sicher verschlossen, dass ich keine Mitgeschöpfe durch diesen unwegsamen Wald führen darf, außer unter bestimmten Bedingungen!

"Nennt sie, großer Meister!" schrie ich.

"Dass derjenige, der um diesen Dienst bittet", fuhr Benè-agâ fort, "dreißig Tage und Nächte bei mir in meinem felsigen Haus verweilen soll, um ihn der Last der schrecklichen Finsternis und des Schweigens zu entreißen; dass er in all dieser Zeit keine andere Speise schmecken soll als die Beeren, von denen ich mich ernähre; dass er seinen Durst mit keinem anderen Trank löschen soll als dem, den ich ihm aus dem benachbarten Bach bringe, und dass er auf dem nackten Felsen schlafen soll, so wie ich es tue! Bedenke! die Lehre ist streng. Halten Sie es weder für unehrenhaft noch für schwach, vor einer so schweren Aufgabe zurückzuschrecken! Halte inne, überlege, bevor du antwortest. Ich setze meine Meditationen für eine Stunde fort und frage dich dann erneut!"

"So sei es, großer Meister!" antwortete ich; und Benè-agâs blinde Augen scheinen sich der verkümmerten Form des sterbenden Hundes zuzuwenden.

Stille erfüllte die Höhle, und die schwache Dämmerung kämpfte gegen die aufziehende Finsternis. Meine Gedanken wandten sich nach Hause! Ich konnte die sanfte Stimme der Baronin, meiner Mutter, hören. Die Schlossfenster waren erleuchtet, und die hohen Linden schüttelten einen reichen Duft aus ihren blühenden Ästen. Alles schien so süß und friedlich. Die Stimme meiner Mutter erreichte mich - ich hörte jedes ihrer Worte: "Bereitet das Mahl meines Sohnes zu", sagte sie in sanften, milden Tönen. "Sorgen Sie dafür, dass seine Lieblingsgerichte warm gehalten werden. Wähle nur den besten Wein für ihn; und achte darauf, dass sein Bett weich und eben ist und sein Kissen glatt ist! Mein Atem kam nur mit schmerzhafter Anstrengung, als mir diese Worte in den Ohren klingelten.

Ich begann mit einem Satz. Ungeachtet meiner selbst machte ich einen Schritt in Richtung des Portals der Höhle von Benè-agâ, wo die letzten Strahlen der untergehenden Sonne die zornigen, zerklüfteten, zerbrochenen Felsen mit Gold überzogen.

"Nun, mein Sohn!", sprach der blinde Einsiedler. "Bist du immer noch entschlossen?"

"Ja, großer Meister!" schrie ich, drehte mich um und näherte mich ihm.

"Fürchte nichts! Obwohl körperlich schmächtig, wurde ich mit der Stärke von Stahl in meinen Gliedern und der Willenskraft einer ganzen Reihe gewöhnlicher Männer geboren.

"Führe du mich weiter! Ich will dir folgen."

Ein schwaches Lächeln breitete sich über das edle Antlitz des blinden Einsiedlers aus, als er antwortete:

"Ich habe dir nicht alles gesagt, mein Sohn! Bis wir diese Steinmauern verlassen haben und unter freiem Himmel stehen, darfst du kein Wort laut sprechen. Nein, auch nicht im Flüsterton. Ich werde dir dein Essen und Trinken vorsetzen, und das", fuhr er fort und zeigte auf ein vorspringendes Felsbrett, "soll dein Bett sein! Auf seiner nackten Oberfläche ruhst du deine Glieder aus, wenn die Natur dich schlafen lässt. Bist du immer noch entschlossen?"

"Ja, großer Meister!" Ich antwortete mit lauter und beschwingter Stimme: "Ich werde tun, was du willst!

"'Das ist gut!', sagte Benè-agâ. "Deine tapfere und standhafte Seele gefällt mir! Aber halte mich nicht für hartherzig, wenn ich dich zu dieser Finsternis und diesem Schweigen verdamme! Mäßige die Bitterkeit deines Schicksals, indem du dich in den wenigen kurzen Stunden, die es dauern wird, einer tiefen und ernsthaften Meditation hingibst. Vergiss die so genannte Welt - eine Blase, die zerplatzt, wenn du denkst, sie zu ergreifen; ein Schatten, dem du mit eifrigem Tempo nachjagst und den du doch niemals überholen kannst; eine Fata Morgana, die sich vor den Blicken des müden Reisenden erhebt, mit Visionen köstlicher Gärten, die von klaren Rillen bewässert und von funkelnden Fontänen gekühlt werden, nur um zu schmelzen und ihn schwächer und ohnmächtiger als zuvor zurückzulassen. Sieh in dich hinein! Du bist der Tempel einer unsterblichen Seele! Betrete seine Portale! Richte deine Augen auf die geheimnisvollen Schriften, die dort ausgerollt sind! Werde nicht müde und entmutigt, wenn du ihre Bedeutung nicht so leicht entschlüsseln kannst, wie du es mit den Menschenbüchern tun würdest! Und oh, mein Sohn, sollte die Düsternis und Stille der Höhle von Benè-agâ zu schwer auf deiner jungen Seele lasten, erhebe deinen Blick auf eine der vielen Linien, die ich in meinen Stunden der Erholung in diese Felswände gemeißelt habe. Sie werden dich zu süßer Zufriedenheit zurückführen; sie werden dir Kraft geben, bis zum Ende auszuharren! Und nun, mein Sohn, lebe wohl! Auch wenn ich bei dir bin, nahe bei dir, sogar an deiner Seite, so denke doch daran, dass ich weit von dir entfernt bin. Ja, weiter, als der irdische Stab messen kann! Sei hoffnungsvoll, sei stark, und du wirst siegen! Nochmals, leb wohl!"

"Lebt wohl, großer Meister, leb wohl!" rief ich aus, und als meine Worte durch die weite, felsige Kammer hallten, floh der letzte Lichtstrahl vor der sich verdunkelnden Dunkelheit, und alles war tintenschwarz.

Ich hatte bemerkt, dass ich, bevor die Dunkelheit eintrat, in der Nähe des vorspringenden Felsvorsprungs stand, der mir als Bett dienen sollte, als die Natur mich zur Ruhe rief.

Ich drehte mich nun leise um, tastete mich auf sie zu und streckte mich in voller Länge auf ihrer nackten Oberfläche aus. Für einige Augenblicke ging alles gut. Ein solcher Gedankenkonflikt wütete in den Kammern meines Geistes, dass ich die Kälte, die diese Steinliege durch meine Glieder kroch, nicht zur Kenntnis nahm. Ich schloss meine Augen und dachte daran, sie zum Einschlafen zu überreden und so den immer stärker werdenden Schmerz zu vergessen!

Vergeblich! Es schien, als ob der Tod selbst meine Füße zwischen seinen eisigen Handflächen ergriffen hätte!

Scharfe Schmerzen sprangen von einem Gelenk zum anderen, und wo immer mein Körper mit dieser Steinliege in Berührung kam, war es, als ob tausend Nadeln in mein Fleisch stachen. Halb wahnsinnig geworden durch die immer größer werdenden Qualen warf ich mich wie im Delirium hin und her. Manchmal setzte ich mich auf, um dem betäubenden Schwindel zu entkommen, der mich in seinem schnellen, kreisenden Strudel erfasste! Mein erhitzter Puls schlug an den dünnen Wänden meiner Schläfe, bis es schien, als sollte ich verrückt werden! Ein rauschendes, hustendes, gurgelndes Geräusch vieler Gewässer dröhnte in meinen Ohren, während seltsame, phantastische Formen in einer Feuerlinie vor einem tintenbefleckten Hintergrund vor meinen Augen hin und her huschten, bis ich zu befürchten begann, dass ich bald dazu verdammt sein würde, in ewiger Finsternis zu sitzen wie Benè-agâ selbst.

Und nun schwankten Hitze und Kälte abwechselnd in meinem müden und gebrochenen Körper. Vergeblich bemühte ich mich, meine ausgetrockneten Lippen mit meiner Zunge zu benetzen! Das Fieber hatte sie zu einem Fetzen getrocknet. Für einige kurze Augenblicke hörte die Folter auf!

Ich atmete freier!

Meine Gliedmaßen, dachte ich, gewöhnen sich an ihre steinerne Liege! Ich werde voll schlafen und meine Leiden vergessen!

Aber nein! Mit verdoppelter Wut kehrten sie zu ihrer Arbeit zurück.

Ich wagte nicht, so bald zu Benè-agâ um Gnade zu bitten, um Befreiung von den grausamen Bedingungen, die er mir auferlegt hatte! Lieber den Tod, als so schnell nachzugeben; so zu schrumpfen wie ein Feigling, der regungslos und zitternd auf dem Schlachtfeld steht, wenn ihm ein abgebrannter Feuerball auf die Brust trifft.

Endlich habe ich geschlafen!

Aber oh, welch ein gebrochener, fiebriger Schlaf war das! Ein Schlaf mit unverschlossenen Augen, voll von dunklen und düsteren Erscheinungen. Ich konnte nicht mehr ertragen. Ich gab nach und sehnte mich nach dem Tod. In Gedanken küsste ich die Hände meiner Eltern und fühlte ihre sanften Liebkosungen auf meiner Stirn und meinem Gesicht. Und dann schien es, als ob die gnädige Baronin, meine Mutter, meine Hand in ihrer fasste und sie inbrünstig auf ihre Lippen drückte. Der Kuss war so warm, so zärtlich, so lebensecht, dass ich begann, wie aus einem langen Delirium zu erwachen. Es kann kein Traum sein, murmelte ich, ich bin wach!

Ich warf meine zerrissene Gestalt auf die Seite, so dass ich meine rechte Hand, diejenige, an der ich den Kuss gespürt hatte, mit der linken Hand berühren konnte, und mit der linken Hand wurde mir das Rätsel erklärt.

Es war Bulger!

Er stand neben meiner Couch aus Stein. Er war es, der meine kalte, taube Hand geleckt und meine Gedanken nach Hause gekehrt hatte. Ich streichelte seinen Kopf und seine Ohren und versuchte, ihn dazu zu bringen, sich hinzulegen, damit das Geraschel den blinden Einsiedler nicht stören würde. Er weigerte sich zu gehorchen, obwohl ich ihn dreimal meine Wünsche wissen ließ. Es war sein erster Akt des Ungehorsams, und für einen Augenblick vertrieb ich alle Gedanken an Schmerz aus meinem Gedächtnis. Zu all meinem Leid kam nun diese neue Trauer.

Endlich aus meiner Benommenheit erwacht, sammelte ich durch seine hartnäckige Gehorsamsverweigerung meine Gedanken ausreichend, um zu erkennen, dass er darauf aus war, auf meine Couch zu springen. Seine Vorderfüße ruhten bereits auf der Kante. Ich wagte nicht zu widerstehen, damit er nicht die feierliche Stille der Höhle von Benè-agâ durchbrach, indem er ein Bittgebet ausstieß. Kaum war er auf das felsige Regal gesprungen, fühlte ich, wie er auf dem Rand kauerte und nach unten griff, als ob er etwas zwischen den Zähnen fassen wollte, etwas, das so schwer war, dass es gewaltsame Anstrengung erforderte. Was auch immer es war, ich merkte schnell, dass er sich bemühte, es auf meine felsige Couch zu schleppen. Als ich mich halb erhob, streckte ich meine Hand aus, um das Rätsel zu lösen.

O geliebter Bulger!

In einem Ausbruch von Zuneigung drückte ich meine Lippen wiederholt auf seinen Körper. Er nahm meine Liebkosungen nicht zur Kenntnis, sondern zerrte nur umso fester an dem Ding, das er in seinen Zähnen hielt. Es war meine Decke!

In seinen frühen Jahren hatte er gelernt, mir meine Hausschuhe, meine Handschuhe, meine Mütze zu holen, und als er sie hier oder dort liegend fand, hatte er nie vergessen, mir diese kleinen Dienste zu erweisen. Und so, als er bemerkte, dass meine Decke offenbar vergessen worden war, ergriff er sie, so schwer sie auch war, und schleppte sie in das Bett seines kleinen Herrn.

Ohne Rücksicht auf Benè-agâs Zorn und ohne zu bedenken, dass die Annahme des Geschenks von Bulger ganz offensichtlich einen offenen Bruch der Übereinkunft zwischen dem blinden Einsiedler und mir darstellte, wickelte ich meinen zerschlagenen und schmerzenden Körper in die dicke, warme Decke und fiel in einen langen, erholsamen Schlaf.

Dies war meine erste Nacht in der Höhle von Benè-agâ. Der nächste Tag war hell und klar, und die felsige Kammer erschien mir weniger trostlos. Meine Augen gewöhnten sich an die Düsternis.

Von morgens bis abends meidete ich dieses Folterbett und vertrieb mir die Zeit damit, die verborgene Bedeutung der Worte zu studieren, die Benè-agâ in die Felswände gemeißelt hat; ich beobachtete die Vögel, wie sie mit Futter für ihre Nestlinge hereinflogen, oder ich stand in der Nähe des blinden Einsiedlers, wobei mein Blick auf seine edlen Züge, sein üppiges, dichtes Haar und seinen weit wallenden Bart gerichtet war!

Von dieser Zeit an ging alles gut. Bald vergaß ich die langen Stunden dieser schrecklichen Nacht der Stille und Verzweiflung. In der Tat war ich erstaunt, wie schnell die Zeit verging, wenn man sich einer tiefen und alles in sich aufnehmenden Meditation hingibt.

Tage und Nächte huschten vorbei wie abwechselnde Stunden von Licht und Dunkelheit.

Ich wurde aus einem tiefen Schlaf aufgeschreckt, als ich die volle, runde Stimme von Benè-agâ hörte, die sagte: "Auf, auf, kleiner Reisender, auf, mein Sohn, der Morgen bricht an. Die festgesetzte Stunde ist gekommen! Heute müssen wir Palin-mâ-Talin betreten, sonst war deine ganze Ausbildung umsonst!"

Ich tauchte auf, und als ich mich Benè-agâ näherte, erzählte ich in Tönen ungeheuchelten Kummers, wie ich den heiligen Vertrag zwischen uns missachtet hatte, und dass es mir dennoch ins Herz schnitt, umkehren zu müssen, als ich am Rande des Großen Düsterwaldes stand, aber nicht würdig war, ihm zu folgen, und fest entschlossen war, nicht um Gnade zu flehen!

Alles! Ich erzählte ihm alles! wie mein Körper so von Schmerzen gequält wurde, dass ich kurz davor war, nach Befreiung aus der schrecklichen Übereinkunft zu schreien, als mein geliebter Bulger zu meiner Erleichterung kam und mich vor dieser Verschlechterung bewahrte. Er hörte mich schweigend, sein edles Antlitz gab kein Zeichen oder einen Hinweis darauf, was in dieser erhabenen Seele vor sich ging.

Endlich breitete sich ein trauriges und kaum wahrnehmbares Lächeln über sein Gesicht aus, und er sprach wie folgt: "Sei tapfer, mein Sohn. Alles ist vergeben. Du bist nur ein Kind, und ich hätte die Last dieser Lehrzeit leichter nehmen sollen. Ich kann dir auch nicht die Schuld dafür geben, dass du einem so rührenden Beweis der Liebe deines Hundes zu dir nachgegeben hast! Hättest du ihn zurückgestoßen, so hätte er in wachem Kummer an deinem Bett gelegen, diese ganze nächtliche, treue Seele! Hätte er zu mir gehört!"

Benè-agâ beugte also seine hoch aufragende Gestalt und streichelte Bulgers Kopf und Ohren.

Auch Bulger erwiderte die Liebkosungen des Eremiten nicht zögerlich. Sie waren die besten Freunde geworden. Bulger spürte von Anfang an die Faszination der geheimnisvollen Kraft von Benè-agâ.

Als die Stunde kam, die felsige Kammer der Finsternis und Stille zu verlassen und wieder ins Sonnenlicht zu treten, brach mein Herz in seinen alten Rhythmus. Wäre ich nicht in der Gegenwart des ehrwürdigen Benè-agâ gewesen, hätte ich vor Freude hüpfen und tanzen sollen, als wir aus dieser trostlosen Behausung herauskamen, und ich spürte, wie die warme Luft meine Wange wieder aufbaute. Aber eine Sache traf mich jetzt am heftigsten. Es war die wunderbare Veränderung, die ich an dem blinden Einsiedler selbst bemerkte, als er im Sonnenlicht stand und die Morgenbrise die Locken seines weißen, seidenen Haares warf, wie Aprilwinde, die sich mit einem Schwarm Schneeflocken vergnügten. Erstens war sein Aussehen ganz anders als das, an das ich mich gewöhnt hatte. Eine Ledermütze krönte sein massives Haupt und hielt sein dickes, rebellisches Haar etwas unter Kontrolle. Sein breiter, wallender Bart war völlig unter seinem groben Gewand verschwunden, außer dort, wo er sein Gesicht und seinen Hals bekleidete. Ich sah sofort, dass er für die Arbeit gekleidet war - für mühsamen Fortschritt durch Palin-mâ-Talins dichten Wuchs. In seiner rechten Hand trug er einen seltsamen Stock oder Zauberstab, lang, schlank, poliert und äußerst flexibel. Ich lernte bald, mich über seine außerordentliche Fähigkeit zu wundern, mit diesem Stab seine Schritte zu lenken oder die Beschaffenheit jedes Gegenstandes zu entdecken, der sich nicht in Reichweite seiner Hände befand. Ein grober Sack oder Lederbeutel wurde über seine Schulter geschwungen.

Die Veränderung in Benè-agâs Art und Weise war noch deutlicher zu erkennen. Für mich war diese Veränderung ebenso erfreulich wie unerwartet. In einer kurzen halben Stunde wurde er zu einem anderen Mann. Seine tiefe, reiche Stimme, weich und rund wie der Klang einer Orgelpfeife, nahm einen sanfteren Ton an! Ein schwaches Lächeln umhüllte seine edlen Züge, als das Sonnenlicht auf sie fiel. Sein Schritt wurde schnell und elastisch, seine Bewegungen lebhaft und beweglich. Seine verbleibenden Sinne waren so wunderbar scharf, dass nur der genaueste Beobachter hätte erahnen können, dass er blind war.

Als er sich in Richtung der Stelle drehte, an der seine Hunde im Spiel waren, verblüffte er mich mit einem freudigen Ausbruch,-

"Yo ho! Meine Kinder! Yo ho! meine Brüder! Hier zu mir! Hier zu mir!"

Seine Hunde - Bulger unter ihnen - stürzten mit einem lauten Bellen nach vorn. Benè-agâ fing die Stimme des Fremden ein. "Es schmerzt mich zutiefst", rief er, "ihn seiner Spielkameraden zu berauben, denn ich sehe ihn mit meinen Kindern toben und Sport treiben!

Als der blinde Einsiedler sich bückte, sprangen seine Hunde mit lauten Trauerschreien beim Abschied auf, um ihm Gesicht und Hände zu lecken.

"Geht, meine Kinder! Geht, meine Brüder!" sagte Benè-agâ. "Seid zufrieden. Ich werde bald wiederkommen, sehr bald, mit Liebe, die durch Abwesenheit aufgewärmt wird!"

Nun war alles bereit für den Start. Unter der aufgehenden Sonne konnte ich in der Ferne eine lange, dunkle Linie sehen, wo Erde und Himmel zusammenkamen. Es war Palinmâ-Talin. Heimat der Finsternis! Der Große Dunkle Wald!

Dorthin lenkte Benè-agâ nun seine Schritte mit erstaunlich schneller Gangart und klopfte mit seinem langen, polierten Zauberstab auf den Boden, während er vorbeieilte!

Ehrfurcht gebietend folgte ich meinem blinden Führer!

Im Vergleich zu solch wundersamen Fähigkeiten des Hörens, Riechens und Fühlens waren meine Augen wertlos. Immer und immer wieder rief er mir zu:

"Hüte dich, mein Sohn, eine Viper, die sich im Gras zu deiner Linken bewegt! Hüte dich gut, mein Sohn, und berühr die Blätter des blühenden Strauches nicht, durch den wir jetzt gehen - sie sind giftig.

"Bewahre dich gut, mein Sohn, das Wasser des Baches, zu dem wir kommen, zu kosten, bis ich seine Reinheit geprüft habe.

"Hüte dich, mein Sohn, eine der Blumen zu pflücken, die jetzt dein Auge erfreuen und dich mit ihrem Duft bezaubern. Ihr Duft wird dich dem Tode nahe bringen, ihren Duft deinen Nasenlöchern einzuatmen."

"Beschütze dich gut, mein Sohn, um auf deiner Haut eines der kleinen Insekten zu zerdrücken, die jetzt die Luft erfüllen, damit du nicht ein feines Gift über dein Fleisch verteilst!

Als wir uns dem äußeren Rand des Großen Düsterwaldes näherten, erhellte eine seltsame Freude das Gesicht von Benè-agâ. Er schlug mit seinem polierten Zauberstab in anmutigen Kurven und Kreisen durch die Luft, während er halb singend, halb rezitierend, eine Art Gesang, eine Anrufung oder einen geheimnisvollen Gruß an Palin-mâ-Talin, Heimat der Finsternis, aussandte!

Wie von der reichen Musik seiner eigenen Stimme bezaubert, stieg sein Geist immer höher und höher. Manchmal hielt er inne, um die leisen Echos aufzufangen, die auf den Flügeln der Morgenluft zurückschwebten.

Soweit ich mich erinnern kann, war der Gesang von Benè-agâ ungefähr so:

"O, la, la, la, la, la, l-a-a-a-a-a! Heil dir, Palin-mâ-Talin. Schattenreiches Land! La, la! Lu, la, lo, li! Lu, la, lo, li! Wir kommen zu dir, geliebter Tempel des Schweigens und der Finsternis! Lass uns in deine dunklen Gänge kommen, Palin-mâ-Talin Lo-il-la! Lo-il-la! Du bist der Sieger! Palin-mâ-Talin, meine Schöne! Von Deinem Schild der Finsternis fallen die Pfeile der Sonne, zersplittert und zerbrochen! O, la, la, la, la, la, la, l-a-a-aa-aa-a-a! Wir kommen König der Finsternis und der Stille! Palin-mâ-Talin. O schweigsamer Herrschaftsbereich! Lasst uns eintreten vor dem Gebrüll und dem grellen Licht! Lasst uns einziehen aus der Welt ohne Dach! Wir sind in der Nähe, Palin-mâ-Talin! Schwing deine schwarzen Portale auf! Öffne den Schleier der Finsternis! Nimm deine Kinder in deine stillen Gemächer auf. Oh, Palin-mâ-Talin, Lo-il-lo! Lo-il-lo! Lo-il-lo! (Alle) Lo-il-lo! Lo-il-l-a-a-a-a-a-a-a-a-a!"

Endlich standen wir ganz am Rande von Palin-mâ-Talin.

Benè-agâ fegte mit seinem polierten Zauberstab gegen das Laub eines der tief hängenden, weit ausladenden Äste; dann sprang er nach vorne und ergriff eine Handvoll der

Blätter, zerdrückte sie in seinem Griff und hob sie bis zu seinen Nasenlöchern. "Das ist nicht das Tor, mein Sohn", rief er, "wir müssen weiter nach Norden gehen!

Nach etwa einer halben Stunde hielt er wieder inne und streckte die Hand nach einer Handvoll Blätter aus, um deren Geruch einzuatmen.

"Noch nicht! noch nicht!", murmelte er. "Etwas weiter nördlich noch! Sei nicht beunruhigt, mein Sohn. Du siehst den ersten Palin-mâ-Talin mit deinem äußeren Auge! Nicht so Benè-agâ! Er muss seine Hand auf die Wände dieses Tempels des Schweigens und der Finsternis legen, bevor er ihn sehen kann!

Plötzlich hielt der blinde Einsiedler inne. Seine dünnen Nasenlöcher bebten, seine massive Brust wölbte sich krampfhaft. "Wir sind fast da!", sprach er in gemessenen Tönen. "Ich nehme den Duft des Laubes wahr, der die beiden Ebenholzsäulen des Tores umhüllt. Ich blickte und sah vor mir zwei hoch aufragende Bäume, deren weit ausladende Äste den ganzen Boden bedeckten. Seite an Seite standen sie, gleich groß und prächtig. Benè-agâ fuhr mit der Hand streichelnd über den ersten Zweig, der seine Wange streifte und seine Blätter an die Lippen drückte; dann brach er noch einmal in seinen wilden Gesang aus.

Ich stand da, schaute dem blinden Einsiedler zu und hörte seinem Begrüßungsgesang zu. Ich wusste kaum, was mich als Nächstes erwartete, als er sich plötzlich auf die Knie warf und unter die weit ausladenden Äste eines dieser riesigen Wächter des Großen Düsterwaldes kroch.

Bulger und ich folgten ihm! So betraten wir die Domäne von Palin-mâ-Talin, die Heimat der Finsternis. Ich werde nicht versuchen, Ihnen die feierliche Stille, das geheimnisvolle Zwielicht des Großen Düsterwaldes zu beschreiben oder Ihnen die wunderbare Schönheit der tiefgrünen Moose zu malen, die Felsen und Bäume bedeckten: von den schwankenden Ästen herabgezogen, mit Teppichboden ausgelegt oder wie schwere Baldachine von Baum zu Baum über unsere Köpfe gehängt, und die durch das dichte, ineinander verschlungene Laub verursachte Düsternis verstärkt.

Ich war Benè-agâs geräuschlosen Schritten etwa eine halbe Meile in die stillen Tiefen von Palin-mâ-Talin gefolgt, als ein seltsames Frösteln über mich kroch, das an meinen Fingerspitzen begann und seinen heimtückischen Weg bis in mein Innerstes fortsetzte. Es ging so schnell seinen betäubenden Gang, dass ich kurz davor war, den Benè-agâ anzurufen, als er anhielt; und nachdem er einen Zweig von einem Baum mit dunkelgrünem Laub und polierten Blättern abgebrochen hatte, bat er mich, sie zu essen, und sagte:

"Palin-mâ-Talin fügt denen, die ihn kennen, keinen Schaden zu!"

Ich fand die Blätter scharf und angenehm im Geschmack. Ihre Wirkung war magisch. Meine Gliedmaßen vergaßen sofort ihre Taubheit und mein Schritt verlor seine Schwere.

Wir waren nun schon einige Stunden im Großen Düsterwald gewesen, und bis jetzt war Benè-agâ in die immer düstere Dunkelheit vorgedrungen, denn die Nacht brach herein, ohne Halt.

Hätte Benè-agâ so viele Augen wie Argus und die Kraft von Luchsen gehabt, hätte er seinen Weg durch die düsteren Korridore Palin-mâ-Talins nicht leichter und sicherer gehen können. Sein polierter Zauberstab blitzte wie ein Lebewesen in seiner auf wundersame Weise trainierten Hand auf, er berührte alles, vibrierte, schwang, ging vorwärts, zog sich zurück, mit einer Schnelligkeit, der meine Augen nicht folgen konnten.

"Oh, großer Meister!" rief ich ihm zu: "Lass mich nicht so anmaßend sein, zu dir über Dinge zu sprechen, die in den Kammern deines Geistes unberührt bleiben sollten, aber wenn es mir erlaubt ist, es zu wissen, dann sag mir, wie deine lichtlosen Augen diese Finsternis durchdringen und einen Weg durch diesen weglosen Wald finden können, eingehüllt in die Finsternis und Stille von zehntausend Jahren!

"Es soll sein, wie du willst, mein Sohn;" antwortete der blinde Einsiedler "das Wenige, das es zu wissen gibt, wirst du hören! Aber sicherlich müssen deine jungen Glieder müde sein. Lass mich zuerst ein Bett für die Nacht bereiten und etwas zu essen und zu trinken besorgen!

So schwang er seinen Lederbeutel von der Schulter, nahm eine Rolle getrockneter Haut und breitete sie auf dem Boden aus; dann riss er vier Kiefernzweige von einem Baum in der Nähe aus, stieß sie in die Erde, einen an jeder Ecke eines Quadrats, und schlug mit seinem Zunderkästchen einen Funken, zündete das Pech an, das von den Zweigen heruntertropfte.

Die flackernden Flammen warfen tausend seltsame Schatten auf die dahinter liegenden Moose und schwarz umhüllten Bäume und erfüllten die Luft mit einer dankbaren Wärme.

Benè-agâ zog nun einige Trockenfrüchte und Beeren hervor.

Wir aßen schweigend.

Bulger beschnupperte das Essen, aber mehr nicht.

Unsere genügsame Mahlzeit endete damit, dass der blinde Einsiedler aus seinem ledernen Beutel ein spitzes Stück Feuerstein nahm, mit dem er die Rinde eines Baumes in der Nähe unseres Biwaks durchbohrte. In das Loch stieß er ein schlankes Schilfrohr hinein. Ich war erstaunt zu sehen, wie eine klare Flüssigkeit aus dem Ende des Schilfs floss. Er füllte einen Kürbis damit und legte mir das Trinkgefäß in die Hand, sagte mit leiser, streichelnder Stimme:

"Trinke, mein Sohn! Es wird dich erfrischen und stärken!"

Ich hob den Kürbis an meine Lippen. Die Flüssigkeit war kühl und süß und sehr angenehm im Geschmack.

"Trinke so viel, wie du willst, mein Sohn", rief Benè-agâ, "denn Palin-mâ-Talin könnte den Durst einer Armee stillen".

Wieder legte ich den Kürbis an meine Lippen. Dieses Mal trank ich lange und tief. Eine sanfte Wärme strömte nun durch meine Glieder. Meine Augenlider sanken nach unten, bedrückt von einer köstlichen Sehnsucht nach Schlaf. Als ich meinen Kopf auf den Beutel von Benè-agâ legte und meine Hand auf dem Kopf meines treuen Bulgers ruhte, war ich bald in Schlummer gehüllt.

Als ich erwachte, war es noch Nacht. Die Kiefernzapfen waren fast ausgebrannt. Da saß der blinde Einsiedler neben mir. Ich konnte sehen, dass er Wache hielt. Sein Kopf drehte sich, als ich mich rührte.

"Du hast mich gefragt", begann er, "dir zu sagen, wie ich mich in der Finsternis Palin-mâ-Talins zurechtfinden kann. Hier, in diesem spurlosen Haus des Schattens, würde mir kein Auge von außen etwas nützen. Du hast gesehen, wie der Boden dieses riesigen Tempels überall gleich ist. Dafür hat die Natur einen Teppich aus dickem, samtweichem Moos gewebt, der im Laufe der Jahrhunderte seinen Farbton nicht verändert. Es ist immer dasselbe! Schlagen Sie ihm einen Weg hinein, und in wenigen Tagen wird die Mauer ganz neu gemacht sein. Lass die Bäume brennen, die umgebenden Moose werden in kurzer Zeit die Spuren verdecken, und all deine Arbeit wird vergeblich sein. Selbst wenn es dir gelingen würde, eine bleibende Spur hinter dir zu hinterlassen, würde das tödliche Gift, das in dieser feuchten Luft lauert, dein Lebensblut abkühlen, ehe du von Außenmauer zu Außenmauer dieses riesigen Tempels mit seinem Dach aus verwobenem Moos und Laub, undurchdringlich für die Mittagssonne, gehen könntest.“

"Du hast die erste Berührung jener tödlichen Kälte gespürt, die das wärmste Blut gerinnen lässt und einen Todesschlaf über den überstürzten Eindringling schickt! Aber für mich, oh, mein Sohn, ist Palin-mâ-Talin nur Licht und Glut! Ich kann jene Finsternis nicht sehen, die deine Seele so erschüttert. Und du musst wissen, mein Sohn, dass Palin-mâ-Talin keine Schatten hat, die tief genug sind, um den Nordstern vor mir zu verbergen. Ich weiß immer, in welcher Richtung die Sonne untergegangen ist und in welcher Richtung sie aufgehen wird; denn alle Winde sind mir bekannt, und woher sie wehen. An deiner Wange scheint die Luft zuweilen zu schlafen. An meiner niemals! Es ist nicht minder eine Aufgabe für mich, den atemlosen Zephir[7] zu fangen, als für deinen treuen Hund, die Spur der Schritte seines Herrn aufzunehmen und ihr durch den überfüllten Markt zu folgen.

Andererseits musst du bedenken, dass ich seit hundert Jahren und mehr eine schattenlose Gestalt in diesem Heim der Schatten bin; dass die Bäume von Palin-mâ-Talin mich in ihr Herz geschlossen haben und ich sie in meins; dass ich nicht nur weiß, wie und wo sie wachsen, sondern dass mir auch offenbart wurde, dass diese hoch aufragenden Kinder von Palin-mâ-Talin nicht hier und da in ungeordneter Weise in alle Winde verstreut sind; sondern dass sie in gewissem Maße in Linien von der aufgehenden zur untergehenden Sonne angeordnet sind, wobei jede Art einen Gürtel für sich bildet, nicht wie ein von Menschenhand gepflanzter Hain, sondern in einer wilden, aber geordneten Verwirrung. Für dich wäre dies ein unnützer Leitfaden, denn du hast gesehen, wie die Stämme in Mooskleider gehüllt sind und wie die Finsternis dem ganzen Laub den gleichen tiefdunklen Grünton verleiht. Vor deinem Auge

7 Zephyr (auch Zephyros „Zephir" oder Zephyrus, griechisch Ζέφυρος, der vom Berge Kommende) ist einer der Anemoi, eine Windgottheit aus der griechischen Mythologie, die den (milden) Westwind verkörpert. In der Antike wurde Zephyr als Frühlingsbote und „Reifer der Saaten" verehrt. Wikipedia.

erscheinen dir hier alle diese Bäume gleich, die unzähligen Nachkommen eines einzigen Vaters! Und doch ist es nicht so! Denn wenn ich auf meinem Weg durch diese erhabenen Korridore der Finsternis und Stille zu weit nach Norden oder Süden schwanke, verrät mir eine einzige Handvoll Blätter, die in meinem Griff zerdrückt werden, das Geheimnis meines Aufenthaltsortes. Aber selbst diese sichere Leitschnur hat mich manchmal im Stich gelassen, und ich habe mich im Haus meines Freundes verirrt! Und doch hatte Palin-mâ-Talin in solchen Momenten keine Schrecken für mich! So lernte ich als zielloser Wanderer in diesem spurlosen Wald, dieses grüne Gewand, das Palin-mâ-Talins Brust bedeckt, wegzuziehen und meine Hand auf sein Herz zu legen!

"So hat die gütige Natur mein Gefühl dafür geschärft, dass ich durch die einfache Berührung des Lehms unter unseren Füßen meine Fehltritte richtig stellen und meinen verlorenen Weg wiederfinden kann. Sei du, mein Sohn, in den kommenden Jahren so standhaft in deiner Suche nach der Wahrheit, wie ich mich bemüht habe, diese Düsternis und Stille in lebendiges Licht und Sprache zu verwandeln, und du wirst die verschlungenen Pfade des Lebens so leicht durchschreiten, wie ich meinen Weg durch die spurlosen Kammern von Palin-mâ-Talin führe!"

Als Benè-agâ aufhörte zu sprechen, hob er sein Lied an und ließ die hinteren Moose mit der Kraft seiner teils tiefen und feierlichen, teils klaren und weittragenden Noten schwingen.

Die Echos kamen abgeschwächt bis hin zu Flötennoten zurück. Er hörte atemlos zu.

"O wunderbarer Mensch", dachte ich, "selbst die schlafenden Echos erwachen, um deine Schritte richtig zu lenken".

"Komm, mein Sohn", rief er freudestrahlend, "unsere Fackeln gehen zu Ende. Lass uns weitermachen! Auch wenn die Sonne noch nicht hoch genug steht, um die trübe Dunkelheit aus den Tiefen Palin-mâ-Talins zu vertreiben, so kannst du mir doch mit dieser Leitschnur folgen!

Mit diesen Worten legte er mir das Ende eines Lederbändchens in die Hand, und wir machten uns erneut auf den Weg.

Nachdem wir etwa eine Stunde unterwegs gewesen waren, begannen die Sonnenstrahlen die Dunkelheit des Großen Düsterwaldes so zu mildern, dass mir meine Augen etwas nützten!

Wieder brach Benè-agâ in einen wilden Gesang aus und hielt inne, um das Echo aufzufangen.

"Ah", murmelte der blinde Einsiedler, halb im Selbstgespräch, "das war ein Gruß aus dem schläfrigen Wasser von Lool-pâ-Tool!

Stellen Sie sich das Gefühl völliger Hilflosigkeit vor, das mich eine Stunde oder so später überkam, als ich plötzlich am Ufer eines breiten Bächleins stand, dessen Farbton schwärzer war als die Flügel der Nacht, scheinbar stagnierend oder zumindest so träge, dass es den Titel "Schläfriges Gewässer" verdient zu haben schien.

"Das ist Lool-pâ-Tool", sagte Benè-agâ, während er sein Kinn auf der Hand abstützte und auf die tintenbefleckte Oberfläche zu blicken schien.

Aber wie überqueren, denn es war kein Schiff in Sichtweite vertäut - das war nun der verwirrende Gedanke, der meinen Geist bedrückte! Sicherlich kann er nicht überwunden werden, denn für das Auge schien er so tief zu sein, wie er still und geheimnisvoll war. Und doch wäre es nicht anders, als den Tod selbst einzuladen, sich in sein stehendes Wasser zu stürzen und auf die andere Seite zu schwimmen.

Während ich so in eine Wolke ängstlicher Gedanken gehüllt war, schien Benè-agâ selbst kaum weniger ratlos. Seine übliche Gelassenheit hatte ihn verlassen.

Er zog einige Kieselsteine aus seinem Lederbeutel und warf sie einzeln in den Fluss, beugte sich nach vorne, um das Geräusch, das sie machten, mit gespannter, lauschender Luft aufzufangen. Dann wandte er sich nach rechts und folgte den Ufern des Lool-pâ-Tool, hielt seinen Stab ins Wasser und schlug sanft mit der Spitze auf ihn ein, als wolle er ihm ein Geheimnis entlocken.

Wieder hielt er inne und warf einige Kieselsteine in den dunklen und trägen Strom und beugte sich vor, um ihre Antwort zu erhalten. Wieder weckte er die Echos und lauschte atemlos auf die Antwort, die kam, um dann nach einer kurzen Verzögerung mit einem mir etwas zögerlich erscheinenden Schritt den Marsch aufzunehmen. Offensichtlich war er auf dem Holzweg. Sein ruhiges, edles Gesicht verlor seinen Blick der gelassenen Zuversicht. Plötzlich blieb er stehen, streckte die Hand nach einer Handvoll Laub aus, zerdrückte die Blätter in einem schnellen und nervösen Griff, atmete ihren Geruch ein und nahm dann seinen Marsch wie zuvor wieder auf, wobei der Kopf nach vorne auf seine Brust fiel und Zweifel und Unsicherheit in jeder Bewegung sichtbar waren.

Für einen Augenblick schoss mir der Gedanke durch den Kopf, dass Benè-agâ möglicherweise so weit vom Weg abgekommen war, dass es unmöglich war, den richtigen Weg zu finden. Ich spürte, wie sich meine Lippen voneinander entfernten, und mein Herz kroch langsam nach oben in meine Kehle!

Der Gedanke an einen anhaltenden Hungertod in den kalten, dunklen Korridoren von Palin-mâ-Talin rammte mir ein Messer ins Herz.

Ich taumelte fast, als ich dem blinden Einsiedler folgte. Meine Zunge war zu trocken, um mich in meiner plötzlichen Verzweiflung zu ihm schreien zu lassen.

Während mir diese schrecklichen Gedanken durch den Kopf schossen, hielt Benè-agâ inne, und als er seinen Stab auf die Äste des nächsten Baumes legte, brach er in eine seiner wilden Beschwörungen aus:

"O Palin-mâ-Talin, Benè-agâ ruft zu dir! Höre ihn! Er ist in der Irre! Setzt seine Füße auf den richtigen Weg! Lass ihn nicht ziellos in deiner Finsternis und Stille umherirren. Oh, Palin-mâ-Talin, oh, Palin-mâ-Talin! Er ist dein Kind; sei gütig und liebevoll zu ihm!" (Palin-mâ-Talin)

Mit diesen Worten warf sich Benè-agâ auf die Knie, riss die dicke Moosschicht weg, bis er den Waldboden freigelegt hatte; von diesem nahm er eine Handvoll Erde auf und drückte sie zwischen seine Finger, als wolle er eine geheime Eigenschaft testen.

Als er sich erhob, wusste ich, dass alles in Ordnung war. Ein strahlendes Leuchten spielte um seine Züge. Er war wieder er selbst!

Seinen Zauberstab erfassend, brach er mit rasenden Schritten auf, als würde er von sehr dämonischen Wesen verfolgt. Nur durch Laufen konnte ich in Sichtweite bleiben.

Wir rannten am Ufer des Baches Lool-pâ-Tool des "Schläfrigen Wassers" entlang, Meile für Meile, Benè-agâ sang seine wilden Dankesgesänge, ich keuchte, als wollte ich selbst dem sinnlosen Tod entfliehen. Noch hundert Schritte weiter und ich wäre kopfüber zu Boden gefallen.

Meine Füße schienen mit Blei beschlagen zu sein.

Bulger fing ein erbärmliches Wimmern an, als er sah, wie sich der Ausdruck der Verzweiflung auf meinem Gesicht niederließ.

Plötzlich hielt der blinde Einsiedler inne, und als er sich mir zuwandte, schrie er in freudigem Ton:

"Dies ist der Ort, mein Sohn. Jetzt ist alles vorbei! Fürchte nichts! Steig auf meine Schultern! Du wirst den Lasten, die ich dort trage, kein Haar krümmen! Kümmere dich nicht um deinen Hund. Lool-pâ-Tool hat keine Angst vor ihm." Mein Vertrauen in die Kraft des blinden Einsiedlers, mich sicher über den geheimnisvollen Strom zu tragen, war so groß, dass ich nicht auf ein zweites Gebot wartete, das auf seinen Schultern lastete, denn so weit ich sehen konnte, sah das Wasser von Lool-pâ-Tool so schwarz und tief aus wie eh und je. Mit schnellen und nervösen Bewegungen seines Stabes begann Benè-agâ nun, zum Rand des Baches vorzustoßen, um nach verborgenen Trittsteinen zu suchen.

Vergeblich strengte ich meine Augen an, um irgendein Zeichen einer Ruhestätte für seine Füße zu erkennen.

Und doch waren sie da: denn mit Riesenschritten, stetig, sicher und schnell überquerte Benè-agâ die "Schläfrigen Gewässer" von Lool-pâ-Tool und setzte mich sicher auf dem anderen Ufer ab. Ich bemühte mich, meinen Dank auszusprechen. Aber die Verwunderung hatte meiner Zunge die Kraft zum Sprechen geraubt. Ich konnte nur noch schweigend auf dieses edle Gesicht blicken - jetzt in all seiner früheren Gelassenheit gekleidet - und mich dann umdrehen und in den Fußstapfen seines Besitzers folgen.

Nach einigen Kilometern Vorrücken hielt Benè-agâ inne, und er warf mir seinen Blick zu, als seien seine Augen so voller Licht, wie sein Blick strahlend war, und sprach wie folgt:

"Mein Sohn, meine Aufgabe ist erfüllt! Sieh, siehst du nicht den hellen Schimmer dort drüben? Das ist die Außenwand von Palin-mâ-Talin. Geh darüber hinweg, und du wirst wieder in die Welt des Lärms und des Glanzes eintreten! Du brauchst mich nicht mehr. Geh geradeaus weiter, und in einer kurzen halben Stunde werden dich die Sonnenstrahlen wieder begrüßen! Wenn du aus diesem unwegsamen Wald herauskommst, wirst du dich auf einer hohen Brüstung wiederfinden - eine schiere Höhe von sechzig Metern über den Ebenen darunter. Sieh dich um, und du wirst eine Treppe aus festem Felsen sehen, die nach unten in die Ebene führt - nicht wie von Menschenhand gebaut, mit Stufen von gleichmäßiger Höhe, regelmäßig und glatt behauen, sondern eine grobe, fantastische Treppe, die von der Natur dort stehen gelassen wurde, als sie die Masse auf jeder Seite wegräumte. Auf diesen schmalen Stufen, die von den schlagenden Stürmen von zehntausend Jahren geglättet wurden, ergießt sich täglich ein tückischer Schleim, so dass diejenigen, die voreilig versucht haben, in das schöne Land unten zu gelangen, nun zwischen den zerklüfteten Felsen liegen. Kein Fuß ist sicher genug, um die rutschigen Stufen von Bōga-Drappa zu betreten. Fallen bedeutet den sicheren Tod. Ich kann dir, mein Sohn, keinen Rat geben. Nimm dich in Acht! Sei weise! Lebt wohl!"

Als dieses letzte Wort von Benè-agâs Lippen fiel, blitzte er mir wie eine Geistform aus den Augen.

Die Palin-mâ-Talin bedeckte ihn mit ihrer Dunkelheit.

Er war verschwunden.

Die Tränen sammelten sich in meinen Augen.

Ohnmächtig hätte ich seine Hand an meine Lippen gedrückt.

Ich wusste, dass es für mich nutzlos war, zu versuchen, ihn zurückzurufen oder ihm zu folgen. Also drehte ich mich schweren Herzens um und stieß in die von ihm angegebene Richtung vor.

Bald war ich am äußeren Rand von Palin-mâ-Talin, und um die Wahrheit zu sagen, fühlte ich, wie mein schweres Herz wieder leicht wurde. Auch Bulger zeigte seine Freude darüber, wieder einmal im warmen Sonnenschein zu sein. Er brach in wildes Bellen aus und raste mit der Freude eines Jungen, der von einer langen und lästigen Aufgabe befreit wurde, hin und her.

Wie Benè-agâ mir beschrieben hatte, stand ich nun auf einer hohen Brüstung und überblickte ein herrliches Tal, durch das ich nach meinem langen Aufenthalt in Benèagâs Höhle und dem düsteren Pfad durch die Tiefen Palinmâ-Talins zu wandern sehnte.

Bei einem Spaziergang am Rand der Klippe sehnte ich mich nicht lange danach, die Treppe des bösen Geistes oder Bōga-Drappa, wie sie genannt wurde, zu finden.

Sie war zerklüftet, unregelmäßig und hier und da geneigt; und doch ziemlich eben und treppenartig, wenn man bedenkt, dass sie von der Natur gebaut wurde. Wie der blinde Einsiedler mich gewarnt hatte, bedeckte der verräterische Schleim Bōga-Drappa auf seiner ganzen Länge, für immer erneuert durch das unreine Wasser, das seine Stufen herunterrieselte.

Der Versuch, hinabzusteigen, wäre schlimmer als Wahnsinn gewesen.

Kein menschlicher Fuß war sicher genug, diese rutschigen Steine zu treten und den Boden zu erreichen.

Obwohl ich von dem stärksten Wunsch getrieben war, vorwärts zu eilen, sah ich, dass eine einzige unüberlegte Tat mein Leben beenden könnte.

Gewöhnliche Hindernisse haben für mich keinen Schrecken. Aber wenn die Natur mir eine bedrohliche Barriere in den Weg legt, halte ich an, aber ich ergebe mich nicht.

Und so setzte ich mich ruhig hin, um über das Problem nachzudenken, vor dem ich stand.

Drei Tage lang verweilte ich auf dieser Brüstung, und jeden Tag besuchte ich Bōga-Drappa und blickte lange und starr auf seine weitläufigen Felstreppen.

Am dritten Tag hatte ich das Problem gelöst.

In aller Eile sammelte ich alle in der Nähe liegenden Kalksteinbrocken auf, türmte sie zu einem kegelförmigen Haufen auf, und um sie herum und darüber legte ich eine Masse trockener Blätter und Holzstücke und darüber alle Holzscheite, die ich heben konnte. Dann entzündete ich den Haufen mit meinem Feuerstein und Zunder und setzte ihn in Flammen.

Am Morgen freute ich mich, unter der Asche einen Haufen reinsten gebrannten Kalk vorzufinden.

Mit Hilfe eines leeren Schädels eines Tieres aus der Familie der Hirsche, den ich in der Nähe fand, fing ich sofort an, das Wasser mit Kalk zu füttern, das über Bōga-Drappas Treppenstufen rieselte.

Den ganzen Tag und bis zur Mittagsstunde des nächsten Tages hielt ich das Wasser, das die Treppe hinunterfloss, mit dem Kalk milchweiß.

Nun aber kam die größte Schwierigkeit. Aufgrund der Größe des Baches wurde mir klar, dass es für mich unmöglich sein würde, seinen Lauf durch einen Damm, den ich bauen konnte, länger als eine kurze halbe Stunde zu halten. Aber ich wagte nicht zu lange zu warten, bis sich der Kalküberzug, von dem ich wusste, dass er sich zu diesem Zeitpunkt auf den felsigen Stufen abgelagert haben musste, in der Sonne verhärtete.

Der Damm könnte brechen und meine ganze Arbeit zunichte machen.

Um 12 Uhr mittags, als die Sonne am heißesten schien, legte ich den letzten Schliff an meinem Damm an. Ich war erschrocken, mit welcher Geschwindigkeit sich das Wasser in dem von mir gebauten Becken sammelte. Mit ängstlichen Augen und pochendem Herzen stand ich an der Spitze von Bōga-Drappas Felsentreppe und blickte auf und ab.

Ich konnte auf den schwarzen und glitzernden Stufen keine Anzeichen des Austrocknens erkennen. Ein Augenblick nach dem anderen glitt vorbei. Endlich begann sich hier und da eine schwache Spur von Weiss zu zeigen. Ich warf einen besorgten Blick auf das sich sammelnde Wasser. Der zerbrechliche Damm schien im Begriff, dem immer stärker werdenden Druck nachzugeben.

An ein oder zwei Stellen erhaschte ich flüchtige Blicke auf winzige Rinnsale, die durchsickerten.

Noch einmal blickte ich mit einem schrecklichen Gefühl der Ohnmacht die lange dunkle Treppe hinunter. Halb geblendet von der Mittagssonne des Tages erblickte ich dennoch eine schneeweiße Kruste auf der Treppe.

Jetzt war meine Zeit gekommen oder nie!

Ich rief Bulger zu, er solle mir vorausgehen, und sprang kühn die Treppe hinunter, die bis zu diesem Augenblick schwarz von tückischem Schleim gewesen war. Das Wasser löste sich und stürzte sich auf meine Fersen. Runter, runter, ich ging in rasender Eile, wie ein Hirsch von Schritt zu Schritt!

Mein Herz sank in mir, als ich den reißenden Strom fühlte, der nun wütend und tobend seine Gischt an meinen Hals spritzte.

Noch einen Augenblick und ich bin gerettet! Meine Füße traten fest auf.

Ich sehe das schöne Land näher und näher kommen.

Noch ein Sprung, und mit meinem treuen Bulger habe ich die gefürchtete Treppe von Bōga-Drappa überwunden! Vorwärts taumelnd erreiche ich die grüne Wiese des Tals und falle in Ohnmacht, nach meinem schrecklichen Rennen um mein Leben!

Bulgers vermischtes Wehklagen und Streicheleinheiten weckten mich nach ein paar Augenblicken mit vernebeltem Hirn, und dann war alles gut. Und doch überkam mich ein Schaudern, als ich die Augen erhob, um einen letzten Blick auf die felsige Treppe von Bōga-Drappa zu werfen, die jetzt wieder in ihren schwarzen, glitzernden, tückischen Schleim gekleidet ist.

Erfrischt durch eine herzhafte Mahlzeit an den üppigen Früchten, die von allen Seiten wunderbar reichlich wuchsen, gefolgt von einem tiefen Zug kühlen, klaren Quellwassers, und meinen treuen Bulger freudig auffordernd, mir zu folgen, machte ich mich auf den fernen Gipfel des Bergkamms, der sich in diesem friedlichen kleinen Winkel der Erdoberfläche einschloss, so gut geeignet für die Heimat der Menschen und doch so völlig verlassen und unbewohnt, sogar von vierfüßigen Kreaturen. Ich bin zwar ein großer Bewunderer der Natur in all ihren Aspekten von wildester Größe bis hin zu bildhaftem Zartgefühl, doch kein Fleck, der nicht von Mensch oder Tier bewohnt ist, kann mich lange zufrieden stellen.

Ich brauche das Leben, nicht das stumpfe, geistlose Leben eines Baumes, Strauches oder einer Pflanze, das immer an einen Fleck gefesselt ist, sondern das unruhige, fesselnde, pochende Leben von Mensch oder Tier, das ich studieren, betrachten und reflektieren kann. Deshalb war es mein Entschluss, dieses wunderschöne kleine Tal sofort zu verlassen.

Ich ging mit eifrigem Schritt weiter, denn ich wollte das hohe Terrain noch vor Einbruch der Nacht erreichen. Dies gelang mir, aber die Dämmerung hatte sich so vertieft, als ich den Gratkamm erreichte, dass jede Aussicht auf das dahinter liegende Land unmöglich war.

Kurz nachdem ich ein Biwakfeuer angezündet hatte, kam Bulger mit einem Vogel der Wachtelart zurück, und ich fuhr fort, ihn auf der heißen Glut zu braten.

Das treue Tier freute sich, wieder einmal in einem Land zu sein, in dem er mich bedienen konnte, und während unser Abendessen kochte, nahm er die Gelegenheit wahr, einige seiner alten Tricks durchzugehen, um zu sehen, wie sich das Gesicht seines kleinen Herrn aufhellte.

Seite an Seite legten wir uns für die Nacht in diesem fernen Land nieder und schliefen bald fest ein.

Der Morgen brach in seltener Pracht an. Ich beeilte mich, das Land unter mir zu untersuchen. Es war hier und da von Hainen und Waldstücken übersät und schien ungewöhnlich grün und fruchtbar.

Was meine Aufmerksamkeit mehr als alles andere erregte, war die Tatsache, dass die Region, so weit mein Auge reichte, von einem perfekten Netz kleiner Flüsse bewässert wurde, die in der Morgensonne wie Bänder aus poliertem Silber glitzerten.

So etwas hatte ich noch nie gesehen. Es kam mir sofort in den Sinn, dass, sollten sich diese Bäche als zu tief und zu schnell erweisen, um zu durchqueren, es mich zwingen würde, meinen Kurs völlig zu ändern und entweder nach Norden oder Süden zu gehen, bis ich ein freies Land erreicht hätte. Es war ziemlich genau gegen Sonnenuntergang, als ich an der Grenze dieses fremden Landes stand, das ich Polypotamo oder "Viele Flüsse" nannte. Die Bäche, deren Breite zwischen drei und sechs Metern variierte, waren tief, klar und schnell.

Wie Sie sich unschwer vorstellen können, war ein solches Land sehr produktiv. Frucht- und blütentragende Sträucher und Bäume, alles von einem wunderschönen Grün, wuchsen in wildester Fülle. Die Luft, die durch die zahlreichen Ströme klaren Wassers abgekühlt und gereinigt wurde, war wie ein magisches Einatmen, das ein seltsames Gefühl träumerischer Freude in jeden Teil des Körpers trug.

Sagte ich zu mir selbst:

"Wenn dieses schöne Land nicht bewohnt ist, dann ist es eine ungeheure Schande, denn hier hat die freundliche Natur ihre Reichtümer mit einer mehr als gewöhnlich verschwenderischen Hand verteilt.

Bulger und ich streckten uns am Ufer des ersten Baches aus, den wir erreichten, und bereiteten uns auf ein Nickerchen nach unserer langen Wanderung vor, als plötzlich die seltsamsten Geräusche unsere Ohren erreichten. Er begann mit einem Blick von gemischter Beunruhigung und Neugier, den ich, hätte ich mein eigenes Gesicht sehen können, dort zweifellos in ebenso starken Linien abgebildet vorgefunden hätte.

Immer lauter wurden diese merkwürdigen Geräusche.

Ich lauschte mit gespitzten Ohren, während ich meine Augen in die Richtung richtete, aus der sie kamen, begierig darauf, den ersten Blick der Wesen zu erhaschen, die sie äußerten.

Ich hatte nicht lange zu warten. Etwa 200 Meter entfernt fiel mein Blick auf eine Erscheinung, die mich trotz der möglichen Gefahren, welche mein Leben bedrohten, falls diese Kreaturen sich als bösartig oder wild erwiesen hatten, in einen Anfall unkontrollierbaren Lachens versetzte. Vor mir stand ein Trupp menschlicher Geschöpfe von zwergenhafter Statur - nicht viel größer als einen Meter -, die nicht in der Lage zu sein schienen, ihre Beine wie wir zu benutzen; aber sie bewegten sich von einem Ort zum anderen, indem sie hüpften, wie es einige Vögel tun, oder wie Kaninchen, wenn sie aufrecht auf ihren Hinterbeinen standen.

In einem Augenblick fingen sie den Klang meiner Stimme ein; und mit der Schnelligkeit des Windes und mit einer Leichtigkeit, die mich verblüffte, sprangen sie über die beiden dazwischen liegenden Ströme - von denen jeder mindestens fünf Meter breit war - und kamen mit den gleichen gigantischen Sprüngen auf uns zu! Das Ganze ging so schnell, und die Art der Fortbewegung war so neuartig und insgesamt wundervoll, dass ich umzingelt war, bevor ich wusste, was mit mir geschah.

Es erübrigt sich zu sagen, dass ich ihre Sprache nicht verstand, obwohl ich sie bald beherrschte, die wie sie aus reinen arischen Wurzeln besteht, wobei kein Wort aus mehr als drei Buchstaben besteht.

Die Hüpfer - so lautete meine Übersetzung ihres Namens, Umi-Lobas - reihten sich im Kreis um Bulger und mich, warfen sich sozusagen auf ihre Gesichter, denn ihre Arme standen in einem lächerlichen Missverhältnis zu ihren Körpern - und drohten mit schrillen Schreien und bedrohlichen Bewegungen, Bulger und mich sofort in den Tod zu treten, wenn wir uns nicht bedingungslos ergäben.

Es war ein neuartiger Anblick.

Zeichnung 23: Die fröhliche Truppe der Umi Lobas (Hüpfer), die Bulger und mich gefangen nahmen.

Bulger neigte dazu, zum Widerstand zu raten; aber als ich einen eiligen Blick auf ihre Füße geworfen hatte, die sehr groß und an erstaunlich kräftigen Beinen befestigt waren, hielt ich es nur für klug, die weiße Fahne hochzuziehen; in der Tat gab ich ihnen zu verstehen, dass wir uns ihnen zu Füßen legten.

Doch zunächst ein Wort zu diesen seltsamen Menschen:

Sie waren, wie ich schon sagte, von kleiner Statur, und lassen Sie mich hinzufügen, dass auf ihren schmalen, abfallenden Schultern zarte, puppenartige Köpfe saßen, die von großen, glänzenden, schwarzen Augen von extremer Weichheit im Ausdruck belebt wurden. Ihre Arme sahen aus wie die Arme eines Jungen auf dem Körper eines Mannes. Doch obwohl sie so klein waren, denn sie reichten nur bis zur Taille und endeten in winzigen, wohlgeformten Händen, zeigten sie sich doch von außerordentlicher Kraft und Geschicklichkeit. Ihre Beine waren jedoch der wunderbarste Teil von ihnen.

Tatsächlich könnte ich fast sagen, dass die Umi-Lobas allesamt Beine waren, so unproportional war die Entwicklung ihrer Gliedmaßen. Die Auswirkungen dieses Missverhältnisses kann man sich leicht vorstellen. Es hat ihre Körper so sehr in den Schatten gestellt, dass sie wie Kegel auf zwei Beinen erschienen.

"Bösewicht", rief der Führer, wie ich drei Tage später erfuhr, als ich ihre Sprache beherrschte, "wenn du nicht sofort zugibst, dass seine Majestät, Gâ-roo, König der Umi-Lobas, nicht der schnellste, weiteste und anmutigste Springer der Welt ist, wirst du ohne die geringste Zeremonie zu Tode getreten werden!

Ich gab Zeichen, dass ich durchaus bereit war, dies zuzugeben, obwohl ich nicht genau verstand, worum es sich dabei handelte!

Als sie sahen, dass ich nicht die Absicht hatte, etwas Böses zu versuchen, sprangen die Hüpfer auf und setzten sich in einem perfekten Ring um Bulger und mich herum, wie so viele Kaninchen, die auf ihren Hinterfüßen standen, um etwas zu erreichen, um uns oder besser gesagt mich genau zu sehen, denn Bulger war offensichtlich keine große Neuheit für sie.

Sie hielten ein regelrechtes Geplapper von Bemerkungen in schrillen Pfeifentönen über mein persönliches Aussehen ab. Auch ich war keineswegs untätig.

Ich hielt sogar mit ihrer galoppierenden Neugier Schritt

und studierte den Ausdruck ihrer Gesichter und die Bewegungen ihrer Körper. Nach einigen Augenblicken wurde mir zu verstehen gegeben, dass ich sofort zum Palast ihres gnädigen Monarchen Gâ-roo, dem Tausendsten, aufbrechen musste, denn sie waren ein sehr altes Volk.

Als ich mich aufrichtete und ein paar Schritte zum Wasser machte, um ihnen zu versichern, dass ich nicht über den Fluss springen konnte, waren sie an der Reihe, zu lachen.

Und sie lachten auch, mit einem solchen Geist, einer solchen Herzlichkeit - ich könnte fast sagen, einer solchen Gewalt -, dass ich bis dahin nie gemerkt hatte, dass die am besten lachen, die zuletzt lachen.

Immer wieder brachen ihre Pfeifen, Zwergenstimmen in schrillem Chor aus, während ihre hübschen Puppengesichter vor Heiterkeit erschüttert wurden.

Bulger zeigte wiederholt seine Zähne und ließ kurzes, gehässiges Bellen vernehmen, während die Umi-Lobas ihr für ihn ungebührliches Verhalten fortsetzten. Aber ich wusste, dass es uns am Ende nur verletzen würde, wenn ich irgendwelche Anzeichen von Wut zeigte, also zuckte ich einfach mit den Schultern und wartete, bis sie sich von ihrem Anfall von Belustigung erholt hatten. Schließlich, zwischen den Lachpausen, hörte ich solche Worte wie

"Pendel-Beine!"

"Mann-Schere!"

" Menschliche Zangen!"

"Flip-Flop! Wackel-Wackel!"

"Da kommt sie ja, da kommt sie ja!"

Das waren einige der Begriffe, die den Eindruck ausdrückten, den meine armen, harmlosen Beine in den Köpfen der Umi-Lobas hinterließen.

Endlich beruhigten sie sich und begannen wieder Zeichen zu setzen, dass ich mich darauf vorbereiten sollte, ihnen zu folgen.

Als es mir endlich gelang, ihnen begreiflich zu machen, dass ich kein Springer war und ebenso wenig über den Bach vor uns springen konnte, wie ich über den Mond springen konnte, wich ihre Fröhlichkeit nun dem Ekel. So angenehme Phrasen wie:-

"Beine aus Blei!"

"Zweibeinige Schnecke!"

"Kleiner Mann, der in der Erde steckt!"

"Kleiner Mann an seinen Kopf gefesselt!" usw., usw., wurden auf mich abgefeuert.

Nach einer Beratung wurde beschlossen, zwei von ihnen für eine Art tragbaren Stuhl zu entsenden, der von den Umi-Lobas benutzt wurde, um Bulger und mich in den Königspalast zu bringen.

Die Boten verschwanden wie der Wind, in Sprüngen von sechs Metern, die kaum den Boden zu berühren schienen, und zogen in der Ferne dahin wie Korkkugeln.

Nach einer kurzen Pause tauchten sie wieder auf, eine Art Joch geschultert, das auf ihren Schultern ruht, ein kräftiger Weidenkorb.

Bulger und ich wurden eingeladen, hineinzutreten; der Deckel war geschlossen und mit einem kräftigen Lederriemen sicher befestigt.

Dann überquerten wir mit einer etwas holprigen, stoßartigen Bewegung Land und Wasser.

Bulger wimmerte kläglich und richtete seine glänzenden Augen auf mich, als wollte er sagen:

"Kleiner Meister, wenn sie uns in die Folter oder in den Tod führen, bin ich froh, dass ich bei dir bin!

Ich gab ihm bald zu verstehen, dass keine Gefahr bestand.

Er erwiderte meine Streicheleinheiten, und wir warteten beide auf weitere Entwicklungen. Es scheint, dass die beiden Hüpfer, die zum tragbaren Stuhl geschickt worden waren, die Nachricht von ihrer seltsamen Gefangenschaft verbreitet hatten, so dass die ganze Stadt auf unsere Ankunft wartete.Endlich kamen wir zu einem vollständigen Halt. Der Korb wurde auf dem Boden abgesetzt, und der Lederriemen löste sich. Um die Wahrheit zu sagen, war ich genauso gespannt wie sie.

Ein schreckliches Durcheinander war im Gange, und die Verantwortlichen hatten scheinbar jede Kontrolle über die schiebende, ziehende, krabbelnde Masse der Umi-Lobas verloren. Mit solch gewalttätigen Aufschreien und noch gewalttätigeren Gesten versammelten sie sich um uns, dass ich zu befürchten begann, dass sie unsere Kutsche umstürzen und Bulger und mir in ihrer wahnsinnigen Neugierde eine echte Verletzung zufügen würden.

Plötzlich rief eine Stimme, lauter und schriller als alle anderen:

"Schweigt! Seine Majestät, Gâ-roo, der Tausendste, König der Umi-Lobas, nähert sich. Runter! Runter! Ruhe! Zieht euch zurück!"

Einer der Anwesenden hob nun den Deckel unseres Korbes an und lud mich höflich ein, herauszutreten.

Ohne anzuhalten, um über die Sache nachzudenken, ergriff ich den ledernen Riemen, sprang leicht auf und warf eines meiner Beine über die Seite des Korbes.

Sofort ertönte ein Ausbruch von schrillen, ohrenbetäubenden Ausrufen des Staunens, der Angst, der Überraschung, des Entsetzens, der Freude und ich weiß nicht, wie viele andere Emotionen.

Einen Moment lang war ich erschrocken und halb geneigt, mich wieder in meinen Korb zu begeben. Plötzlich wurde mir jedoch klar, was das alles bedeutete.

Die Umi-Lobas, die ihre Beine nur vorwärts und rückwärts bewegen konnten und völlig unfähig waren, das eine Bein ohne das andere zu bewegen, waren über den Anblick eines meiner Beine, das über die Seite des Korbes hüpfte, genauso erstaunt wie ich, wenn man ein Bein seitlich aus dem Korb werfen und mit dem Fuß gegen die Schulter schlagen würde.

Als ich leicht zu Boden sprang und ein paar Schritte auf König Gâ-roo zuschritt, der umgeben von seinen Hofbeamten stand, einem sehr mageren Umi-Loba auf der einen und einem sehr dicken auf der anderen Seite - ein perfekter Wirbelwind solcher Schreie: "Pendel-Beine" "Geh-Schere!" "Vermessungsmann!" "Kleiner Mann ganz Kopf!" usw., usw., platzte heraus.

König Gâ-roo empfing mich sehr entgegenkommend; er forderte mich auf, zu gehen, zu rennen, auf einem Fuß zu hüpfen, meine Beine zu kreuzen, er, der mit weit geöffneten Augen stand, als ich durch meine Gangarten ging, um ihm zu gefallen.

Dann fragte er mich nach meinem Namen, meinem Rang zu Hause, meinem Beruf, meinem Alter, was ich gerne esse und trinke, wie viel schwerer mein Kopf war als mein Körper, usw., usw. Ich machte einen so guten Eindruck auf den König der Umi-Lobas, dass er sich umdrehte und mich einlud, einige Zeit in seinem Palast zu verbringen.

Ich war entzückt, denn ich hatte den großen Wunsch, die Sitten und Gebräuche dieser seltsamen Leute zu studieren und mich mit ihren gelehrten Männern zu unterhalten. Plötzlich zeigte sich eine große Veränderung im Verhalten des Königs mir gegenüber. Er lauschte mit zusammengezogenen Brauen und zusammengepressten Lippen, zuerst seinem fetten Berater und dann seinem schlanken.

Sein magerer Berater, der so mager war, dass er mir wie eine lebhafte Stahlfeder erschien, die auseinanderbrach, wurde Megâ-Zaltô oder "Großer Springer" genannt, da der König selbst nicht in der Lage war, über einen breiteren Strom zu springen.

Sein dicker Minister, der so dick war, dass er jeweils nur

um wenige Zentimeter vorwärts springen konnte, wurde Migrô-Zaltô oder "Kleiner Springer" genannt, und da er viele Jahre lang nicht wie die anderen Umi-Lobas durchs Land rennen konnte und daher viel Zeit zur Verfügung hatte, die er zur Verbesserung seines Gedankenlesens und Studiums nutzte, bis er große Weisheit erlangt hatte. Daher wählte König Gâ-roo ihn als königlichen Minister und Hofberater.

Mir wurde erneut befohlen, vor seiner Majestät, dem Herrscher aller Umi-Lobas, zu stehen.

"Herr Pendelbein", sagte er, "nach reiflicher Überlegung bin ich überzeugt, dass Ihr Besuch in meinen Herrschaftsgebieten nichts Gutes verheißt. Sie müssen wissen, dass ich zwei Geheimräte habe, auf deren Rat ich immer höre und dann tue, was ich für richtig halte. Seine Exzellenz Megâ-Zaltô", fuhr König Gâ-roo fort und zeigte auf seinen schlanken Minister, "rät mir zu befehlen, dass du sofort zu Tode gestempelt und getreten wirst, indem er sagt, dass du meinem Volk große Verletzungen zufügen wirst; da du ein Ausländer aus einem fernen Land bist, werden sie sich bemühen, deine Art zu gehen nachzuahmen. Unsere gute altmodische Art zu gehen wird verspottet werden; und die Beine meines Volkes werden bald ihre wunderbare Kraft und Aktivität verlieren.

"Mein anderer Ratsherr, der ein sehr gelehrter Mann ist und es liebt, mit Fremden über Fragen der Rasse, der Sitten und Gebräuche zu diskutieren, rät mir, dich zumindest für einige Wochen am Leben zu lassen, bis er Gelegenheit hatte, einige wertvolle Informationen von dir zu erhalten. Nun bin ich ein ruhiger und friedliebender König, denn die Natur, indem sie meine Herrschaftsgebiete mit einem solchen Netz von Flüssen umgibt und uns die Macht gibt, über sie zu springen, macht es für einen Feind nahezu unmöglich, uns zu folgen. Deshalb ist es mein königlicher Wille, Kleiner Mann Ganz Haupt, dass dir vorläufig kein

Schaden zugefügt wird!

"Danke, mächtigster und anmutigster Springer in dieser oder einer anderen Welt", sagte ich mit einer sehr tiefen Verbeugung. "Ich gebe mein Leben in deine Hände, damit ich es nutzen kann, um deine Güte und Größe in jedem Land, das ich durchqueren werde, bekannt zu machen.

Meine zarten Schmeicheleien berührten König Gâ-roo sehr spürbar. Er lächelte und nickte auf die freundlichste Weise mit seinem kleinen Puppenkopf. Aber Megâ-Zaltôs grimmiges, kleines Gesicht war in tausend Falten zerfurcht. Ich spürte in mir, dass er fest entschlossen war, mich zu verunstalten.

Nun gab es eine weitere Unterbrechung. Plötzlich ertönte eine schrille, kräuselnde Babystimme in einer Reihe wütender Schreie, während eine Reihe anderer Stimmen in sanften, beruhigenden Tönen zu hören war, als ob sie sich bemühen wollten, den Schreihals zu trösten.

Ich wandte meine Augen in die Richtung der Stimmen. Zu meiner Überraschung und Freude sah ich einen der weiblichen Umi-Lobas auf mich zukommen, die zaghaft mit leichten und anmutigen Sprüngen wie ein Spatz auf der grünen Wiese vorrückte. Ihr Kopf und ihr Gesicht sah aus wie einige der Wachspuppen, die ich in Paris gesehen hatte, nur war sie etwas blasser als diese.

Es war die schöne Prinzessin, Hoppâ-Hoppâ. Sie schien in einem sehr verdrießlichen und launischen Humor zu sein und zeigte ihre Verdrießlichkeit in jeder Bewegung.

Nichts gefiel ihr. Sie schmollte, ließ den Kopf hängen und warf beim geringsten Anlass ihre Babyarme umher.

Wie ich später erfuhr, beruhte all dies auf ihrem Unwillen, den mageren, knochigen Megâ-Zaltô zu heiraten, der heftig in sie verliebt war und dem der König in einem Moment großer Zufriedenheit vorschnell die Prinzessin zur Heirat versprochen hatte, und da König Gâ-roo dabei das Gelübde der Umi-Lobas abgelegt hatte: "Möge ich nie weiter als bis zur Länge meiner Nase springen können, wenn ich mein Gelübde breche", wagte er es nicht, sein Wort zu brechen, und natürlich bestand der alte, dünne, knochige, runzlige Megâ-Zaltô darauf, dass er sich an die Abmachung hielt.

All dies hatte zur Folge, dass die schöne Prinzessin Hoppâ-Hoppâ in eine tiefe Melancholie stürzte. Tatsächlich weigerte sie sich so lange absolut, Nahrung zu sich zu nehmen, dass alle traurig sagten: "Sie wird sterben!

König Gâ-roo war außer sich vor Trauer. Aber da Megâ-Zaltô kein Herzblut hatte, konnte er weder für den Vater noch für die Tochter Mitleid empfinden und bestand darauf, dass der König sich an seine Abmachung mit ihm halten sollte.

Angespornt durch die reiche Belohnung, die König Gâ-roo jedem Arzt bot, dem es gelingen würde, Prinzessin Hoppâ-Hoppâ zum Essen zu bewegen, kam einer der Hofärzte schließlich zu folgendem Plan:

Die Bediensteten wurden angewiesen, im Appartement der Prinzessin einen Tisch zu decken und ihn mit ihren Lieblingsgerichten zu beladen. Dann wurde die Hofdame angewiesen, ein Seidenband um den Körper der Prinzessin Hoppâ-Hoppâ zu binden, wenn diese sich für die Nacht zurückgezogen hatte, und zwar so, dass es sanft, aber kontinuierlich auf den Sympatikusnerv drückt und sie dazu bringt, schlafwandelnd zu gehen.

Der Plan funktionierte erfolgreich. Jede Nacht gegen Mitternacht erhob sich Prinzessin Hoppâ-Hoppâ aus ihrem Bett, setzte sich im tiefsten Schlaf an den Tisch und nahm ein herzhaftes Mahl zu sich. Danach kehrte sie ins Bett zurück, als eine der Damen des Schlafgemachs sofort das seidene Band löste, damit sie sich nicht ein zweites Mal erheben und sich überfressen konnte.

Prinzessin Hoppâ-Hoppâ kam auf mich zu und hüpfte mit einer zaghaften Geste, bis sie nahe genug war, um mich gut sehen zu können.

Dann wurde mir erlaubt, noch einmal meine Gangarten zu durchlaufen, was ich mit viel Elan tat und die Vorstellung mit Hinsetzen und Überkreuzen der Beine beendete.

Hoppâ-Hoppâ lächelte anfangs schwach, aber als es zum Beinüberkreuzen kam, klatschte sie in ihre kleinen Puppenhände und brach in ein Lachen aus, das so laut war wie die tiefen Töne einer Flöte.

König Gâ-roo war wie verrückt vor Freude. Es war das erste Mal seit einem Jahr, dass Hoppâ-Hoppâ gelacht hatte. Ich konnte sehen, dass zwischen König Gâ-roo und seinen dicken und mageren Ministern eine eilige Beratung stattfand. Ich wusste nur zu gut, was das alles bedeutete. Aber Prinzessin Hoppâ-Hoppâ unterbrach die Beratungen und löste die ganze Frage selbst, indem sie wie ein verwöhntes Kind schrie, das nach einem Spielzeug schreit: "Ich will ihn!

König Gâ-roo brach in ein lautes Lachen aus, dem sich alle anschlossen, bis auf den mageren, klapprigen Megâ-Zaltô, der mich heftig angriff und sein kleines Gesicht wie einen vertrockneten Apfel zusammenschraubte.

"Er ist dein; nimm ihn, geliebte Tochter", rief König Gâ-roo fröhlich aus, "und wenn er deine Melancholie heilen und dich wieder zur Freude und zum Sonnenschein unseres Hofes machen kann, wird keiner der herrlichen Edelsteine, die unser königliches Diadem schmücken, zu gut für ihn sein.

Unter großem Jubel und lautem Rauschen wurde eine Seidenschnur um meinen Körper gebunden, und ich wurde von der schönen Prinzessin Hoppâ-Hoppâ weggeführt. Bulger ärgerte sich über die Erniedrigung, eine Schnur um meine Taille gebunden zu haben, und kam fast soweit, dass er seine Zähne in das dicke Bein des Dieners schlug, der diesen Dienst für mich verrichtete. Knurrend und seine Zähne rechts und links zeigend, folgte mir das arme, verwirrte Tier ins Gefängnis; ich sage ins Gefängnis, denn das war es, wie es sich herausstellte.

Tag und Nacht umstellte ein Wärter meine Wohnungen und hielt sich in respektvollem Abstand, wenn ich gerufen wurde, um die sanfte Prinzessin abzulenken, indem ich rannte, auf einem Fuß hüpfte, mit nach außen oder innen gedrehten Zehen oder mit weit auseinander gestreckten Füßen ging.

Aber das Einzige, was die Prinzessin erfreute und die Melancholie aus dem hübschen Puppengesicht vertrieb, war meine Fähigkeit, meine Beine zu kreuzen. Dieses wunderbare Kunststück musste ich immer und immer wieder wiederholen, bis meine Glieder ziemlich schmerzten; aber egal wie oft ich es der sanften Hoppâ-Hoppâ wiederholte, es war immer neu und wunderbar, und sie belohnte mich ausnahmslos mit einem Lächeln und Klatschen in ihre Babyhände.

Etwa zu dieser Zeit gab mir mein geliebter Bruder Bulger einen weiteren Beweis seiner tiefen Zuneigung und außerordentlichen Intelligenz. Kaum hatte ich begonnen, mich bettfertig zu machen, merkte ich, dass mit ihm etwas nicht stimmte. Er richtete seine glänzenden schwarzen Augen flehend auf mich, biss mir spielerisch in den Schuh, zerrte an meiner Kleidung, stürzte sich auf mich, machte sich dann auf den Weg zum Bett, schnüffelte daran, knurrte vor ungeheuchelter Wut und machte sich dann wieder auf den Weg zu mir, begann mich erneut zu necken und zu beunruhigen. Ich war halb geneigt, mich provozieren zu lassen. Abwechselnd schimpfte und streichelte ich ihn. Alles umsonst; er setzte seine seltsamen Handlungen fort und wurde, wenn überhaupt, in seiner Art immer gewalttätiger. Endlich war ich bettfertig. Ich bemühte mich mit all meiner Kraft, ihn zu beruhigen und zu trösten, und bemühte mich, mich auf mein Bett zu werfen, damit er aufspringen und sich neben mich legen konnte.

Aber nein, es war unmöglich. Mit eisernem Griff griff er

nach meinem Nachthemd und hielt mich sicher fest, wimmerte und weinte höchst mitleiderregend, als wollte er sagen,

"Oh, geliebter kleiner Meister, warum kannst du mich nicht verstehen?

Plötzlich schoss mir ein seltsamer Gedanke durch den Kopf. Ich bückte mich und blickte unter meine Couch.

Hier schien nichts zu fehlen.

Dann ergriff ich, wie von einer unsichtbaren Hand gedrängt, die Bettwäsche und warf sie auf den Boden. Siehe da, das Rätsel war gelöst! Dort, versteckt unter dem Vorhang, glänzten die Spitzen von einem Dutzend oder mehr winzigen Klingen, jede schärfer als eine Nadelspitze, und wie ich bei der Untersuchung herausfand, mit einem Gift befleckt, das so subtil war, dass der geringste Stich mich des Lebens beraubt hätte. Muss ich Ihnen erzählen, wie die Tränen hervorbrachen, wie ich mich auf die Knie warf und das geliebte Tier in meinen Armen fing und mit Küssen bedeckte?

Er war zufrieden.

Noch einmal: Hätte er zu der langen Liste der Schulden, die ihm von mir geschuldet wurden, noch etwas hinzugefügt - Schulden, die nur in Münzen beglichen werden mussten, und zwar frisch und leuchtend hell aus der Münzstätte des Herzens. Wie Sie zweifellos erraten haben, war dieses feige und grausame Attentat auf mein Leben das Werk jener lebenden Spirale aus Stahlfedern, Megâ-Zaltô, der entschlossen war, den verhassten Ausländer, dessen monströse Missbildungen dem Wesen, das er liebte, so sehr gefielen, aus dem Weg zu räumen.

König Gâ-roo war sehr erzürnt, als Bulger den Möchtegern-Mörder in Anwesenheit des ganzen Hofes erkannte und der elende Schurke ihm reinen Wein einschenkte und erzählte, wie er die Messer mit seinen eigenen Händen angeordnet hatte.

"Geh mir aus den Augen, du unwürdiger Knecht! Wenn ich nicht befehle, dass dein abscheuliches Herz und dein abscheulicher Kopf durch die Axt des Henkers geteilt werden, dann nur, weil dein Vater mir unschätzbare Dienste geleistet hat. Geht! Komm nicht wieder, bis ich dich rufe!"

König Gâ-roo nahm mich jetzt in besondere Gunst.

Zunächst einmal freute er sich darüber, wie erfolgreich meine Bemühungen waren, die Prinzessin Hoppâ-Hoppâ zu unterhalten, auf deren Wangen die Rosen noch einmal glühten und deren Kinderstimme von früher her wieder erklang, wie ein Flötenton oder eine kleine silberne Glocke.

Seine Majestät ordnete an, dass der Hofmaler unverzüglich ein Porträt von Bulger für die königliche Galerie anfertigen sollte und dass ein Abguß meines Kopfes für das königliche Museum angefertigt werden sollte.

Ich war sehr erfreut über all diese Aufmerksamkeit.

Aber ich merkte, dass König Gâ-roo genau in dem Moment, als ich die Notwendigkeit meiner baldigen Heimkehr andeutete, das Gespräch geschickt auf ein anderes Thema lenkte. Tatsache war, dass er befürchtete, dass ich den Palast verlassen könnte, weil seine geliebte Hoppâ-Hoppâ sonst meine täglichen Auftritte verpassen und wieder in ihre Melancholie zurückfallen würde.

Die kleine Prinzessin selbst übte ihre Macht über mich nicht zögerlich aus. Sie schnappte mit ihren Füßen wie ein Kaninchen über den Boden, als ich nicht ganz so unterhaltsam wie sonst war, und ging sogar so weit, mir mit einer Dosis dieser lebendigen Stahlfeder namens Megâ-Zaltô zu drohen, als ich mich weigerte, meine Beine zu kreuzen und sie schnell genug loszukreuzen, um ihrer Ladyschaft zu gefallen.

Eines Tages, als ich mich in einer Art düsterem Grübeln über meine Situation befand und mir verschiedene Möglichkeiten für meine Flucht aus König Gâ-roos Herrschaftsgebiet durch den Kopf gingen, schenkte ich den Befehlen Hoppâ-Hoppâs unwissentlich wenig Beachtung. Vergeblich stürmte sie, schnappte mit ihren kleinen Füßchen auf den Boden, schüttelte mir ihre Babyhände, und rief in schrillen und wütenden Tönen über meine Nachlässigkeit.

Ich habe mein Tempo um keinen Deut beschleunigt. Eine schwere Last von Gedanken bedrückte meinen Geist.

Mein Herz war voller Trauer.

Den ganzen Tag hatte ich an zu Hause gedacht, an den lieben alten Baron und die sanfte Baronin, meine Mutter, und mich gefragt, ob sie mich im Schloss vermissten.

Plötzlich kam ein Bote von König Gâ-roo und rief mich sofort in den Audienzsaal.

Mit einem Satz kam ich zu mir selbst.

Die kleine Prinzessin Hoppâ-Hoppâ war in ihre Gemächer gegangen.

Ich begann, sie zurückzurufen.

Jeden Augenblick erwartete ich, dieses kleine Knochenbündel und die Bösartigkeit wie eine giftige Kröte auf mich springen zu sehen.

Mit Furcht und Zittern blickte ich in das Gemach des Königs.

Zu meiner unaussprechlichen Freude war seine Majestät, der Herrscher der Umi-Lobas, in der rosigsten aller Stimmungen.

Er kam mir mit ausgestreckten Händen entgegen, schenkte mir einen Becher Wein ein und forderte mich auf, mich an den Fuß des Thrones zu setzen.

Ich bemühte mich vergeblich, meinen Dank hinauszustottern.

Er wollte kein Wort davon hören; er sagte, dass "der Strom in die andere Richtung fließen sollte", was bedeutete, dass ich derjenige war, dem zu danken war.

"Nun, kleiner Mann ganz Kopf", begann der König, nachdem ich meinen Wein ausgetrunken hatte, "habe ich nach dir gesandt, damit du es versuchst und dich glücklich machst, in dem Maße, wie du zu meinem Glück beigetragen hast. An diesem Tag spreche ich zu dir aus dem Herzen eines Vaters. Du hast meinem geliebten Kind Gesundheit und Zufriedenheit zurückgegeben, und da ich mich aus meinen Gesprächen mit dir daran erinnere, dass du ein großer Liebhaber seltener und nützlicher Bücher bist, habe ich von jedem Buch in den Regalen der königlichen Bibliothek Kopien anfertigen lassen, und ich bitte dich nun, sie als ein ganz kleines Zeichen meiner Dankbarkeit anzunehmen.

Ich war sprachlos.

Das Blut raste schnell und heiß in meine Wangen.

Ich stammelte ein paar sinnlose Worte des Protests, des Dankes, der Überraschung und was nicht alles.

Der Plan schien mir nur allzu deutlich ein Plan zu sein, mich in König Gâ-roos Dienste zu binden, mich mit mehreren tausend Bänden zu beladen, die ich unmöglich mit mir führen könnte und deren Zurücklassen eine solche Beleidigung wäre, dass Verhaftung und Inhaftierung mit Sicherheit folgen würden.

Endlich gelang es mir, mich in irgendeiner Form zusammenzureißen, und ich sprach wie folgt:

"Oh, du mächtigster, wunderbarster und anmutigster Springer aller Umi-Lobas, Gâ-roo, Tausendster deiner Linie, ich flehe dich an, belade mich nicht mit einem so großen und unschätzbaren Schatz. Du weißt, dass ich nur für eine kurze Zeit in Deinem Königreich bin; ich habe keine Karawane, wenn ich weggehe, um diese riesige Ansammlung von Weisheit zu transportieren, die in so vielen Tausenden von dicken und sperrigen, mit Stahl umklammerten und mit Eisenscharnieren versehenen Bänden aufbewahrt wird. Deine Gabe ist viel zu fürstlich für einen so bescheidenen Besucher wie mich.

Darum, gnädigster König Gâ-roo, schenke sie irgendeinem wohlhabenden Adligen Deines Landes, in dessen geräumigen Schlosssälen diese Bücher eine sichere Ruhestätte finden mögen, ein Regal, das sich über ein Regal erhebt, eine wahre Festung des Lernens, uneinnehmbar für die Kohorten der Unwissenheit".

König Gâ-roo lächelte.

Dann wandte er sich an einen Diener und sagte:

"Rufen Sie Poly-dotto zu mir und bitten Sie ihn, die Bibliothek mitzubringen."

Dieses Kommando hat mich mehr denn je verblüfft.

In wenigen Augenblicken öffnete sich die Tür, und ein gealterter Umi-Loba, gut gebeugt an Jahren, mit langen Strähnen weißer Haare, die aus seinen Ohren wuchsen - denn diese Leute lassen es nicht zu, dass Haare auf ihren Gesichtern wachsen, sie reißen sie aus und zerstören ihre Wurzeln im frühen Leben - und einen einzigen Band von ansehnlicher Größe unter seinem Arm getragen.

Er rückte mit schwachem Hüpfen vor und stützte sich auf einen Stab.

Seine Stimme zauberte mir ein Lächeln ins Gesicht, obwohl ich es nicht wahrhaben wollte, denn sie pfiff wie eine Flöte, hielt ungeschickt an und brach immer wieder zu einem komischen Quietschen aus.

Aber obwohl körperlich gebrechlich, war Poly-dotto ein perfektes Wunder des Geistes und des Gedächtnisses.

Ich war ziemlich erschrocken, als ich herausfand, dass Poly-dotto meine Sprache mit vollkommener Leichtigkeit verstand, was auch nicht weiter verwunderlich ist, wenn wir innehalten und denken, dass alle unsere europäischen Sprachen aus diesem Teil der Welt stammen.

Poly-dotto sprang vorwärts, versuchte, seinen Körper mehr zu beugen, als er ohnehin schon war, stieß die langen, weißen Haarbüschel, die aus seinen Ohren wuchsen, in den Saum seines Gewandes und legte das Buch, das er mitgebracht hatte, in die Hände von König Gâ-roo.

Seine Majestät erwiderte die Begrüßung des alten Weisen, und dann, einen Blick auf mich gerichtet, winkte er mir zu, mich zu nähern.

Ich gehorchte.

"Empfangen Sie, Herr Pendelbeine", rief König Gâ-roo, "als Zeichen meiner Zuneigung und als Beweis meiner Dankbarkeit, diese vollständige und perfekte Abschrift der gesamten königlichen Bibliothek, seit vielen Jahrhunderten der Stolz der Könige der Umi-Lobas.

Ich warf einen Blick auf König Gâ-roo, dann auf die Rückseite des Buches und dachte, dass es sich lediglich um den Katalog der in der königlichen Bibliothek enthaltenen Bücher handelte.

Aber, nein; da war der Titel, " Vollständige Abschrift", usw.

Ich öffnete das Buch.

Seine Seiten waren dünner als das feinste Gewebe, das ich je gesehen hatte.

Ich blätterte zur letzten Seite.

Zwanzigtausend Seiten!

Mein Erstaunen verdoppelte sich.

Mit einigen Schwierigkeiten, die auf meine ungeschickten Finger zurückzuführen waren, blätterte ich einige Seiten hier und da um. Sie waren alle dicht mit winzigen Punkten und Strichen gefüllt.

Für mein Auge sah eine Seite wie die andere aus, eine verwirrende Wiederholung derselben kleinen Punkte und Striche.

Ich schaute zu King Gâ-roo und Poly-dotto auf. Sie waren beide sehr amüsiert über meine Verwirrung.

Wie ein Blitz brach die Wahrheit über mich herein. Es kam

mir vor, als würde ich aus einem Traum erwachen.

Ja, daran gab es keinen Zweifel. Ich war in diesem Moment im Land der ursprünglichen Kurzschrift-Schreiber. Hier war jenes geheimnisvolle System der Aufzeichnung von Sprache durch Punkte und Striche entstanden, von dem so viele Männer, in so vielen verschiedenen Ländern, in verschiedenen Jahrhunderten, behauptet hatten, die Erfinder zu sein.

In meiner Lektüre alter Völker hatte ich oft dunkel angedeutet, dass weit, weit zurück in fernen Zeiten eine Rasse von Wesen mit kurzen Armen und winzigen Händen existierte, die eine Schriftsprache nach ihren Wünschen erfunden hatten, in der absolut keine Buchstaben verwendet wurden, sondern die Wörter durch Punkte und Striche dargestellt wurden, die in verschiedenen Höhen angebracht waren, um verschiedene Laute zu bezeichnen.

Mit einer Art atemloser Freude setzte ich mich nun hin und begann, das Buch erneut zu untersuchen, wobei ich hin und wieder innehielt, um ein paar Worte des Dankes an den König der Umi-Lobas zu wiederholen.

"Informiert den kleinen Mann ganz Kopf, gelehrtester Poly-dotto", rief der König, "wie viele Bände er in der Hand hält".

Poly-dotto streichelte die weißen Büschel, die an seinen Ohren hingen, und sprach wie folgt:

"Die königliche Bibliothek, die du in deiner Hand hältst, enthält achttausend Bände, die alle selten und wertvoll sind und nur in der Bibliothek unseres königlichen Meisters zu finden sind. Diese Bände behandeln Astrologie, Alchemie, Weissagung, Cheirosophie (Handlesekunst), Medizin, Mathematik, Recht, Politik, Philosophie, Zeitvertreib, Kriegsführung, fünfzig Gedichtbände, fünfzig Geschichtsbände, fünfzig Wundergeschichten, dazu mehrere hundert Abhandlungen über Theosophie, Altruismus, Positivismus, Hypnose, Gedankenlesen, Seelenwanderung, Flugkunst,

Einbalsamierung usw. usw."!

"Oh, wunderbar! Wunderbarstes!" war mein Ausruf.

"Aber ich flehe dich an, oh, gelehrter Poly-dotto", fuhr ich fort, "verrate mir das Geheimnis von all dem! Erkläre mir den Ursprung dieses wunderbaren Schreibsystems, mit dem die Weisheit der Zeitalter in einem kleinen Band festgehalten werden kann!

Poly-dotto warf dem König einen Blick zu, der den Kopf senkte und damit sein königliches Einverständnis signalisierte, dass der alte Weise sprechen dürfe.

"Wo wir jetzt stehen", begann Poly-dotto und warf die langen weißen Haarbüschel zurück, die von seinen Ohren bis zu seinen Schultern reichten, "war einst ein raues und gebirgiges Land. Damals, heute vor etwa dreißigtausend Jahren, war unser Volk dem Deinen ähnlicher als heute. Um die felsigen Hänge dieser Berge zu erklimmen, brauchte man lange, sehnige Arme und starke Hände mit großer Greifkraft und flexible Beine, die sich ganz unabhängig voneinander bewegten, wie Bergsteiger in allen Ländern. Doch plötzlich begannen diese felsigen Höhen zu sinken und die Täler zu steigen; zwar sehr langsam und allmählich, aber dennoch ununterbrochen, so dass in wenigen Jahren das, was ein raues, zerklüftetes, zerklüftetes und zerknittertes Land gewesen war, den Aspekt eines vollkommen ebenen Landes anzunehmen begann. Mit diesen Veränderungen begann sich unser Volk zu verändern.

"Da sie keine eisernen Hände und Arme mit unermüdlichen Muskeln mehr brauchten, mussten sie bald feststellen, dass diese Kraft sie verließ, dass ihre große Schulterbreite und Brusttiefe langsam aber sicher in ihren Söhnen und Enkeln verschwand. Um diese Zeit kam es durch ein seltsames Unglück zu einer schrecklichen Flut, die über unser glückloses Land hereinbrach. Unser in Panik geratenes Volk hatte gerade noch Zeit genug, um zu entkommen. Mehrere Monate lang waren die Regionen, die einst von einem zufriedenen kleinen Volk bewohnt waren, von Wasser bedeckt, das viele Klafter tief war. Als das Wasser endlich zurückgegangen war und unsere Vorfahren wieder ihren Fuß auf ihren Heimatboden setzen durften, sahen sie eine große Veränderung! Dieses riesige Gebiet unseres gnädigen Herrn, König Gâ-roo des Tausendsten, war, wie Sie es jetzt sehen, zu einer vollkommen ebenen Ebene geworden, die von unzähligen schmalen, aber tiefen und schnell fließenden Bächen durchzogen war. Aber die Erde, die sozusagen in die Arme dieser tosenden Wasser getrieben und auf unsere Häuser geworfen wurde und sie weit unter sich begrub, war von außerordentlicher Fruchtbarkeit, so wie Sie sie jetzt sehen. Alle Arten von Pflanzen, Früchten, Blumen, Gemüse und Getreide wachsen hier ohne Kultivierung, wenn sie einmal angebaut wurden. Unser Volk hat nicht lange gezögert, die Güte der Natur zu nutzen und die durch das Hochwasser zerstörten fröhlichen Häuser wieder aufzubauen. Doch nun wurden wir mit einem höchst wunderbaren Zustand konfrontiert. Hier waren wir eingeschlossen, umgeben von einem ausgedehnten Netz von Bächen, und doch lehrte uns unsere schreckliche Erfahrung, das Wasser so sehr zu fürchten, dass unser Volk nicht einmal, um dem Tod selbst zu entkommen, dazu gebracht werden konnte, über einen dieser kleinen Flüsse zu schwimmen oder ihn in irgendeinem Boot zu überqueren. Die Zeit ging weiter. Es ging entweder darum, auf diesen langen schmalen Landhälsen zu leben und viele Kilometer zu laufen, um die Biegungen und Kurven der Flüsse zu umgehen, oder aber über sie zu springen. Unsere Weisen gaben unseren Vorfahren Anweisungen, wie sie von frühester Kindheit an ihre Kleinen zum Springen erziehen sollten, und ermutigten sie durch Belohnungen, so lange zu üben, bis das Springen für sie so einfach wurde wie Gehen und Laufen. Die königlichen Vorfahren unseres gnädigsten Herrn erließen strengste Gesetze gegen das Gehen und Laufen. In wenigen Generationen fanden große

Veränderungen statt. Es war nicht ungewöhnlich, ein Kind von acht oder zehn Jahren sechs oder acht Meter über Bäche springen zu sehen, während es ein Spiel wie Verstecken spielte. Da diese Kinder mit den Jahren immer mehr sprangen, erkannten sie bald, dass sie durch Springen viel schneller vorwärts kommen konnten als durch die alte, mühsame Art, erst den einen und dann den anderen Fuß vorwärts zu setzen.

"Die Ströme weiteten sich nun aus und stellten die Sprungkraft unseres Volkes auf eine harte Probe. Aber wir haben jedes Hindernis überwunden, und innerhalb weniger Generationen wurde es eine seltene Sache, einen Umi-Loba in der alten Weise umherziehen zu sehen. Wie Sie sich leicht vorstellen können, konnte die Natur nicht genügend Kraft aufbringen, um unser Volk in die Lage zu versetzen, sich auf diese Weise zu verwandeln und gleichzeitig seine Länge, Stärke und Kraft der Schultern, Arme und Hände zu erhalten. Es zeigte sich ein höchst erstaunliches Ergebnis. Was unten gewonnen wurde, ging oben wieder verloren. Die Arme unseres Volkes begannen zu schlaff zu werden; die Hände bekamen ein zartes und kraftloses Aussehen, als hätte eine lange Krankheit sie gebleicht und aufgeweicht. Dann bemerkten die Weisen unseres Volkes eine weitere Veränderung. Nach einem gewissen Alter hörten die Arme unserer Kinder ganz auf zu wachsen, und obwohl unsere Ärzte außerordentliche Anstrengungen unternahmen, um diesen plötzlichen Wachstumsstopp zu überwinden, der gewöhnlich eintrat, wenn unsere Kinder das zehnte Lebensjahr erreichten, waren all ihre Anstrengungen vergeblich.

"Unser König sah zu seinem großen Entsetzen, wie um ihn herum ein Volk junger Männer heranwächst, deren Arme so kurz und deren Hände so klein und zart waren, dass sie die Speere, Bögen und Pfeile unserer Vorfahren nicht mehr handhaben konnten. Sogar die Messer und Gabeln und die Trinkbecher mussten immer kleiner und kleiner gemacht werden, als diese wunderbaren Veränderungen eintraten.

"Und nicht lange dauerte es auch nicht, bis unsere Weisen es völlig unmöglich fanden, die langen, schweren Stifte ihrer Vorfahren zu halten und zu führen oder die schwerfälligen Bände zu heben, in denen unsere Väter die Aufzeichnungen unserer Nation aufbewahrt hatten.

"Mit kleineren Stiften kamen kleinere Bücher und eine feinere Schrift, bis schließlich einer meiner Vorfahren in einem Moment glücklicher Eingebung auf die Idee kam, die alte Schreibweise mit zwei oder mehr Dutzend Buchstaben aufzugeben, die so groß waren, dass nur wenige von ihnen auf einer Zeile geschrieben werden konnten, und von denen zwei oder drei notwendig waren, um einen einfachen Ton aufzunehmen, und kleine Punkte und Striche zu verwenden, die so fein wie Haare waren, um den Klang unserer Worte darzustellen.

Unsere Kinder waren begeistert.

Ihre kurzen Arme und winzigen Hände waren für diese Arbeit gut geeignet.

In wenigen Jahren wurde das neue Schriftsystem in allen unseren Schulen gelehrt, und durch königliches Edikt wurde es zur einzigen legalen Schreibmethode im ganzen Königreich. Später verbesserte ein anderer meiner Vorfahren das System erheblich, indem er es so vereinfachte, dass ganze Sätze durch einen einzigen winzigen Punkt oder Haarstrich aufgezeichnet werden konnten.

"Mit Hilfe dieses wunderbaren Systems ist es uns möglich, eine ganze Bibliothek in ein einziges Buch zu komprimieren, wie Sie gesehen haben, und es unserem königlichen Meister zu ermöglichen, die verschiedenen Weisheiten der Zeitalter auf seinen Reisen mit sich zu führen, und zwar in einer so kompakten Form, dass sie unter das königliche Kissen gelegt werden können und es dennoch nicht zerknittert.

"Du weißt es ganz genau", fuhr Poly-dotto lächelnd fort, als er eine seiner Babyhände hob und mit einem winzigen Finger auf das Buch zeigte, das ich in meinen Händen hielt und auf dessen Seiten meine Augen in weit geöffnetem Erstaunen fixiert waren, "dass in deinem Land ein Geschichtenschreiber unmöglich eine einzige seiner Geschichten zwischen diese Einbände pressen könnte!

König Gâ-roo lachte herzlich über diese Rede.

Nach einigen Augenblicken angenehmer Unterhaltung wurde ich von seiner Majestät mit dem Versprechen einer fortgesetzten Gunst entlassen.

Als ich mich aus dem Audienzsaal zurückzog, schrie König Gâ-roo fröhlich auf, als er mit einem winzigen Finger nach mir griff:

"Kümmere dich gut um Prinzessin Hoppâ-Hoppâ, Kleiner Mann-Allkopf!"

Während ich in meinem Appartement saß, hörte ich am Tag nach meinem Empfang bei Hofe und der Vorstellung der königlichen Bibliothek, als ich so gut wie möglich in die frühe Geschichte der Umi-Lobas eintauchte, plötzlich ein großes keuchendes und pfeifendes Geräusch, als ob sich jemand, der an Asthma leidet, näherte.

Bulger gab ein leises Knurren von sich.

Ich sprang auf, und als ich zur Tür ging, war ich nicht wenig überrascht, Migrô-Zaltô zu sehen, wie er mit sehr kurzen Hüpfern auf mich zukam, von denen jeder einzelne ein Stöhnen auslöste.

Schließlich erreichte er jedoch einen Platz in meiner Wohnung und sprach mich nach einer halbstündigen Ruhepause wie folgt an:

"Ich bringe dir eine gute Nachricht, Kleiner Ganzkopf. Seine Majestät, König Gâ-roo, hat gnädigerweise beschlossen, dich zu einem seiner Staatsminister zu ernennen. Poly-dotto hat ihm mitgeteilt, dass dein Kopf genau dreimal so groß ist wie der größte Umi-Lobas, und dass du daher mindestens dreimal so weise sein musst wie jeder seiner Berater. Er ist natürlich nicht bereit, dass irgendein anderer Monarch den riesigen Schatz der Weisheit, der in Deinem Kopf aufbewahrt wird, in Anspruch nehmen kann. Sein Plan ist es, dich wie einen Sohn zu behandeln, dich mit allem zu umgeben, was Gold oder gewiefte Hände in Mode bringen können, zu deinem Komfort und zu deinem Vergnügen; mit einem Wort, um dich so mit Ehren zu überschütten, dass du dein Heim und dein Volk bald vergessen wirst.

Die Wirkung der Worte von Migrô-Zaltô auf mich war unbeschreiblich.

Ich fühlte mich, als ob mein Herz kurz davor wäre, seinen letzten Schlag zu tun.

Nur mit größter Anstrengung konnte ich mich zusammenreißen, meinen Dank an seine Majestät, König Gâ-roo, hinausstottern und mich davor bewahren, meinen völlig trostlosen Zustand zu verraten.

Siehe, ich bin jetzt ein Gefangener auf Lebenszeit! Denn trotz all dieser süßen Worte verdoppelte König Gâ-roo nun die Zahl der Wachen, die meine Bewegungen beobachten sollten, und verhinderte so jeden Fluchtversuch.

Ich tat natürlich so, als ob ich diese zusätzliche Vorsichtsmaßnahme nicht bemerkt hätte.

Tatsächlich setzte ich ein lächelndes Gesicht auf mein trauriges Herz und tat so, als wäre ich vollkommen zufrieden; als hätte ich jeden Gedanken an eine Rückkehr nach Hause aufgegeben.

Ich ließ Migrô-Zaltô wissen, dass ich nun beabsichtige, die alte Geschichte seines Volkes zu studieren.

Auch mit der Prinzessin Hoppâ-Hoppâ war ich ganz freundlich und wohlwollend. Aber während ich so damit beschäftigt war, meine Wächter aus der Reserve zu locken, tauchte ich tief in die Volkskunde der Umi-Lobas ein.

Die Bücher der königlichen Bibliothek, die mir von König Gâ-roo so gnädig geschenkt wurden, standen mir in guten Diensten.

Ich war entschlossen, alle Schwächen der Umi-Lobas zu ergründen, um zu sehen, ob ich nicht einen Weg finden könnte, mich ihrer Wachsamkeit zu entziehen.

In den ersten Tagen war mir alles düster vor Augen, aber schließlich fing ich einen Hoffnungsschimmer auf.

Es kam auf diese Weise zustande:

Die Umi-Lobas fürchten das Wasser. Sowohl meine eigene Beobachtung als auch die Worte von Poly-dotto hatten mich auf diese seltsame Tatsache aufmerksam gemacht.

Von der Natur mit Gliedern von so außerordentlicher Kraft ausgestattet, dass sie über Bäche springen können, selbst wenn sie dreißig Fuß breit sind, haben sie den Aberglauben, die Natur habe es ihnen verboten, die Oberfläche eines Baches zu berühren.

Zum einen beobachtete ich nun, dass sie keinerlei Boote besaßen und dass ihre Kinder im Gegensatz zu anderen Kindern nie an den Ufern der wunderschönen Bäche spielten, die in alle Richtungen um ihr Zuhause flossen.

"Ein Boot ist das, was ich brauche", sagte ich zu mir selbst, jeder Pulsschlag klopfte vor unterdrückter Erregung.

Aber, ah! woher soll ich es nehmen!

Es war müßig, zu versuchen, ein Boot oder gar ein Floß zu bauen, ohne die Aufmerksamkeit meiner Beobachter zu erregen und einen Aufschrei auszulösen.

Ich muss diese Idee aufgeben.

Durch einen seltsamen Unglücksfall kam mir nun mein erbittertster Feind zu Hilfe. Sie erinnern sich zweifellos daran, wie diese lebhafte Stahlfeder, Megâ-Zaltô, versuchte, mich zu töten, indem sie winzige vergiftete Messerklingen in mein Bett legte.

Nun, danach habe ich mich nachts nie mehr hingelegt, ohne zuerst die Kissen, Vorhänge und Bezüge meiner Couch abzuziehen, auf der Suche nach weiteren der gleichen Art.

Ich fand nie welche, denn Megâ-Zaltô war immer noch in Ungnade und es war ihm unter Androhung der sofortigen Todesstrafe verboten, sich dem königlichen Palast zu nähern.

Aber ich fand etwas anderes.

Es war dies:

Ich entdeckte, dass mein Bettgestell, ohne Kissen und Wäsche, genau die Form eines Jollenbootes hatte; in der Tat ein so feines Modell, dass es meinem Seemannsauge unendliche Freude bereitete, und, was die erstaunlichste Entdeckung von allen war, dass es bereits mit einem stabilen und formschönen Mast ausgestattet war, dem Stab, der den Behang stützte. Alles, was ich brauchte, waren ein paar dünne, gerade Stäbe für den Baum, und ich würde in der Lage sein, eine meiner Schoten zu nehmen und in wenigen Augenblicken ein Rahsegel aufzurichten.

Auch hier sah ich mich wieder mit einer entsetzlichen Schwierigkeit konfrontiert.

Selbst wenn ich zugebe, dass ich mich der Wachsamkeit meiner Wächter entziehen konnte, wie sollte ich, ganz allein, das schwere Bettgestell bis ans Wasser, 400 Meter entfernt, transportieren!

Ich war kurz davor, den ganzen Plan aufzugeben.

Je mehr ich ihn in Gedanken überschlug, desto größer wurden seine Gefahren und Schwierigkeiten.

Ich ging mit schnellen und ängstlichen Schritten über den Boden, ohne mir Bulgers Besorgnis bewusst zu sein.

Er war mir mit eitlen Zureden auf den Fersen und versuchte, mich zur Ruhe zu bringen.

Endlich, in blanker Verzweiflung, warf ich mich in einen Stuhl.

Bulger erhob sich auf seine Hinterbeine und blickte fragend in mein Gesicht.

Seine Zunge war herausgestreckt.

Er litt unter der Hitze.

Zum ersten Mal wurde ich mir meines Zustands bewusst.

Der Schweiß lief mir übers Gesicht. Plötzlich schoss mir eine neue Idee durch den Kopf und half mir bei der alten.

Sagte ich zu mir selbst:

"Ich werde mich beim König über die Hitze beschweren; ich werde ihm sagen, wie sehr ich das Leben im Freien und das Schlafen im Freien ohne Decke gewöhnt bin, ganz zu schweigen von dem blauen Himmel und den funkelnden Sternen; dass ich ganz sicher vor innerer Schwermut verkümmern werde, wenn es mir nicht erlaubt wird, mein Bett während der Mittsommerhitze unten am Flussufer, wo die Luft am kühlsten und reinsten ist, zu verrücken.König Gâ-roo hörte sich meine Bitte an, ohne den geringsten Verdacht zu hegen, dass mir auch nur die leiseste Idee einer Flucht aus seinem Herrschaftsgebiet durch den Kopf schoss.

Tatsächlich hätte er genauso wenig damit gerechnet, dass eines seiner königlichen Betten seine Flügel ausbreitet und in die Berge fliegt, wie dass es mit einem der Laken, das als Segel gesetzt war, den Fluss hinunterflitzt.

So wurde meiner Bitte sofort entsprochen.

Mein Bett wurde an das Ufer des Flusses verlegt, wo ein Zelt aufgestellt wurde, um mich im Falle eines Regensturms zu beherbergen, und ein weiteres Zelt, um der Truppe der Wachen Schutz zu bieten, die sich immer in respektabler Entfernung von mir aufhielt und doch nahe genug war, um in etwa drei Sekunden auf mich herunterzuhüpfen.

Bis jetzt war alles gut gegangen. Zunächst hatte ich vor, mein Boot zu Wasser zu lassen und in der Nacht zu fliehen, aber ich war gezwungen, dies aufzugeben, denn ich stellte fest, dass die Wache bei Einbruch der Nacht immer verdoppelt wurde.

Die Flucht, wenn ich überhaupt fliehe, muss am helllichten Tag erfolgen.

Sechs der Umi-Lobas-Soldaten standen von Sonnenaufgang bis Sonnenuntergang um mein Quartier herum Wache.

Dass sie bewaffnet waren, versteht sich von selbst.

Aber ihre winzigen Schwerter und Piken hatten für mich keinen Schrecken.

Mit einer kräftigen Keule hätte ich sie in wenigen Augenblicken niederschlagen können.

Ihre schrecklichen Beine und Füße waren jedoch etwas ganz anderes.

Ein Schlag von den Füßen eines kräftigen Umi-Loba hätte mich tot auf den Boden geschlagen.

Ich habe oft gesehen, wie sich diese Wachen amüsierten, indem sie tiefe Löcher in den Boden schlugen oder mit einem einzigen Fersenhieb zentimeterdicke Steinplatten zertrümmerten.

Ich muss eine andere Methode wählen, um solch gefährlichen Verfolgern auszuweichen.

Sie müssen unter Drogen gesetzt werden.

Aber wie erreicht man das?

Ihnen allen gleichzeitig Nahrung anzubieten, würde mit Sicherheit ihren Verdacht erregen.

Andererseits haben sie nicht alle zusammen gegessen.

Daher wäre es auch schlimmer als eine Torheit, zu versuchen, sie unter Drogen zu setzen.

Was war zu tun?

Wieder wurde mein Herz in mir krank und schwach.

Ich setzte mich hin und sammelte meine zerstreuten Gedanken.

In diesem Augenblick begann der Diener, mein Mittagsmahl zu servieren. Ich warf einen Blick auf die verlockenden Gerichte und die Schaumweine. Es war ein Festmahl, wie es sich für einen König gehört.

"Sir Pendelbeine", sagte der Diener mit tiefer Verbeugung, "dies ist die Zeit für O-loo-loo-Eier. Der erste Fund wurde heute gemacht. Das Nest fasste sechs. Seine Majestät schickt dir zwei und wünscht dir einen angenehmen Traum".

Nun lassen Sie mich Ihnen sagen, was diese seltsame Rede alles bedeutete.

Der O-loo-loo-Vogel ist etwa so groß wie eine Wachtel und legt sechs bis ein Dutzend Eier von tiefschwarzer Farbe. Aber da der Vogel, dessen Gefieder so schwarz wie die Flügel einer Fledermaus ist, sein Nest in der Wildnis inmitten des stinkenden Wuchses einer heidekrautähnlichen Pflanze von so dunkelgrünem Laub baut, dass es fast schwarz erscheint, sind die Eier für das Auge des Jägers unsichtbar, und die Nester können nur gefunden werden, indem Wachen aufgestellt werden, die die Stellen markieren, an denen die Vögel aufsteigen.

Wie Sie sich vielleicht vorstellen können, sind O-loo-loo-Eier ihr Gewicht in Gold wert. Mehr noch, den Menschen ist es verboten, eines zu essen.

So lautet der Befehl des Königs!

Sie gehören alle ihm, und der Finder muss seinen Preis sofort in den königlichen Palast tragen, wo eine reiche Belohnung auf ihn wartet.

Aber das Mysteriöseste an ihnen ist noch nicht gesagt worden! Nicht nur, dass diese Eier von köstlichstem Geschmack sind, zwei von ihnen reichen aus, um den Esser in einen tiefen Schlaf zu versetzen, in dem sich die herrlichsten Träume über ihn stehlen! Visionen von erlesener Lieblichkeit huschen vor seinen Augen vorbei, und das Leben scheint so süß und befriedigend zu sein, dass das Erwachen wirklich der schlimmste Schmerz ist. Die Ursache dieses seltsamen Effekts war viele Jahrhunderte lang ein Rätsel, und die Vorfahren der Umi-Lobas pflegten den O-loo-loo-Vogel als eine Art heiliges Geschöpf zu verehren. Aber das Rätsel wurde endlich gelöst. Es stellte sich heraus, dass sich diese Vögel vom Samen der Mohnpflanze ernährten, und daher die Macht ihrer Eier bei denjenigen, die an ihnen Gefallen fanden, Schlaf verursachte.

Ich aß die beiden O-loo-loo-Eier, um die Sache zu prüfen, und in wenigen Augenblicken versank ich in einen höchst köstlichen Schlummer.

Als ich erwachte, sah ich Licht, wo in letzter Zeit Dunkelheit geherrscht hatte.

Der Weg, um den Wachen von König Gâ-roo zu entkommen, war für mich nun frei. Sofort machte ich mich daran, meine O-loo-loo-Eier aufzuheben.

In wenigen Tagen wurden sie immer reichlicher, und es dauerte nicht lange, bis ich zwei Dutzend davon angesammelt hatte.

Und nun, dachte ich, wenn ich sie meinen Wächtern als Festmahl anbiete, wird ihr Misstrauen erregt; sie werden sich weigern, an ihnen teilzuhaben, und die ganze Angelegenheit wird dem König vorgetragen, und ich werde der kleinen Freiheit, die ich habe, beraubt werden. Deshalb muss ich meine Menschenkenntnis einsetzen.

Als jeder Mann seinen Rundgang durchführte, rief ich ihn zu mir und zeigte ihm vier der O-loo-loo-Eier, sprach ich:

"Du gefällst mir, du bist mein Favorit, könntest du den Mund halten?"

Die Augen des Burschen funkelten vor Freude, und ich konnte sehen, dass ihm beim Anblick der zierlichen Leckerbissen das Wasser im Mund zusammenlief.

Nachdem er mir versichert hatte, dass er gut aufpassen würde, dass niemand erfährt, wie nett ich zu ihm gewesen war, gab ich ihm vier von den Eiern, genug, um ihn drei Stunden lang wie ein Baumstamm schlafen zu lassen.

Er hat sie mitsamt Schalen und allem verspeist.

Ich war sehr zufrieden mit dem Funktionieren meines Plans.

Der nächste Wächter, der wenige Augenblicke nach dem ersten erschien, wurde auf die gleiche Weise bedient. Und so weiter mit all den anderen. Jeder versprach feierlichst, seinen Kameraden niemals sein Glück zu offenbaren.

Mein bisheriger Plan hatte wunderbar funktioniert.

In etwa einer Viertelstunde hatte ich die höchste Genugtuung zu sehen, wie alle sechs anfingen, sich die Augen zu reiben, dann zu gähnen und dann die kleinen Arme so schläfrig wie möglich über den Kopf zu strecken. In weniger als einer halben Stunde lagen sie alle ausgestreckt auf der grünen Wiese und schnarchten wie gute Kumpels.

Jetzt war meine Zeit zum Handeln gekommen!

Ich sprang auf mein Bett zu, um es zu entleeren und auf den kleinen Fluss zu werfen, der in der Nähe floss, als ich zu meinem Entsetzen die Prinzessin Hoppâ-Hoppâ rufen hörte: "Kleiner Mann ganz Kopf! "Kleiner Mann ganz Kopf!

Ein kalter Schauer überkroch mich! Da kam sie, hüpfte auf mich zu wie der Wind, rief nach mir, ich solle kommen und sie zum Lachen bringen!

Was sollte ich tun?

Soll ich sie niederschlagen?

Sie ersticken?

Oh nein, ich hätte diesem unschuldigen kleinen Wesen mit

dem Puppengesicht nichts antun können, wenn es mich vor lebenslanger Gefangenschaft bewahrt hätte.

Plötzlich, wie ein Blitz, huschte ein heller Gedanke durch mein Gehirn.

Ich bin gerannt, gehüpft und auf einem Fuß gestanden, habe einen Fuß hoch in die Luft getreten, meine Beine gekreuzt usw., um die kleine Prinzessin zu amüsieren, aber ich habe nie für sie getanzt!

Wenn sie es amüsant genug finden kann, über solch schlichte altmodische Possen herzhaft zu lachen, wird sie sicher in Krämpfe geraten, wenn sie mich mit hochhackigen Absätzen in der Luft ein schnelles Tänzchen tanzen sieht.

Also rief ich ihr auf meine fröhlichste Art zu, sagte ich:

"Komm, kleine Prinzessin, komm, kleiner Umi-Loba. Hüpf hier lang! Mach schnell, ich muss dir etwas sehr Lustiges zeigen."

Sie hat nicht auf eine zweite Aufforderung gewartet.

Mit zwei Sprüngen war sie neben mir.

Als ich sie bat, sich zu setzen, begann ich zu tanzen, und sie begann zu lachen. In einem halben Augenblick beschleunigte ich meinen Schritt, und sie brach in wildeste Heiterkeit aus.

"Oh, hör doch auf, kleiner Mann ganz Kopf", keuchte sie. "Oh, hör auf, oder ich werde sterben!" Ich wollte nicht, dass sie stirbt, aber ich wollte, dass sie in Ohnmacht fällt.

Und jetzt befreie ich mich selbst.

Meine Beine blitzten wie Sonnenstrahlen, die auf dem Wasser tanzten.

Bulger schaute in würdevollem Erstaunen zu.

Er verstand überhaupt nicht, was sein kleiner Herr mit diesen wütenden Possen meinte.

Sie waren tatsächlich rasend.

Immer schneller und schneller schlugen meine flinken Füße über den Boden. Wilder und unkontrollierbarer wurde das Lachen der kleinen Prinzessin Hoppâ-Hoppâ. Die Tränen flossen über ihr hübsches Gesicht, sie wippte von einer Seite zur anderen; sie beugte sich vor und zurück.

Indem ich meinen Bewegungen noch mehr Geschwindigkeit verlieh, hielt ich meine Augen fest auf sie gerichtet.

Sieg!

Das Ende kam endlich!

Sie überschlug sich auf der Wiese und fiel in Ohnmacht.

"Jetzt oder nie!" Ich murmelte vor mich hin.

In kürzerer Zeit als nötig, um es zu erzählen, leerte ich mit der Hilfe meines treuen Bulgers das Bett von seinem Inhalt, legte das eine Ende auf meine Schulter, während Bulger seine Zähne in einer Franse verankerte, die an der anderen hing, und dann, er zog mit aller Kraft, und ich schob mit der ganzen Verzweiflung eines Freiheitskampfes, wurde die Holzkonstruktion langsam ans Ufer des Flusses gebracht.

Es war eine schwere Aufgabe für uns!

Aber wir haben es geschafft.

Nun glitt sie im Eiltempo das rutschige Ufer hinunter, schlug auf das Wasser auf und schwamm wie eine Ente.

Im Nu sprangen Bulger und ich an Bord des kleinen Bootes.

Eine der Schoten zu einem Rahsegel aufzurichten und sie auf die Stange zu setzen, die die Vorhänge gehalten hatte, war nur die Arbeit von wenigen Sekunden.

Ein kräftiger, langstieliger Fächer diente mir als Ruder.

Weg! Hinweg! Endlich war ich weg!

Der Wind war frisch und stark, und mein Rahsegel wirkte wie ein Wunder.

In diesem Moment drang eine schrille, keifende Stimme an

mein Ohr.

"Kleiner Mann ganz Kopf! Kleiner Mann ganz Kopf! Wo bist du? Wo bist du? Komm zu mir!"

Die schrillen, weit ausholenden Töne ihrer Stimme zogen hundert Anwesende an. Sie schienen geradezu aus dem Boden zu sprießen.

Pell-mell, mit einem wilden Ansturm, wobei die stärkeren über die Köpfe der weniger kräftigen sprangen, machten sie sich auf den Weg zu den Flussufern.

Von allen Seiten ertönte nun die Alarmglocke.

Gongs und seltsam klingende Hörner und Rasseln riefen die Menschen zu der Stelle, an der man die kleine Prinzessin halb bewusstlos auf der Wiese liegend gefunden hatte.

Der Anblick des halben Dutzend Wächter, die sich hier und da im tiefsten Schlaf ausstreckten, der versprengte Vorhang meiner Couch, das fehlende Bett selbst, allzu deutlich erzählte die Geschichte meine Flucht.

Die ganze Zeit machte mein kleines, gemütliches Boot gute Fortschritte auf dem Fluss, der alle hundert Meter breiter wurde.

Mit einem wilden Ausbruch schriller, wütender Stimmen drehten sich die Umi-Lobas um, um den Flüchtigen zu verfolgen.

Bulger wimmerte kläglich, als er sie am Ufer schwärmen sah.

In einem anderen Moment fingen sie an, von einem Ufer zum anderen zu springen, wobei sie in perfekten Schwaden über unsere Köpfe hinweggingen.

Ich wusste genau, dass sie es nicht wagen würden, in mein Boot zu springen, aber ich befürchtete, dass sie uns mit Schauern ihrer kleinen Speere überwältigen könnten. Ich beschloss jedoch, die Wirkung einer meiner Pistolen auf sie auszuprobieren, wenn ihre Speere mich ärgerten.

König Gâ-roo, außer sich vor gehässiger Wut, kam nun auf

den Schauplatz und übernahm das Kommando über seine versammelten Truppen und Diener.

Zuerst versuchte er, mich anzuflehen, indem er mir fürstliche Summen und königliche Ehren anbot, wenn ich nur umkehren würde.

Aber ich war taub für seine honigsüßen Worte. Daraufhin verfiel er in eine überwältigende Leidenschaft. Er befahl seinen Soldaten, mich tot oder lebendig wieder einzufangen.

Ein Schauer von Speeren pfiff nun durch die Luft.

Die meisten von ihnen verfehlten ihr Ziel bei weitem, denn der Fluss hatte sich nun so weit verbreitert, dass ich mindestens zehn Meter von dem Ufer entfernt war, auf dem sie standen.

Aber einige dieser Speere kamen mir gefährlich nahe.

Da ich befürchtete, dass ihre Spitzen vergiftet sein könnten, beschloss ich, die Wirkung eines Pistolenschusses in die Luft auszuprobieren.

Der laute Knall der Schusswaffe und die Rauchwolke, die ihr folgte, erfüllte die Umi-Lobas mit größter Furcht.

Sie warfen sich auf ihre Gesichter und schrien, ich sei ein böser Geist.

Ich konnte nun sehen, dass König Gâ-roo den Befehl gegeben hatte, mich in Frieden davonsegeln zu lassen.

Sie unternahmen keine weiteren Versuche, mich zu belästigen, und doch war es ganz offensichtlich, dass sie sich von dem "kleinen Mann mit dem ganzen Kopf" trennen wollten, für den ihr König und die Prinzessin Hoppâ-Hoppâ eine so warme Zuneigung empfunden hatten.

Auch ich fühlte eine Kerbe in meinem Herzen, als mein kleines Boot Bulger und mich auf den plätschernden Wassern des schönen Flusses forttrug, der jetzt so breit war, dass ich mindestens 30 Meter vom Ufer entfernt war, und der Palast von König Gâ-roo in der Ferne zu verblassen begann.

Mehrere Kilometer lang folgten sie den Ufern des Flusses, hielten sich mir gegenüber und schickten mir mit leiser und klagender Stimme immer wieder einen Abschiedsgruß.

Mit angestrengten Augen konnte ich die kleine Prinzessin Hoppâ-Hoppâ sehen, die auf den Schultern einer Gruppe von Dienern getragen wurde und mir ein letztes Adieu winkte.

Dann hörte ich wieder diese schrille Babystimme:

"Auf Wiedersehen, auf Wiedersehen! Kleiner Mann-Allkopf! Hoppâ-Hoppâ sagt: Adieu!

Und so segelte ich weg aus dem Land der Umi-Lobas, dem Land der Hüpfer!

In wenigen Tagen begann sich der Fluss zu verbreitern, und das Land der Umi-Lobas wurde weit hinter sich gelassen! In dem Augenblick, in dem ich irgendwelche Anzeichen von Menschen am Flussufer sah, steuerte ich mein standhaftes kleines Boot in eine breite Bucht, deren abfallende Ufer zu hohen Tafelländern führten. Hier vertäute ich mit tränenfeuchten Augen das kleine Boot, das mich aus einem Leben voller Leidenschaft, wenn auch in aller Stille, gerissen hatte, und folgte dem treuen Bulger, der kühn ins Landesinnere aufbrach. Nach einigen Wochen der Reise betrat ich ein Land, das hin und wieder von Händlern durchquert wurde. Sie waren erstaunt, dass ich ganz allein reiste, akzeptierten aber bereitwillig meine Aussage, dass ich von einer Truppe von Händlern getrennt worden war und dass mein Pferd gestorben war.

Nun beeilte ich mich, Indien erneut zu durchqueren und die Ufer des Mittelmeers zu erreichen, von wo aus ich mit einem fröhlichen Herzen und einer Erinnerung, die gut mit kuriosen Fakten und seltsamen Erinnerungen gefüllt war, die Heimreise antrat.

Zeichnung 24: Bulger und ich segelten weg vom Land der Umi-Lobas (Hüpfer), in meiner Bettgestell-Jacht.

KAPITEL VIII.

In den Straßen von Konstantinopel treffe ich einen armenischen Kaufmann, der mir ein 6000 Jahre altes Manuskript präsentiert. Es erweist sich als Palimpsest. Sein wunderbarer Inhalt. Ich erfahre von der Existenz eines kochenden Meeres und setze die Segel auf der Suche nach ihm. Drei meiner Seeleute werden von einem Meeresungeheuer verschluckt. Ich rette sie. Wir erreichen Neptuns Kessel. Beschreibung des Neptun-Kessels und seiner Ufer. Dort erleben wir seltsame Abenteuer. Wir setzen die Segel in Richtung Heimat, werden aber von einem fürchterlichen Sturm überrollt, der uns an die Küste Chinas treibt. Bulger rettet uns das Leben. Ich werde mit großer Ehre von den Würdenträgern der Provinz empfangen - ich bin im Palast von So Too the Mandarin untergebracht. Bulger erregt die Feindschaft der Behörden. Er wird beschuldigt, einen bösen Geist zu haben, und wird verhaftet und vor Gericht gestellt. Ich verteidige ihn. Er wird zum Tode verurteilt. Meine Bemühungen, das Urteil aufzuheben, sind erfolgreich. Seltsame Abenteuer im Palast des Lord Taou-tai. Bulger und ich sind in der Lage, alle Hindernisse zu überwinden, die uns in den Weg gelegt werden. Wir erhalten die Erlaubnis, zu einem Seehafen aufzubrechen, wo wir die Passage nach Hause nehmen. Unsere Freude, uns sicher aus den Händen unserer Feinde zu befreien.

Als ich eines Tages durch die Straßen von Konstantinopel schlenderte, vor den Basaren herumlungerte oder an der Straßenecke den Erzählungen eines Geschichtenerzählers lauschte, traf ich einen armenischen Kaufmann.

Er war ein Mann mit verschiedenen Fertigkeiten, hatte viel gelesen, viel gereist, viel gesehen.

Zeichnung 25: Manche Krähen mögen gekochte Abendessen.

Mehrere Tage lang aßen wir gemeinsam Süßigkeiten und tranken Kaffee.

Er war so begeistert von meinem ausgeprägten Intellekt, meinem scharfen, beißenden Witz und meiner großen Vorstellungskraft, dass er sich selbst als mehr als bezahlt für seine Reise nach Konstantinopel bezeichnete, obwohl er seine Gepäckstücke noch nicht geöffnet hatte.

Als die Zeit für unseren Abschied gekommen war, löste er die Lederriemen, die den Deckel einer seltsam aussehenden Truhe festhielten, deren Oberseite und Seiten mit kuriosen Figuren in mehrfarbigen Intarsien überzogen waren.

Aus einer Ecke dieses Behälters zog er ein Band oder Rollbuch der Antike hervor.

An einem Ende des Buches war mit einem Pergamentstreifen ein Siegel aus Wachs befestigt, das mit einem Siegelring eines Monarchen gestempelt zu sein schien. Dieses alte und ehrwürdige Buch verströmte einen sehr muffigen Geruch.

Der Armenier ging vorsichtig damit um und sagte:

"Es ist ziemlich alt, etwa 6.000 Jahre." Als er das Erstaunen in meinem Gesicht sah, lächelte er und fuhr fort:

"Ja, 6.000 Jahre! Es wurde nur soweit abgerollt, dass ich die Natur seines Inhalts entziffern konnte. Es behandelt die menschliche Seele und gibt vor, sein Geheimnis vollständig gelöst zu haben - ein Problem, das die Philosophen aller Epochen vor ein Rätsel gestellt hat. Es geht sogar so weit zu behaupten, dass die Essenz, die wir "Seele" nennen, aus einem Körper herausgenommen und in eine Flasche gefüllt werden kann; dass eine Seele in den Körper eines Menschen gesteckt werden kann, um ihm Gesellschaft zu leisten, und dass auf diese Weise die ganze Welt reformiert, umgestaltet werden kann; das Böse wird vollständig zerstört und das Gute bleibt nur übrig.

"Du lächelst, kleiner Baron, aber es scheint mir durchaus machbar zu sein. Zum Beispiel geht dieses seltene alte Buch zu Recht davon aus, dass, wenn wir eine gute Seele in einen bereits von einer schlechten Seele bewohnten Körper stoßen könnten, dieser Mann oder diese Frau fortan aufhören würde, Böses zu tun, oder zumindest würde die gute Seele ihren schlechten Gefährten ständig verraten, und, obwohl der Mann einen Mord planen könnte, würde er es nicht versäumen, jemanden über seine schreckliche Absicht zu informieren und so seine eigenen Ziele zu vereiteln.

"Oder", fuhr der Kaufmann fort, "nimm den Fall eines Geizers; indem man die Seele eines Verschwender in seinen Körper steckte, würde seiner Neigung, Geld zu horten und seine Familie auszuhungern, für immer und ewig der glühende Wunsch entgegenstehen, seinen Verdienst zu vergeuden, und das Ergebnis wäre, dass sich diese beiden Laster gegenseitig neutralisieren würden; und so könnte bei einem Trinker oder Dieb: Indem man die Seele eines Wassertrinkers in den einen und die eines moralischen Menschen in den anderen legte, könnte eine vollkommene Reformation herbeigeführt werden. Dies ist ein wertvolles Buch, kleiner Baron, aber ich gebe es Ihnen, indem ich von Ihnen lediglich das Versprechen verlange, dass Sie, wenn ich es richtig verstehe, das Geheimnis an die Kirchenväter weitergeben werden".

Ich gab dem Kaufmann mein Versprechen, und da ich ein so wertvolles Geschenk nicht annehmen wollte, ohne etwas zurückzugeben, zog ich von meinem Finger einen Ring mit dem versteinerten Auge eines Basilisken, der im Dunkeln genug Licht ausstrahlte, um die Stunde auf einem Zifferblatt der Uhr abzulesen.

Der Ausdruck des Dankes war fast ermüdend.

Wir trennten uns.

Ich legte den antiken Band in meinen Koffer und dachte erst einige Zeit nach meiner Rückkehr nach Hause darüber nach, als Bulger, angezogen von seinem sehr modrigen Geruch, ihn eines schönen Tages an dem Pergamentstreifen, der das Siegel hielt, packte und aus seinem Versteck herauszog, und dann zu meinem Gesicht aufblickte, um zu sagen:

"Was ist denn los, kleiner Meister?"

Ich beschloss, das Buch sofort auszurollen.

Der Händler hatte mich gewarnt, dabei sehr vorsichtig zu sein, damit das Ganze nicht in tausend Stücke fliegt.

Ich bereitete daher eine Holzplatte oder -tafel vor, die ich mit einem starken Leim bestrich, so dass sie beim Abrollen des Pergaments von dieser klebrigen Oberfläche erfasst und festgehalten werden sollte.

Der Plan gelang mir auf bewundernswerte Weise.

Nach mehrstündigem, engem Auftragen war ich überglücklich zu sehen, wie das Volumen vollständig abgerollt und fest und gleichmäßig an der Oberfläche der Tafel gehalten wurde.

Man stelle sich meine Freude vor, nachdem der Leim ausreichend getrocknet war, um eine Untersuchung der Schrift vorzunehmen, festzustellen, dass dieser antike Band ein Palimpsest[8] war!

Ich spürte instinktiv, dass diese Dissertation über die Natur der Seele der Alptraum eines kranken Mannes von einem armen Bewohner in der doppelten Dunkelheit von Unwissenheit und Aberglauben war. Also beeilte ich mich, seine feurigen Ergüsse durch den reichlichen Gebrauch von etwas noch Heißerem, nämlich heißem Wasser und Seife, abzuwaschen; denn meine Studien hatten mir gesagt, dass die Tinte, die die Menschen seiner Zeit und Generation benutzten, kein Beizmittel enthielt, sondern in Wirklichkeit nur Lampenschwarz und Fett war.

8 Palimpsest (Maskulinum, auch Neutrum, von lateinisch palimpsestus, -i m aus altgriechisch πάλιν palin „wieder“ und ψάειν psaein „reiben, (ab-)schaben“) bezeichnet eine Manuskriptseite oder -rolle, die beschrieben, durch Schaben oder Waschen gereinigt und danach neu beschrieben wurde (lat. codex rescriptus). Der Begriff wurde bereits in Antike und Mittelalter verwendet. Es ist der Vorgang des Wiederbeschreibens, den man – entgegen der etymologischen Bedeutung – als Palimpsestieren bezeichnet.

Nun kam ich zum eigentlichen Inhalt dieses ehrwürdigen Buches.

Die Schrift war schwach und schemenhaft. Ich ließ mich davon nicht beunruhigen, denn da ich in der Kunst des Chemikers bewandert bin, verlor ich keine Zeit damit, eine Säure aufzutragen, die der Schrift ihre alte Schwärze zurückgab.

Ich hatte einige Schwierigkeiten, die Sprache zu entziffern, in der sie geschrieben war - das antike Phönizisch - aber mit Hilfe mehrerer Dutzend Wörterbüchern habe ich sie schließlich in eine moderne Sprache übertragen, indem ich sie durch das Aramäische, dann ins Griechische und schließlich in meine eigene Sprache übertragen habe.

Als ich endlich alle Schwierigkeiten überwunden hatte und die Beschreibungen mit jener Leichtigkeit lesen konnte, die notwendig war, um ihren vollen Sinn zu entfalten, war ich fast außer mir vor Freude.

Es war die Geschichte einer Reise, die ein kühner Seefahrer vor sechstausend Jahren unternahm, als die Erde noch in den Kinderschuhen steckte; an manchen Orten war es noch heiß; tatsächlich hatten sich nur die höchsten Berge und Tafelländer genügend abgekühlt, um bewohnbar zu sein.

Von den Küsten Arabiens aus hatte dieser kühne Kapitän sein Schiff auf die aufgehende Sonne ausgerichtet.

Und nach vielen schrecklichen Gefahren und schrecklichen Entbehrungen war er in Gewässer eingedrungen, die zu seinem fast unaussprechlichen Erstaunen immer wärmer wurden, je weiter er sie überwand.

Zuerst weigerten sich seine Männer, weiter voranzuschreiten, aber durch Drohungen, Überredung und gute Geschenke ging der kühne Seefahrer seinen Weg, staunend und frohlockend. Nach vielen Tagen betrat er ein Gewässer, das ich nach seinen Beschreibungen sofort als das

Chinesische Meer erkannte. Doch nun war jedes weitere Vorankommen unmöglich.

Vergeblich boten seine Ruderer ihre Hilfe an, um das kleine Schiff vorwärts zu treiben.

Riesige Wellen von erhitztem Wasser, immer aus der gleichen Richtung, trieben sein Schiff rückwärts.

Endlich dämmerte ihm die Wahrheit der Sache.

Er befand sich am äußeren Rand eines riesigen kochenden Meeres, das, während es seine heißen Wellen immer weiter nach außen rollte, seine Nussschale einer Barke zurück trieb. Er erklomm einen hohen Felsvorsprung und kletterte bis zu seinem höchsten Punkt, wobei er dicke Filzschuhe und Handschuhe trug, um seine Füße und Hände vor den erhitzten Felsen zu schützen.

Ein furchterregender und doch erhaben schöner Anblick erfüllte seinen Blick.

Über Hunderte und Aberhunderte von Seemeilen waren die Gewässer in einem Zustand heftigsten Kochens, Sprühens und in die Luft Springens, als ob eine Legion riesiger Dämonen unter ihnen ihren heißen Atem von riesigen, höhlenartigen Verstecken nach oben treiben würde.

Als ich von diesem kochenden Meer las, packte mich der unkontrollierbare Wunsch, auf die Suche danach zu gehen.

Es stimmt, dass das Wasser in all diesen Jahrhunderten abgekühlt sein könnte, und doch war ich zuversichtlich, dass ich eine Spur dieses einst schrecklichen Kessels aus brodelndem Wasser finden würde.

Das Chinesische Meer war den Seefahrern meiner Zeit und Generation nur wenig bekannt.

Es war oft dunkel angedeutet worden, dass dieses riesige Gewässer mit wunderbaren Inseln übersät und mit seltenen Monstern gefüllt war.

Ich hatte keine Zeit zu verlieren.

Eilends schrieb ich einen Abschiedsbrief an meinen Vater

und meine Mutter und schloss mich meinem Schiff an - begleitet von meinem stets treuen Bulger - und richtete ihren Bug auf die aufgehende Sonne.

Die Gewässer des Ostens waren mir durch mein langes und genaues Studium der zuverlässigsten Karten so gut bekannt, dass ich mein Schiff fast mit verbundenen Augen durch sie hindurch steuern konnte.

Es dauerte nicht viele Tage, ehe ich diese wunderschöne Wasserfläche betrat, die in der Jugend der Welt mit so wunderbaren Geschöpfen gefüllt war, die auf und in ihr schwammen.

Immer weiter, immer weiter, durch seine dunkelblauen Wellen, die nun ihre Schaumkronen in die Höhe schickten, nun wie ein Ding des Lebens auf dieser welligen Straße schaukelten, pflügte sich mein treues kleines Schiff seinen Weg. Zehn Mal am Tag rief ich mit der Bitte, meine Stirn in einem Becken mit Meerwasser kühlen zu wollen, einem meiner Männer zu, einen Eimer herunterzulassen, aber nur, um zu meiner tiefen Enttäuschung festzustellen, dass seine Temperatur nicht höher war als in diesen Breitengraden üblich.

Ich begann, niedergeschlagen zu werden. Meine Besatzung bemerkte meine Niedergeschlagenheit, und zuweilen fing mein aufmerksames Ohr Geräusche der Unzufriedenheit auf.

Um meinen Männern die gewohnte gute Laune zurückzugeben, bot ich demjenigen eine Belohnung von tausend Dukaten an, der als erster feststellen sollte, dass das Wasser immer wärmer wurde.

Eintausend Dukaten!

Es war eine ansehnliche Summe, aber ich verzweifelte langsam.

Die große Belohnung hatte jedoch einen guten Effekt; sie brachte neues Leben in meine Männer.

Den ganzen Tag klapperten Eimer gegen die Bordwand.

Drei der wagemutigeren Männer schmiedeten den Plan, sich die Belohnung zu verdienen und sie unter sich aufzuteilen.

Sie banden sich zusammen und ließen sich dann über die Bordwand hinunter, bis ihre Füße gerade das Wasser berührten. Hier beschlossen sie zu bleiben, um als erste die Zunahme der Wärme im Wasser zu verkünden und sich auf diese Weise die tausend Dukaten zu sichern.

Plötzlich veranlasste mich ein ängstlicher Aufschrei, begleitet von dem kläglichsten Jammern Bulgers, an Deck zu eilen.

Ein Seeungeheuer, ein Drittel so lang wie unser Schiff, war direkt unter ihnen aufgetaucht.

Bewegungslos vor Schreck fielen sie diesem schrecklichen Feind als leichte Beute zum Opfer.

Er öffnete sein riesiges, höhlenartiges Maul und verschlang alle drei mit einem einzigen Schluck!

Meine Männer waren außer sich vor Gram!

Sie überhäuften mich mit wilden Worten des Vorwurfs.

Ich hatte große Schwierigkeiten, so etwas wie Ordnung oder Disziplin wiederherzustellen.

Meine Befehle stießen auf taube Ohren.

Endlich gelang es mir, die wütende, schreiende Meute zu beruhigen.

Da ich aus meiner Erfahrung mit so furchtbaren Bewohnern der Tiefe wusste, dass dieses Ungeheuer seinen Appetit nur durch diese Bissen Menschenfleisch angeregt hatte, wies ich meine Männer an, sich zu beeilen und einen Strohmann zu konstruieren, wobei sie Kleider der gleichen Farbe wie die, die die drei Unglücklichen trugen, benutzten.

Im Schoß dieses Puppenbildes versteckte ich 25 Pfund

Ipecacuanha[9] von bester Qualität, den ich glücklicherweise in meinem Medikamentenvorrat fand.

Die Puppe wurde nun an die Wasseroberfläche abgesenkt, genau an die Stelle, an der das Monster sein Mittagessen mit meinen drei ausgezeichneten Seeleuten eingenommen hatte.

Wir hatten nicht lange zu warten.

In wenigen Augenblicken erhob er sich zum Köder, öffnete sein riesiges Maul, streckte eine Zunge aus, die so groß und rot wie ein gebratener Ochse war, und schluckte den schmackhaften Bissen herunter, den ich für ihn bereitgestellt hatte, mit einem rumpelnden Glucksen, das mein Blut gefrieren ließ.

Als ich mich erholte, sprang ich in die Wanten und richtete meine Augen auf dieses seltene Ungeheuer, das eine Schiffslänge träge davon trieb und dann zum Stillstand kam.

Immer wieder schoss ein Zittern durch die ganze Länge seines Körpers.

Offensichtlich hatte er keine geringen Schwierigkeiten, diesen letzten Bissen zu schlucken.

Riesige Grate bildeten sich um seinen Hals und rollten nach hinten, bis sie unter dem Wasser verschwanden. Ein gewisses Unbehagen kennzeichnete nun seine Bewegungen.

Er rollte von einer Seite zur anderen, öffnete und schloss seine Kiefer mit einem Schnappen, das wie der Knall von zwei großen Eichentüren klang.

Die kleinen 25 Pfund Ipecacuanha begannen ihn offenkundig zu beunruhigen.

---

9 Die Brechwurzel oder Brechwurz (Carapichea ipecacuanha), auch Ruhrwurzel genannt. Ihr „Wurzelstock" wird in der Medizin verwendet, um Ipecacuana-Sirup - ein starkes Brechmittel - herzustellen.

Seine schaukelnde und rollende Bewegung nahm an Heftigkeit zu.

In einem Moment drehte sich sein riesiger Körper auf die Seite, beugte sich, bis sich Kopf und Schwanz trafen; in einem anderen wölbte er sich in der Luft, bis sein schwarzer Rücken wie ein Bogen das Wasser überspannte.

Ich spürte nun, dass es an der Zeit war zu handeln.

"Halten Sie sich an der Steuerbordseite bereit!" rief ich meinen Männern zu. "Schluss mit dem Gejammer! Alles bereit?"

"Ay! ay!" kam von der Bande zurück.

"Dann runterlassen!"

Ich war kein bisschen zu schnell mit meinen Befehlen.

Kaum war der Wurf ins Wasser gefallen, traf das Seeungeheuer auf das Wasser - nach einer Reihe schrecklicher Verrenkungen, bei denen es fast schien, als würde sein riesiger Körper in zwei Teile zerbrechen -, da spuckte es schon den vielfältigen Inhalt seines Magens aus.

Zuerst erfüllte eine Dusche nach der anderen mit vielen bunten Fischen aller Größen, von einer Handlänge bis zu ein, zwei Metern, die Luft.

Als sie ins Wasser fielen, schwammen sie ruhig davon, zweifellos sehr froh, sich in einer angenehmeren Umgebung wiederzufinden.

Tausende von Schellfischen aller Arten, Größen und Farben kamen aus dem Wasser geflogen und schlugen ihre Schnäbel aneinander, während sie ins Wasser fielen, als ob sie ihrem riesigen Feind trotzen wollten, der so kurzerhand aufgefordert worden war, die Früchte einer langen, stundenlangen Jagd aufzugeben.

Den Lebenden folgten die Toten, denn nun kamen mehrere Holzeimer, drei alte Decken, zahlreiche Bretterbruchstücke, Seilenden, Segelfetzen, Farbtöpfe, Eichenbündel und Baumwollknäuel zum Vorschein, die er im Kielwasser unseres Schiffes aufgesammelt hatte. Endlich wurde der Strohmann mit einem tiefen Grunzen der Genugtuung hoch in die Luft geschleudert.

Nach ihm kam die Nummer eins der verlorenen Seeleute.

Die Nummern zwei und drei trafen nicht langsam ein.

Man beeilte sich mit dem Auffangen und überließ es dem kranken Monster, seine Gesundheit und auch seine Laune wiederzuerlangen.

Bulger empfing die geretteten Männer mit den wildesten Manifestationen der Freude und unter Klatschen auf allen Segeln segelten wir vor einer knatternden Brise davon.

Zu meiner unendlichen Freude begann das Wasser nun wärmer zu werden.

Stunde um Stunde stieg die Temperatur zwar langsam, aber stetig an.

"Endlich, meine Männer", rief ich meiner Mannschaft zu, "wir sind auf dem richtigen Weg. Haben Sie Geduld! Ich verspreche Ihnen, bevor die Sonne ihr Feuer in den westlichen Meeren gelöscht hat, werden wir in Neptuns Kessel vor Anker gehen!

Meine Vorhersagen haben sich voll und ganz bewahrheitet.

Gerade als die letzten Sonnenstrahlen die schaumgekrönten Wellen dieses geheimnisvollen Meeres vergoldeten, wurde eine lange, niedrige Uferlinie gesichtet, die in einer schroffen Landzunge endete.

Von verschiedenen Punkten aus, von denen aus riesige schneeweiße Dampfsäulen träge in den Himmel schwebten und sich in fantastische Formen verwandelten, bevor sie in der violetten Dämmerung verschwanden, fanden wir uns am Eingang einer großen, von Land blockierten Bucht oder eines Golfes wieder.

Meine Männer schickten einen lauten, langen, lustvollen Jubelschrei aus, als wir in Neptuns Kessel segelten.

Als wir uns dem Ufer näherten, erblickte ich zu meiner großen Verwirrung, denn ich hatte nicht daran zu denken gewagt, dass es in diesen erhitzten Gewässern Lebewesen geben könnte, Dinge, die sich im Kessel bewegten. Nein, es gab keinen Zweifel, denn dieses erhitzte Wasser war so klar wie eine Bergquelle, und der Meeresgrund war zehn Faden tief unten gut sichtbar.

Fische in allen Farben und Größen schwammen hin und her, während Myriaden von Krebsen, Hummern und anderen seltsam geformten Krustentieren auf dem schneeweißen Sand herumkrochen und ihren Anführern in langen Reihen wie eine Prozession von Kardinälen über das weiße Marmorpflaster einer großen Stadt in der westlichen Welt folgten.

Ich sage "karmesinrote Linien", denn die Hitze des Wassers hatte sie alle in ein sattes Rot gekleidet.

Als ich in der Barkasse des Schiffes auf dem Weg zum Ufer saß und verträumt ins Wasser blickte, halb benommen von diesem wunderbaren Anblick, erhob sich ein Fischschwarm in der Nähe des Schiffes und drehte seine schön getönten Seiten für einen Augenblick in die kühle Luft.

Zu meinem Erstaunen sah ich, dass ihre Augen blind waren, dass die extreme Hitze des Wassers ihre klaren, milchweißen Kugeln milchig trübte und das Licht für immer auslöschte!

Ein kalter Schauer überkroch mich, denn für mich war das Schauspiel so unheimlich, als wären die Karpfen vom Tisch des älteren Barons gesprungen und hätten wieder begonnen, in ihrem heimatlichen Element umherzuschwimmen.

Aber die Liste der merkwürdigen Dinge war noch nicht erschöpft, denn als ich mich dem Strand näherte, konnten Sie sich meine Verwunderung und Belustigung vorstellen, als ich Dutzende von Fischen mit dem Rücken gegen die Sandfurchen gepflanzt sah, die sich mit ihren breiten, flachen Schwänzen ruhig auffächerten.

Als ich den Fuß auf das Ufer setzte, war ich erstaunt, dass das Land, so weit das Auge reichte, tief mit Millionen und Abermillionen von Eiern unterschiedlicher Größe bedeckt war, die von denen einer Taube bis zu denen eines Albatros oder einer Wildgans reichten.

An manchen Stellen lagen diese Eier in Haufen, die weit höher als mein Kopf waren; an anderen lagen sie in langen Reihen, wie weiße Furchen, die von einem gigantischen Pflug gezogen wurden!

Plötzlich dämmerte mir die Wahrheit. Zu diesen Ufern kamen Jahr für Jahr riesige Scharen von Seevögeln, um ihre Eier abzulegen, angezogen von der Wärme der Atmosphäre. Dort bauen sie ihre rohen Nester und füllen sie mit Eiern und machen sich an die Aufgabe, ihre Jungen auszubrüten, als plötzlich das erhitzte Wasser, das von einem Sturm oder einer unruhigen Strömung geschleudert wird, auf ihren Ruheplätzen aufsteigt und den Tod verbreitet, wo das Leben gerade erst begonnen hatte, indem es die unzähligen Tausende von Eiern kocht, die ihre Nester füllen. Und so weiter von Jahr zu Jahr, bis jetzt sehe ich das Werk von tausend Überschwemmungen, die ihrerseits ihren Beitrag zu diesem riesigen Bestand geleistet haben!

Als ich eines Morgens an den Ufern dieses Wunderlandes stand und über die dampfende Oberfläche von Neptuns Kessel hinausblickte, kamen einige meiner Crewmitglieder mit erschreckter Miene und großem Geschrei auf mich zugerannt und zeigten alle zum Himmel. Ich drehte mich um und schaute in die angezeigte Richtung.

Eine riesige Wolke, schwarz und bedrohlich, hing am Himmel.

Während ich sie beobachtete, breitete sie sich aus und weitete sich aus, bis sie das Licht des Tages allmählich verdunkelte.

Meine Männer waren nun auf den Knien und sprachen die erbärmlichsten Klagen aus, denn sie stellten sich vor, das Ende der Welt sei nahe.

Ich befahl ihnen streng, ihr Wehklagen und Stöhnen zu unterlassen, denn ich sah, dass die große schwarze Wolke einfach nur ein riesiger Vogelschwarm war, von welcher Art ich damals nicht sagen konnte.

Sie kamen immer näher und näher, mit einem Geräusch wie das Rauschen wilder Winde.

Sie bedeckten den ganzen Himmel wie ein tintenschwarzer Mantel.

Es war mir klar, dass sie beabsichtigten, am Ufer des Kessels zu landen, und da ich befürchtete, ihre ungeheure Zahl könnte uns ersticken, wenn sie sich niederlassen, rief ich meinen Männern zu, sich an das Ablegen des Schiffes zu machen.

Wir hatten keine Zeit zu verlieren.

Denn als wir vom Ufer wegfuhren, begannen Zehntausende dieser Vögel - eine Krähenart, aber doppelt so groß wie die einheimische - sich in langen Reihen, so weit das Auge reichte, niederzulassen.

Beim ersten Mal bemerkte ich nun, dass jede Krähe etwas in ihren Krallen hielt. Ich schaute noch einmal hin und sah, dass jeder dieser Vögel eine riesige Muschel trug, die ganz so groß wie ein Wachtmeisterknüppel war und die gleiche Form hatte. Stellen Sie sich meine Mischung von Überraschung und Belustigung vor, als ich feststellte, dass die Vögel in der ersten Reihe nun zum Wasser kamen. Jede Krähe, die sich vorsichtig näherte, stieß ihre Muschel in die Untiefen des Kessels und stand mit leuchtenden Augen und freudiger Erwartung bereit, um auf die Ergebnisse zu warten.

Er hatte nicht lange zu warten.

Ungewohnt an die große Hitze des Wassers, begann die

Muschel bald ihre Schale zu öffnen, zunächst vorsichtig, aber als das heiße Wasser in großen Mengen in sie hereinfloss, schnappte sie ziemlich schnell zu. Die anspruchsvollen Vögel warteten einen Moment oder so lange, bis das heiße Wasser das Tier ganz frei von seiner Schale machte, nahmen dann den schmackhaften Inhalt zu sich, gaben ein paar anerkennende Krächzer von sich und zogen sich zurück, um Platz für die nächste Reihe zu machen. Dieser Platzwechsel, das Kochen der Vorräte und das Schlemmen dauerte einen halben Tag.

Zu diesem Zeitpunkt hatte die gesamte Kolonie ihr Rohstoffvorrat erschöpft. Mit ohrenbetäubendem Schreien und lautem Flügelschlagen stiegen diese gefiederten Genießer in die Luft und verschwanden, wie sie gekommen waren.

Gerne hätte ich meinen Aufenthalt an den Ufern des Kelchs des Neptuns verlängert, aber ich stellte fest, dass der Dampf des Wassers Bulger unangenehm war.

Mit sprechenden Augen flehte er mich an, die Segel zu hissen und nach einem für ihn angenehmeren Land zu suchen.

Ich konnte diesem Appell nicht widerstehen.

Also machte ich eine Abschiedsbesichtigung der Eierhügel, blickte zum letzten Mal auf die rotschaligen Krustentiere und kalkäugigen Fische des Kessels und ging an Bord meines treuen Schiffes.

Ich segelte nun westwärts und wollte auf meiner Heimreise die chinesische Küste ziemlich eng umrunden. In den ersten Tagen nach Verlassen des Neptun-Kaldrons lief alles gut.

Bulger ging an Deck und trieb die verrücktesten Kapriolen.

Gedanken an die Heimat begannen mich nun zu beschäftigen.

Der ältere Baron wurde alt. Ich hatte das Gefühl, dass ich meine Reise nicht verlängern sollte. Er könnte meine Ratschläge brauchen.

Plötzlich, eines Tages, um 12 Uhr mittags, verdunkelte sich der Himmel, der Wind kam auf.

Ich habe mir nichts dabei gedacht.

Es wird nur ein wildes Getöse sein, das gut dazu beiträgt, uns nach Hause zu befördern.

Aber, oh, was für ein kurzsichtiges Geschöpf ist der eitle Mensch, der die Zeichen des Himmels, des Windes und der Wellen zu lesen glaubt!

Das fröhliche Pfeifen des Windes wich bald dem düsteren Heulen des Sturms.

Der Sturmtyrann war auf der Pirsch unterwegs.

Das aufgewühlte Wasser sprang nun wild aus den Tiefen, wälzte sich tosend vorwärts, wurde von zehntausend Peitschenhieben des Windes zu Schaum und Wut gepeitscht, bis es sich in seinem wahnsinnigen Bemühen, zu entkommen, selbst gegen die Wolken schleuderte.

Die Szene war schrecklich. Es war zwecklos zu befehlen, denn keine Kehle aus Stahl hätte die wilden Schreie des Sturms übertönen können.

Zu meinem Entsetzen stellte ich fest, dass wir ein Leck gehabt hatten.

Das Pech und der Teer, die durch die Hitze des Wassers in Neptuns Kessel aufgeweicht worden waren, hatten sich aus den Fugen des Schiffes herausgedrückt und ließen die Abdichtung entweichen.

Wie ein Blatt Pappe wurde nun unser Ruder von seinem Platz gerissen und auf dem Kamm einer riesigen Welle davongewirbelt.

Sehen Sie uns nun, wie wir dem Sturm, dem Spielball von Wind und Welle, ausgeliefert sind, eine Nussschale, die auf den Kampfplatz der abklingenden Elemente der Natur fiel.

Bulger, an der Takelage an meiner Seite festgezurrt, äußerte keine Klage, keinen Angstschrei, keinen Laut des Misstrauens.

Ich konnte sehen, dass seine sprechenden Augen mir ungefähr so viel folgten, wie er zu sagen hatte:

"Ich fürchte mich nicht, kleiner Meister, solange du bei mir bist."

Ich spürte, wie mein Herz laut "Danke, lieber, treuer, kleiner Freund" schlug!

Von Zeit zu Zeit streichelte ich mit meiner Hand liebkosend über seinen Kopf und Hals.

Sein Schwanz bewegte sich traurig, aber ich kannte seine Bedeutung.

Es bedeutete:

"Kleiner Meister, ich bin bereit zu sterben; ja, sehr bereit zu sterben, wenn ich mit dir an meiner Seite sterben kann."

Es schien wirklich so, als ob seine Liebe einer letzten Prüfung unterzogen werden sollte, denn der entsetzliche Schrei "Brecher voraus!" wurde von Mann zu Mann weitergegeben, bis er meine Ohren erreichte.

Es war nur zu wahr.

Ihr Brüllen drang nun in meine Ohren, schwach, leise, aber tief, schrecklich, halb wie entfernter Donner oder das Knurren irgendeines gigantischen Raubtiers.

In wenigen Augenblicken waren wir auf dem Riff.

Mit einem schrecklichen Krachen sprang unser standhaftes kleines Schiff auf die Felsen und verkeilte sich, fest und schnell, zwischen zwei zerklüfteten Felsvorsprüngen.

Die unerbittliche See brach nun immer wieder über uns herein.

"Oh! Wenn der Tag nur anbrechen würde!" Ich murmelte: "Vielleicht finden wir einen Weg, um das Festland zu erreichen".

Hier zu bleiben bedeutet einfach Zerstörung.

Nach Stunden schwersten Leidens, denn jede Woge, die über uns hereinbrach, schien wie auf das verhängnisvolle Ziel gerichtet, unsere Gliedmaßen von ihren Fesseln zu reißen, endlich kam der Tag.

Ich entdeckte jetzt, dass wir etwa eine Viertelmeile vom Festland entfernt waren.

Mit meinem Glas konnte ich große Menschenmengen erkennen, die am Ufer hin und her rannten. Aber sie gaben sich keine Mühe, uns Beistand zu schicken oder uns zu ermutigen, uns an das Wrack zu klammern, bis der Sturm nachlassen sollte.

Was war zu tun?

Mit einem fürchterlichen Krachen gingen unsere Masten nun über Bord.

Unser Schiff zeigte Anzeichen des Auseinanderbrechens.

Weder Drohung noch Belohnung konnten einen meiner Männer dazu bewegen, zu versuchen, mit einer Leine an Land zu schwimmen.

Die Sonne brach nun in einem goldenen Licht hervor.

Ich spürte, wie sich die Tränen in meinen Augen sammelten, als ich mich umsah und die traurige Verwüstung durch Wind und Wellen sah.

Obwohl der Sturm etwas von seiner Wut abgeflaut war, durfte keine Zeit verloren gehen.

Furchtbares Knarren der Schiffshölzer ermahnte mich, das Wrack zu verlassen, bevor ich an den Felsen zerschmettert werden würde.

Nur Unordnung und Verwirrung schienen die Bewegungen der an Land versammelten Menschenmenge zu kennzeichnen.

Obwohl sie sich anscheinend der schrecklichen Bedeutung

unserer Notsignale bewusst waren, zeigten sie keine Neigung, ihr Leben zu riskieren, um unser Leben zu retten.

Als ich mich Bulger zuwandte, rief ich:

"Oh, liebster Bulger, du bewährter und wahrer Freund, Begleiter meiner Sorgen und Teilhaber an jeder meiner Freuden, du allein kannst uns retten! Du allein kannst deinen liebenden Herrn und diese armen, elenden Geschöpfe vor dem bevorstehenden Tod retten! Ich kenne deinen Mut; ich kenne deine Zuneigung. In deinen strahlenden Augen lese ich deine Bereitschaft zu handeln oder zu sterben!

Von seiner frühesten Jugend an hatte ich Bulger zu einem kühnen und geschickten Schwimmer ausgebildet. Kein Strudel, keine Strömung, kein Sog, kein Wasserwirbel war wütend oder wild genug, um sein starkes Herz zu erschüttern.

Auf mein Kommando tauchte er mit Leichtigkeit zwei Faden tief und holte die kleinste Münze vom Grund.

Unser Schiff konnte jeden Augenblick auseinanderbrechen, denn es hatte sich von der Felskante losgerissen und schlug mit einer wilden und unbändigen Wut auf die zerklüfteten, scharfkantigen Klippen des Riffs.

Jeder flüchtige Moment wurde kostbarer als sein Vorgänger.

Mit einer übermenschlichen Anstrengung erwischte ich das Ende einer Fadenrolle, und nachdem ich sie an Bulgers Kragen befestigt hatte, ließ ich ihn in das brodelnde, kochende, schäumende, wirbelnde, wahnsinnig rollende Wasser springen, sturmgepeitscht, zu Schaum geschlagen, bis eine Welle nach der anderen zerbrach und alles nur noch eine vermischte Masse von Wut, Zorn und Schrecken zu sein schien. Mit einer schnellen Abfolge ängstlicher, weinender Schreie, gefolgt von einer Reihe schneller, lauter, scharfer Bellen, warf Bulger mir einen letzten Blick zu; und als er seine Pfoten auf die Leitplanke legte, sprang er leicht hinüber und verschwand.

Mein Herz stand einen Moment lang still.

Aber sehen Sie!

Er taucht wieder auf!

Er macht sich auf den Weg zum Ufer, nun wie ein Stück Kork auf den gewölbten Rücken einer sturmgepeitschten Welle geworfen, jetzt außer Sichtweite im schaumgepeitschten Trog des Meeres versunken.

Sehen Sie noch einmal hin!

Horch! Ich höre das leise Geräusch dieses scharfen, fröhlichen Bellen, das zurückgeschickt wurde, um das Herz seines kleinen Herrn zu erfreuen.

Und jetzt ist er weg!

Ich sehe ihn nicht; aber während die Schnur durch meine Hände läuft, kann ich fast jedes Pochen dieses lieben, kräftigen Herzens spüren!

Beharrlich bleibt er bei seiner Arbeit, denn die Rolle dreht sich stetig und schnell.

Knacken!

Da geht unser Kiel in zwei Hälften.

Schnell, guter Bulger, das Ende ist nahe!

Aber sehen Sie!

Was bedeutet dieser Aufruhr an Land?

Sehen Sie die Menschenmenge, wie sie bis an die Wellenkante vordringt!

Jetzt ziehen sie sich zurück!

Hört!

Habt ihr diesen Schrei nicht gehört?

Gerettet! Gerettet! Gerettet!

Bulger ist gelandet!

Die Männer an Land haben die Schnur festgehalten.

Die Schnur wirbelt schnell herum!

Meine Männer schämen sich für ihre Feigheit, kriechen aus ihren Verstecken und machen sich mit dem Willen an die Arbeit.

Sie haben bereits ein Seil am Ende der Schnur befestigt, und es bewegt sich zügig über die Reling.

Es kann jetzt keinen Zweifel mehr geben.

Bulger hat uns gerettet!

Ich sprang in die Wanten und schützte meinen Mund mit meinen Händen vor dem Sturm und rief meinen Männern zu:

"Bleibt an der Trosse! Macht die Leine fest! Jetzt hochziehen, O! Lasst alle los!"

Mit einem wütenden Platschen fiel die Trosse ins Meer und war bald auf dem Weg ans Ufer.

Und auf diese Weise rettete Bulger das Leben des Kapitäns, des Steuermanns und von zwölf Seeleuten!

Ich war der letzte Mann, der das Schiff verließ.

Während ich dies tat, schüttelte es sich los, zog sich zurück, prallte mit einem so heftigen Schlag gegen die Felsen, dass es wie von einem Blitz oder einem gigantischen Hammer, der von einem unsichtbaren Thor geschlagen wurde, in Stücke zerbrach.

Mit einem wilden Freudenschrei begegnete Bulger mir, als ich durch die Brecher gezogen wurde.

Ich warf mich auf die Knie und bedeckte ihn mit Küssen, während mir die Tränen heiß und schnell über die Wangen rollten.

Die Menschen des Landes versammelten sich gruppenweise um uns und beobachteten in tiefster Stille, wie wir uns gegenseitig Liebkosungen gaben, wobei sie ihre Daumen bewegten und mit den Mundwinkeln zuckten.

"Welches Land ist das? Wo sind wir, gute Menschen?" Ich

erkundigte mich, nachdem dieser erste Ausfluss von Liebe und Dankbarkeit seinen Eifer verbraucht hatte.

" Kühne Barbaren! "antwortete einer aus der nächstgelegenen Gruppe, dessen reichere Kleidung den Mann von Rang und Ansehen schmückte: "Du stehst an den Ufern der mächtigen Herrschaft von Kublai, Kind der Sonne, Herr des kaiserlichen gelben Gewandes, Ritter aller Knöpfe, Mann des Heiligen Antlitzes, Nachfolger aller Herrlichkeiten seiner Vorfahren, jetzt Gäste des Himmels, Quelle allen Rechts und aller Gerechtigkeit und Ritter aller Orden, und wir sind seine erbärmlichen, elenden, unwürdigen, nichtsnutzigen Sklaven! ”

Daraufhin machte die ganze Menge einen Kotau.

"Also dann!" rief ich, äußerst kräftig, edel und ganz und gar entzückt, "Herr, "- während ich gleichzeitig den Kotau mit jener Anmut machte, die nur der echte Weltbürger beherrschen kann: "Ich stehe auf dem heiligen Boden des mächtigen chinesischen Reiches".

"Aye, kühner Barbar", antwortete der Redner, "in der Provinz Kwang Tung, im Distrikt Yang-chiang, dessen kaiserlicher Superintendent ich, So Too, Mandarin des Weißen Glasknopfes, bin". Als ich dies hörte, bat ich So Too, mir das Wort zu erteilen, was mir in einer kurzen, aber beredten Rede, gespickt mit all den schmackhaften Bezeichnungen, die in den Ohren eines Beamten dieses Landes so süß sind, die Erlaubnis gab, ihm von meiner illustren Familie zu erzählen, von meinem seltsamen Wunsch, die entlegensten Meere und am wenigsten besuchten Länder nach wunderbaren Dingen zu durchstreifen; wie ich auf der Suche nach Neptuns Kessel gesegelt war, von den seltsamen Dingen, die ich dort gesehen hatte, von meinem Aufbruch zur Heimreise, von meiner Begegnung mit dem Sturmfeind und schließlich von meinem Schiffbruch an den Ufern der grenzenlosen Herrschaft des Kindes der Sonne.

Und nun war alles, wonach ich mich von den Dienern des

Mannes vom Heiligen Antlitz sehnte, eine solche Hilfe und Unterstützung, die es mir und meinen Männern ermöglichen würde, den nächstgelegenen Seehafen zu erreichen, in dem fremde Schiffe Anker werfen, so dass wir wieder auf das Meer hinausfahren und unsere Lieben erreichen könnten. Auf all dies antwortete So Too mit einem höchst anmutigen Lächeln und lud mich dann ein, unter seinem Dach einzukehren, meine nassen Kleider abzulegen, etwas warmen Tee zu trinken und seine Masseure die Falten meines müden Fleisches glätten zu lassen.

Meine Seeleute wurden nicht vergessen. Seinen Gefolgsleuten wurde befohlen, sich gut um ihre Bedürfnisse zu kümmern.

Gerade als wir uns auf den Weg zu So Too's Residenz machen wollten, schlugen mehrere seiner Leibwächter wie wild auf ihre Gongs ein.

Das Getöse war ohrenbetäubend.

Mit einem lauten Bellen eilte Bulger auf mich zu, und als er ein Ohr an mein Bein legte, schloss er das andere mit seiner Pfote.

So sahen auch Too und seine Begleiter beim Anblick dieses für mich lächerlichen Anblicks ernst aus, bewegten ihre Daumen und zuckten mit den Mundwinkeln.

Gerade als ich dabei war, die Schwelle von So Too zu überschreiten, entdeckte ich zu meinem unaussprechlichen Leidwesen, dass ich meine Geldbörse mit einer großen Summe Geld verloren hatte. In der verzweifelten Hoffnung, ich hätte sie am Meeresufer verloren, sprang ich in diese Richtung, aber ich war noch keine hundert Schritte gegangen, bevor ich Bulger mit der Geldbörse im Mund traf. In Wahrheit hatte ich sie fallen lassen, als ich am Strand kniete und meinen geliebten Retter streichelte.

In meinem Eifer, meinem gnädigen Gastgeber zu folgen, hatte ich den verlorenen Schatz nicht vermisst, und Bulger hatte mehrere von So Too's Gefolgsleuten vertrieben, die den Wunsch bekundeten, sich den Beutel mit dem Gold für ihren eigenen Gebrauch anzueignen, und ihn mit den Zähnen aufzuheben, und war so schnell hinter mir hergerannt, wie es seine Last zuließ.

Als wir die Schwelle von So Too überquerten, sprangen mehrere kleine, wollige Hunde heraus und sammelten sich um Bulger. Sie freuten sich anscheinend über die Begegnung mit einem ihrer Artgenossen, der so distinguiert aussah und würdevoll in der Kutsche saß. Es wäre schön gewesen, wenn sie die üblichen hündischen Höflichkeiten mit Bulger ausgetauscht hätten, aber er lehnte es absolut ab, mit ihnen ins Gespräch zu kommen oder irgendeine Überraschung über diese außergewöhnlich aussehenden Cousins von ihm auszudrücken, die wie so viele animierte Bündel frisch entkörnter Baumwolle aussahen. Er blieb mir dicht auf den Fersen und vermied geschickt ihre Annäherungsversuche und knurrte leise vor Erleichterung, als die Tür der Vorkammer für sie geschlossen wurde.

Nach einem warmen Bad wurden meine erstarrten Glieder durch das Streicheln, Klopfen und Reiben der Badegehilfen von So Too gelockert.

Dann wurde ich eingeladen, meinen Körper in einen kostbaren Anzug aus bestickter Seide zu hüllen, und dies geschah in der Gegenwart des liebenswürdigen So Too, der mich mit einem ebenso ausdauernden wie breiten Lächeln empfing.

Mehrere Stunden wurden nun damit verbracht, Tee zu trinken, zierliche kleine Zuckerkuchen zu essen und einander die extravagantesten und schamlosesten Schwindeleien in Form von Schmeicheleien, Komplimenten, Komplimenten über alles, Stimme, Augen, Ohren, Kinn, Mund, Hände, Füße usw. zu erzählen. Obwohl ich nur bis zu So Too's Schulter reichte, bedauerte er in einem mitleiderregenden Tonfall seinen Mangel an Statur und lobte meine große, stattliche, edle, gebieterische Größe.

Endlich von schierer Erschöpfung übermannt, schloss So Too die Augen und schien in ein kleines Nickerchen gefallen zu sein.

Ich ergriff die Gelegenheit, erhob meine Stimme und begann, ihn auf die Notwendigkeit sofortiger Maßnahmen in Bezug auf mich und meine Männer zu drängen.

Daraufhin erhob er sich, und nach einer Reihe von Kotauvorgängen spielte dasselbe breite Lächeln um seinen breiten Mund und seine kleinen freundlich schwarzen Augen - und zog sich zurück, um sich mit seinem Assistenten, seinem Unterassistenten und seinem ersten und zweiten Unterassistenten zu beraten.

Es war ziemlich dunkel, als So Too den Raum wieder betrat.

Bulger und ich hatten während seiner Abwesenheit sehr gut geschlafen.

Kein Wunder, denn wir waren beide bis auf die Knochen müde.

Es wurde nun befohlen, die Säle und Wohnungen zu beleuchten.

In wenigen Augenblicken verströmten Tausende der farbenprächtigsten und originellsten Lampions einen herrlich sanften Schein über alles und jeden.

Wieder nahmen wir unsere Plätze um den prächtig geschmückten Tisch ein, an dem sich die Utensilien für das Aufbrühen des Tees und die exquisit bemalten Tassen und Untertassen, die so dünn wie Eierschalen waren, und das Teetrinken und Kuchenessen wurde wieder aufgenommen. Wieder wandte ich das Gespräch geschickt auf das Thema meiner Abreise in den nächsten Seehafen zu.

Wieder erhob sich So Too und verließ den Raum, um eine weitere Beratung abzuhalten.

Zu diesem Zeitpunkt war es mit meiner Geduld ziemlich

vorbei.

Jeden Augenblick spürte ich, wie mein Blut immer wärmer und wärmer wurde.

Nach einer Verzögerung von etwa einer halben Stunde kam ein Diener herein, um mich zu informieren, dass So Too im Ratssaal eingeschlafen war und dass niemand außer einem Mandarin mit einem undurchsichtigen blauen, durchsichtigen blauen, rot geblümten oder einfarbig roten Knopf sich anmaßen konnte, ihn zu wecken, und dass es in einem Umkreis von 50 Meilen von diesem Ort keinen Mandarin von so erhabener Würde gab.

Bei diesen Worten kochte mir das Blut in den Adern.

Ich sprang auf und begann, wie ein eingesperrtes Tier über den Boden zu laufen.

Als ich vor einem hohen Lackschrank mit teuren Porzellantassen und -vasen zum Stehen kam, hob ich meinen Fuß und trat energisch dagegen, so dass das Ding auf dem Boden umkippte.

Der Aufprall war verheerend.

Ich war wirklich erschrocken, denn ich hatte Angst, das halbe Haus umgeworfen zu haben.

Aber ich hatte die Genugtuung, den Mandarin in den Raum stürmen zu sehen, gefolgt von Assistenten, Unterassistenten, Gongschlägern, Schwertträgern, Kopfrasierern, Ohrenticklern, Zungenschabern, Nagelpolierern und Hautputzern und vielen anderen seiner Gefolgsleute, deren Büros und Berufungen mir unbekannt waren.

"Sie haben beraten, jetzt entscheiden Sie!" schrie ich in einem Tonfall, der dem Helden eines blutgerinnenden Dramas an Tiefe und Lautstärke zur Ehre gereicht hätte; und im selben Moment legte ich meine Fußsohle gegen einen anderen Schrank, der genauso hoch war wie der, den ich gerade umgekippt hatte, und genauso reich beladen mit Kuriositäten, Vasen und Elfenbeinen.

Auch Too war nun hellwach und überhaupt nicht mehr darauf bedacht, dass dieser zweite Schrank das Schicksal des ersten teilen sollte.

"Dein Fuß auf seinen Platz", rief er, winkte mich zu einem Platz und stellte sich zwischen mich und das bedrohte Kabinett. "Dein Fuß an seinen Platz, mein gnädiger Wohltäter."

Nachdem er gesehen hatte, dass ich sicher saß, fuhr er so fort:

"So wisse denn, mein gütiger Gast, dass ich, So Too, Kaiserlicher Mandarin des weißen Glasknopfes, nach reiflicher Beratung mit meinem ehrenwerten Rat befehle und verfüge, dass du und deine Diener, wie du gebetet hast, unverzüglich in die Stadt Kanton geleitet und dort in die Bewachung und Obhut der Offiziere des Heiligen Antlitzes übergeben werden, bis sich die Gelegenheit ergibt, Mittel zu beschaffen, um dich und deine Diener in dein Heimatland zurückzuschicken!

Hier verneigte ich meinen Körper als Zeichen meiner tiefen Dankbarkeit.

Der Mandarin erwies mir ebenfalls einen tiefen Respekt und fuhr dann fort:

"Ich verfüge weiter, dass der böse Geist, der dich in Form eines Hundes besucht, sofort mit Ketten gefesselt und ins Gefängnis geworfen werden soll, um dort auf seinen Hexenprozess zu warten!

Hätte So Too mir mit einem zweischneidigen Messer in meine lebenswichtigen Organe gestochen, hätte ich keinen qualvolleren Schmerz empfinden können.

"Bulger? Mein Liebling - verhaftet? Hexerei? Ketten; Gefängnis?" stotterte ich hervor.

"Ich habe es so angeordnet!", antwortete ruhig So Too. "Oh! Nein! Nein! Nein!", schrie ich, "Es kann nicht - es darf nicht sein! Er ist kein böser Geist - kein Böses wohnt in ihm. Er ist nur ein einfacher, liebevoller, intelligenter Hund! Ich sehne mich danach, dieses schreckliche Dekret aufzuheben! Was hat er getan? Oh, geliebter Bulger, ist dies dein Lohn für die Rettung von vierzehn Menschenleben? Ist dies der Weg, auf dem du für all deinen Mut, deine Liebe, deine Hingabe belohnt werden sollst? Oh, nein! Nein! Töte mich, wenn du willst, grausamer Fremder, stoß mich in eine Gefängniszelle, aber verschone Bulger, verschone ihn..."

Mehr kann ich nicht sagen.

Vor mir wurde es schwarz. Ein Anfall von Schwindelgefühl überkam mich. Ich taumelte, taumelte, fiel leblos zu Boden.

Als ich zur Besinnung kam, waren die Diener von So Too damit beschäftigt, meine Hände und Füße zu reiben und zu scheuern und mir stechendes Wachs unter den Nasenlöchern zu verbrennen. Bulger eilte mit den bemitleidenswertesten und ängstlichsten Schreien von einer Seite auf die andere und hielt ab und zu einen Augenblick inne, um meine Hand oder mein Gesicht zu lecken. Ich saß aufrecht, um meine Sinne zu sammeln; dann umklammerte ich Bulger in meinen Armen und klopfte, glättete, küsste und streichelte ihn inmitten von hundert Seufzern und Stöhnen, herzzerreißend genug, um eine steinerne Brust zu erweichen. Dann warf ich mich vor So Too auf die Knie und flehte ihn an, barmherzig zu sein - ein treues, liebendes Wesen zu verschonen, dessen Herz so frei von Arglist war wie der Feuerstein von Zärtlichkeit; dessen Leben nur einen Gedanken hatte: zu dienen, zu schützen, zu verteidigen, seinen Herrn zu retten.

"Steh auf, unglücklicher Fremder!" war So Too's Antwort, in einem Ton tiefen Mitleids, nahm mich bei der Hand und zwang mich sanft, mich an seine Seite zu setzen. "Höre! Wenn du meinen Körper in zehntausend Stücke schneiden würdest, könnte ich dieses Dekret nicht widerrufen. Wisse, dass in diesem Land des Sonnenkindes ein Magistrat seine Worte nicht ungeschehen machen darf. Die Barmherzigkeit gehört dem, der in den höheren Sphären weilt. Dieses Geschöpf, das du so sehr liebst, ist für einen bösen Geist gehalten worden. Es ist ihre bevorzugte Form; denn da der Hund der enge und vertraute Gefährte des Menschen ist, nehmen bösartige Geister am ehesten diese Form an, wenn sie den Wunsch haben, Einlass in sein Haus und sein Herz zu erhalten, um seinen Ruin zu bewirken. Diese wilde und unvernünftige Zuneigung zu deinem Hund beweist nur zu deutlich, dass der böse Geist, der in ihm wohnt, bereits dreimal die schwarzen Bande seiner geheimnisvollen Kunst um deine Seele gezogen hat. Dreimal drei wird sein schreckliches Vorhaben vollendet. Du wirst dann für immer verloren sein! Es ist gut, dass irgendein guter Geist der Luft oder des Wassers dich in die Obhut des Kindes der Sonne gegeben hat. Denn jetzt, bei der Verhandlung in der kaiserlichen Kammer der vollkommenen Gerechtigkeit, werden dir die Augen geöffnet werden; du wirst vollkommen davon überzeugt sein, dass ein böser Geist von ungeheurer Größe und furchterregender Macht in dieses kleine Geschöpf hineingezwängt ist.

"Niemals!" rief ich mit blitzenden Augen und glühenden Wangen aus.

Also lächelte Too schwach und legte seine Hand weiterhin auf meinen Arm: " Sanfter, erlauchter Gast, du vergisst, dass die vollkommene Gerechtigkeit im Schoß unseres gnädigen Monarchen wohnt. Seine Minister und Richter haben Zungen; aber sie sind nicht ihre eigenen; sie äußern nur die Gedanken des kaiserlichen Geistes; deshalb muss das, was sie verordnen, richtig sein!

"Und wenn das Gericht", fragte ich mit angehaltenem Atem, "verfügen sollte, dass irgendein böser Geist, wie du behauptest, seinen Wohnsitz im Körper meines treuen Bulger genommen hat, was wäre dann die Strafe?

"Der Tod!" flüsterte So Too.

"Und das ist deine rühmliche Gerechtigkeit!" Ich weinte mit tränenüberströmten Augen, "um ein stummes Geschöpf zum Tode zu verurteilen, das keine Stimme hat, um für sich zu flehen"?

"Nein!" schaltete So Too ein, "du sollst für ihn sprechen, du sollst in seinem Namen gehört werden - du sollst sein Fürsprecher sein".

"Für diese Barmherzigkeit", sagte ich, "entleert mein Herz seinen Dank zu deinen Füßen; und wenn meine Worte, mein Flehen sich als nicht stark genug erweisen, um die furchtbare Strafe abzuwenden, die du genannt hast, wird der Henker nur seine Axt auf diesen kleinen Hals schärfen, denn ich werde mein Haupt neben dieses teurere Haupt legen, als die Schultern je getragen haben! Blase den Funken aus, der diese liebenden Augen erleuchtet, und all diese große Welt könnte kein Feuer entfachen, das hell genug wäre, um die Finsternis aus meinem Leben zu vertreiben!

So Too schüttelte trauernd den Kopf, gab aber keine Antwort.

Als ich meine Männer zu mir rief, sprach ich wie folgt:

"Geht, ehrliche Seelen, ich kann nicht einer von euch sein. Kehrt zurück in eure Häuser und an eure Kamine. Eine kaiserliche Eskorte wird euch zum Hafen von Kanton führen. Dort werdet ihr unter einer freundlichen Flagge Mittel und Wege finden, euer Heimatland zu erreichen! Friede und Glück gehen mit euch!"

Dann wandte ich mich an meinen ersten Offizier und fügte hinzu:

"Sucht meinen Vater, den älteren Baron, und vermittelt ihm die Geschichte meines Schiffbruchs, die Verhaftung Bulgers und meine feste Entschlossenheit, ihn vor dem jetzt bevorstehenden schrecklichen Schicksal zu retten oder mit ihm zu sterben! Der ältere Baron kennt meine

Liebe zu Bulger. Er würde mich als degenerierten Sohn seines illusteren Hauses betrachten, wenn ich diesen treuen Gefährten meiner Gefahren und Leiden einem so unverdienten Schicksal ausliefern würde. Geht! Stecken Sie diesen Siegelring an Ihren Finger. Überbringen Sie ihn meiner Mutter, mit meinem pflichtbewussten und demütigen Gruß. Sei weise; sei tapfer; sei ehrlich!"

Meine Männer formierten sich nun in einer Reihe, und als sie vor mir vorbeigingen, hielt jeder von ihnen inne und drückte meine Hand an seine Lippen.

Auch Bulger war bereit für den Abschied. Auf einen Stuhl an meiner Seite aufgesetzt, streckte er jedem Seemann seine rechte Pfote entgegen.

Tränen rannen über ihre verwitterten Gesichter, und sie riefen den Segen auf dem Kopf ihres tapferen kleinen Gefährten herbei, der sie aus einem tiefen Grab im salzigen Wasser gerettet hatte.

Kaum waren sie aus meinem Blickfeld verschwunden, als ein ohrenbetäubender Gongschlag die Ankunft der Wache ankündigte. Mein Herz rutschte von seiner Ruhestätte. Kalter Schweiß sammelte sich in Perlen auf meinen Schläfen. Nur mit größter Anstrengung konnte ich genug Atem schöpfen, um nicht leblos zu Boden zu sinken.

So Too murmelte ein Wort des Mitgefühls.

Beim Anblick der Soldaten und dem Geräusch der Ketten stieß ich einen durchdringenden Schrei aus und warf mich auf die Knie, Bulger fest in die Arme gefesselt. Armes, unschuldiges Geschöpf! Er war völlig unfähig, die Handlungen derer, die um ihn herum waren, zu begreifen.

"Er soll gut behandelt werden!", murmelte So Too. "Fürchtet euch nicht um seine Sicherheit oder seinen Komfort!"

Die Soldaten rückten nun vor und bückten sich, umschlossen Bulgers Füße mit filigranen, aus poliertem Silber gefertigten Fesseln.

Er schaute zu mir auf, mit so sprechenden Augen, so voller Liebe und so vertrauensvoll, dass ich ihren Blick nicht ertragen konnte. Das bedeutete: "Ich unterwerfe mich ohne zu murren, denn ich weiß, dass du mir kein Leid zufügen würdest!

Dann hob ihn eine der Wachen sanft an und legte ihn in einen mit Seide gefütterten Wäschekorb, der an zwei Stangen hing. Der Deckel wurde schnell angepasst und verschlossen, und bevor ich meine Sinne sammeln konnte, um ein letztes Lebewohl zu sprechen, eilten sie mit ihrem Gefangenen davon, denn es war deutlich zu sehen, dass ihre Herzen von meinem schwermütigen Blick und meiner von Trauer erschütterten Stimme tief bewegt waren.

Auf die Bitte von So Too hin ruhte ich mich nun aus.

Ausruhen? Ach! Wie konnte der Schlaf in meine tränenreichen Augen gelangen? Die ganze Nacht lag ich wach und beklagte das traurige Schicksal, das mich ereilt hatte. Wären Anklage und Verhaftung auf mich gefallen, hätte ich es wie ein Mann ertragen können; aber dass Bulgers liebendes Herz einen so unverdienten Schlag hätte ertragen müssen, war für mich fast der Tod.

Als sich die Stunden mühsam dahinschleppten, dachte ich daran, meinen Befehl, meine Männer wegzuschicken, rückgängig zu machen und eine Rettung zu versuchen. Ich dachte an einen Plan, den Wächter zu bestechen. Ich dachte an Forderungen nach Einmischung meiner Regierung. Ich dachte an einen Gnadenappell direkt an den Kaiser selbst. Als der Tag anbrach, war ich völlig erschöpft und sank mit einem Stöhnen auf mein Kissen zurück.

In Erwartung meiner Unfähigkeit, für meine pochenden Stirnen und fiebererhitzten Glieder Ruhe zu finden, stand So Too mit seinen Bediensteten früh an meiner Kammertür.

Zeichnung 26: Bulger, in Ketten, bettelte um sein Leben. Einer der schrecklichen Träume des kleinen Barons.

Auf seine Anweisung tauchten sie mich in kühlende Lotionen, tätschelten, rieben und scheuerten meine Glieder, fächerten mir Luft zu, streichelten meine Handgelenke und Schläfen, gaben mir einen Zug von beruhigendem Pulver und drückten meine Augenlider sanft nach unten, bis ich allmählich in einen tiefen Schlaf sank, der bis zum Mittag andauerte.

Ich erwachte mit einem starken Herzen. Nun war ich wieder ich selbst. Mein Kummer war nicht geringer geworden; aber vorläufig war ich Herr darüber.

So Too begegnete mir mit einem breiten Lächeln. Ich machte einen tiefen Kotau. Er drückte die Hoffnung aus, dass sein "großer, graziöser, breitschultriger, gutaussehender Gast von ritterlicher Haltung" gut geschlafen habe. "Was mich betrifft", fügte er hinzu, "war meine elende, kleine, krumme Gestalt die ganze Nacht lang voller Schmerzen und Qualen".

Wenn man ihn ansah, war es schwer, die Auswirkungen all dieser " Schmerzen und Qualen " zu erkennen.

Er schien ein Bild von guter Gesundheit und guter Laune zu sein. Sein breites Gesicht war so glatt wie das eines Babys, und seine kleinen Augen funkelten vor unterdrücktem Witz und Schadenfreude. Wir wurden recht fröhlich während unserer Morgenmahlzeit.

Ich spielte eine Rolle. Ich beschloss, ihn glauben zu lassen, dass ich allmählich von meiner extravaganten Zuneigung zu Bulger geheilt wurde.

Mit jeder Tasse Tee, die er trank, schmolz sein kaltes Äußeres weiter ab. Ich hatte das Gefühl, dass er, wenn ich ihn ganz sich selbst überließe, mir einen klareren Einblick in seine innere Natur geben würde, als wenn ich versuchte, ihn durch Suggestivfragen herauszulocken. Ich setzte all meinen Witz und meine Vorstellungskraft ein, um ihn zum Reden zu bringen. Ich begrub ihn unter Komplimenten und schönen Reden. Ich erzählte ihm einige meiner kurzweiligsten Geschichten. Endlich war ich erfolgreich. Die Diener wurden angewiesen, sich zurückzuziehen. So versicherte auch er mir nun im Namen aller seiner Vorfahren, dass ich der entzückendste Gast sei, der je unter seinem Dach Tee getrunken habe. Er bat mich, ihn zu ehren, indem ich mich erhob und meine große, anmutige, ritterliche Gestalt an die Seite seiner armseligen, mickrigen kleinen Knochengerüste stellte.

Ich beeilte mich, die Einladung anzunehmen, protestierte jedoch, dass ich von den überhäuften Ehrungen, die mir zuteil wurden, ziemlich überwältigt war.

Mit der gleichen Hartnäckigkeit behauptete er, er sei völlig ungeeignet, einen Platz an meiner Seite einzunehmen.

Also setzten wir unseren Krieg der Komplimente fort. Plötzlich schob So Too seine rechte Hand unter seine reich bestickte Tunika und zog eine kleine Kiste mit Tabletten hervor, die sich auf seltsame Weise übereinander falteten. Er gab ihr einen leichten Ruck, und sie flog auf und entfaltete sich von selbst. "Ich habe an den bevorstehenden Prozess gegen deinen Hund gedacht, der wegen Hexerei angeklagt ist", begann er.

Bei diesen Worten erhob sich ein Kloß in meiner Kehle, aber ich schluckte ihn herunter und senkte einfach meinen Kopf als Zeichen meiner Aufmerksamkeit.

"Du bist ein Fremder in unserem Land", fuhr So Too fort, "vielleicht wirst du dich freuen, die Dinge zu erfahren, die ich dir jetzt sagen werde. Nirgendwo sonst in der großen Welt kann Vollkommene Gerechtigkeit gefunden werden, außer in den Herrschaftsgebieten unseres gnädigen Kaisers, des Kaisers des Heiligen Antlitzes. Während deine Nation und der Rest der westlichen Welt kein anderes Gesetz als Gewalt oder Betrug kannten, hatten wir bereits von unseren Vorfahren Tausende von Bänden erhalten, die mit den Regeln der vollkommenen Gerechtigkeit gefüllt waren. Glücklich sollte in der Tat jener Verbrecher sein, dessen Schicksal ihn dazu bringt, sein Verbrechen in unserem begünstigten Land zu begehen. Seine Strafe wird genau das sein, was er verdient. Als Fürsprecher dieses begünstigten Gefangenen, der dir so lieb ist, darfst du die Yamun[10] auswählen, vor der er vor Gericht gestellt werden soll. Auch ich, so auch dein Freund, stelle dir hier die Liste der Yamun vor, damit du deinen eigenen Schiedsrichter wählen darfst.

Mit diesen Worten legte So Too die entfalteten Tabletten in meine Hand und fiel dann in ein sanftes Nickerchen.

Ich scannte die Liste mit vermischter Ehrfurcht und Neugierde. Sie lautete wie folgt:

DIE LISTE SELBST. GANZ AUS SICH SELBST HERAUS

10 Yamun, das Büro und der Wohnsitz eines Mandarins, eines chinesischen Beamten.

UND SONST NICHTS.

NUR DIE GERECHTEN RICHTER. GANZ ALLEIN.

GEFOLGT VON NICHTS ANDEREM.

I. Ling Boss, ein gerechter Richter.

II. Quong Chong, ein gerechter Richter.

III. Poo Pooh, Ein gerechter Richter.

IV. Wah Sat, Ein gerechter Richter.

V. Lung Tung, Ein gerechter Richter.

VI. Keen Chop, ein gerechter Richter.

Die Liste der gerechten Richter. Und sonst nichts.

In dem Glauben, dass So Too fest schlief, murmelte ich halb unbewusst vor mich hin, als ich den ersten Namen auf der Liste erblickte: "Ling Boss, ein gerechter Richter!" Als zu meiner großen Überraschung - die ich allerdings nicht zu zeigen wagte - auch So Too, ohne die Augen zu öffnen, wie folgt sprach

"Ja, ein gerechter Richter; ein sehr gerechter Richter; aber ein gefährlicher; Hals zu kurz, zu viel Blut - Folglich Hirn zu heiß-nicht bereit, beide Seiten zu hören; ein guter Richter für den, der zuerst spricht, bevor das Blut beginnt, auf sein Gehirn zu drücken, ein schlechter Richter für eine lange Sache.

"Quong Chong?" Ich wiederholte nachforschend.

"Ein gerechter Richter", antwortete So Too, "ein extrem gerechter Richter, aber zu groß und dünn; nicht genug Blut für seinen langen Körper; das Gehirn zu weit vom Herzen entfernt; kalt und unbarmherzig; isst nicht genug, nur ein wenig Fisch; ein guter Richter für einen sehr schlechten Menschen".

"Poo Pooh?" schlug ich in einem tiefen Ton vor.

"Ein gerechter Richter, ein durch und durch gerechter Richter", fuhr So Too fort, "aber nicht vertrauenswürdig; lacht zu leicht; gibt sich zu sehr mit Wortspielen ab; ist immer bereit, einem ehrwürdigen Mann den Tod auszuteilen; ist nur zu gern bereit, einen Mann zum Tode zu verurteilen, wenn er ein Wortspiel mit seinem Namen und der Axt oder dem Klotz oder etwas, das dem Henker gehört, machen kann".

"Wah Sat?" Ich fragte zögerlich.

"Ein gerechter Richter, ein völlig gerechter Richter", sagte So Too, anscheinend halb übermüdet vom Schlaf, "aber ein Richter, dem man aus dem Weg gehen sollte; zu sehr damit beschäftigt, Fragen zu stellen; nie müde, sich immer wieder umzudrehen wie ein Erdbohrer, bis er am Grund ankommt; ein guter Richter für eine harte und verwickelte Sache - langsam, aber sicher, die Lügen Stück für Stück wegfressend; kein guter Richter für einen einfachen Fall".

"Lung Tung?" fragte ich halb verzweifelt und warf einen Blick auf Nummer fünf.

"Ein gerechter Richter, ein zweifellos gerechter Richter", antwortete Too im gleichen schläfrigen Ton, "aber ein gefährlicher Richter; zu gern hört er sich selbst reden; zu sehr ist er geneigt, die Zeit des Verbrechers zu verschwenden und verurteilt ihn dann zum Tode, weil er sich nicht innerhalb der ihm zugewiesenen Stunde verteidigt hat!

Hier versank mein Herz in mir; aber ich zog mich zusammen. Es war noch ein Name übrig. Ich blickte ihn verzweifelt an. "Keen Chop?" murmelte ich.

"Ein gerechter Richter, ein vollkommen gerechter Richter;" bemerkte So Too mit leicht erhöhter Lebhaftigkeit, "eine Blume, eine Perle von einem Richter; isst gut, trinkt gut, verdaut gut; liebt die guten Dinge des Lebens, ein großer Liebhaber schöner Vasen und Statuen und Leinwände und Stickereien - immer bereit, beide Seiten zu hören und..."

Auch hier kam So Too zum Stillstand und fiel in einen so tiefen Schlummer, dass er laut schnarchte. Ich wartete geduldig, bis er seinen Mittagsschlaf beendet hatte. Er machte genau an der Stelle weiter, an der er aufgehört hatte.

"Sehr bestrebt, ein größeres und feineres Haus zu bauen und es mit reichen und seltenen Ornamenten zu füllen".

Wieder ist So Too abgetaucht. Ich ließ mich von ihm nicht in offensichtlicher Gleichgültigkeit gegenüber den zur Diskussion stehenden Themen übertrumpfen und wich ebenfalls einem Gefühl der Schläfrigkeit und schlief bald darauf fest ein.

Wie lange wir schliefen, weiß ich nicht; aber als wir aufwachten, war mein Verstand in einem Punkt völlig klar. Ich wandte mich an So Too und sagte:

"Ich bin entschlossen! Keen Chop ist ein gerechter Richter! Er soll über Bulgers Schicksal entscheiden!"

Es vergingen drei Tage, die für mich lang und besorgniserregend waren, bevor mir eine Anhörung in der Gerichtshalle gewährt wurde. Also bemühte sich So Too, mich zu unterhalten und meine Gedanken von dem armen unschuldigen Gefangenen abzuwenden. Aber alles umsonst. Diese dunklen, glänzenden Augen waren immer auf mich gerichtet. Tag und Nacht wiederholten sie immer wieder die gleiche Frage: "Lieber kleiner Meister, was bedeutet das alles? Ich weiß, dass du mich nicht im Stich lassen wirst, aber warum muss ich so lange von dir getrennt sein?"

Endlich ist die lang ersehnte Stunde gekommen. Ich wurde von einer Gruppe von So Too's Gefolgsleuten in die Halle der Gerechtigkeit begleitet. Mir wurde ein Platz vor dem Podium zugewiesen, den der Richter und seine Gefolgschaft besetzen sollten. Der große Saal war überfüllt mit Gerichtsschreibern, Offizieren, Gongschlägern, Angeklagten und Anklägern; aber eine tiefe Stille ruhte auf ihnen allen. Als ich zu meinem Platz kam, ging ein gedämpftes Raunen über die Menge, denn Bulgers Fall war in jedermanns Mund; und ich konnte sehen, dass mein jugendliches Aussehen große Überraschung erregte.

Plötzlich kündigte ein Gongschlag die Ankunft des Richters an.

Keen Chop betrat die Halle der Gerechtigkeit mit majestätischem Schritt und feierlicher Stimmung, zum Teil durch die Wirkung einer riesigen Brille, die ihm rittlings auf der Nase von schweren seidenen Schnüren und Quasten über die Ohren gehalten wurde. Ihm folgte eine riesige Schar von Beamten, Dienern und Bediensteten. Es gab Tintenträger und Federträger; es gab Fächerträger und Buchträger; es gab Fußrubbler, die ihm die Füße abrieben, falls sie nach langem Sitzen einschlafen sollten; es gab Nasenkitzler, die mit langen Federn bewaffnet waren und deren Aufgabe es war, Keen Chop zu wecken, sollte er in ein zu langes Nickerchen fallen; es gab Radiergummiträger, deren Aufgabe es war, alles von den Tafeln zu löschen, was der Richter gesagt hatte, als er beschloss, seine Meinung zu ändern. "Lasst den abscheulichen, elenden, erbärmlichen Angeklagten in die erhabene Gegenwart von Keen Chop, dem gerechten Richter, gebracht werden", rief einer der Gerichtsbeamten mit lauter Stimme.

Nach einigen Augenblicken Verzögerung wurde der Weidenkorb, in dem sich mein treuer Bulger befand, durch einen Seiteneingang in den Sitzungssaal getragen, vor dem Richter abgesetzt und Bulger sanft davon abgehoben und auf einen Tisch an meiner Seite gelegt. Die silbernen Handfesseln waren immer noch an seinen Füßen befestigt. Mein Herz stand regungslos, als ich das Rasseln der Ketten hörte, die von Bein zu Bein liefen. Ich hatte mich gerüstet, um ruhig zu erscheinen; aber trotz meiner Bemühungen rannen mir die Tränen über die Wangen. Bulger begann zu weinen, als seine dunklen, glänzenden Augen auf mich fielen und er ein langes, leises Wimmern von sich gab, als wollte er fragen: "Was bedeutet das alles, lieber, kleiner Meister? Und dann hob er seine rechte Pfote so hoch, wie es die Kette erlaubte, und hielt sie mir zum Schütteln hin - wie es seine Gewohnheit war, wenn er sich nach Vergebung für eine böswillige Handlung sehnte, die mir missfallen hatte.

Ich drückte die ausgestreckte Pfote lang und zärtlich.

"Gesteht der Gefangene seine Schuld und bittet demütig durch unsere Hände um Gnade", fragte Keen Chop und richtete seine riesige Brille voll auf Bulger. Ob es der unangenehm schrille und knarrende Ton der Richterstimme oder das Glitzern der großen Brillengläser vor seinen Augen war, das Bulger missfiel, weiß ich nicht; sicher ist, dass er sich mit einem einzigen lauten und wütenden Bellen selbst antwortete. Keen Chop war so erschrocken, dass er sein Riechsalz fallen ließ und sich zu seinen Fächerträgern beugte, um sein erhitztes Gesicht abzukühlen.

"Schweig!" brüllte einer der Gongschläger und führte einen ohrenbetäubenden Schlag auf seinen Gong aus, um Respekt zu erregen; gleichzeitig erregte er seine bebrillten Augenbrauen und Schnurrbärte heftig.

"Mein Herr Richter", sagte ich und machte einen Kotau, "ich bitte um Zustimmung, für den Gefangenen zu sprechen. Er ist der Hexerei nicht schuldig. Noch wohnt in seinem Körper irgendein böser Geist. Er ist ein wahrer und treuer Diener und Begleiter von mir; vielleicht mit etwas mehr als der üblichen Intelligenz seiner Art. Als sein Verteidiger fordere ich die Beweise für diese höchst unverdiente Anschuldigung!

Keen Chop ist nun eingeschlafen. Doch nach wenigen Augenblicken gelang es seinem Nasenkitzler, ihn zu wecken.

"Lasst die Beweise vorlesen", sprach Keen Chop in langsamen und gemessenen Tönen. Einer der Angestellten erhob sich; und indem er ein riesiges Blatt Papier entfaltete, an dessen Ober- und Unterseite Holzrollen wie eine Jalousie befestigt waren, begann er mit anhaltender, singender Stimme wie folgt zu lesen:

"Beweis Nummer eins: Dass der Gefangene ohne jeden Befehl, nachdem er das Ufer vom Wrack erreicht hatte, in die Schnur zu beißen begann, die an seinem Kragen befestigt war, und dass er, indem er das Ende in den Mund nahm, an einer Gruppe kaiserlicher Offiziere, einer Gruppe von Händlern, einer Gruppe von Handwerkern und einer Gruppe von Müßiggängern vorbeikam und eine Gruppe von Matrosen ausmachte, zu deren Füßen er das Ende der Schnur ablegte.

Zweiter Beweis: Dass der Gefangene beim Klang des offiziellen Gongs, im Gegensatz zu den unter uns wohnenden Tieren seiner Rasse, großen Unmut und Missfallen äußerte, auf seinen Herrn zugerannt ist, ein Ohr an den Körper seines Herrn legte und das andere mit der Pfote verschloss.

Dritter Beweis: Dass der Gefangene am selben Tag in Anwesenheit kaiserlicher Offiziere ohne jeglichen Befehl einen von seinem Herrn abgeworfenen Geldbeutel mit Gold aufhob und ihm diesen zurückgab.

Vierter Beweis: Dass der Gefangene am selben Tag in Anwesenheit kaiserlicher Offiziere beim Überschreiten der Schwelle des Herrn Hohen Mandarin So Too im Gegensatz zu Tieren seiner Art die freundliche Begrüßung durch die Hunde seiner Exzellenz verächtlich und herablassend zurückgewiesen hat.

Ich gestehe, dass mein Herz langsam in meine Hose rutschte, als der Gerichtsschreiber diese Beweise zu Ende las. Sie waren, durchaus ernst gemeint, Beweise für weit mehr als die übliche Intelligenz von Tieren seiner Rasse. Ich war erschüttert von der Menge der Beweise, die sie gesammelt hatten. Ich hatte zwar das Gefühl, dass es mir schwer fallen würde, Keen Chop davon zu überzeugen, dass all dies nur das Ergebnis eines sorgfältigen Trainings war, unterstützt durch eine besondere Begabung von Bulger, aber ich war sehr vorsichtig, keine Nervosität oder mangelndes Vertrauen zu verraten.

Ich rief nach etwas Tee, mit der Bitte, eine Erfrischung zu brauchen; aber wirklich, um Zeit zu gewinnen, meine Gedanken zu sammeln und mich nach einem so erschütternden Schlag zusammenzureißen.

Währenddessen fiel Keen Chop in einen ruhigen Schlummer.

Ich trank meinen Tee aus und wartete geduldig darauf, dass der Nasenkitzler ihn erweckte.

Als ich sah, dass Keen Chop wieder hellwach war, erhob ich mich mit großer Würde; und als ich mich neben Bulger stellte, der jede meiner Bewegungen beobachtete und meinen Worten mit einem fast schmerzhaft ängstlichen Ausdruck lauschte, was nur zu deutlich bedeutete: "Was bedeutet das alles, lieber kleiner Meister?" So habe ich begonnen:

"Mein Herr Richter! Allerältester, altbewährter und ehrwürdigster Patriarch, in vollen fünf ehrenvollen Jahren geprüft, Eure schneeweißen Locken zeugen von Eurer Weisheit!" Tatsache ist, dass Keen Chop ein recht junger Mann war und, soweit ich sehen konnte, außer einem spärlichen Zopf überhaupt keine Haare im Gesicht oder auf dem Kopf hatte; aber ich wusste, wie schmeichelhaft es für einen Magistrat war, als "alt und ehrwürdig" bezeichnet zu werden, und deshalb wollte ich von Anfang an einen guten Eindruck machen. "Meine Mutterbrust kennt kein anderes Kind als mich, und ich kenne keinen anderen Bruder als dieses treue Geschöpf, das der Himmel aus guten Gründen auf vier Füße gestellt hat, das aber, wenn die Kraft der Liebe es aufrichten könnte, neben mir gehen würde, unsere beiden Herzen auf gleicher Höhe. Oh, ehrwürdiger Richter, dessen Weisheit, wie schöne Früchte, die im Herbst rot gereift sind, nun durch den Lauf der Zeit so geadelt wird, Sie wissen, was die Liebe tun kann! Ihr wisst wohl, wie sie den dünnen Schnabel der Vogelmutter so stählen kann, dass sie die erbarmungslosen Krallen des Falken nicht schreckt! Sie wissen besser als dieses arme Stück Mensch, das jetzt vor Ihnen flehen kann, dass der Speer des Menschen nicht scharf genug ist, um den Bären von seinem Jungen zu vertreiben! Ihr wisst, wie der ängstliche Spatz, um seine Nestlinge zu schützen, dem schrecklichen Kamm, der gespaltenen Zunge und dem starren Auge der Natter entgegentreten wird! Und was soll ich über die Rasse dieser treuen Kreatur sagen? Als dort einer seiner Art lebte, der dafür bekannt war, einen armen und demütigen Herrn für einen reicheren zu verlassen; oder die Vergebung für einen unüberlegten und unverdienten Schlag zu verweigern? Wo sonst können menschliche Herzen ihre Liebe investieren und einen solchen Preis erzielen wie hier? Wir waren zusammen Kinder! Dieselben Sonnenstrahlen, die bei meinem Erwachen ins Leben ein Willkommen tanzten, fanden auch ihn, gerade erst angekommen. Er wuchs schneller und war der Hüter seines Bruders. Ich gab ihm all meine Liebe, denn kein anderer Spielkamerad war da, um sie zu teilen. Ich pflanzte besser, als ich wusste, denn auf dem dankbaren Boden seines treuen Herzens schlug meine Liebe so tiefe und kräftige Wurzeln, dass sie ihre Kraft und Macht an seinen Verstand weitergab! Die Liebe hat die Gedanken so geschärft, dass sie auf wundersame Weise stark geworden sind! Der Geist, den Ihr 'böse' nennt, ist, wie die Gelehrten wissen, ein vernunftbegabtes Wesen; und wenn er auch auf vier Füße gehen und jammern und kläffen und knurren und bellen mag, so ist dies nur die Maske, die er trägt.

"O hoher Richter, in dessen riesigem Speicher, in dem die Erfahrung des Geistes die Weisheit vieler Geschichten angehäuft hat, werdet Ihr mir noch lange nicht glauben, denn ich werde es Euch am deutlichsten machen, dass dieses treue, liebende Tier nicht mit der geheimnisvollen Kraft der Vernunft begabt ist! Wahrhaftig, wahrhaftig, die Natur hat seine Sicht erweitert, aber ihre Grenzen nicht aufgehoben.

"Erkennen Sie nun, o gelehrter Patriarch, wie leicht es für die Wahrheit ist, den Panzer der Lüge zu durchbohren, den die Lüge trägt, denn gürtet sie nicht so fest, es gibt immer einige Fugen, die nicht zusammenkommen werden!

Wenn mein armer, schwacher Verstand nicht stark genug ist, die sogenannten Beweise für einen bösen Geist wegzuwischen, dann lassen Sie mich durch die Flamme Ihrer gerechten Empörung verdorren! Diese Kreatur liebt mich! Nicht die Kraft von zehntausend Menschenherzen, die in einem verschmelzen, könnte eine wärmere Liebe als die seine zu mir hervorbringen! Und doch siehe, wie kurz sein Weitblick ist!

Diese seltsame Schusswaffe wurde mir von einem türkischen Händler geschenkt, dem ich bei einer Schlägerei das Leben rettete. Ich habe sie so eingestellt, dass das Gewicht einer Feder sie entladen wird; aber zuerst habe ich etwas Zuckerpaste auf ihren Abzug geschmiert. Ich richte sie auf meine Brust. Wenn diese Kreatur jetzt nur den leisesten Schimmer eines drohenden Schadens für seinen geliebten Herrn hat, wird er sich weigern, die Zuckerpaste abzulecken!

Ein todesähnliches Schweigen fiel über die Versammlung. Ich hielt die Schusswaffe in Richtung Bulger. In einem Augenblick witterte er den süßen Geruch der Paste und streckte in mehreren erfolglosen Versuchen, sie zu erreichen, seine Zunge heraus. Eine scharfe Explosion schallte durch die große Halle.

Ich bückte mich und hob die Kugel auf, die sich auf einer unter meinem Gewand verborgenen Stahlplatte abgeflacht hatte.

Bulgers Verwunderung war nicht so groß wie die von Keen Chop. Er gab Zeichen für eine Erfrischung. Der Tee wurde eilig serviert. Hundert Fächer wehten den schwefelhaltigen Dampf von seinen Nasenlöchern weg.

"Noch einmal, oh Richter weiser als je in den westlichen Ländern, vergieße den Glanz menschlicher Weisheit über die dunklen und obskuren Dinge, siehe, wie ich die Fäden der Falschheit wegreiße, die ein genialer Verstand von diesem erhabenen Gericht für die reine Wahrheit halten wollte! Hier, auf dieser Schale halte ich ein paar getoastete Hahnenkämme - für den Gaumen dieser Kreatur, das zarteste Stückchen, das Natur und Kunst in sich vereinen können! Beim Schnuppern an seiner Lieblingsspeise fing mein guter Bulger an zu bellen und zu winseln und seine Fesseln bei wilden Versuchen, sie zu erreichen, bis zum Äußersten zu strapazieren. Ich streckte die Schale aus, damit er an ein paar Stücke des schmackhaften Futters gelangen konnte. Er war nun außer sich; in einem Moment bettelte, überredete, flehte er, im nächsten schimpfte, drohte, protestierte er. Zweifelsohne war er sehr hungrig, denn es war kaum zu erwarten, dass das Gefängnisessen seinem zierlichen Gaumen schmeicheln würde.

"Ehrwürdigster Richter!" Ich fasste zusammen: "Wie Ihr wohl wisst, hegen böse Geister große Abscheu und fürchten sich vor allen subtilen und geheimnisvollen Gebräuen und giftigen Verbindungen, mit denen der Mensch danach strebt, sie zur Schau zu stellen oder zu zerstören. Schauen Sie jetzt! Ich bestreue dieses begehrte Gericht vor seinen Augen mit einem Pulver, das in seiner Wirkung auf das Leben so tödlich und grässlich ist, dass meine schwache Hand die Macht hat, diese mächtige mit Licht und Leben erfüllte Halle in ein riesiges Leichenhaus zu verwandeln. Und wieder bringe ich die Speise in seine Reichweite und bedecke sie mit einer Glasscheibe, damit sein Eifer nicht meine Vorsicht übertönt!

Bulger fiel nun mit erneutem Ungestüm auf den Glasteller, der das Essen bedeckte, was scharfe Schreie der Enttäuschung auslöste, als er sich vergeblich bemühte, die Leckerbissen aufzulecken, und dabei an seinen Ketten rasselte, als er versuchte, das Glas wegzukratzen, das ihn von seinem erwarteten Festmahl abhielt.

Ich befahl ihm zu schweigen, deckte die Schüssel auf und stellte sie in Reichweite mehrerer Hunde auf, die ich veranlasst hatte, in der Nähe angebunden zu werden.

Bei der ersten Berührung des vergifteten Futters fielen sie wie von einem Donnerschlag getroffen zu Boden.

„Nochmals, sehr weiser und ehrwürdiger Richter, lassen Sie mich den Beweis dafür erbringen, dass keinerlei Vernunft im Verstand dieser treuen Kreatur wohnt!

Ich wurde einmal vor seinen Augen von einem verräterischen Sklaven verwundet. Seine Dolchspitze durchbohrte meine Brust; aber ich schlug ihn tot, bevor er mein Herz finden konnte. Doch die Gefahr dieses Augenblicks ließ das Bild dieses Dolches für immer ins Gedächtnis dieser Kreatur einbrennen.

"Ich bitte jetzt um einen Gehilfen, der mir einen Dolch an die Brust drückt!"

Es wurde getan!

Mit verzweifelten Schreien und wild werdenden Augen versuchte Bulger, sich auf meinen vermeintlichen Angreifer zu stürzen.

"Bedeckt nun die Klinge mit ihrer Scheide!"

Es wurde getan!

Wieder unternahm mein guter Bulger verzweifelte Anstrengungen, um den Mann zu erreichen, und füllte den Raum mit Schreien vor Wut und Angst.

"Wirf Scheide und Klinge weg!"

Es wurde getan!

Aber dennoch unternahm mein geliebter Bulger wahnsinnige Anstrengungen, um seinen Herrn zu schützen.

"Wirf das Heft und die Klinge weg und hebe die leere Scheide gegen meine Brust!"

Es ist getan!

Ein todesähnliches Schweigen fiel über die Versammlung.

Und trotzdem war alles beim Alten! Egal, ob bedeckte oder unbedeckte Spitzen; ob harmloses Heft oder noch harmlosere Scheide meiner Brust zugewandt war, Bulgers Schreie vermischten sich mit Wut und Angst, seine wahnsinnigen Versuche, sich von den Fesseln zu lösen, die Fuß an Fuß banden, waren zuerst und zuletzt, genau so heftig.

Keen Chop tat nun mehrere Dinge. Er trank etwas Tee. Er befahl einem seiner Diener, ihn am Ohr zu kitzeln. Er nahm seine riesige Brille ab und reichte sie einem Diener, der sie polierte. Dann versuchte er einzuschlafen. Aber auf ein Zeichen von mir hin begann Bulger so wütend zu bellen, dass er plötzlich loslegte, als ob er dachte, das Tier würde gleich seine Waden packen. Ich nutzte dies aus und ging zu Keen Chop hinauf; und als ich meinen Blick auf ihn richtete, sprach ich wie folgt:

"Ältester Magistrat, ich sehne mich nach Ihrer gnädigen Zustimmung, zu meiner Verteidigung dieser stummen Kreatur einen weiteren Schriftsatz hinzuzufügen. Ich wäre der undankbarste, den jeder elende Ausgestoßene zu Recht verschmähen und verunglimpfen würde, wenn ich dieses hingebungsvolle Wesen nicht mit aller Klugheit meines Verstandes und mit der Liebe meines Herzens verteidigen würde!

Mit diesen Worten sprang ich leicht die Stufen hinauf, die zu Keen Chops Stuhl führten und bevor er nein sagen konnte, erwischte ich seinen Fächer, den er gerade neben sich auf den Tisch gelegt hatte.

"Nun, ehrwürdiger Richter, zum letzten Mal - und ich vertraue auf den überwältigenden Beweis, dass im Körper dieser Kreatur kein böser Geist wohnt.

"Hier sind zwei Fächer: Ihrer! Meiner! Ihrer, geheiligt durch die Berührung Ihrer alterwürdigen, gelähmten und von der Zeit gezeichneten Hand! Meiner, eine wertlose Kleinigkeit; wenn es möglich wäre, noch wertloser gemacht durch die Berührung meiner unwürdigen Hand. Wenn, wie dieses Gericht angeklagt hat, ein böser Geist im Körper dieses Tieres wohnt, weiß er sehr wohl, dass die Macht über Leben oder Tod an Ihren Lippen hängt; dass Sie mit einem Lächeln verzeihen oder mit einem Stirnrunzeln töten können; dass Sie zu anhaltender Folter verurteilen oder seine Fesseln mit einem Nicken abschlagen können!

Ja, mehr noch, dass, wenn es Ihren Augen weise erscheint, Sie sowohl Herrchen als auch Hund für todeswürdig befinden und ihnen keine größere Wohltat gewähren können, als dass nach dem Ende des Lebens ihr Blut zusammenfließt, so wie ihre Liebe eins war, als sie lebten!

Siehe, ich werfe ihm diese beiden Fächer zu Füßen!"

Überall in der riesigen Versammlung brach lautes Gemurmel aus. Viele erhoben sich auf ihren Sitzen und reckten ihre Hälse, um das Ergebnis zu sehen.

Bulger blickte zunächst verwirrt zu mir auf, doch bald war sein Entschluss gefasst. Er hob meinen Fächer zärtlich und vorsichtig und mit weit geöffneten, von Liebe erleuchteten Augen auf, erhob sich auf seine Hinterfüße und legte ihn in meinen Schoß, wobei er die ganze Zeit mit dem Schwanz wedelte, um nur soviel zu sagen: "Keine Angst, kleiner Meister, ich weiß, was dir gehört!"

Dann warf er sich mit einem Ausbruch von Knurren, Bellen und Knurren auf den Fächer von Keen Chop, schüttelte ihn heftig, bis die reich bemalte Bespannung in Fetzen zerriss und verstreut lag; warf ihn in die Luft, nur um mit allen Vieren darauf zu springen, als er den Boden berührte; und dann zerriss er den Fächer mit seinen kräftigen Krallen, als wär er aus Papier.

Aber das war noch nicht alles!

Zur Vervollständigung der Liste der Demütigungen, die er auf Keen Chops Eigentum besichtigt hatte, wandte er nun dem grausamen Magistrat den Rücken zu; und durch mehrere plötzliche und heftige Tritte mit seinen Hinterfüßen ließ er die Stöcke in einer Dusche so dicht an seinen Kopf fliegen, dass einer tatsächlich gegen die riesige Glasscheibe vor Keen Chops rechtem Auge schlug. Aber ein Gerichtsbeamter, der fest eingeschlafen war und seinen Kopf nach hinten fallen ließ, entkam nicht so glücklich. Zwei der größten Stöcke drangen in seine Nasenlöcher ein und blieben dort wie Pfeile in einer Zielscheibe stecken. Der Mann erwachte mit einem ohrenbetäubenden Schrei. Trotz des Befehls der Hofbeamten, jeden, der lachte, zu verprügeln, gab es hier und da ein unterdrücktes Kichern. Keen Chop selbst verdrehte sein Gesicht in die komischsten Grimassen, um nicht in einen Lachanfall auszubrechen. Was Bulger betraf, so war er außer sich vor Freude. Tatsächlich heulte er ziemlich vor Freude. Keen Chop bewegte nun seinen Daumen als Zeichen dafür, dass er zu sprechen beginnen würde, und eine tiefe Stille legte sich über die Menge.

Ich wurde aufgefordert, mich den Stufen des Richterstuhls zu nähern. Er sprach wie folgt:

"Wenn du größer bist, wirst du stärker sein! Wenn du älter bist, wirst du weiser sein!

"So wisse nun, dass ich als unterwürfiger Sklave des Sonnenkindes, Ihm des Heiligen Antlitzes, Herr aller Orden, die Absicht hatte, diese Anklage gegen deinen Hund fallen zu lassen, ihm die Fesseln abzunehmen und ihn freizulassen. Aber das darf jetzt nicht geschehen!

Dein Flehen hat mich davon überzeugt, dass er den Tod verdient hat! Eine gerechte Sache braucht keine andere Verteidigung als Worte. Aber du hast mit Händen, Beinen und Füßen gefleht! Du hast überrissen, was du verdient hättest! Das ist der Beweis, dass du die Schwäche deiner Sache erkannt hast. Hättest du gar nicht gesprochen und hätte dein Hund selbst den Mund nicht aufgemacht, sondern ihn gleich zu Beginn geöffnet, so hätte ihn das, was von ihm heruntergefallen wäre, von seinen Fesseln befreit.

Jetzt muss er sterben!

Er soll dem öffentlichen Henker übergeben werden!" Und dann befahl er mit einer Handbewegung, die Gongs zu schlagen, so dass es für mich unmöglich war, eine Antwort zu geben. Der große Saal war nun Schauplatz des wildesten Getümmels. Die Wachen drängten sich um mich, als fürchteten sie, ich könnte in meiner Verzweiflung mein Leben opfern, um Bulger zu retten.

Armer Bulger! Er war schnell in seinen Weidenkäfig gehoben und aus dem Gerichtssaal getragen worden.

Obwohl ich spürte, wie mein Herz an meinen Rippen hämmerte, gab ich kein Zeichen des Gefühlssturms, der über mein Inneres hinwegfegte. Ich hörte die schrecklichen Worte "öffentlicher Henker" in meinen Ohren klingen; aber mein unfehlbarer zweiter Blick erhaschte keinen Schimmer von diesem schrecklichen Offizier, und daher fühlte ich, dass es noch Hoffnung gab. Aber ich bewegte weder Hand noch Fuß.

Die Gongs hörten auf zu schlagen.

Die Menge verließ die Halle der Gerechtigkeit.

Die Wachen machten einen Kotau und wichen vor meiner Gegenwart zurück. Ich stand dort allein in dieser riesigen, stillen Halle.

Endlich wurde ich durch die Annäherung eines Boten von Keen Chop aus meiner tiefen Träumerei wachgerüttelt. Er sprach mich also an:

"Der elende, kleine, missgestaltete Keen Chop bittet den großen und stattlichen Fremden demütig, mit ihm in seiner Privatwohnung Tee zu trinken."

Mechanisch folgte ich dem Diener des Richters, der mich durch lange und gewundene Korridore führte. Keen Chop hatte seine riesige Brille abgelegt und empfing mich höchst liebenswürdig.

Alle Bediensteten wurden entlassen. Wir tranken eine Zeitlang schweigend unseren Tee. Als er sich endlich erhob und hinter einen Wandschirm trat, kehrte er mit einem riesigen Band zurück.

Es war das Protokoll von Bulgers Prozess. Er bat mich, es zu prüfen, während er sich nach seinem langen Sitzen auf der Richterbank mit einem kurzen Nickerchen erfrischte.

Ich drehte die Blätter der Aufzeichnung langsam um. Nicht nur, dass meine Worte mit perfekter Genauigkeit niedergeschrieben wurden, sondern auch, dass korrekte Zeichnungen der verschiedenen Szenen die breiten Ränder der Aufzeichnung ausfüllten.

Auf der letzten Seite bemerkte ich, dass zwischen den Wörtern "muss" und "sterben" und "er" und "wird ausgeliefert" eine Leerstelle gelassen worden war.

"'Es ist ein Wunder!', rief Keen Chop und rieb sich die Augen. "Was für ein wunderbares Geschöpf ist dein Hund! Als ich schlief, träumte ich, dass er seinen Mund öffnete und was daraus fiel, überzeugte mich von seiner Unschuld.

"Lass ihn in deine erhabene Gegenwart gebracht werden, oh gerechter Richter!" antwortete ich.

In wenigen Augenblicken wurde Bulgers Korbgeflecht auf den Boden gelegt und er wurde sanft aus dem Korb gehoben. Ich konnte nur mit größter Anstrengung die Tränen zurückhalten, als seine großen, sprechenden Augen voll auf mich gerichtet waren, als ob sie mich fragen wollten: "Wann wird all dieses Rätsel ein Ende haben, kleiner Meister? Ich streichelte seinen Kopf mit einer liebevollen Hand, um ihm zu versichern, dass alles in Ordnung ist.

Kaum waren die Bediensteten aus der Wohnung heraus, nahm ich die Goldbörse, die Bulger am Strand aufgelesen und mir zurückgegeben hatte, steckte sie ihm in den Mund und gab ihm ein Zeichen, sie zu Keen Chop zu tragen, der nun seine riesige Brille wieder aufgesetzt hatte, und saß brütend über den Seiten des Protokolls von Bulgers Prozess.

Bulger wartete nicht auf eine zweite Aufforderung.

Er ging direkt auf Keen Chop zu, erhob sich auf seine Hinterfüße und ließ den Geldbeutel in den Schoß dieses Würdenträgers fallen.

"'Das ist wunderbar! Es ist sehr wunderbar", rief Keen Chop und testete das Gewicht des Portemonnaies mit einem zufriedenen Gesichtsausdruck, zuerst in der einen Hand und dann in der anderen. "Deine Rede war silbern, aber sein Schweigen ist Gold! Es wäre ein Verbrechen, zwei so treue Herzen zu trennen. Geht in Frieden!"

"Aber das Protokoll des Prozesses?" fragte ich. Keen Chop sprach nicht, aber als er zur letzten Seite blätterte, legte er den Finger auf die Stelle, wo die Lücken gelassen worden waren.

Sie waren nun beide ausgefüllt.

Das Wort "nicht" war in jeden von ihnen geschrieben worden.

Die Wachen wurden nun gerufen, und in wenigen Augenblicken wurden die Fesseln von Bulgers Füßen gelöst. Als er sich wieder frei fand, sprang er mit einem wilden Freudenschrei auf meinen Schoß und bedeckte meine Hände und mein Gesicht mit Liebkosungen.

Ich konnte die Tränen nicht zurückhalten. Ich umklammerte das treue Tier krampfhaft in meinen Armen und weinte wie ein Kind.

Aber eine Wolke überzog unsere Freude; denn Keen Chop teilte mir auf meine Bitte um sicheres Geleit zum nächsten Seehafen mit, dass er meiner Bitte nicht nachkommen könne; dass ich mich an Slim Lim, den Taou-tai, oder an den kaiserlichen Gouverneur der Provinz, den Herrn der Pfauenfeder, den Ritter des schlichten roten Knopfs usw. wenden müsse, usw.

"'Das ist gut!'" rief ich aus. "Entsende einen deiner Diener, der mich in die Gegenwart seiner Herrlichkeit, des Taou-tai, führen soll! Ich sehne mich danach, wieder einen Fuß auf meinen Heimatstrand zu setzen. Ich sehne mich danach, der traurigen Angst meiner Eltern ein Ende zu bereiten."

Keen Chop schüttelte den Kopf und lächelte traurig.

"Wisse, oh geehrter Gast", sagte er, "niemand darf sich dem Taou-tai, dem Herrn der Pfauenfeder, nähern, es sei denn, als Antwort auf die demütigste Bitte von zwanzig Seiten Länge, lässt sich seine hohe und mächtige Lordschaft herab, eine Audienz zu gewähren! Der Versuch, etwas anderes zu tun, könnte den Tod in den Händen der Wachen bedeuten, würde aber mit Sicherheit eine Inhaftierung im tiefsten Kerker der kaiserlichen Festung bedeuten.

"So sei es!" antwortete ich. "Komm Tod, komm Gefangenschaft, ich stehe an diesem Tag in der Gegenwart von Slim Lim dem Taou-tai, Ritter des schlichten roten Knopfs und Herr der Pfauenfeder!

Keen Chop stöhnte laut und tief. Aber als er sah, dass ich entschlossen war, sofort zum Palast des Gouverneurs aufzubrechen, schickte er einen seiner Diener, um mich zum Tor zu führen, und wies ihn an, für den Fall, dass die Wachen ihre Schwerter hoben, um mich zu töten, mit lauter Stimme zu rufen, dass ich ein harmloser Verrückter sei und meinen Wächtern entkommen sei.

Um jeglichen Widerstand zu beenden, stimmte ich dem zu.

Daraufhin gab mir Keen Chop ein liebevolles Adieu, und gefolgt von meinem treuen Bulger wandte ich meine Schritte zum Palast des Taou-tai.

Um die Wahrheit zu sagen: In meinem Kopf herrschte Chaos.

In ebenso vielen Sekunden beschäftigten mich zwanzig verschiedene Aktionspläne. Wie sollen Bulger und ich den

Widerstand der bewaffneten Wachen überwinden? Es wäre Wahnsinn, sie zu provozieren, ihre Waffen gegen uns einzusetzen!

Wenn es mein Schicksal ist, in der Gegenwart des Herrn Taou-tai zu stehen, dann muss dies durch List und Tücke geschehen.

Zu meinem Glück begannen die Schatten der Nacht nun zu fallen, denn obwohl das Tor und die Korridore des Gouverneurspalastes von zehntausend Laternen erleuchtet sein mögen - wie ich sie in Wahrheit vorfand, als ich sie erreichte -, war das Licht, das sie verströmten, weich und undeutlich.

Da ich mich auf die fast blitzschnelle Geschwindigkeit meiner Bewegungen und die völlige Geräuschlosigkeit meiner Schritte verließ, gelang es mir recht leicht, an der Gruppe von Wachen vorbeizukommen, die am Außentor stationiert waren.

Glücklich über mein Geschick, sprang ich leicht die Stufen des Bogengangs hinauf, und, dicht gefolgt von Bulger, schritt ich mit würdevoller Miene und stattlicher Ausstrahlung in den Hauptkorridor.

Acht hoch aufragende Burschen, bewaffnet mit wild aussehenden Spießen - für einen von ihnen wäre es nicht schwierig gewesen, mich aufzuspießen und aus dem Fenster zu werfen, als wenn ein Junge einen Frosch auf das Ende seines spitzen Stabes aufgespießt und auf trockenes Land geworfen hätte - blockierten meinen Vormarsch.

Mein Schritt war so geräuschlos gewesen, dass ich mich ihnen bis auf wenige Meter genähert hatte, bevor sie meine Anwesenheit bemerkten. Wäre ich aus den Wolken gefallen, hätte ihr Erstaunen nicht größer und grotesker sein können.

Sie umklammerten sich am Arm, stützten sich mit ihren Fingern auf mich und flüsterten mit heiserer Stimme wie ein Mann:

"Ein kleiner Teufel!"

"Nein, meine guten Männer", antwortete ich mit einem höchst anmutigen Lächeln, "nicht ein kleiner Teufel, sondern ein Soldat wie Sie; einer, der unter vielen Himmeln gekämpft hat, der weiß, was ein gutes Schwert ist, was guter Wein ist, der lieber kämpft, als wegzulaufen, der eine gute Geschichte erzählen kann und der den Krieg liebt wie ein Jäger die Jagd!

Die acht Männer sahen sich an, klopften sich deutlich auf die Stirn und richteten dann ihren Blick auf mich, als zweifelten sie, ob mein nächster Schritt darin bestehen würde, ihnen an die Gurgel zu springen, sich in Luft aufzulösen oder zu einem schrecklichen Oger zu werden und sie alle ohne Pfeffer und Salz zu verschlingen.

"Kommt, Kameraden", rief ich in leichtsinnigem Ton, "legt eure Spieße beiseite, und ich werde euch etwas zeigen, das ich auf einem Schlachtfeld im Krieg gegen die Algerier aufgeschnappt habe, etwas so Merkwürdiges, dass ihr, wenn ihr drei Monate und einen Tag lang kein Auge zugetan hättet, immer noch bereit wärt, wach zu bleiben und es zu untersuchen."

Mit diesen Worten zog ich meine musikalische Schnupftabakdose aus der Tasche, klopfte geheimnisvoll auf ihren Deckel, ging auf Zehenspitzen zum äußeren Eingang des Korridors und winkte sie, mir zu folgen.

Das taten sie, wobei auf ihren Gesichtern der komischste Ausdruck von halb Verwunderung und halb Neugier abgebildet war. Aber zuerst stellten sie ihre grimmig dreinblickenden Spieße gegen die Wand.

Ich forderte sie auf, ihre Köpfe zusammenzulegen und sich so zu bücken, dass sie sehen und hören konnten - ich griff ungefähr bis zu ihren Hüfthaltern. Ich berührte die Feder der Schnupftabakdose, und sie begann zu spielen.

Es ist mir unmöglich, Ihnen eine Vorstellung von der Freude zu geben, die auf ihre großen, runden, glatten Gesichter strahlte.

Ihre Münder klappten auf.

Ihre Finger zuckten nervös, als ob sie sich danach sehnten, das kleine Wunder zu berühren, und doch wagten sie es nicht. Ich spürte nun, dass der Augenblick für mich gekommen war, um zu handeln.

Ich zog die Schnupftabakdose bis zur äußersten Grenze auf und drückte sie einem der Wachen in die Hände, der vor Freude außer sich schien, und zeigte ihm, wie er die geheime Feder berühren konnte.

Als die Musik wieder begann, schlossen sie ihre Gruppe so fest zusammen, dass es unmöglich gewesen wäre im Kreis zu bleiben, selbst wenn ich es gewollt hätte. Zu meiner unendlichen Genugtuung schienen sie mich nun höchst ungezwungen aus ihrer Gesellschaft zu entlassen.

Schneller als es nötig ist, um es zu erzählen, zog ich ein Knäuel aus starker Schnur aus meiner Tasche, und indem ich die Enden ihrer Piken sicher aneinander befestigte, zog ich mich zum äußeren Eingang des Palastes zurück und legte das andere Ende der Schnur zwischen Bulgers Zähne, mit einer Bewegung, die bedeutete:"Halte es fest und ziehe kräftig!"

Im nächsten Augenblick war ich an der Gruppe der Wachen vorbeigekommen und auf dem Weg zur Tür des Audienzsaals.

Plötzlich dämmerte ihnen die Ungeheuerlichkeit ihrer Nachlässigkeit.

Sie sehen auf.

Sie sehen mich bereits am Ende des Korridors!

Sie lassen die verzauberte Dose fallen, die sie vom Weg der Pflicht abgehalten hat!

Sie gehen auf ihre Piken zu!

Eine geheimnisvolle Kraft hält sie an den Boden gekettet!

Bulger leistet großartige Arbeit!

Meine Hand ist an der Tür des Audienzzimmers!

Von einer abergläubischen Furcht vor einer unsichtbaren Macht ergriffen, stehen die Wachen wie angewurzelt an Ort und Stelle.

Ein leises Pfeifen signalisiert Bulger, dass seine Aufgabe erfüllt ist.

Wie ein Geist blitzt er durch den Korridor.

Wir betreten das Vorzimmer des Audienzsaals, wir gehen durch ein äußeres Gemach, wir stehen in der Gegenwart von Slim Lim, dem Herrn der Pfauenfeder!

Slim Lim war zu Hause.

Er saß in der Mitte des geräumigen Appartments und trank eine Tasse sehr duftenden Tee, dessen Aroma so faszinierend war, dass ich innehielt und ihn mit dem ganzen Entzücken eines feinen Verkosters einatmete.

Zwei Damen, gekleidet in Gewänder von großer Schönheit und Reichhaltigkeit, waren damit beschäftigt, Tee aufzubrühen und vor dem Herrn Taou-tai eine unendliche Anzahl von zarten Speisen und köstlichen Leckerbissen zu verteilen.

Aber er aß nichts.

Er war offensichtlich etwas beunruhigt über mein plötzliches Auftauchen, und ich konnte sehen, dass ein Gedanke, unter Ausschluss aller anderen, ihn beschäftigte. Er war es: "Wie kam dieser Fremde an den Wachen vorbei? Er ist zwar klein, aber wenn er ruhig in meine Wohnung gehen kann, warum sollte ein böswilliger Mensch das nicht auch können?"

Entschlossen, Slim Lim und die Damen seines Haushalts von meiner edlen Abstammung und meinen feinen Manieren zu überzeugen, machte ich mit der ganzen Anmut eines altgedienten Höflings einen Kotau und begann mit der Aufzählung ihrer verschiedenen Tugenden, Exzellenzen und Reize von Körper und Geist. Als ich die Nummer hundertsiebzehn erreicht hatte, war der Sieg vollkommen.

Sie lächelten.

Aber Slim Lim blieb hartnäckig. Er blickte einige Augenblicke ins Leere und tat dann so, als schliefe er ein.

Ich rezitierte den Zweck meines Besuchs und wartete geduldig darauf, dass der Herr der Pfauenfeder sich zu einer Antwort herabließ.

Endlich tat er es; aber ohne die Augen zu öffnen, sprach er, als wäre er halb im Traum:

"Barbar, Sohn eines Barbaren, Enkel eines Barbaren, Urenkel eines Barbaren, Ururenkel eines Barbaren, Ur-Ur-Urenkel eines Barbaren--"

Da ich wusste, dass dies nur ein Trick war, um die Nacht mit Worten zu vergeuden, beschloss ich, dem sofort ein Ende zu setzen.

Ich setzte mich hin und unterbrach Slim Lims lange und trostlose Liste, indem ich vorgab, mit jener Regelmäßigkeit zu schnarchen, die den vollendeten Schläfer beweist.

Er kam zu einem plötzlichen Stillstand.

Nun legte sich eine tiefe Stille über die Szene, die nur durch das nervöse Geraschel der weiblichen Anhängerschaft durchbrochen wurde.

Slim Lim begann nun zu begreifen, dass er keinen gewöhnlichen Sterblichen vor sich hatte.

Zum ersten Mal sah er mir direkt ins Gesicht.

Die Damen wurden alarmiert über die dunkle Wolke, die sich auf der Stirn ihres Lehnsherrn sammelte, und zogen sich ans andere Ende des Raumes zurück.

Der Taou-tai war nun hellwach.

Ich war auch hellwach!

"Kühner, rücksichtsloser und schlecht beratener Fremder", rief er aus, "nach dem Dekret des Kindes der Sonne, ihm des Heiligen Antlitzes, ist es nicht rechtmäßig, einen voreiligen Bittsteller wie dich zu bestrafen, vorausgesetzt, sein Gebet ist eines, das gewährt werden kann. Aber was du verlangst, ist unmöglich, denn zu dieser Stunde gibt es im Palast weder Papier, Tinte noch Pinsel! Du musst für dein voreiliges Verhalten leiden. Du bist listig genug gewesen, an den Wachen vorbeizugehen, die hierher kommen; aber schon sind eine Menge Piken auf Deine Brust gerichtet. Eine Flucht ist unmöglich. Bereite dich auf Tod oder Gefangenschaft in einer Kerkerzelle vor, die weder Licht noch Wärme kennt!

Um die Wahrheit zu sagen, knickten meine Beine unter dem Gewicht meines Körpers ein, als mir mit diesen grausamen Worten klar gemacht wurde, in welcher Gefahr ich mich befand.

Ich konnte sehen, dass sich in den Augen der beiden gnädigen Damen, die neben mir standen, Tränen angesammelt hatten.

"Papier-Tinten-Pinsel!" Ich murmelte halb benommen: "Pinsel - Papier - Tinte - oder Tod!"

"Das darf nicht sein!" Ich warf einen Blick um mich. Ich schloss meine Augen. Ich richtete meinen Blick auf Bulger, aber alles umsonst - keine Hilfe kam zu mir.

Ein kalter Schweiß stand auf meiner Stirn.

Plötzlich stieß ein riesiger Papagei, der an einem Ende des Raumes auf einem Bambuskäfig saß, einen heftigen Schrei aus.

Schneller als es nötig ist, um es zu erzählen, rief ich Bulger an meine Seite und ließ ihn den Vogel reizen.

Er war nicht abgeneigt, sich auf den Spaß einzulassen.

Als es in vollem Gange war, näherte ich mich dem Vogel von hinten, und als er sich vorbeugte, um Bulgers Annäherungsversuche abzuwehren, ergriff ich geschickt eine seiner längsten Schwanzfedern und zog sie heraus. Ein ohrenbetäubender Schrei ließ mich aufschrecken, und die beiden Damen warfen sich mit tausend tränenreichen Ausdrücken des Mitleids und der Zärtlichkeit ihrem Haustier entgegen.

Ich wandte meine Aufmerksamkeit nun Slim Lim zu.

Ich zog eine winzige Schere aus meiner Tasche, erwischte das Ende seines Stabes und schnitt einen Zentimeter davon ab.

Meine Kühnheit machte ihn stumm. Er konnte mich nur mit weit geöffnetem Mund anstarren.

Ich machte mich nun ernsthaft an die Arbeit.

Ich zog einige Seidenfäden aus dem Ärmel und steckte das Haar mit so flinken, gewandten Fingern in den Federkiel, dass Slim Lim ganz ehrfürchtig dreinschaute.

"Der Pinsel ist fertig, Herr der Pfauenfeder!" rief ich und legte sie ihm vor die Füße. "Und das Papier auch!" Ich fuhr fort, zog eine Papiermatte unter einer Statue hervor und drehte die weiße Unterseite nach oben.

Er folgte meinen Bewegungen wie ein Kind denen eines Totenbeschwörers.

Jetzt fehlte nur noch die Tinte!

Mit einem meiner gewinnendsten Lächeln näherte ich mich den Damen und sprach sie so an:

" Verewigen Sie für immer die Eindrücke Ihrer schönen Gesichter auf den Blättern meines Gedächtnisses, indem Sie mir den Krug mit dem Ebenholzpigment leihen, mit dem Sie den unvergleichlichen Augenbrauen, die Ihre Augen schattieren, Glanz verleihen!

Sie erwiderten mein Lächeln mit bezaubernder Anmut und Süße. Aber was noch erfreulicher war, sie erfüllten meine Bitte.

Ich blieb einen Moment am Käfig meines Freundes, des Papageis, stehen, der seine Federn zerzauste und mich sehr misstrauisch beäugte, um das Pigment in seinem

Trinkgefäß zu befeuchten, und ging dann mit einem Hauch von Triumph zurück zum Tisch, wo Slim Lim sich nervös aufbäumte, und sagte:

"Alleredelster Herr der Pfauenfeder, Dein stumpfsinniger, missgestalteter und wertloser Sklave hat Pinsel, Tinte und Papier vorbereitet; erlaube Dir, Dein höchst ehrenhaftes Zeichen auf dieses Papier zu setzen, damit er seinen armen, elenden Leib und seine Glieder unter Dein heiliges Dach zurückziehen kann!

Ich streckte also Slim Lim den Pinsel entgegen.

Mit zitternder Hand ergriff er ihn und verfolgte rasch die geheimnisvollen Zeichen, die dazu bestimmt waren, jedes Tor zu öffnen und jede Tür aufzuschließen, bis ich wieder an Bord eines Schiffes stand, das in meine Heimat fahren sollte.

Ich faltete das kostbare Dokument zusammen und steckte es in die Tasche meines Matrosen. Aber während ich vom Sieg errötet war, zeigte Slim Lim nur zu deutlich, dass er vor Ärger und Verdruss fast außer sich war.

Die Damen seines Hauses näherten sich ihm mit tiefsten Ehrerbietungen und bei jedem Schritt mit lauten und tiefgezogenen Seufzern. Aber Slim Lim stieß sie auf die gröbste Weise zurück. Er wollte nichts von ihrer Sympathie, nichts von ihrem Mitleid oder ihren zärtlichen Diensten haben.

Sie verdoppelten ihre Anstrengungen; ihre Seufzer wurden zärtlicher und lauter.

Es war alles vergeblich.

Slim Lim war entschlossen, sich nicht besänftigen zu lassen.

Als er sich mir zuwandte, schrie er auf:

"Möge der Barbar, der Sohn eines Barbaren, der Enkel eines Barbaren, der Urenkel eines Barbaren, der Ururenkel eines Barbaren, der Urururenkel eines Barbaren, der Ur-

ururrurenkel eines Barbaren, seinen elenden, wertlosen, gemeinen, ordinären, alltäglichen, gewöhnlichen, unbedeutenden und verächtlichen Namen auf ein Blatt Papier zu schreiben, bevor er hinausgeht, damit ich und meine Kinder und meine Kindeskinder und die Kinder meiner Kindeskinder und die Kindeskinder meiner Kindeskinder und deren Enkel ihn mit Verachtung aussprechen können!

Und dann warf er sich in voller Länge auf den Boden, um mir zu beweisen, dass er sich schämte, in meiner Gegenwart zu sitzen.

Bulger setzte sich in den Kopf, dass dieses seltsame Vorgehen in gewisser Weise eine Bedrohung für mich sei, denn er lief vorsichtig um Slim Lim herum, schnüffelte an ihm und knurrte bedrohlich, als wolle er sagen: "Spiel meinem kleinen Meister keine Streiche, sonst wird es dir schlecht ergehen!"

Die Damen von Slim Lims Haushalt waren fast wahnsinnig vor Trauer und Angst.

Ich sicherte ihnen meinen Schutz zu, aber das schien ihre Bitten nur noch zu verstärken.

Um die Wahrheit zu sagen, war ich jedoch nicht halb so ruhig, wie ich zu sein schien.

Das grausame Schicksal schien wieder einmal ihre Maschen um mich gewoben zu haben.

Slim Lim hatte mir mit tiefer List eine weitere Aufgabe gestellt, die so unmöglich zu erfüllen schien, dass er sich zweifellos bereits selbst beglückwünschte und seinem eigenen, geschickt ausgeklügelten Plan, mich gefangen zu halten, Beifall klatschte.

Er hatte von mir verlangt, dass ich "meinen Namen schreiben" solle, bevor ich mich auf den Weg mache; er hatte das Wort "schreiben" mit äußerster Vorsicht verwendet, so dass es mir nicht erlaubt sein sollte, einen Pinsel nach der Art seiner Leute zu benutzen, sondern dass ich zu einer

Feder nach der Art meiner eigenen greifen müsse.

Er fühlte sich ziemlich sicher in seinem Kopf, dass ich keine Feder in meinem Besitz haben würde, und hatte Grund, sich damit zu schmeicheln, dass ich immer noch in seiner Gewalt war.

Bulger erhaschte einen flüchtigen Blick auf den Schatten, der sich auf meinem Gesicht niedergelassen hatte, und wimmerte nervös.

Ein Gedanke kam mir in den Sinn!

Ein Federkiel wird mich retten!

Ich schaute in Richtung des Papageis.

Ah! Ein tiefgründiger Plan, mich meiner Freiheit zu berauben!

Der Vogel war aus dem Raum entfernt worden.

Der Pinsel, den ich gebastelt hatte - auch die Pigmente waren weg!

Ich konnte fühlen, wie meine Knie schwach wurden.

Mein Atem kam kurz und schnell.

Ein kalter Schauer überkroch mich.

Der Herr der Pfauenfeder lag flach auf dem Rücken, aber als ich meinen Blick schnell zu ihm richtete, war ich sicher, dass eines seiner Augen halb geöffnet und auf mich gerichtet war, während in seinen Mundwinkeln ein schwaches Kräuseln eines Lächelns höchst bösartig spielte.

"Ah! Mann der List", dachte ich, "du wirst nicht triumphieren, denn ich bin im Begriff, diese letzte deiner Fesseln zu zerreißen, von denen du denkst, sie seien bereits so fest an meine Handgelenke genietet. Du bist weise und du bist feinsinnig, aber nicht so weise und nicht so feinsinnig wie der kleine Baron, der neben dir steht!"

Zeichnung 27: Bulger hielt Slim Lim unten, während ich einen Stift aus seinem kleinen Fingernagel schnitt.

" Zu mir, Bulger ! " rief ich.

Mit einem einzigen Satz erreichte er meine Seite.

"Nimm dort deinen Platz ein!" Ich fuhr fort und deutete auf Slim Lims Brust: "Und wenn mein Feind sich nur auf dem armseligen Teil eines kleinen Zentimeters bewegt, dann tu deine Pflicht!

Bulger sprang leicht auf Slim Lims Brust, und mit einem leisen Knurren gab er ihm zu verstehen, dass es keine Kinkerlitzchen geben dürfe.

Dann war ich an der Reihe, zu handeln.

Ich holte mein Taschenmesser heraus und nahm Slim Lims Hand in die Hand, und in weniger als einer Minute schnitt ich einen feinen Füller mit einer ausgezeichneten Feder an das Ende des langen Nagels seines kleinen Fingers.

Bulger schaute sehr interessiert zu und knurrte jedes Mal leise, wenn Slim Lim auch nur das geringste Anzeichen dafür zeigte, dass er mir die Behandlung, der ich ihn unterzog, übel nahm.

Meine Tinte?

Das war eine einfache Angelegenheit. Ich stach mir mit der Messerspitze in den Daumen und ließ einige Tropfen der karmesinroten Flüssigkeit auf meiner Handfläche sammeln. Dann griff ich nach einer der Papiermatten, tauchte die Feder ein, die nun den kleinen Finger des Herrn der Pfauenfeder zierte, und setzte meine Unterschrift mit einer sauberen, runden Hand auf die ungefärbte Seite der Matte.

Indem ich Bulger bat, von seinem Ehrenplatz herabzusteigen, streckte ich nun seiner Exzellenz, dem Taou-tai, meine Hand mit diesen Worten entgegen:

"Erhebe dich, Herr Ritter des schlichten roten Knopfs; sei großzügig, wie edel du bist; ich habe triumphiert! Vergebt mir meine Kühnheit. An meiner Stelle hättest du dasselbe getan. Lass deinen Feind dein Freund werden. Von Geburt an edel, in den Schriften gelehrt, in den Künsten geschickt; er ist deiner Freundschaft mehr würdig als deiner Feindschaft!

Slim Lim ergriff meine Hand und sprang auf seine Füße mit einem gutgelaunten Lächeln auf seinem breiten Gesicht.

"Beim heiligen Antlitz des Sonnenkindes, Herr aller Orden, Ihr seid sehr klug für Eure Größe", rief er aus, während er mich zu einem Sessel führte.

Die Damen des Hauses des Taou-tai, die sich voller Entsetzen in ihre Gemächer zurückgezogen hatten, wurden nun zum Erscheinen aufgefordert.

Es wurde Tee gebrüht, und der Herr der Pfauenfeder bestand darauf, mich mit seinen eigenen Händen zu bedienen.

Ich war fast wahnsinnig vor Freude bei dem Gedanken, unter solch glücklichen Umständen nach Hause aufzubrechen.

Bulger freundete sich mit Slim Lim an, und jeder verzieh allen.

Seine Exzellenz, der Taou-tai, überredete mich, die Nacht unter seinem Dach zu verbringen, und versicherte mir, dass ich am Morgen eine besondere Eskorte, seinen eigenen Transportkasten und in seiner eigenen Küche verpackte Körbe für meine Verpflegung auf meiner Reise zum Seehafen haben sollte.

Bis zu später Stunde gaben Slim Lim, die Damen seines Hauses, Bulger und ich uns dem Schlemmen und Feiern hin. Am Morgen verabschiedete ich mich im fröhlichsten Gemütszustand vom Taou-tai und seinem Haushalt.

Nach einer kurzen Woche fand ich mich an Bord eines guten, standhaften Schiffes wieder auf dem Weg nach Hause.

Als sich die Segel füllten und wir den Hafen verließen, zog

ich Bulger an meine Brust, und die Tränen flossen dick und schnell. Er leckte meine Hände und mein Gesicht und richtete seine großen, glänzenden Augen voll auf mich.

Er konnte und ich wollte nicht sprechen.

KAPITEL IX.

Wie ich des Reisens überdrüssig wurde und beschloss, mich für eine lange Ruhepause niederzulassen. Ein ruhiges Leben ermüdet mich jedoch bald, und ich möchte wieder aufbrechen. Bulgers Widerstand. Wie ich ihn getäuscht habe. Wir nehmen unsere Abreise. Wir treffen auf einen schrecklichen Sturm. Schiffbruch auf einer wunderschönen Insel. Von den runden Körpern zu Gefangenen gemacht. Beschreibung dieses seltsamen Volkes. Wir sind zum Tode verurteilt. Gerettet von Rōlâ-Bōlâ, der Rundkörper-Prinzessin. Mehr über die seltsamen Wesen. Die Prinzessin verliebt sich in mich. Vorbereitungen für die Ehe. Die Zeremonie auf der Großen Ebene. Der plötzliche Sturm. Die Bestürzung der runden Körper. Ich prügle Bulger und mich selbst auf ein Podest. Der Sturmkönig holt die Holzkonstruktion ein und trägt sie weg. Auf den Flügeln des Windes zum Festland transportiert. Wir werden sanft in ein Getreidefeld, nicht tausend Meilen von zu Hause entfernt, fallen gelassen. Unsere unaussprechliche Freude.

Von den äußersten Enden der Erde strömten Tausende von Besuchern in mein Haus. Es war wunderbar, meine Schätze, meine außergewöhnlichen Kuriositäten und vor allem meinen bemerkenswerten Hund Bulger zu sehen, den einzigen Begleiter meines seltsamen und ereignisreichen Lebens, meinen Führer, meinen Freund, meinen Ratgeber, mein Ein und Alles.

Zeichnung 28: Eine gute Mutter mit rundem Körper, die ihre Kinder amüsiert.

Kaum jedoch waren die Täler nach einem langen und bitterkalten Winter wieder grün - so kalt, dass ich drei Monate lang nichts anderes als Eistee trank, da es völlig unmöglich war, die Kanne schnell genug vom Herd auf den Tisch zu tragen, um zu verhindern, dass sie einfriert -, da wandten sich meine Gedanken den Freuden und Gefahren eines umherziehenden Lebens zu, und ich sehnte mich danach, auf der Suche nach neuen Abenteuern wieder auf und davon zu gehen.

Als ich aus meiner Träumerei erwachte, fand ich Bulger zu meinen Füßen sitzen, mit seinen gütigen, strahlenden Augen voll auf mein Gesicht gerichtet. Er hatte meine Gedanken so richtig und leicht gelesen, wie ich die Worte in der Fibel eines Kindes lesen könnte, und als er sah, dass ich hellwach und im Vollbesitz meiner Kräfte war, ergriff er meinen Ärmel und jammerte höchst mitleiderregend.

Liebes, treues Tier! Oh, ich hätte auf deine Ermahnung hören sollen!

Aber nein, es sollte nicht sein.

Da ich nicht gewillt war, den guten Bulger zu ärgern und zu beunruhigen, beschloss ich nun, von einer Fähigkeit Gebrauch zu machen - namentlich der Heuchelei, die in seiner Natur keinen Platz hatte.

Als er in meiner Gegenwart war, tat ich so, als wäre ich vollkommen glücklich und zufrieden, lachte, sang und tanzte; aber genau in dem Moment, als er den Raum verlassen hatte, machte ich mich an die Arbeit und bereitete mich auf eine weitere Reise vor.

Endlich war alles bereit.

Als Bulger das Haus betrat und Schachteln und Pakete erblickte, hob er den Kopf und stieß ein langes, düsteres Flehen aus; aber als er sah, dass meine Absicht feststand, wie ein wahrer und treuer Diener, sprang er an meine Seite und leckte meine ausgestreckte Hand ab, als ob er etwa sagen wollte: "Dein Weg ist mein Weg, dein Schicksal ist mein Schicksal!"

In wenigen Stunden waren wir auf dem Weg zum Schiff.

Mein Herz war leicht, mein Geist beschwingt und fröhlich.

"Was ist das Leben?" rief ich. "Bin ich ein Wurm, der in

Schimmel und Dunkelheit dahinvegetiert? Nein! Ich bin ein Geschöpf der Intelligenz, des Verstandes, der Seele; die Luft, das Sonnenlicht, das grenzenlose Universum gehören mir; ich werde sie genießen."

Zum Glück musste ich nicht lange im Seehafen warten, denn ein gutes, zuverlässiges Schiff war fast beladen.

Als ich erfuhr, dass es auf dem Weg in die Südsee war, befahl ich sofort, meine Sachen an Bord zu bringen, und noch bevor der Neumond seine Sichel verloren hatte, war ich auf hoher See mit meinem treuen Bulger an meiner Seite und einem fesselnden Herz, das fröhliche Musik in meiner Brust schlug. Eine Zeitlang ging alles gut.

Bulger schien seine seltsame Vorahnung des Bösen überwunden zu haben und tummelte sich auf dem Deck mit all seiner alten Liebe zu Heiterkeit und Fröhlichkeit. Doch nachdem unser gutes Schiff einige Tage unterwegs war, überkam mich ein seltsames Gefühl, wie ich es noch nie zuvor erlebt hatte.

In meinen Träumen bedrückten mich abwechselnd Licht und Dunkelheit; das eine blendender als der elektrische Blitz, das andere tiefer als die irdische Nacht.

An unserem siebten Tag draußen, gegen Mittag, schien es plötzlich, als ob eine mächtige Hand einen riesigen und undurchdringlichen Vorhang aus tiefschwarzer Dunkelheit über den ganzen Himmel gezogen hätte. Es schien fast so, als ob ein schrecklicher Dämon des Himmels plötzlich die Sonne selbst ausgeblasen hätte.

Bulger schlug sich mit einem Satz auf meine Seite und stöhnte mitleidig, als er seine Zähne in meine Schärpe schlug, wie es seine Gewohnheit war, wenn er mein Leben in Gefahr glaubte. Ich bückte mich und streichelte seinen Kopf. In meiner Handfläche spürte ich die heißen Tränen, die aus seinen Augen strömten. In diesem Augenblick gab das Schiff einen Ruck, und Bulgers Gewicht riss seine Zähne aus dem Halt in meiner Schärpe, und in einem Augenblick war er von mir getrennt. Ich hörte sein flehendes Bellen in einem entfernten Teil des Schiffes.

"Bulger! Bulger!" rief ich, "hier! hier! hier entlang, zu mir, zu mir!" und in meiner Verzweiflung bei dem Gedanken, meinen geliebten Gefährten zu verlieren, wagte ich mich ungeachtet der schwarzen Nacht, die uns umgab, in Richtung des Bellenden und stolperte über einen Gegenstand, der kopfüber auf dem Deck lag.

Mein Sturz verblüffte mich.

Ich erhob mich auf dem Ellbogen und fuhr mit der Hand über die Augen, wie jemand, der gerade aus einem tiefen Schlaf erwacht ist.

Schwefelhaltige Flammen schlugen nun aus den vier Himmelsrichtungen herab und Schlag auf Schlag prasselten ohrenbetäubende Donnerschläge über unsere Köpfe.

Ein gewaltiger Windstoß holte unser Schiff wie eine Nussschale ein und schleuderte es in so furchteinflößender Geschwindigkeit durch das brodelnde, kochende, wahnsinnige Wasser, dass es jeden Augenblick schien, als müsse es auf den Grund sinken.Ich weiß nicht, wie lange wir mit dieser rasenden Geschwindigkeit vorangetrieben wurden, denn ich war halb benommen vom Getöse der sich bekriegenden Elemente und halb geblendet vom ständigen Aufblitzen der Blitze. Zu meinem Entsetzen drang nun der Klang der schrecklichen Schläge, dumpf, aber grauenhaft in ihrer Energie, an meine Ohren. Wir waren auf die Felsen aufgeschlagen und unser Schiff war dabei, unter meinen Füßen zu versinken.

Instinktiv rief ich meinen treuen Bulger zu mir.

Aber nicht einmal die Stimme der eisernen Kehle Lunge konnte den Lärm dieses Sturms überwinden.

Die intensive Dunkelheit wurde nun durch Schauer von Meteoritenschweifen erhellt, die wie zehnmal zehntausend explodierende Raketen fielen, so weit das Auge reichte.

Und dann brachen breite Risse im dunklen Mantel des Himmels auf, und Schauer von Hagelkörnern, jeder so groß wie ein Gänseei, rasselten mit der Wut von Musketen auf das Deck.

In diesem Moment hatte mich ein Schlingern des Schiffes unter einen riesigen Kupferkessel gerollt, sonst wäre mein Leben aus mir herausgeschlagen worden.

"Leb wohl, lieber Bulger!" Ich rief mit tränenüberströmter Stimme: "Diese schreckliche Entladung der gefrorenen Artillerie des Himmels wird dein Leben mit Sicherheit beenden! Leb wohl, treuer Hund; ein lang anhaltender Abschied!"

Allmählich ließ dieser schreckliche Schauer aus riesigen Hagelkörnern nach, und seltsamerweise entlockten die fallenden Stücke dabei dem großen Kupferkessel, der mich wie ein riesiger Schild bedeckte, die wunderbarste Musik.

Der Wind stöhnte einen tiefen Bass, und das Klopfen des Gefäßes hielt den Takt wie eine gigantische Trommel.

Obwohl ich vor Angst halb tot war, lauschte ich mit ekstatischer Freude diesem schrecklichen Konzert, das von den kriegerischen Naturgewalten gespielt wurde. Als es aufgehört hatte, blickte ich aus meinem Versteck hervor.

Nicht eine lebende Seele war in Sicht. Jeder Seemann und Offizier war unter den Blitzschlägen umgekommen, vom Hagel erdrückt oder vom unruhigen Sturm in den brodelnden Ozean gefegt worden.

Es wurde so ruhig, dass ich anfing, mir ein Herz zu fassen, als sich mit einem gewaltigen Rauschen und Surren, wie von einem riesigen Messer aufgeschlitzt, die Wolken teilten und es rauschten blendende Schneeverwehungen mit einer so wilden und erschreckenden Wucht und Wirbel, dass meine Knie zusammengepresst wurden und ich in völliger Verzweiflung auf mein Gesicht fiel. Aber schau! Hatte der Himmel das Ungeheuer des Sturms erschlagen?

Der Schnee war blutrot.

Der Anblick ließ das Mark meiner Knochen gefrieren.

Ich rollte mich auf den Rücken, meine Sinne flohen, der Tod schien mich überwältigt zu haben.

Wie lange ich in dieser Benommenheit lag, weiß ich nicht, aber als ich erwachte, hatte der Sturm seine Wut verbraucht, die Sonne schickte ihre hellsten Strahlen herab, die Luft war angenehm kühl und belebend.

Langsam kehrte meine Kraft zu mir zurück, und ich tauchte aus meinem Versteck auf Händen und Füßen kriechend auf, denn ich war anfangs zu schwach, um aufrecht zu stehen. Doch nach und nach fasste ich Mut, und als ich spürte, wie mir das Blut in den Adern kribbelte, gab ich mir Mühe und stand auf.

Ja, meine schlimmsten Befürchtungen hatten sich bewahrheitet.

Kein einziges Lebewesen hatte den Sturm überlebt.

Als ich über den blutroten Schnee lief, brachte jeder Fußtritt höchst klägliche Seufzer und Stöhnen hervor.

"Welche furchtbare Warnung", dachte ich, "gibt mir dieses geheimnisvolle Murmeln? Welche Bedeutung haben dieses Schluchzen und Stöhnen, das unter dem Druck meiner Füße aus diesen karmesinroten Kristallen kommt? Gehe ich auf dem Blut meiner Vorfahren?"

Ich klammerte mich an die gefrorenen Laken und kroch langsam über das rot verkrustete Deck.

Aber Bleib!

Horch!

Spielen mir meine Ohren noch mehr fantastische Streiche?

Nein! Ich bin jetzt ganz und gar ich selbst, und so sicher, wie das Blut der Trumps durch meine Adern fließt, kam dieses Bellen von meinem treuen Hund!

"Bulger lebt! Bulger lebt! Ich rief mit dem Tonfall der höchsten Freude, und als ich mich aus dem Griff der Angst und Beklemmung löste, eilte ich kühn vorwärts und rief: "Ich komme, Bulger, ich komme! Mit rücksichtslosem Mut sprang ich von einem gefrorenen Brett zum anderen, bis ich auf dem Vierteldeck stand. Dort, auf der Luke, saß, oder besser gesagt, lag Bulger, denn sein Leben war fast ausgelöscht. Seine Zähne waren an den Riemen eines Rettungsringes befestigt, den er, stets auf meine Sicherheit bedacht, mir beim ersten Ausbruch des Sturms bringen wollte, als seine Heftigkeit ihn zwang, unter einer Wasserwanne Schutz zu suchen, wie seine Spuren im Schnee zeigten.

So schnell es meine versteiften Glieder zuließen, sprang ich nach vorn und warf mich auf die Knie in den purpurroten Schnee, - der unter dem Druck meines Körpers auf seiner blutroten Oberfläche ein herzzerreißendes Stöhnen und Seufzen ausstieß -, umklammerte Bulger in meinen Armen, und unser Freudengeschrei vermischte sich, - unsere Tränen flossen zusammen.

All mein Leid war in diesem Augenblick vergessen, denn Bulger lebte, sein Kopf war an meine Brust gepresst.

Der Wind war nun abgeflaut, die See war wieder ruhig geworden, und ich beschloss, das Wrack möglichst sofort zu verlassen, denn die untergehende Sonne offenbarte mir die Ufer eines wunderschönen Landes an der Mündung eines kleinen, aber äußerst malerischen Flusses, dessen Ufer reich an Palmen, Obstbäumen und blühenden Sträuchern waren.

Ich verlor keine Zeit, eines der Boote herunterzulassen, das glücklicherweise mit leichten Schäden davongekommen war, und da ich ein erfahrener Seemann bin, fiel es mir nicht schwer, eine Takelage anzubringen und zuerst Bulger und dann mich selbst in das Boot zu setzen und gemächlich ans Ufer zu paddeln.

Hier zog ich das Boot auf den Strand und rief dem treuen Bulger fröhlich zu, er solle mir folgen. Ich kletterte das Ufer hinauf und stieß kühn vor, um das schöne Land zu erkunden, auf das uns ein seltsames Schicksal geführt hatte.

Nun wurde ich mir zum ersten Mal des schrecklichen Hungers bewusst, der an meinen Lebensgrundlagen nagte - eine Tatsache, die mir bewies, dass ich mindestens zwei Tage, wenn nicht sogar länger, in einem bewusstlosen Zustand unter dem riesigen Kessel gelegen haben musste.

Bulger hob seine gütigen Augen zu mir, und dann rannte er zu einem der Obstbäume, lief um ihn herum und bellte vor Freude.

Ich schüttelte einen der Zweige, und die reifen Früchte fielen in Hülle und Fülle auf den Boden.

Ihr Geruch war so köstlich, dass ich, obwohl sie mir unbekannt war, nicht zögerte, sie in aller Freizügigkeit zu genießen, wobei Bulger meinem Beispiel folgte, was mich davon überzeugte, dass sie nicht anders als gesund sein konnte. Ein langer, tiefer Schluck aus einer klaren Quelle erfrischte uns beide sehr; aber als die Sonne rasch unterging und ich nun die Auswirkungen der Plackerei, der Anstrengung und der Müdigkeit infolge der schrecklichen Erfahrung des vergangenen Tages zu spüren begann, rief ich Bulger zu:

"Komm, lieber, treuer Gefährte, lass uns einen geeigneten Ort für die Nacht suchen; irgendeine Ecke, die durch weit ausladende Äste geschützt ist und wo es viele weiche Äste gibt, aus denen man ein Bett machen kann.

Da das Land ziemlich eben war, erblickte ich in einiger Entfernung einen Hain, und dorthin richteten wir unsere Schritte.

Es war nun ziemlich dunkel geworden. Wir beschleunigten unser Tempo, denn ich war ein zu umsichtiger Reisender, als dass ich mich dem nächtlichen Tau aussetzen wollte.

Als wir uns dem Hain näherten, schien auf einer Seite des Hains eine niedrige Mauer zu verlaufen.

"Hier entlang, Bulger", sagte ich, " diese lange Reihe von Felsblöcken wird uns vor den nächtlichen Winden schützen, falls sich welche erheben sollten. Kriechen wir unter seinen Rand und legen wir unsere müden Glieder auf das weiche Gras". Er blickte mit sanftem Blick auf und wedelte mit dem Schwanz zustimmend.

Als wir uns dicht unter den Wänden einiger der größten Felsbrocken einnisteten, an einer Stelle, wo sie eine Art geschützte Ecke bildeten, fielen wir bald in einen tiefen Schlaf, ich saß halb aufrecht und Bulger legte seinen Kopf auf meinen Schoß.

Im Laufe der Nacht wachte ich ein- oder zweimal auf und sah, dass meine Stirn mit Schweißperlen übersät war. Ich legte meine Hand auf Bulger; auch er war wach, und seine Zunge räkelte sich aus seinem Mund. Wir beide schienen von einem seltsamen Fieber befallen zu sein. Die schlimmsten Vorahnungen nahmen von mir Besitz. Waren wir an einem Ufer gelandet, an dem ein tödliches Miasma lauerte? Möglicherweise würden wir das Licht eines anderen Tages nicht mehr erleben. Es bedurfte all meiner Selbstbeherrschung, um solch schreckliche Gedanken aus meinem Kopf zu verbannen. Aber ich war so müde bis auf die Knochen, dass ich bald wieder einschlief, beruhigt durch das Beispiel, das mir Bulger gab. Es war jedoch ein unruhiger Schlummer, denn die Hitze unserer Körper war nun so groß geworden, dass sich der Boden, auf dem wir lagen, bei meiner Berührung warm anfühlte. Endlich, zu meiner Freude, erhaschte ich den ersten, schwachen Blick auf die Morgendämmerung. Ich war nun von Kopf bis Fuß in einem vollkommenen Lichtschein getaucht. Und Bulger war es auch. Plötzlich kam es mir in den Sinn, dass wir möglicherweise in einer vulkanischen Region gelegen haben könnten; dass unter unseren Köpfen vielleicht heftige unterirdische Feuer wüteten. Ich richtete mich auf und kniete nieder und legte meine beiden Hände auf den nächsten Felsbrocken. Stellen Sie sich mein Entsetzen vor, als ich spürte, dass seine Oberfläche nicht nur heiß war, sondern dass sie dem Druck meiner Hände nachgab und Stöhnen, Zischen und Rumpeln von sich gab. In einem Augenblick war ich wieder auf den Beinen. Bulger wartete nicht darauf, gerufen zu werden. Entschlossen, meinen Verdacht zu überprüfen, denn Zurückhaltung war immer ein vernünftiger Teil meiner Tapferkeit, eilte ich innerhalb des Kreises, in dem wir gelegen hatten, von einem Felsbrocken zum anderen und drückte meine Hände mit aller Kraft darauf. Überall um mich herum drangen tiefe, rumpelnde und zischende Geräusche aus dem Boden und schienen reaktionsfähige Rufe in der Ferne und in der Nähe zu wecken, als ob ein Riese, der sich im Schlaf wälzte, die Schläfrigkeit seiner Kameraden störte.

"Bulger!" rief ich: "Wir stehen auf dem Boden des Todes; dies ist nur die Außenwand eines Kraters, sie glüht vor unterirdischer Hitze; nur die kleinste Hülle - so dünn, dass sie meinem Druck nachgibt - steht zwischen uns und der Zerstörung. Los, lauf, lauf, treuer Hund!"

Die Morgensonne bricht nun mit einer Flut von goldenem Licht hervor.

So weit mein Auge reichte, erstreckte sich dieselbe felsenartige Brüstung und verschloss meinen Blick vor dem Abgrund, durch den der Vulkan nun sein flüssiges Feuer auszustoßen drohte; denn auf einmal begannen die Felsbrocken von einer Seite zur anderen zu schaukeln und gaben ein so schreckliches Grollen von sich, dass ich wusste, dass dem Ausbruch ein Erdbeben vorausgehen würde.

Eine schreckliche Angst ergriff mich; meine Beine bogen sich unter dem Gewicht meines Körpers wie Rohrkolben.

Bulger sah, dass sein geliebter Herr an den Boden gekettet war.

Er weigerte sich, mich im Stich zu lassen.

Die ganze Wand, so weit mein Auge reichte, zitterte und schaukelte nun und drohte uns jeden Augenblick zu verschlingen.

Mit einer gewaltigen Kraftanstrengung riss ich mich zusammen und schoss, gefolgt von Bulger, davon.

Das Ausmaß meines Entsetzens war nicht voll ausgeschöpft.

Mit schrecklichem Rumpeln, Glucksen, Zischen und Stöhnen tanzte nun die ganze Reihe von Felsen in heftiger Erregung, und dann, wie so viele riesige Bälle, die von gigantischen Ungeheuern im Spiel gerollt wurden, trieben diese Felsbrocken, die durch den Ausbruch des Vulkans - wie ich vermutete - mit furchtbarer Gewalt hinter unseren zurückweichenden Gestalten hernieder und drohten uns mit einem schrecklichen Tod.

Bulger, der immer und überall an meiner Seite lief, schickte ein trauriges Wimmern aus, als wolle er mir einen endgültigen Abschied gönnen.

"Beeile dich, Bulger! Schneller, schneller, guter Bulger!" rief ich ihm zu, während das Dröhnen und Rumpeln der vorrückenden Mauer immer lauter wurde.

Nun schien jeder einzelne Felsbrocken von einer geheimnisvollen eigenen Kraft auf seinen Kurs getrieben.

Als ich über meine Schulter blickte, konnte ich sehen, dass sie an Geschwindigkeit zunahmen, sie sprangen, hüpften mal im Gänsemarsch, dann wieder zu dritt, während das schreckliche und unheimliche Tosen und Rumpeln immer weiter zunahm.

Sie holten auf.

Meine Beine drohten erneut, sich unter dem Gewicht meines Körpers zu verrenken und ihn in den sicheren und schrecklichen Tod zu stürzen, als mir ein letzter Blick die schreckliche Wahrheit offenbarte.

"Bulger! Sie sind lebendig!"

Ein scharfes, verzweifeltes Aufjaulen kam von meinem armen Hund.

"Sie leben, sage ich euch! Irgendeine Legion von Ungeheuern, Teufel, was weiß ich, entkam aus den Tiefen des Tartaros in der Absicht, uns zu überrollen und das Leben aus unseren mickrigen Körpern zu zerquetschen!"

Wieder verdoppelten wir unsere Anstrengungen.

"Um dein Leben, Bulger!" Ich keuchte: "Um dein Leben! Sieh mal, der Wald, der Wald!"

Er begriff, was ich meinte, und bellte mich mit einem scharfen, ermutigenden Bellen an.

Aber nein, es war nutzlos.

Meine Kraft war bis zu seinem letzten armseligen Aufbäumen verbraucht.

Vor meinen Augen wurde es dunkel.

Eine lähmende Angst erfasste mein Herz.

Meine Glieder versteiften sich.

Ich warf einen letzten Blick auf Bulger.

Er antwortete mir mit einem Blick zärtlichster Zuneigung, und dann stolperten wir beide, taumelten, strauchelten, fielen kopfüber, Seite an Seite, während scheinbar zehntausend lebende Felsbrocken mit schrecklichen Schreien, Stöhnen und gurgelnden Geräuschen einen Augenblick lang wie ein Schatten über uns hingen, und alles war schwarz wie die Nacht.

Ich fühlte, wie meine vorspringende Stirn in die Erde gedrückt wurde und das letzte bisschen Leben aus mir herausquetschte.

Zeichnung 29: Bulger und meine wilde Flucht, als ich von den Rundkörpern verfolgt wurde.

Mein letzter Gedanke war:

"Bulger! Oh, Bulger! Was für ein schrecklicher Tod! Aber oh, was für eine gütige Vorsehung, uns gemeinsam sterben zu lassen!"

"Steh auf! Verkümmertes, unförmiges Ding! Erhebe dich! Du Oblatenmann, du Scheibe Menschlichkeit mit gespaltenem Zacken!"

Es waren nicht so sehr die donnernden Töne dieses seltsamen, menschlichen Ungeheuers, die mich dazu brachten, kerzengerade zu sitzen, mir die Augen zu reiben und mich übermenschlich zu bemühen, meine erbärmlich zerstreuten Sinne zu sammeln, sondern es waren die Liebkosungen meines treuen Bulgers, der von einer Seite zu meiner anderen lief, Küsse auf Gesicht und Hände drückte und jämmerlich wimmerte.

Nach hartem Kampf wurden die Schatten von meinen Augen gelöst. Mein Herz senkte sich in mir beim Anblick dieser Mauer aus lebenden Felsbrocken, die uns umgab, mit ihren grimmigen Gesichtern, die sich halb verwundert, halb wütend über die zwei komischen Wesen drehten, die einander so gänzlich fremd waren verglichen mit sich selbst.Aber Liebe ist immer stärker als Angst.

Ich streckte meine Arme aus und zog Bulger dicht an meine Brust und schrie:

"Oh, Bulger! Lebe ich wirklich? Bin ich nicht immer noch das Objekt der sportlichen Bosheit irgendeines Dämons?"

Beim Klang meiner Stimme brachen die rundlichen Ungeheuer in einen abscheulichen Chor tiefen, rumpelnden Lachens aus, während ihre Körper von einer Seite zur anderen rollten.

Dann, als sie sich wild vorwärts drängten, mit heftigen Ausbrüchen von Wut oder Ungeduld, schien es, als wären Bulger und ich nur vor einem Tod gerettet worden, um einem anderen gegenübergestellt zu werden.

"Ach! gibt es keine Macht", dachte ich, "um uns vor der wütenden Ungeduld dieser rücksichtslosen Monster zu retten"?

Plötzlich ertönte eine schreckliche Stimme laut über dem Lärm:

"Rückwärts rollen, runde Körper! Was soll diese ungebührliche Ungeduld in der Gegenwart Eures Königs?"

In einem Augenblick rollten die Rundkörper-Monster lautlos rückwärts.

Alles war wieder ruhig.

Der König drehte sich zu seinem Nebenmann um und rief mit einem gurgelnden Lachen aus:

"Bei meinem königlichen Umfang ist die Stimme des Dings so gewaltig wie eine der Spielzeugpfeifen unseres kleinen Prinzen!

"'Des Dings?'" Sein?'" wiederholte ich, wobei Feuer aus den erhobenen Augen blitzte. "Wisset, Sir Monster, ich bin kein 'Ding', sondern ein vollkommener Mann, ein Baron von Geburt, ein Gelehrter von Beruf, ein Reisender aus freien Stücken."

Bei diesem Ausbruch meinerseits schallte aus der Menge der lebenden Kugeln erneut ein tiefes, dumpfes Lachen.

"Schweig!", befahl der König, und dann fuhr er fort: "So, so, so, Baron, - was auch immer das sein mag - aber ich glaube, ich sollte 'kleiner Baron' sagen, denn bei meiner königlichen Rundung bist du ein kleines, mickriges Wesen! Lass es sein, wie du sagst, aber sag mir, ich flehe dich an, was ist diese wandelnde Kiste auf vier Beinen, welche die Natur unvollendet gelassen zu haben scheint?"

Und so sprach er, hob seine schreckliche Hand mit Fingern, die stark genug waren, um mich zu zerquetschen, als wäre ich ein Wattebäuschchen, und winkte Bulger zu.

Dieses verächtliche Hohngelächter ist Bulger nicht entgangen.

Er brach in ein scharfes, wütendes Bellen aus und zeigte seine weißen Zähne auf die bedrohlichste Weise.

Daraufhin rollten die Monster in spöttischem Schrecken und Bestürzung zurück und schrien:

"Der König! Der König! Rettet den König! Die wandelnde Kiste ist mit Sprengstoff gefüllt; sie könnte in Stücke fliegen!"

Als der Tumult vorbei war und der König Schweigen befohlen hatte, trat ich mutig vor und rief aus:

"Unvollendet! Was meint Ihr damit, Ihr kugelförmiges Monster?"

Der Begriff "kugelförmig" schien seiner Majestät sehr gut zu gefallen.

Ein großes, runzliges Lächeln überzog sein riesiges Antlitz.

"Gemein?" verkündete er mit einem tiefen, glucksenden, kichernden Lachen. "Gemein? warum, kleiner Baron - was immer das sein mag - sieh selbst. Hat die Natur nicht an einem Ende der Schachtel nutzlose Klappen und am anderen Ende ein noch nutzloseres Stück Seil herabhängen lassen?

Diese beleidigende Anspielung auf die Ohren und den Schwanz Bulgers schien von diesem vollkommen verstanden zu werden, denn er strotzt vor Wut und stürzte sich auf das kugelrunde Monster, schnappte, knurrte und zeigte seine Zähne. Daraufhin brach erneut ein tiefes, rumpelndes Lachen aus, und der Schrei "Rettet den König! Rettet den König!" erhob sich in vorgetäuschter Ernsthaftigkeit.

Nachdem es mir gelungen war, Bulgers Zorn durch ein paar liebevolle Worte und zärtliche Streicheleinheiten zu besänftigen, beschloss ich mich nach unserem Verbleib zu erkundigen und herauszufinden, wer die seltsamen Wesen waren, unter denen das kapriziöse Schicksal Bulger und mich so kurzerhand in seine Gewalt hatte bringen lassen.

"Wo sind wir, kugelförmiger Riese?" Ich fragte mit meiner stärksten Stimme: "Und wer bist du?"

Wieder schraubte das Monster sein ledernes Gesicht mit einem tiefen, faltigen Lächeln nach oben. Der Grund für seinen guten Willen ergab sich, wie ich später erfuhr, aus der Tatsache, dass ich die Begriffe "Kugel", "rund", "kugelförmig" usw. vergeben hatte, verliehen hatte, denn es schien, dass diese wunderbar geformten Wesen in ihrer Rundheit äußerst eitel waren, und dass man ihnen nichts gefälliger und schmeichelhafteres sagen konnte, als sich solcher Wörter und Ausdrücke wie " Ball", " Sphäre", " Rundkörper", "kugelförmig", usw. zu bedienen. Dass in ihrem Land die höchsten Würden, Ehrungen und Adelstitel denjenigen verliehen wurden, deren Körper die vollkommenste Rundheit aufwies; dass in dem Maße, in dem der

Körper von der Form einer wahren Sphäre abweicht, wird er erniedrigt und von der Gesellschaft ausgeschlossen.

Solch erbärmlichen Untertanen übertrug der König die Ausführung aller niederen Arbeiten. Sie waren die " Vierkante" oder Ausgestoßenen, die jeder ungestraft beleidigen oder sogar versklaven konnte. Die Reicheren waren manchmal in der Lage, ihre Missbildung durch Polsterungen zu verbergen und auf diese Weise ihre ungleichmäßige Bewegung beim Rollen vor den scharfen Augen des Königs zu verbergen; aber die Armen zogen durch ihre Unfähigkeit, ihre körperlichen Defekte zu korrigieren, sofort die Aufmerksamkeit des Königs auf sich, wenn er sein Volk vor sich auf- und abrollen ließ, während er nach "Wackelkindern" oder ungleichmäßigen Rollern Ausschau hielt.

"Nun, kleiner Baron - was auch immer das sein mag", antwortete der König, "oder soll ich dich Waffelmann mit gespaltenen Kanten nennen? Wisse also, dass ich König Bôgôôô-gôôô bin, der Monarch der Rundkörper; dass dies einige meiner Untertanen sind.

"Wisse ferner, kleiner Baron - was auch immer das sein mag -, dass diese Insel mein Königreich ist, in dem niemand außer mir herrscht, und dass, wenn es meiner Königstochter Rōlâ-Bōlâ nicht gefällt, dich und deinen Diener, die wandelnde Kiste mit Schnur und Klappen als Kuriositäten zu ihrer Belustigung zu behalten, du und dein Gefährte bei Sonnenuntergang sterben werden, Kleiner Baron - was auch immer das sein mag - es ist mein königlicher Wille, und so war es der meines Vaters und seines Vaters und so vor tausend Jahren, dass kein lebendes Geschöpf einen Fuß auf die Ufer meines Reiches setzen und nicht für seine Kühnheit bezahlen soll, indem es zu Tode gequetscht, buchstäblich in die Erde gedrückt wird, bis es ein Teil davon wird! ”

Bulger schien den Sinn dieser heftigen Rede zu begreifen, die in donnernden Tönen vorgetragen wurde, begleitet von schrecklichen Verzerrungen des großen, runden Gesichts des Redners, das wie die purpurne Scheibe einer tropischen Sonne am westlichen Himmel flammte, gefolgt von einem Ausbruch von Grunzen, Stöhnen und Glucksen der versammelten Rundkörper; und trotz seines angeborenen Mutes fiel ihm der Schwanz zwischen die Beine und er schlich mit einem tiefen, ängstlichen Wimmern näher zu mir.

Aber als der gute Bulger den ruhigen Ausdruck meines Gesichts sah, erholte er sich schnell wieder; sein Schwanz nahm seine anmutige Wölbung wieder auf, und als ich König Bô-gôô-gôô mit einem unerschütterlichen Äußeren gegenüberstand, um auf dessen schreckliche Drohung zu antworten, stellte sich auch Bulger mit trotziger Haltung an meine Seite.

"Gnädigste Sphäre! Königlichster Globus! Rundester Monarch der großen, runden Welt! wahrhaftig, ich habe einen Fuß auf die Ufer deines Reiches gesetzt, aber es war nicht, höchst majestätische Sphärizität, durch freie Entscheidung. Ein furchtbarer Sturm, in dem die sich bekriegenden Elemente auf die Zerstörung des Universums gerichtet schienen, während der große Ozean sich gegen die Wände des Himmels schleuderte, als wolle er die Sterne selbst herausschlagen, während der großmäulige Sturm auf diese kleine Erde herabstürzte, scheinbar mit der Absicht, sie und alles, was sie enthielt, zu verschlingen?

Ich konnte nicht weiter sprechen.

Die Rundkörper stürmten auf mich ein, mit solch düsteren Stöhnen und Schreien, dass ich wie angewurzelt auf der Erde stand.

"Ah!", dachte ich, "auch sie spürten die schrecklichen Schläge jenes Sturmdämons, der mir und Bulger beinahe das Leben aus meinem und aus Bulgers Körper herausgeschlagen hätte!

Ich winkte mit meiner Hand als Zeichen des Schweigens

und fuhr fort:

"Ich beuge mich vor dem Willen Eurer kugelförmigen Majestät, was immer es sein mag! Gleichzeitig möchte ich Eure kaiserliche Rundheit auf die Tatsache aufmerksam machen, dass in den Rechtssystemen aller Nationen der Welt ein Mensch nicht für eine Handlung verantwortlich gemacht werden kann, die ihm von einer Macht oder Kraft aufgezwungen wird, die größer ist als seine eigene.

Ich sah, dass meine Schmeicheleien König Bô-gôô-gôô verunsicherten, und so fuhr ich fort, das gleiche Mittel noch einmal anzuwenden:

"Doch, königlicher Globus und vollkommene Sphäre der Stärke und Schönheit, wenn Ihr in eurer großen Weisheit beschließt, dass wir sterben müssen, zermalmt unter dem Gewicht der Körper Eures Volkes, dann soll es so sein! Großer kugelförmiger Monarch, ich bin nur ein Fetzen Menschlichkeit, und wie kann ich es wagen, mich dem Willen Eurer rechten königlichen Sphäre zu widersetzen?

König Bô-gôô-gôô lächelte, bis man seine riesigen Doppelzähne in seinem höhlenartigen Mund glitzern sah, wie weiße Felsen in einer halb erleuchteten Grube, und sein Körper schwankte in seiner gigantischen Fröhlichkeit von einer Seite zur anderen.

"Schickt nach der königlichen Prinzessin!", brüllte er.

In wenigen Sekunden rollte als Antwort auf seinen Befehl ein Rundkörper mit der Schnelligkeit des Windes über die Ebene.

Die Menge der Gefolgsleute zog sich zurück, und der Neuankömmling stoppte seine Flugbahn an der Seite von König Bô-gôô-gôô.

Ich konnte nicht erkennen, dass sie etwas schöner war als die um sie herum, obwohl sie eine königliche Prinzessin war.

Ihr Gesicht war etwas weniger abstoßend, und unter einem langen und dichten Haarkranz von Wimpern sah ich ein Paar gutmütiger, schelmischer Augen, und meine perfekte Kenntnis der menschlichen und animalischen Natur sagte mir auf einen Blick, dass Bulger und ich in Sicherheit wären, wenn ich nur den guten Willen dieses seltsamen Wesens gewinnen könnte!

"Mein lieber, kleiner, runder Papa", rief Rōlâ-Bōlâ - denn so lautete ihr Name: "Woher kamen diese komischen Dinge? Sind sie wirklich lebendig? Werden sie nicht beißen oder stechen? Was essen sie? In was soll ich sie aufbewahren? Werdet Ihr mir einen Käfig für sie machen? Oh, ich bin so, so, so, so, so, so, so, so, so, so, so, so, so, so froh", und sie hüpfte herum, jetzt hierhin, jetzt dorthin, jetzt dahin, jetzt in die Luft wie ein animierter Gummiball, die ganze Zeit trommelnd wie ein Wachtelhuhn.

Schaut uns also an, Bulger und mich, Gefangene im Land der Rundkörper, mit der Prinzessin Rōlâ-Bōlâ als Hüterin!

Die Hoffnung ist in unseren armen Herzen erloschen.

Ich habe es nicht gewagt, ein Wort gegen den Willen von König Bô-gôô-gôô oder gegen die Willkür von Rōlâ-Bōlâ zu sagen, damit der Befehl nicht widerrufen wird.

Zumindest würden wir in der Obhut der Prinzessin Rōlâ-Bōlâ eher eine sanfte Behandlung erfahren, und, was fast schon eine Frage von Leben und Tod war, so sollten wir große Chancen haben, von der Insel des Königs Bô-gôôô-gôôô zu entkommen.

Uns wurde befohlen, der Prinzessin zu folgen.

Als Bulger und ich hinter Rōlâ-Bōlâ mit flottem Schritt aufbrachen, rissen die Wolken recht schnell auf, so groß war der Lachschrei, den die Rundkörper nach oben schickten.

Anscheinend war ihnen bis zu diesem Augenblick nicht in den Sinn gekommen, wie lächerlich anders unsere Art der Fortbewegung sich von ihrer unterschied.

"Seht! Seht! Oh, König", riefen sie, "er kann weder rollen

noch hüpfen! Sehen Sie, wie er dahinschleicht und sich erst auf einen Fuß und dann auf den anderen stützt! Er geht auf seinen Zehennägeln! Beachten Sie auch seinen Gefährten! Was für Ungeheuer von Ungeschicklichkeit! Wie sie schaukeln und wackeln! Warum springt er nicht? Warum hämmert er auf die Erde, als schlage er auf Flachs?"

Zu all diesem Spott und Hohn schalteten Bulger und ich auf taube Ohren und folgten unserer Herrin, die immer und immer wieder ihre weichen, schwarzen, schelmischen Augen ermutigend auf uns richtete, als ihr Kopf in die Höhe strebte.

Stellen Sie sich unsere Überraschung vor, als Rōlâ-Bōlâ am Anfang eines Pfades mit sanftem Abstieg anhielt und sagte:

"Dies ist der Eingang zur königlichen Behausung. Folgt mir und fürchtet nichts."

In wenigen Augenblicken fanden wir uns im Außenraum einer riesigen unterirdischen Behausung wieder, die aus Korridoren, Kammern, Schlafsälen, Bankettsälen und Arenen besteht.

Alle Wohnungen der Rundkörper sind unterirdisch.

Und warum?

Das werdet Ihr bald wissen.

Bulger und ich wurden in ein sehr angenehmes, gut beleuchtetes Quartier geführt, so wie alle Räume des Palastes, mittels riesiger Bergkristallplatten, deren Dach aus einem "Quadrat" oder "lôb-bô", wie er in der Sprache der Rundkörper genannt wird, besteht, d.h. einer nicht vollkommen runden Form, und somit zur Position des Dieners degradiert wurde. Zweifellos ist der Leser schon lange vorher ungeduldig über mein Schweigen zu den seltsamen Wesen geworden, unter denen Bulger und ich uns jetzt als Gefangene wiederfinden.

Wer waren die Rundkörper?

Wisse also, lieber Leser, dass sie - merke dir meine Worte gut, sie waren die einzigen Lebewesen auf der Insel Gô-gûlâh, auf die uns ein ungewöhnliches Schicksal geworfen hatte. Ob jemals andere Wesen die Insel bewohnt hatten, war ihnen unbekannt.

Als ich mit ihren Gelehrten sprach, stellte ich fest, dass es unter ihnen eine Legende gab - trübe und schemenhaft in ihren Einzelheiten, von der langen Reise durch die Jahrhunderte, die sie hinter sich gebracht hatte -, dass sie vor vielen tausend Jahren ganz wie Menschen gewesen waren, die aufrecht gehen, mit Körpern, die fast, wenn nicht sogar ganz so lang wie meine waren; aber dass durch das ständige Wiederaufflammen schrecklicher Stürme, von Wind, Regen, Hagel und Schnee, begleitet von ohrenbetäubenden Donnerschlägen, wie ich sie erlebt hatte, die zwölfmal im Jahr über die Insel fegten und mit einer ebenso erstaunlichen Regelmäßigkeit, wie ihre Kraft gewaltig ist, kam und ging, alles Aufrechte schon vor langer Zeit vom Land gefegt worden war; dass ihre Vorfahren, den unwiderstehlichen Kräften der Natur nachgebend, ihre Körper vor diesen unwiderstehlichen Winden allmählich gebeugt hatten, bis selbst die Zeit, in der sie aufrecht gingen, vergessen war.

Dies war nur die erste Veränderung, die durch die Kräfte, die sie umgaben, herbeigeführt wurde. Als sie von diesen wilden Winden überholt wurden, lernten sie bald, dass ihre einzige Sicherheit darin bestand, sich so weit wie möglich zu Kugeln zusammenzurollen, so dass der Tornado sie nicht mehr aufheben und in die Vernichtung schleudern konnte.

Nun zeichnete sich ein weiterer Wandel ab.

Ihre Körper nahmen im Laufe der Jahrhunderte, nach und nach, die runde Form an, die sie seither hatten.

Noch immer klammerten sie sich an die verzweifelte Chan-

ce auf Leben auf diesen sturmgepeitschten Ebenen, zogen den Kopf nach unten und drückten ihre Gliedmaßen ein, bis diese Aussparungen für sie gemacht waren, so wie manche Schildkröten ihre Beine so nah an den Körper ziehen, dass das Auge nicht einmal die Umrisse der Gliedmaßen erkennen kann.

Die letzte Veränderung, die über diese kugelförmigen Menschen kam, war eine ganz natürliche: Ihre Arme entwickelten eine größere übermenschliche Kraft, während ihre Beine immer kürzer wurden, bis sie aus kaum mehr als zwei breiten, biegsamen Füßen bestanden, die sie hauptsächlich dazu nutzten, ihre runden Körper wie riesige Bälle über die weiten Ebenen ihrer Heimatinsel zu treiben.

Nun fürchten sie zwar immer noch die schrecklichen Explosionen, doch ist es eher eine vererbte Furcht, denn endlich sind sie die wahren Kinder des Sturms geworden.

Sollte er zufällig in Richtung ihrer Heimat wehen, lassen sie sich einfach von ihm auf ihrem Weg helfen, indem er sie über die Ebene rollt. Zwar wurde hin und wieder ein lôb-bô oder quasi ein "quadratischer" Rundkörper in den Ozean geweht, doch fast ein Jahrhundert lang war kein einziger echter Rundkörper von der erbarmungslosen Druckwelle erfasst worden. Ebenso gut könnte der Wind versuchen, die runden Steine des Meeresstrandes aufzusammeln.

Eines der Dinge, die im Palast von König Bô-gôô-gôô schon früh meine Aufmerksamkeit erregten, waren die Behänge, scheinbar aus dem weichsten Leder, gearbeitet in Mosaikmustern von transzendenter Schönheit.

Stellen Sie sich meine Überraschung vor, als ich von der sanften Prinzessin Rōlâ-Bōlâ erfuhr, dass es sich dabei einfach um die natürlichen Blätter der verschiedenen auf der Insel wachsenden Bäume handelte, die von Farbstoffen oder Flecken jeglicher Art unberührt sind.

Sie waren so zäh, dass meine Kraft nicht ausreicht, um eines davon in zwei Teile zu zerreißen.

Als die sanfte Rōlâ-Bōlâ bemerkte, dass sich meine weit geöffneten Augen fragend nach ihr umdrehten, schrie sie mit einem leisen, gedämpften Glucksen auf:

"Geh in den königlichen Garten, Tôô-tôô-lō; das heißt, kleiner 'Flötenmann', und sieh selbst."

Nun lernte ich zum ersten Mal das Geheimnis der Anwesenheit so schöner Bäume und Sträucher auf diesem vom Sturm verwehten Land kennen. Jedes Blatt war so dick und stark wie Leder, und die Stämme und Äste hatten genau die Beschaffenheit von Kautschuk, so dass ich mit einem kleinen Stückchen, das ich in einer meiner Taschen mit nach Hause brachte, Bleistiftmarkierungen mit größter Leichtigkeit ausradieren konnte.

Für ein solches Blattwerk wie dieses hatte ein Tornado keine Schrecken.

Als der Sturm diese Bäume traf, gingen sie zu Boden, bis er seine Wut verbraucht hatte. In wenigen Stunden hob die tropische Sonne sie wieder an, und die Schönheit ihres Laubes blieb ganz unversehrt.

Um bei der armen Prinzessin Rōlâ-Bōlâ zu bleiben:

Bulger begann, sich unter der Anspannung unserer Gefangenschaft Sorgen zu machen.

Ich war ständig auf der Suche nach einer Chance zur Flucht, aber keine bot sich mir. Tatsächlich waren wir - so begann ich zu befürchten - Gefangene auf Lebenszeit.

Es war in der Tat eine angenehme Gefangenschaft, denn die sanfte Rōlâ-Bōlâ hatte uns mit ihrem delikaten Festmahl fast umgebracht, und unsere einzige Mühe bestand darin, zu ihrer Belustigung zu tanzen, zu singen und zu kaprizieren.

Tag und Nacht wurde das einzige Tor der königlichen Wohnstätte von einer dreifachen Reihe runder Wächter bewacht, die so grimmig dreinblickten und so mächtige Hände hatten, dass mir beim Anblick der Wächter schlecht wurde.

Zu meiner Verzweiflung kam nun noch eine Entdeckung, die mein Schicksal für immer zu besiegeln schien - die Prinzessin Rōlâ-Bōlâ war in mich verliebt!

Was mir zunächst nur wie ein spielerischer Streich erschien, nämlich dass sie mir immer wieder in den kleinen Zeh zwickte, hatte, wie mir beiläufig von einem der gelehrten Rundkörper im Laufe eines Gesprächs mit ihm mitgeteilt wurde, eine schreckliche Bedeutung.

Es war eine feierliche Liebeserklärung!

Oh! Ich armer Tropf!

Und auch eine Ankündigung, die, da sie von einer Frau an einen Mann gerichtet war, mit Sicherheit, zweifellos, den unvermeidlichen Tod bedeutet, wenn man sie ignoriert!

Und doch könnte ich gerettet werden!

Denn der durch die Befolgung langer Zeiträume geheiligte Brauch verlangte vom Mann, die Frau zu verfolgen, die vorgab, sich vor ihm zu fürchten und äußerst bemüht zu sein, ihm zu entkommen, und, während er sich mit der gleichen Geschwindigkeit wie sie drehte, im Gegenzug ihren kleinen Zeh zu kneifen.

Damit war die Angelegenheit beendet.

Das Paar war nun verlobt.

Es lag nicht in der Macht des Menschen, stärkere Verbote zu erlassen.

Wenn der Mann nur einen Zwick gab, wurde die Hochzeit am nächsten Tag gefeiert; wenn zwei, am zweiten Tag danach und so weiter.

Aber ich war kein Rundkörper!

Wie konnte ich dem alten Brauch des Landes nachkommen?

Ah! Weiber! Weiber! Es spielt keine Rolle, ob du zu den Rundkörpern oder zu den Langkörpern gehörst, in Herzensangelegenheiten übertrifft dein Einfallsreichtum und deine Subtilität die Philosophie des Mannes!

Als der Prinzessin Rōlâ-Bōlâ mitgeteilt wurde, dass die königlichen Berater nach reiflicher Überlegung zu dem Schluss gekommen waren, dass die Gesetze des Landes, die durch die Einhaltung von Jahrhunderten geheiligt wurden, jede von ihr in Betracht gezogene Vereinigung verbieten, stürzte sie sich in eine gewaltige, oder besser gesagt, ich sollte es eher als begrenzende Leidenschaft bezeichnen, denn von einem Ende ihres geräumigen Salons zum anderen, seitlich und der Länge nach, hüpfte sie herum wie ein großer Ball, der unter dem Spiel eines unsichtbaren Schlägers hüpft.

Abwechselnd weinte, lachte, schimpfte und drohte sie.

Aber es machte keinen Unterschied, wie sie ihre Tiraden begann, sie endeten alle gleich:

"Ich sage, ich werde Tôô-tôô-lō heiraten!"

König Bô-gôô-gôô, der seine Tochter besänftigen wollte, schickte ihr Boten mit den schönsten Geschenken; aber sie empfing sie mit Verachtung und warf sie auf den Boden.

Die Dinge gingen mehrere Tage lang so weiter.

König Bô-gôô-gôô war entsetzt, als er feststellte, dass die Prinzessin achtundvierzig Stunden lang nichts gegessen hatte und dass sie tatsächlich ihre schöne runde Form verlor, für die sie zu Recht berühmt gewesen war.

Bulger sah deutlich, dass etwas Schreckliches vor sich ging, und auch er regte sich so auf, dass er sich weigerte zu essen oder zu trinken.

Ich verbrachte die meiste Zeit damit, von seinem Zimmer zu dem der Prinzessin Rōlâ-Bōlâ zu gehen und versuchte, sie zu überreden, etwas zu essen zu nehmen.

Aber alles vergeblich.

Eines Morgens begegnete mir die Tochter des Königs mit Demonstrationen der wildesten Freude, lachte, sang, sprang und wälzte sich wie verrückt herum. Sie war so außer sich, dass sie, ihr großes Gewicht und meinen kümmerlichen Körperbau vergessend, gegen mich rollte und mich wie einen kleinen Kegel, der von einer monströsen Kugel getroffen wurde, fliegen ließ.

Nach der tatsächlichen Messung wurde ich dreißig Meter weit geschleudert, stieß aber glücklicherweise gegen einen schweren Vorhang, der meinen Sturz abfing.

Bulger heulte kläglich auf.

Er schien auf den Gedanken gekommen zu sein, dass Rōlâ-Bōlâ mich absichtlich geschlagen hatte.

Nun, mit einem Wort, der Grund für diese hektische Freude war einfach dies: Die Prinzessin hatte endlich eine Lösung für das schreckliche Problem gefunden, das ihren Verstand wochenlang gequält hatte.

Kurz gefasst lautete sie wie folgt: "Die Prinzessin hatte endlich eine Lösung gefunden:

Ich sollte in die Zweige eines Baumes gesetzt werden, gerade hoch genug über ihren Körper. Dann sollte sie sich unter mich rollen, und im richtigen Moment sollte ich mich nach unten lehnen und ihren kleinen Zeh kneifen, wenn er nach oben zeigte.

Vergeblich versicherte ich ihr, dass mir schwindelig werden und ich kopfüber zu Boden fallen und mir den Hals brechen oder zumindest ausrenken würde.

Aber nein, ich brauche keine Angst zu haben.

Sie würde über mich wachen.

Sie würde sich umdrehen und mich rechtzeitig auffangen.

Sofort wurden die königlichen Berater zusammengerufen.

Der Plan der Prinzessin Rōlâ-Bōlâ wurde ihnen vorgelegt.

Zuerst stimmten sie ein tiefes und ominöses Grollen der

Uneinigkeit an.

Aber die Boten von Rōlâ-Bōlâ waren mit den kostspieligsten Geschenken zur Hand, und alles endete damit, dass sie einen fast ähnlichen Fall in ihren Büchern fanden, in dem ein verwundeter Prinz, der keinen Zentimeter rollen konnte, auf ein erhöhtes Podest gestellt worden war, damit seine rundliche Liebste unter ihm hindurchgehen konnte und er ihren kleinen Zeh kneifen konnte, während er sich am höchsten Punkt vom Boden aus in der Luft befand.

Da ich sah, dass es zwecklos war, weiteren Widerstand zu leisten, unterwarf ich mich nun mit Wohlwollen, denn es war mir klar, dass ich, sobald ich der Ehemann der Prinzessin Rōlâ-Bōlâ war, in gewissem Maße ein Teil der Familie werden und größere Freiheit erhalten würde, durch die ich zuversichtlich hoffte, aus dem Land der Rundkörper fliehen zu können.

Die Vorbereitungen für die Eheschließung wurden nun mit außerordentlicher Eile in Angriff genommen, um für den ersten Festtag im Kalender alles bereit zu haben.

Als die Zeit näher rückte, verlor ich jedoch etwas den Mut.

"War ich nicht", fragte ich mich, "nur dabei behilflich, meine eigenen Fesseln zu schmieden und mir Ketten um den Hals zu legen, die es Bulger und mir unmöglich machen würden, unser geliebtes Heim jemals wieder zu sehen?"

Ich wurde sehr nervös und fand es unmöglich, auch nur einen Augenblick zu schlafen.

Endlich beschloss ich, mein Schicksal zumindest für einige Tage aufzuschieben.

Und das war mein Plan:-

Ich sollte der schönen Rōlâ-Bōlâ erklären, wie völlig unmöglich es für mich wäre, in meiner Angst und Furcht meinen Daumen und Finger überhaupt auf ihren kleinen Zeh zu bekommen, da sie sich schnell unter mir drehte.

Ich möchte sie daher bitten, sich sehr langsam zu drehen.

Und dann würde mein Plan sein, ihren Fuß zu ergreifen, ihn festzuhalten und die kleine Zehe mindestens ein paar Mal zu kneifen!

Jedes Kneifen wäre ein klarer Gewinn von einem Tag!

Endlich brach unser Hochzeitstag an.

Der Wein des Königs wurde mit großzügiger Hand an das Volk verteilt.

Heiterkeit und Fröhlichkeit erklangen von allen Seiten.

Der Himmel war eine einzige riesige Fläche von wolkenlosem Blau.

Die blühenden Sträucher verströmten die herrlichsten Wohlgerüche.

Die Luft war herrlich mild.

Das malerische Blattwerk hing in anmutigen Girlanden, unbewegt selbst von einem Lufthauch.

Zu seinem offensichtlichen Abscheu war Bulger mit einer Halskette aus Blattmosaik von feinster Verarbeitung geschmückt.

Hätte ich ihn nicht mit einem Kopfschütteln getadelt, hätte er diese nutzlose Zierde schnell abgeschüttelt.

Riesige Scharen der Rundkörper bedeckten die Ebene, so weit das Auge reichte.

Kinder rollten in Truppen hinter ihren Eltern her, wie Murmeln, die eine Kanonenkugel hinterherjagen.

Manchmal beobachtete ich, dass die Mütter, um ihre Kleinen zu amüsieren oder eine Diskussion, die unter ihnen ausgebrochen war, zu unterdrücken, am Wegesrand anhielten und drei oder vier von ihnen auffingen, sie in die Luft warfen, wie ein Jongleur seine Bälle, wobei sie manchmal drei oder mehr von ihnen in der Luft und einen in jeder Hand hielten.

Es war ein seltsamer Anblick, der mich so sehr amüsierte, dass ich darauf bestand, den Hochzeitszug anzuhalten, um ihn genauer beobachten zu können.

Aber die schöne Rōlâ-Bōlâ war sehr ungeduldig und schimpfte ungemessen über meinen Mangel an Würde.

In der Tat bemerkte ich nun einen sehr offensichtlichen Wunsch der Verantwortlichen für die Hochzeitsvorbereitungen, die Dinge zu beschleunigen.

König Bô-gôô-gôô richtete immer wieder einen besorgten Blick auf den Horizont.

Und dann folgte eine geflüsterte Beratung mit den Wahrsagern und Zauberern.

Seht mich endlich auf meinem Schafott, hatte ich fast gesagt - so schien es zu sein.

Ein schreckliches, sich zusammenziehendes Gefühl ergreift mein Herz.

Die Luft schien zu schwer zum Atmen.

Ich keuchte wie ein Fisch, der auf das trockene Land geworfen wurde.

"Lasst die Hochzeitszeremonie sofort beginnen, und zwar schnell!", brüllte Bô-gôô-gôô.

"Mach dich bereit, Tôô-tôô-lō!", rief einer der königlichen Ratsherren.

Ich drehte mich um, um die Menge zu begutachten, und dann warf ich mich auf die Plattform nieder, unter der die Prinzessin Rōlâ-Bōlâ hindurchgehen sollte.

"Sie hat angefangen! Sie kommt wie der Wind! Sie ist hier!" So lauteten die Schreie, die aus der riesigen Menge aufstiegen.

Mit Kopf und Schultern durch die Öffnung in der Plattform gesteckt, erwartete ich meine Braut mit angehaltenem Atem und klopfendem Herzen.

Stellen Sie sich meine Verwunderung vor, als ich sah, wie sie unter mir aufblitzte und in der Menge der Rundkörper verschwand, fast wie eine Kugel aus einer Kanone.

Ich hatte ihren Körper kaum gespürt, als er unter mir vorbeirollte.

Was das Kneifen ihres Zehs betraf, das kam sicher nicht in Frage, da ich nur einen flüchtigen Blick auf ihre weißen Füße erhascht hatte, und dann war alles weg!

In einem Augenblick stand ich auf den Beinen, und als ich zum Rand des Podiums vorrückte, hob ich meine Hand, um König Bô-gôô-gôô zu signalisieren, dass ich gehört werden wollte:

"Oh, König mit dem kugelförmigen Körper, höre mich an! Mir ist Unrecht widerfahren! Es gibt hier abscheulichen Verrat! Die Richter des Landes Gô-gû-lâh sind korrumpiert worden! Ich verlange ihr Blut! Ich habe der königlichen Prinzessin Rōlâ-Bōlâ nicht nur nicht den kleinen Zeh gekniffen, sondern ich..."

In diesem Augenblick unterbrach ein tiefes, rumpelndes Geräusch wie eine Artillerieexplosion aus der Ferne meine Ansprache, indem es die Luft in so heftige Schwingungen versetzte, dass meine Lippen sich bewegten, ohne das geringste Geräusch zu machen.

Die Wirkung dieses schrecklichen "Donners" auf die Rundkörper war verblüffend.

Die wildeste Verwirrung überkam sie.

Vergeblich befahl König Bô-gôô-gôô Schweigen.

Sie schaukelten wie die Wellen des Meeres, als sie von einem plötzlichen Knall getroffen wurden.

Das ohrenbetäubendste Stöhnen und Seufzen rollte in einer Art halbstimmigem Gleichklang über die Ebenen. Ihre Gesichter erbleichten und sie drückten sich in erbärmlichster Angst zusammen.

Endlich war König Bô-gôô-gôô wieder er selbst und mit einer gewaltigen Stimme ließ er sein Volk schreiend in Schweigen erstarren:

"Ughgō! Raûlag pad Oüistimgâr!" (Mein Volk, der Sturm

ist über uns! Schützt euch!)

Schneller, als es mir lieb ist, brach das gefürchtete Getöse über die stille Luft herein.

Die Rundkörper sammelten ihre Kinder und alten Menschen zu einer Gruppe zusammen und bildeten dann doppelte und dreifache Wände um sie herum.

"Tôô-tôô-lō! Tôô-tôô-lō!"

Das war die Stimme von Rōlâ-Bōlâ.

Aber in diesem schrecklichen Moment gingen mir andere Gedanken durch den Kopf.

Wieder ertönte sie in den erbärmlichsten Akzenten:

"Tôô-tôô-lō! Tôô-tôô-lō!"

Dieser Stimme hätten die Ohren der Toten mehr Beachtung geschenkt als meine!

Der Gewitterfreund galoppierte fassungslos.

Schneller als gedacht schwang ich mich vom Podium herunter und machte mich, Bulger mit dem linken Arm umschließend, wieder auf den Rückweg.

Der brave Hund freute sich, wieder bei mir zu sein, obwohl er wie Espenlaub beim fernen Rauschen der Winde zitterte.

Er wusste genau, was kommen würde.

Aber sehen Sie! Das Sonnenlicht ist verschwunden!

Die Luft selbst scheint erschrocken.

Ein erschreckendes Zittern des Bodens unter uns lässt unsere Fußsohlen kribbeln und pieksen.

"Tôô-tôô-lō! Tôô-tôô-lō!"

Es war Rōlâ-Bōlâ, die ihren Geliebten von dem bevorstehenden Tod wegholte, den die Sturmwolke mit sich brachte.

Er war mit jemandem beschäftigt, der ihm lieber war als die weinende Prinzessin der Roundbodies.

Glücklicherweise war die Plattform konstruiert worden, indem die Pfosten und der Bodenbelag mit Hanfschnüren zusammengeschnürt worden waren. Eines davon zu lösen und Bulger und mich fest an die Holzkonstruktion zu binden, war das Werk eines Augenblicks.

Die Roundbodies waren meinen Bewegungen schweigend gefolgt, ziemlich stumm vor Erstaunen über das, was ihnen wie das Werk eines Verrückten vorkam.

Als sie ihre Sprache wiederfanden, winkten sie mir heftig zu, die Plattform zu verlassen, und schrien dabei:

"Pôô-döeg! Pôô-döeg!" (Welch ein Wahnsinn! Welch ein Wahnsinn!)

Aber ich war nicht wahnsinnig!

Was ist der Tod anderes als ein bloßer Gedanke?

Man kann leben und doch tot sein!

Seht! Der schreckliche Sturmkönig kommt! Er ist ein größerer Monarch als du, oh mächtiger Bô-gôô-gôô!

"Tôô-tôô-lō! Tôô-tôô-lō!"

Es war der freundliche, gutherzige Abschiedsgruß von Rōlâ-Bōlâ!

Von diesem Augenblick an übertönt das Tosen des aufziehenden Sturms jedes Geräusch der Erde oder ihrer kümmerlichen Geschöpfe.

Schauen Sie noch einmal! Sehen Sie das schwarze Ungeheuer, wie es immer näher und näher kommt, seinen riesigen, formlosen, schrecklichen Körper, der sich rollt und wiegt, während er auf seinen schwarzen Flügeln dahinreitet, während sein Schwanz wie eine riesige Schlange über die schöne Erde schleppt, zischend, sich windend und krümmend, jetzt auf dieser Seite, jetzt auf jener, sich nach oben windend, um Kraft zu sammeln, jetzt die Ebene schlagend und dreschend mit einem Gebrüll, das mächtig genug ist, um das stärkste Herz in Verzweiflung zu stürzen.

Ah, Bulger! Er kommt! Er ist da! Wir bewegen uns! Er erhebt uns! Weg hier! Weg hier! Wir reiten auf dem Schoß des Sturms! Welch ein Getöse! Wie dunkel! Wie schwarz! Der Sturmkönig erwürgt mich! Bulger, ich sterbe...

"Wo bin ich? Ah, Bulger, braver Hund! Hat die Prinzessin uns schon gerufen?

"König Bô-gôô-gôô kommt heute.

"Wir müssen ihn amüsieren!"

Ich habe mich bemüht, mich zu erheben.

Die Seile hielten mich fest.

Nach und nach entfernten sich die Schatten aus meinem Kopf, und Gedanken an das Kommen des Sturmkönigs schossen mir durch den Kopf, und wie er die Plattform, auf der wir gefesselt waren, hochgehoben und weggetragen hatte, als wäre sie eine Feder, die im Spiel vom Wind erfasst wurde!

Etwas kitzelte mich an der Wange.

Ich hob den Kopf.

Oh! unaussprechliche Freude! Es war Getreide! Ja, goldenes Korn!

Weizen, bereit für die Sichel!

Wir sind gerettet! Wir müssen in der Nähe der menschlichen Behausungen sein!

Und das waren wir auch.

Nein, mehr noch, wir waren keine tausend Meilen von zu Hause entfernt.

Es war also ein mächtigerer König als Bô-gôô-gôô, an den ich in meiner Verzweiflung um Hilfe appelliert hatte, der meinen geliebten Bulger und mich heimholte und uns aus Gô-gû-lâh, dem Land der Rundkörper, weggetragen hatte.

Und hier beende ich meine Geschichte.

Zeichnung 30: Wieder zu Hause! – Diesmal für eine gute, lange Rast.

Über den Autor[11]

Ingersoll Lockwood (2. August 1841 - 30. September 1918) war ein amerikanischer Rechtsanwalt und Schriftsteller. Als Schriftsteller ist er heute vor allem für seine Kinderromane BARON TRUMP bekannt. Er schrieb jedoch auch andere Kinderromane; sowie den dystopischen Roman 1900: ODER; DER LETZTE PRÄSIDENT, die deutsche Ausgabe ebenfalls von unserem Verlag (siehe die letzten Seiten); ein Theaterstück und mehrere Sachbücher. Einige seiner Sachbücher schrieb er unter dem Pseudonym Irwin Longman.

Seine Familie

Lockwood wurde in Ossining, New York, als Sohn von Munson Ingersoll und Sarah Lewis (geb. Smith) Lockwood geboren. Munson Lockwood war, wie seine beiden älteren Brüder Ralph und Albert, Anwalt und ein enger Freund von Henry Clay. Munson erlangte jedoch vor allem als Mann des Militärs und als Bürgeraktivist Berühmtheit. Er war General der New Yorker Staatsmiliz und Kommandant ihrer 7. Brigade. Munson war ein großer Bewunderer des ungarischen Staatsmannes und Freiheitskämpfers Lajos Kossuth und sammelte in New York aktiv Spenden für ihn. Er war auch einer der Gründer der ersten Bank von Ossining und des Dale Cemetery und diente von 1850 bis 1855 als Gefängnisdirektor von Sing Sing.

Juristischer Werdegang

Wie sein Vater und seine Onkel absolvierte auch Ingersoll Lockwood eine Ausbildung als Rechtsanwalt, obwohl er zunächst als Diplomat tätig war. Im Jahre 1862 wurde er von Abraham Lincoln zum Konsul des Königreichs Hannover

11 Dieses Kapitel ist eine Übersetzung des Eintrags in der englischen Wikipedia zum Autor.

ernannt. Zu dieser Zeit war er das jüngste Mitglied der US-Konsularabteilung und diente vier Jahre lang in diesem Amt. Nach seiner Rückkehr gründete er mit seinem älteren Bruder Henry eine Anwaltskanzlei in New York City.

Der Schriftsteller

Bis in die 1880er Jahre hatte Lockwood eine parallele Karriere als Dozent und Schriftsteller begonnen. Im Jahr 1884 heiratete er Winifred Wallace Tinker, eine Absolventin des Vassar College und aufstrebende Autorin. Sie wurden 1892 geschieden.Im selben Jahr heiratete sie Edward R. Johnes, von Beruf Rechtsanwalt und von Beruf Schriftsteller. Er wurde in der aktuellen Literatur als Winifreds "freundlicher und sympathischster literarischer Berater" beschrieben.

Lockwood verbrachte seine Ruhestandsjahre in Saratoga Springs, New York, wo er 1912 sein letztes Buch, eine Gedichtsammlung veröffentlichte. Im Vorwort schrieb er:

„Das Ende ist fast gekommen. Ich warte nur noch darauf hin, dass das Signal zum Aufbruch kommt und meine Reise zu den Inseln der Seligen[12] in der fernen Westsee beginnt. Zuerst war mein Verstand besorgt, denn meine kleine Barke, so standhaft sie auch sein mag, saß zu tief im Wasser.

12 Die Inseln der Seligen war die Bezeichnung einer Inselgruppe, die in den griechischen und keltischen Mythologien beschrieben waren. Der griechische Dichter Hesiod beschrieb sie als den Ort des Elysions, an den die Götter die Seelen von Helden und Begünstigten nach deren Tode aufnehmen. Man glaubte, diese Inseln lägen im westlichen Ozean nahe dem Fluss Okeanos. Heute werden Madeira, die Azoren, die Kanaren und Kap Verde als mögliche Interpretation angenommen. Diese Inseln waren denjenigen vorbehalten, die sich dafür entschieden hatten, dreimal wiedergeboren zu werden, und denen es gelang, als besonders rein genug beurteilt zu werden, um alle drei Male Zugang zu den Elysischen Feldern zu erhalten. Wikipedia

Sie war überladen mit Einfällen, die nicht aktuell wären, und Waren, die auf den Inseln der Seligen nicht verkäuflich wären. Über Bord damit! Jetzt, da ich das Schiff leichter gemacht habe, fühle ich mich besser."

Fünf Jahre später starb Lockwood in Saratoga Springs im Alter von 77 Jahren.

Lockwood ein Zeitreisender?

Im Juli 2017 wurden die Bücher von Usern eines Internetforums und dann von den Medien wiederentdeckt, die auf Ähnlichkeiten zwischen dem Protagonisten und dem US-Präsidenten Donald Trump - dessen Sohn Barron Trump heißt - hinwiesen. Baron Trump sei "frühreif, unruhig und anfällig für Probleme", er erwähnt oft sein gewaltiges Gehirn und hat für die meisten Menschen, die er trifft, eine persönliche Beleidigung parat. Die Abenteuer von Baron Trump beginnen in Russland. Erwähnenswert auch ein anderes Buch von Ingersoll, „1900 oder der letzte Präsident", in dem New York City nach dem schockierenden Sieg eines populistischen Kandidaten bei den Präsidentschaftswahlen von 1896 von Protesten zerrissen wird, angeheizt von den Lügenmedien. Dem Präsidenten ging es darum, die Macht der Zentralbanken zu brechen und dem Volk neuen Wohlstand zu ermöglichen. Das Buch dokumentierte die Schläge des Establishments, um ihre Macht zu erhalten, auch wenn daran die Gesellschaft zerbrechen sollte.

Wir hoffen, dass der laufende Angriff auf die globalen Machtstrukturen heute gelingen wird und die herrschende kriminelle Vereinigung der Globalisten ihrer gerechten Strafe zugeführt wird.

Verlagsprogramm

Der Letzte Präsident: Mehr als ein spannender Roman

Eine Donald J. Trump Prophezeiung von vor 120 Jahren (Baron Trump Serie 3)

Dieses prophetische Buch wurde am Ende des 19. Jahrhunderts verfasst: Wie kann die Herrschaft der Banken und Rothschilds gebrochen werden? Wie kann die amerikanische Revolution zum erfolgreichen Abschluss gebracht werden?

Ein Werk der politischen Satire, das den Aufstieg des Sozialismus und des Populismus züchtigt und ihren fiktiven Aufstieg hier als katastrophal und chaotisch bezeichnet. Es ist bemerkenswert, dass dieses Werk, zusammen mit anderen von Lockwood, das aktuelle politische Klima der Vereinigten Staaten und des Westens zu prognostizieren scheint - und es scheint, dass der Katholik Lockwood erfolgreich einige prophetische Kräfte anzapfen konnte.

Trotzdem ernstzunehmenden Hintergrund ist daraus ein interessanter politischer Roman geworden, der einige der sozialen Ideologien und Bewegungen seiner Zeit widerspiegelt.

Andreas Groß informiert den deutschsprachigen Leser im Vorwort über die amerikanische Geschichte des ausgehenden 19. Jahrhunderts, insbesondere über den politischen Kampf zwischen Unabhängigkeitsstreben und Bankervormacht, damit der Hintergrund des Romans verstanden wird.

Der New Yorker Rechtsanwalt und Autor Ingersoll Lockwood (* 2. August 1841 - † 30. September 1918) schrieb eine Reihe kleiner Romane, die erstaunlicherweise „Baron Trump" genannt wurde. Daher ist dieser Roman der „Baron Trump Band 3".

7+7 Secrets, die Heute Jeder wissen sollte.

Autor: Andreas Groß. Kennst Du die geistigen Naturgesetze? Interessengruppen versuchen immer noch, sie geheim zu halten. Für spirituell fortgeschrittene Studierende offenbare ich hier 7+7 Secrets: Geheime geistige Gesetze, die Dir das Leben leichter machen werden. 7 von 10 Erfolgsmenschen verwenden offen oder insgeheim geistige Praktiken. In diesem Buch findest Du keine wieder aufgebrühten Halbwahrheiten, sondern völlig neue Einsichten in die geistigen Naturgesetze. Garantiert. Anwendbar in jeder Beziehung: wo willst Du beginnen, wo drückt Dein Schuh am meisten?

http://x.15secrets.de/taschenbuchkauf

ISBN 978-198318402-4

Als Taschenbuch 9.99 € oder als eBook 4.99 €. Hier ein easy Einstieg in die Bewusstseinserweitung.

Trump hilft Scientology

Scientology den Krallen des Deep States entrissen: Nr. 2

Hinter dem gegenwärtigen Renommee von Scientology verbirgt sich eine bislang ungeschriebene Geschichte von staatlicher Vertuschung, CIA-Infiltration und einer geheimen, feindlichen Übernahme.

In diesem Buch werden Sie eine Einsicht entdecken, die seit 50 Jahren von den Medien geheim gehalten wird, die faszinierender ist als die Scientology-Skandale, mit denen sie verschleiert wurde.

Treten Sie ein in eine Welt, in der Außerkörperliches Reisen (Remote Viewing), Telekinese und übersinnliche Wahrnehmung erlernbare Fähigkeiten geworden sind. Eine Technologie, die so mächtig ist, dass sie das Gleichgewicht des Kalten Krieges bedrohte, und die amerikanischen Geheimdienste veranlasste, vor nichts zurückzuschrecken, um sie für sich zu vereinnahmen.

Finden Sie die wahre Story heraus, was mit Scientology passiert ist, damit sie zu der Sekte wurde, die sie heute ist. Was wirklich mit L. Ron Hubbard geschah, passierte 1972, seitdem er nicht mehr in der Öffentlichkeit gesehen werden konnte. Und wie Präsident Trump dazu beiträgt, die Angelegenheit endlich in Ordnung zu bringen.

Ergreifen wir die Gelegenheit, das Ruder herumzureißen?

https://ingag.de/sdk2-de eBook 0.99 €

Taschenbuch 4.95 € ISBN 978-3-947982-11-0

Englisches Taschenbuch ISBN 978-3-947982-12-7

Dianetik: Die moderne Wissenschaft der geistigen Gesundheit

Das Unterbewusstsein: Jeder verwendet den Begriff, dabei scheinen nicht einmal die Experten wirklich zu wissen, was das ist. Was ist genau in seinen Tiefen verborgen? Einstein wusste, wir nutzen nur 10% unseres geistigen Potentials. Hubbard gab uns diese Selbsthilfe-Methode, mit der wir brachliegende Fähigkeiten erschließen können: die uns innewohnende Lebenskraft, Intelligenz, Intuition, emotionale Ausgeglichenheit oder Selbstbewusstsein.

Dianetik lüftet das Geheimnis um Ängste, Zwänge, Hemmungen, Sorgen, sexuelle Probleme, Stress, Erschöpfung und sogar chronische, psychosomatische Krankheiten. Das Lesen des Buches eröffnet eine völlig neue Perspektive: Es ist einfach, den Verstand zu verstehen. Das Dianetikbuch geht über die Theorie hinaus und beschreibt ein leicht anwendbares Verfahren, seine besten Seiten bei sich und seinen Lieben zu entfalten. Dianetik wurde zu einem Bestseller, der sich jahrelang in den Top Positionen hielt, und bisher über 83 Millionen mal in über 50 Sprachen verkauft wurde.

Die Nr. 1 im Selbsthilfemarkt. Dieses Buch muss man kennen, wenn man mitreden will.

In dieser Freigeist-Ausgabe geht es um die Wissenschaftliche Dianetik (exakt so, wie Hubbard es ursprünglich 1950 herausgegeben hat), nicht um ein religiöses Dogma mit revidierten Texten, wie es der Scientology-Verlag New Era in einer ähnlichen Ausgabe anbietet. Die entscheidenden Unterschiede werden von einem unabhängigen Dianetiker aufgezeigt, unabhängig und frei von irgendeiner Sekte oder Organisation. Käufer dieser Ausgabe stärken das Engagement, Dianetik frei von Monopolisierungsversuchen oder Verboten zu halten.

Diese Ausgabe enthält sechs zusätzliche Kapitel mit atemberaubenden und unverzichtbaren Daten aus der Dianetik-Erstausgabe von 1950, die in der Ausgabe von New Era unterdrückt werden. Das sind immerhin 11% des Originals, die bisher fehlten!

Ein weiteres Kapitel „Warnung vor Schwarzer Dianetik" des Herausgebers deckt detailliert auf, wie die Scientology Kirche die Dianetik verfälscht und seinen eigenen Mitgliedern vorenthält.

Im Anhang werden Informationsquellen genannt, wo man z.B. kostenlos an digitalisierte Versionen der Werke von Lafayette Ron Hubbard gelangen kann.

Im Preis ist auch eine eBook-Version fürs Kindle und eine PDF-Version des Dianetikbuchs inbegriffen, die man auf der Verlagswebsite www.Dianetikbuch.org oder bei uns anfordern kann.

Obwohl diese Ausgabe größer und umfangreicher als andere ist, ist sie kostengünstiger: durch den Direktverkauf vom Verlag an den Endkunden.

670 Seiten, Hardcover 6x9" und auch als eBook, in Deutsch und in Englisch.

ISBN: 978-3-947982-16-5 für 29.97 €, als eBook 8.99 €

https://ingag.de/dmsmh auch als Ergänzungsband: nur die 6 fehlenden Kapitel: https://ingag.de/DMSMHadd 3.99 €

Lightning Source UK Ltd.
Milton Keynes UK
UKHW010659131120
373341UK00002B/317

9 783947 982240